CONTENIDO

INTRODUCCIÓN

ISLAS LECTORAS

bibliografía crítica de literatura infantil puertorriqueña (2000-2020)

Sujei Lugo Vázquez

Jeanmary Lugo González

Isamar Abrcu Gómez

Emily Aguiló Pérez

EDITORIAL
DESTELLOS LLC

Islas lectoras bibliografía crítica de literatura infantil puertorriqueña (2000-2020)

© Texto: Sujei Lugo Vázquez, Jeanmary Lugo González, Isamar Abreu Gómez, Emily Rose Aguiló Pérez, 2023

© Ilustraciones: Rosaura Rodríguez Muñoz y Omar Banuchi, 2023

© De esta edición: Editorial Destellos, LLC, 2023

Esta edición fue posible en parte gracias al apoyo del Gobierno de Puerto Rico
y la Editorial del Instituto de Cultura Puertorriqueña.

Asesoría editorial: Laura Rexach Olivencia

Corrección de textos: Sylma García González

Diseño y diagramación: Natalia Marie Camacho-Monserrate

Arte de portada: Mya Pagán

Para información escribir a:
Editorial Destellos LLC
1353 Ave. Luis Vigoreaux, PMB 768, Guaynabo, PR 00966
info@editorialdestellos.com

ISBN: 978-1-7372757-8-7

Impreso en Puerto Rico.

www.editorialdestellos.com

Esta edición fue posible en parte gracias al apoyo del Gobierno de Puerto Rico,
el Instituto de Cultura Puertorriqueña y su Junta de Directores.
Director Ejecutivo - Carlos Ruiz Cortés
Director del Programa de Publicaciones y Grabaciones - Ernesto Luis Rentas Torres

INSTITUTO de CULTURA
PUERTORRIQUEÑA

Muchos se preguntarán por qué publicar un libro sobre literatura infantil puertorriqueña.

Sin embargo, si tomamos un momento y consideramos detenidamente lo que entendemos por literatura infantil, así como nuestras experiencias y nuestros conocimientos sobre este tipo de literatura en Puerto Rico, la variedad y la posibilidad de acercamientos resulta incalculable. Pudiéramos recordar desde las cartillas fonéticas y los textos del Departamento de Instrucción Pública, las historias de Juan Bobo y otros cuentos folclóricos de Puerto Rico hasta las novelas que leímos en la escuela, que, incluso, generaciones pasadas leyeron también. Pero ¿podemos mencionar libros infantiles publicados en los últimos 20 años con esa misma seguridad y conocimiento de causa? ¿Podemos pensar en experiencias con la literatura infantil fuera del entorno escolar? Quizás. Lo cierto es que existe **la necesidad de conocer y divulgar más la literatura infantil puertorriqueña**, **hacerla accesible a nuestra niñez** y situarla en el marco de la historia y los estudios de la literatura puertorriqueña.

En las últimas dos décadas, hemos visto un auge en las publicaciones de literatura infantil, como también un interés y apoyo a iniciativas y proyectos para la promoción de la lectura y la accesibilidad de libros para la niñez. Por otro lado, también vemos y experimentamos **el desconocimiento sobre publicaciones recientes,** los temas abordados y lagunas existentes en nuestra oferta de literatura infantil en Puerto Rico.

Desde nuestras respectivas áreas de trabajo, estudios, acercamientos y experiencias con la literatura infantil y la niñez, reconocemos el poder, el impacto y el potencial de los libros. Primeramente, cabe destacar que, ante la pregunta de qué es la literatura infantil, no ofrecemos una definición concreta y cerrada, sino una abierta a posibilidades en las que se consideren todos aquellos libros que, mediante medios textuales y/o visuales, proyecten y compartan una narrativa que incluya y centra a la niñez como parte de su audiencia. Esta definición toma en consideración la diversidad de desarrollos sensoriales, educativos, psicológicos y sociales de la niñez. La vemos como una literatura que no debe ser condescendiente, adultista o moralista, con respecto a sus lectores.

Para hablar de literatura infantil puertorriqueña del 2000 al 2020, es preciso enmarcarla dentro del contexto colonial, cultural, social, económico e histórico de Puerto Rico, ya que todos estos factores se correlacionan en la vida y el desarrollo de la niñez. Según el Censo 2020, la población de menores de 18 años en Puerto Rico representa un 17.9% del total de la población, segmento que ha ido en descenso en los últimos 10 años. Esta población habita un espacio y un entorno impactado por décadas de políticas coloniales, desastres naturales y humanos, y acciones económicas, como, por ejemplo, la más reciente imposición de una Junta de Control Fiscal que minimizan la importancia del desarrollo saludable de la niñez de un país. El panorama socioeconómico de nuestra niñez se rodea de desigualdades sociales y de clases, donde cada día muchas familias se enfrentan con los desplazamientos, el desempleo y el racismo en una sociedad donde imperan los prejuicios y los conflictos que incluyen la violencia de género, los feminicidios, la transfobia y la xenofobia.

El Instituto del Desarrollo de la Juventud provee datos del 2019 en los que se presenta que 56.8% de la niñez en Puerto Rico vive bajo el nivel de pobreza, y, que un 63%, vive en hogares de madres/cuidadores solteras, mientras que otro 32.2% vive en hogares a cargo de sus abuelos. Por otro lado, la población de la niñez y la juventud se enfrentó a un cierre de 265 escuelas públicas durante un mismo año, de las cuales un 66% fueron escuelas elementales y un 65% se encontraban en áreas rurales. Estas estadísticas del cierre de escuelas no reflejan el impacto adicional que aún tienen los temblores, la pandemia del Covid-19 y otras decisiones gubernamentales. Mencionamos estos datos socioeconómicos como parte de la introducción a este texto, ya que nos ofrecen un panorama más completo de las circunstancias en que vive la audiencia a quien se dirige la literatura infantil.

Se produzca con esa intención o no, **la literatura infantil tiene un efecto social, político y emocional** que moldea e influye en sus lectores y, por consiguiente, en las sociedades a las que pertenecen estos. Precisamente, durante la niñez, es que el ser humano desarrolla, conoce y afirma sus identidades, visiones e ideologías acerca de su ser y de lo que le rodea. Es imprescindible reconocer que la literatura infantil no es neutral o imparcial, y que refleja y transmite ideologías explícitas, implícitas o ambas.

Las personas que trabajan con la literatura infantil tienen un poder enorme en lo que se escribe, se ilustra, se publica, se selecciona, se promociona y se hace accesible a la niñez lectora. Las publicaciones de literatura infantil puertorriqueña reflejan nuestro pasado y presente social, cultural, político e histórico, con todas sus complejidades, limitaciones, prejuicios, sesgos y narrativas. Como educadoras, investigadoras y bibliotecarias apostamos al poder de la literatura infantil para promover ideas que cuestionen y resistan el *statu quo* y las desigualdades de nuestro archipiélago. Además, aspiramos a que la oferta de literatura infantil puertorriqueña cuente también con títulos que, de una manera u otra, impacten al mejoramiento de nuestra calidad de vida, el ocio, la educación y las comunidades: **que estos títulos reflejen, mediante textos, imágenes y narrativas, la actualidad de lectores.**

Soñamos con libros que contengan narrativas que, directa e indirectamente, reflejen la equidad, la igualdad y la justicia, o que ofrezcan esas posibilidades. Deseamos que la niñez tenga a su alcance libros que los estimulen a pensar, imaginar, jugar, criticar; y que aprendan que no siempre hay respuestas inmediatas o interpretaciones únicas para sus lecturas. Que, a su vez, esos libros y esa oferta literaria, cuenten con buenos estándares estéticos, con calidad visual y textual, y que rompan con la ideología tradicional de lo que son libros infantiles en Puerto Rico.

Reconocemos que, en nuestro archipiélago, existe una cantidad amplia y diversa de literatura infantil, donde varias de ellas cuentan con mucho de lo que describimos y soñamos como libros para la niñez. También sabemos que contamos con libros que no cumplen con esos roles, características y estéticas, representan o reflejan narrativas dominantes, coloniales y condescendientes. En esta bibliografía incorporamos todos los títulos que encontramos, ya que componen y forman parte de la oferta, de la gama de títulos y narrativas que existen y persisten en nuestra literatura infantil puertorriqueña.

Apostamos a que esta bibliografía estimule la reflexión, la crítica, la autocrítica, así como que impulse acciones concretas para desafiar estéticas y narrativas trilladas, que, en ocasiones, rayan en lo didáctico, lo moralista y lo deshumanizante. **Queremos contar con libros buenos que animen a la lectura, que estimulen la imaginación y que no pasen por alto la inclusión, la humanización y el respeto hacia nuestras comunidades históricamente marginadas, silenciadas y mal representadas.**

AUDIENCIA

Islas lectoras *bibliografía crítica de literatura infantil puertorriqueña (2000-2020)* va dirigida a educadores, bibliotecarios, cuidadores, creadores y personas interesadas en la literatura puertorriqueña. Este título se presenta como un libro de referencia para **dar a conocer qué y quiénes han publicado** literatura infantil puertorriqueña durante este periodo de tiempo. Para quienes trabajan directamente con la niñez, esta publicación sirve como herramienta para incorporar libros en el currículo del sistema educativo, para desarrollar colecciones en bibliotecas y para apoyar los trabajos de los individuos que promocionan la lectura y ofrecen servicio a la niñez. Para cuidadores, esta bibliografía da a conocer libros según los temas de interés de la niñez para utilizarlos en su tiempo de lectura.

Los autores y los ilustradores, como creadores de literatura infantil, pueden utilizar este recurso para **evaluar críticamente las narrativas textuales, visuales e ideológicas de sus obras, para así reconocer los temas excesivamente representados y los que no.** Para las editoriales, este texto puede ser un recurso útil para que conozcan quienes son los autores e ilustradores y puedan brindarles oportunidades a nuevos y actuales creadores.

A estudiantes, profesores, e investigadores de literatura, invitamos a que utilicen este libro para que se establezca un **diálogo crítico** de las obras publicadas donde se reconozcan las fortalezas y las debilidades de la literatura infantil puertorriqueña.

¿POR QUÉ ESTA PUBLICACIÓN?

Como personas que, de una manera u otra, trabajamos con la literatura infantil puertorriqueña y la niñez, constantemente, nos encontramos con muchas preguntas y retos. La pregunta eje que nos guió en este trabajo fue, **¿qué libros de literatura infantil puertorriqueña se han publicado del 2000-2020?**

En nuestra búsqueda de títulos de literatura infantil puertorriqueña **ha sido difícil encontrar fuentes que provean listas actualizadas.** Reconocemos el desconocimiento existente de lo que se publica en Puerto Rico sobre literatura infantil. Esta información ayudará a responder mejor a las necesidades de las comunidades a las cuales servimos, a reconocer la oferta de textos infantiles y a promocionar las publicaciones existentes.

El contar con una bibliografía de publicaciones de literatura infantil puertorriqueña **provee información sobre títulos, creadores, temas, narrativas y agendas usualmente presentes en nuestra oferta literaria.** También ofrece un panorama de las lagunas, las ideologías y los temas históricamente omitidos o tergiversados en nuestra literatura infantil.

La falta de bibliografías que incluyan la literatura infantil reciente valida la necesidad de realizar este proyecto. Este trabajo continúa los esfuerzos de bibliografías como *Un siglo de literatura infantil puertorriqueña* (1987), publicado por Flor Piñeiro de Rivera, y *Bibliografía de literatura infantil y juvenil puertorriqueña* (1994), por el Instituto Puertorriqueño del Libro Infantil. A más de 30 años de las preguntas presentadas por Piñeiro de Rivera (1987), como *"¿qué libros puertorriqueños hay que ameriten ponerse en manos de nuestros niños?"* y *"¿cómo podemos conseguir que nuestros niños lean más y mejores libros?"*, aún nos enfrentamos con estas y otras inquietudes. Una de las finalidades de este libro se centra en la necesidad de **continuar conociendo, evaluando y retando la industria del libro infantil** en el archipiélago puertorriqueño con el fin de fortalecerla.

OBJETIVOS

Nuestro motivo principal para la publicación de este libro es promover diálogos críticos sobre literatura infantil en Puerto Rico; contribuir al conocimiento acerca de esta; y proveer información que pueda ser complementada con las aportaciones de otras personas y entidades. Por lo tanto, tenemos como propósito recopilar la literatura infantil en Puerto Rico publicada de 2000 a 2020, aunque **estamos conscientes de que esta no es una lista completa**.

Esta publicación entiende como cruciales los siguientes objetivos:

- Dar a conocer y promocionar, dentro y fuera de Puerto Rico, los títulos que se publican en el país.

- Desarrollar, diseminar y apoyar la lectura más allá del ámbito escolar o educativo.

- Crear y reforzar los puentes y los enlaces entre las diversas comunidades de literatura infantil en Puerto Rico.

- Aportar conocimientos al campo y el estudio de literatura puertorriqueña.

- Proveer un recurso de referencia para bibliotecas, instituciones educativas y hogares, para que cuenten con una variedad de libros infantiles.

- Reconocer las brechas dentro de la literatura infantil puertorriqueña, así como qué narrativas, voces y perspectivas están ausentes de esta.

- Ofrecer herramientas para el análisis crítico de la literatura infantil.

- Alertar sobre cómo algunas publicaciones, en sus narrativas e ilustraciones, contienen estereotipos y representaciones deshumanizantes o discriminatorias.

PARÁMETROS Y CRITERIOS

Esta bibliografía es un intento de recopilar una lista de publicaciones dedicadas a la niñez, que definimos como la **población entre las edades de 0 a 12 años**. Este renglón no necesariamente significa que los libros incluidos son solamente para esa población, sino que son sugeridos para lectores "a partir" de esas edades.

Estamos conscientes de que existen narrativas para la niñez que se difunden de manera oral, en representaciones teatrales u otras formas de expresión, pero, en esta bibliografía, **nos enfocamos en publicaciones físicas** para facilitar su acceso. Consideramos libros de una variedad de géneros y temas en formato impreso, la cual incluye libros ilustrados, libros cartoné, primeros lectores, novelas infantiles y cómics. Excluimos libros de textos, cuadernos educativos, revistas, láminas, etc. Por otro lado, aceptando que existen lagunas de temáticas y voces dentro de las publicaciones de literatura infantil puertorriqueña, hicimos excepciones para incluir algunos audiolibros o libros de colorear por su contenido. Un ejemplo es *Cuentos feministas para la niñez boricua,* de Taller Salud, audiolibro disponible en la red gratuitamente.

Establecimos una serie de parámetros y criterios que sirvieron de guía para la selección de los títulos incorporados en este libro. Comenzamos con el eje principal, es decir, los **libros publicados en Puerto Rico**, creados por personas puertorriqueñas o personas radicadas en Puerto Rico que publican literatura infantil en el archipiélago, como, por ejemplo, Kalman Barsy y Dave Buchen. Aunque nuestro énfasis es en las publicaciones locales, también consideramos trabajos por puertorriqueños radicados en los Estados Unidos, con una selección de algunos de sus títulos. En relación con los idiomas de los libros se incluyen en español, inglés, bilingües y en otros idiomas disponibles. Para facilitar el uso de la bibliografía en la selección de libros por parte de adultos y la niñez, incluimos un resumen, los temas y las edades sugeridas.

Queremos recalcar que **no todos los títulos de esta bibliografía poseen méritos de calidad literaria, visual o artística, o demuestran respeto a la niñez, con buenas representaciones de identidades históricamente marginadas y del estado político, social y cultural del archipiélago.** Más bien, se busca demostrar, con sinceridad, la oferta actual de publicaciones infantiles en Puerto Rico; la visión e idea que se presenta sobre lo que son los libros para la niñez; así como las narrativas, las ideologías, las complejidades y las contradicciones que se publican en nuestro archipiélago y sobre él. Por esta razón, incorporamos unas preguntas guías útiles para analizar críticamente los libros.

CRONOLOGÍA

(1979-2020)

Destacamos algunos eventos que continúan la cronología presentada por Flor Piñeiro de Rivera, en *Un siglo de literatura infantil puertorriqueña*.

1979 y su transición

1980

1987 - Se funda la San Juan Community Library.

1989 - Se funda el Instituto Puertorriqueño del Libro Infantil.

1989 - Paso del huracán Hugo.

1990

1991 - Puerto Rico se une a PIALI, Programa Internacional de Acercamiento a la Literatura Infantil.

1992 - Abre la Biblioteca Juvenil de Mayagüez.

1992 - Se establece la Fundación Rafael Hernández Colón. Su sede cuenta con la Biblioteca Infantil Lila Mayoral Wirshing.

1993 - Pedro Rosselló González comienza su término como gobernador de Puerto Rico.

1993 - Se establece la Ley Núm. 18, para el desarrollo de las *escuelas de la comunidad,* que otorga autonomía fiscal, administrativa y docente a las escuelas.

1994 - Víctor Fajardo es nombrado secretario del Departamento de Educación.

1994 - Se establece el blog ABC Literatura Infantil del autor Andrés Díaz Marrero.

1994 - I Congreso Internacional de Literatura Infanto-Juvenil, UPR-Mayagüez.

1996 - Se establece el *Pura Belpré Book Award*.

1996 - Paso del huracán Hortensia.

1998 - Abre la Librería Aparicio Distributors.

1998 - I Feria del Libro Infantil, Juvenil y Escolar de Puerto Rico.

1998 - Paso del huracán Georges.

1999 - Se aprueba la Ley Núm. 180 del año 1999, para declarar y conmemorar a noviembre como el "Mes de la lectura y del libro en Puerto Rico".

2000

2000 - Se celebra la III Feria del Libro Infantil, Juvenil y Escolar de Puerto Rico.

2000 - Marcha multitudinaria "Paz pa' Vieques", con el objetivo de reclamar la salida de la Marina de Guerra de los Estados Unidos.

2000 - Inauguran biblioteca en el Municipio de Adjuntas.

2001 - Sila María Calderón juramenta como la primera gobernadora de Puerto Rico.

2001 - César Rey es nombrado secretario del Departamento de Educación.

2001 - Escuela de la Comunidad Elemental Urbana en Maunabo celebra la Semana de la Biblioteca, dedicada a los "abuelos adoptados" de la biblioteca bajo el Proyecto MANA (Modificando Actitudes entre Niños y Ancianos).

2001 - Abre la librería Borders en Plaza Escorial en Carolina.

2001 - Comienza la organización CREARTE.

2002 - Se funda la Biblioteca Juvenil de Ponce.

2002 - Se celebra la V Feria Internacional del Libro Infantil, Juvenil y Escolar de Puerto Rico.

2002 - El exsecretario del Departamento de Educación, Víctor Fajardo, es sentenciado a prisión por delitos de conspiración, extorsión, lavado de dinero y expropiación de fondos del Departamento de Educación.

2002 - Se celebra el certamen de escritura "El Laboratorio Clínico Cuidando tu Salud", para la niñez de 7mo a 9no grado de escuelas públicas y privadas.

2003 - Se aprueba Ley de la Biblioteca Virtual del Estado Libre Asociado de Puerto Rico.

2003 - Se inaugura la Biblioteca Municipal de Maunabo.

2003 - Se aprueba la Ley para designar la Biblioteca General de Puerto Rico como Biblioteca Nacional de Puerto Rico.

2003 - La Marina de E.E.U.U. oficialmente sale de Vieques.

2004 - Se inaugura la Biblioteca Municipal de Barranquitas, que cuenta con un área infantil, una colección general y una biblioteca electrónica.

2004 - La biblioteca pública de Barranquitas realiza la actividad "La hora del cuento y la pintura: aprendiendo sobre mis raíces africanas", dirigida a la niñez con un diálogo sobre cómo se perciben los colores y las tonalidades de piel. Hubo una charla para padres sobre cómo manejar experiencias racistas con los menores.

2004 - El Recinto de Río Piedras de la Universidad de Puerto Rico es sede del I Encuentro de Teatro Infantil Eugenio María de Hostos.

2005 - Aníbal Acevedo Vilá comienza su término como gobernador de Puerto Rico.

2005 - Hay una ausencia de varias editoriales de Puerto Rico en la Feria del Libro de Guadalajara por razones presupuestarias.

2006 - Se celebra el Día Mundial del Libro Infantil, con una actividad para la niñez en el Parque Baldrich.

2006 - Surge el I Maratón Puertorriqueño de Lectura.

2006 - Comienza y se desarrolla el Programa Lee y Sueña, según la orden ejecutiva (OE) 2005-27.

2006 - Se crea el Centro para el Estudio de la Lectura, la Escritura y la Literatura Infantil (CELELI), en la Facultad de Educación de la Universidad de Puerto Rico, Recinto de Río Piedras.

2006 - Cierre del Gobierno y las escuelas dura dos semanas a causa de la crisis fiscal.

2007 - Walter Torres es nominado al *Astrid Lindgren Memorial Award*.

2007 - Ediciones SM (Puerto Rico) convoca a la primera edición del certamen literario "El Barco de Vapor".

2007 - Tina Casanova se convierte en la primera ganadora del Premio El Barco de Vapor-Puerto Rico, por su obra *Pepe Gorras, o la extraña historia de un perro sin cabeza*.

2007 - Se celebra la I Feria del Libro Infantil y Juvenil en la plaza pública de Mayagüez.

2008 - Se establece la Ley 93-2008, Ley para el Desarrollo e Implantación de la Política Pública para la Niñez de Edad Temprana de Puerto Rico.

2008 - Comicnza el proyecto de animación y promoción de la lectura Cuentacuentos Inter Metro.

2008 - Abre la Culebra Community Library.

2009 - Luis G. Fortuño Burset comienza su término como gobernador de Puerto Rico.

2009 - El gobernador Luis G. Fortuño firma la enmienda de la Ley 7 de Emergencia Fiscal.

2009 - El Departamento de Educación emite una carta circular para la "Descontinuación de Libros de Español del Undécimo Grado" porque "contienen un vocabulario y lenguaje inaceptable, por ser extremadamente burdo y soez."

2009 - Comienza el blog Libros para niños e ideas para su utilización, de la profesora María del Rocío Costa.

2010

2010 - Georgina Lázaro León obtiene un premio de honor del *Pura Belpré Book Award*, por su libro biográfico *Federico García Lorca*, siendo este el primer libro completamente en español en obtenerlo.

2010 - Se lleva a cabo la primera edición del Festival de la Palabra, que contaba con un Pabellón Infantil.

2010 - Se celebra la XIII Feria Internacional del Libro de Puerto Rico, en el Parque Luis Muñoz Rivera.

2010 - Feria Internacional del Libro Eugenio María de Hostos, auspiciada por el Departamento de Educación y la Biblioteca Juvenil de Mayagüez, con actividades para la niñez.

2011 - Walter Torres fue seleccionado para el Segundo Catálogo de Ilustración de Publicaciones Infantiles y Juveniles, de la Feria Internacional del Libro-Guadalajara.

2011 - Surge la iniciativa Proyecto LEER.

2011 - Se lanza el proyecto Puerto Rico Lee, en el Recinto Metropolitano de la Universidad Interamericana.

2011 - La Organización Cultural El Mundo por los Libros y la Pequeña Feria del Libro Usado celebran su certamen literario para la niñez de las edades 9 a 14 años.

2011 - Se celebra el I Maratón de Lectura del Sureste, en Guayama.

2011 - Cierre de las librerías Borders en Puerto Rico.

2011 - Paso del huracán Irene, principalmente por el este de Puerto Rico.

2011 - Balleteatro de San Juan estrena *Sangre Nueva*, basado en "Corasí", de Walter Murray Chiesa.

2011 - Arrestan a 13 empleados y contratistas del Departamento de Educación por esquema de soborno y lavado de dinero con compañías subcontratadas.

2012 - Continúa la serie de lecturas para la niñez, "Cataño descubre un nuevo amanecer a través de la lectura".

2012 - La XI Pequeña Feria del Libro Usado es dedicada a la niñez y contó con la participación de Tina Casanova, José Rabelo y Margarita Iguina Bravo.

2012 - Se celebra, en la Pontificia Universidad Católica de Puerto Rico, el X Congreso Internacional de la Animación a la Lectura de PIALI.

2012 - Día Internacional de la Lectura en el Jardín Botánico.

2012 - El Municipio de Fajardo inaugura la Biblioteca Electrónica Ricardo S. Belaval, que cuenta con un área para la niñez.

2012 - Se inaugura en Vieques el programa Ven y Lee con Scally/Come Read with Scally, para promover la lectura, la alfabetización y los vínculos entre la comunidad y las mascotas.

2013 - Alejandro García Padilla comienza su término como gobernador de Puerto Rico.

2013 - Se presenta la I Feria del Libro de Autor de Puerto Rico, enfocado en publicaciones autogestionadas e independientes, con la participación de Tere Marichal y Janette Becerra.

2013 - Una delegación de Puerto Rico participa del II Congreso Iberoamericano de Lengua y Literatura Infantil y Juvenil, en Bogotá, Colombia.

2013 - La aerolínea JetBlue trae su proyecto comunitario Elévate Leyendo a Puerto Rico.

2014 - Se incorpora al Departamento de Estado de Puerto Rico lo que conocemos hoy como la "Red por los derechos de la niñez y la juventud de Puerto Rico".

2014 - Se inaugura el Centro de Recursos y Referidos para la Niñez Temprana, biblioteca infantil en el Centro Sor Isolina Ferré.

2014 - Comienza la Jornada Didáctica Cultural Arturo Alfonso Schomburg.

2014 - Se celebra el V Día Internacional de la Lectura en el Jardín Botánico-UPR.

2014 - Bimbo participa de actividad de lectura para la niñez, de la comunidad Manuel A. Pérez.

2014 - Comienza Leamos Más PR.

2014 - Se crea nueva biblioteca en La Cerámica Carolina, con servicios de alfabetización para la niñez y adultos mayores por parte del Municipio.

2014 - Se unen el Municipio de Canóvanas y la Universidad del Este para ofrecer talleres a la comunidad en la Biblioteca Municipal Abel Santos Pastor Torres.

2014 - El Departamento de Educación de Carolina crea el proyecto Cuéntame Gigante Mío, en el que se resaltan las vidas de carolinenses destacados, como Cecilia Orta, Felipe Birriel, Julia de Burgos, entre otros.

2014 - Se inaugura el proyecto Bieke Public Library/Biblioteca Pública Bieke, dentro de la organización sin fines de lucro, Incubadora Bieke en Vieques.

2015 - Se establece la Asociación Puertorriqueña de la Industria del Libro.

2015 - Se establece la Carta Circular 19-2014-2015 del Departamento de Educación, "Política Pública sobre la Equidad de Género y su Integración al Currículo del DE de PR".

2015 - Se celebra la I Feria del Libro, auspiciada por la Pontificia Universidad Católica de Ponce.

2015 - Comienza la iniciativa comunitaria Libros Libres.

2015 - Celebran el II Festivalito de la Niñez, en la urbanización Santa Rita, Río Piedras.

2015 - La III Feria del Libro de Carolina se celebra en el Museo del Niño y se le dedica a Tina Casanova.

2015 - Comienza el proyecto de publicación de libros infantiles, Colección Súper Gigantes, en Carolina.

2016 - El presidente Barack Obama firma el "PROMESA Act" y se establece la Junta de Control Fiscal.

2016 - Se aprueba la Ley 212, del 30 de diciembre de 2016, Programa Lee y Sueña para la Promoción de la Lectura durante la Niñez en Edad Temprana.

2016 - Se bautiza la colección infantil y juvenil de la Biblioteca de Ciencias Bibliotecarias e Informática de la Universidad de Puerto Rico, Recinto de Río Piedras, como la Sala Pura Belpré.

2016 - Jóvenes estudiantes del noveno grado de la Escuela Federico y Degetau, en Ponce, crean el libro *Literatura estudiantil: colección de cuentos para niños*.

2016 - Se celebra el Día Internacional del Libro en la Librería Paliques, en Ponce, con la participación de Georgina Lázaro.

2016 - Se lleva a cabo la Feria de Libros Independientes y Alternativos para niñas, niños y jóvenes en Casa Ruth, Río Piedras.

2017 - Ricardo Rosselló Nevares comienza su término como gobernador de Puerto Rico.

2017 - Julia Keheler es designada como secretaria del Departamento de Educación.

2017 - Carta Circular 32-2016-2017 deja sin efecto la Carta Circular 19-2014-2015 del DE sobre la equidad de género y su integración en el currículo.

2017 - II Certamen Cuentos para mis Abuelos, dirigido a la niñez de 5 a 12 años, auspiciado por el Centro de Servicios Integrados Gerontológicos y Apoyo Familiar.

2017 - Paso del huracán Irma.

2017 - Paso del huracán María.

2018 - Los municipios de Loíza y Carolina celebran la Semana de la Biblioteca, que incluyó el grupo de bomba infantil Belelé y la presentación de la aplicación digital de la biblioteca.

2018 - El Festival de la Palabra 2018 es dedicado a la escritora Tina Casanova.

2018 - Se celebra la XVII Feria Puertorriqueña del Libro Usado, en Salinas, con la participación de Tina Casanova y José "Remi" Vega.

2018 - Lotebiblio, biblioteca móvil gestionada por Tere Marichal, llega a las playas.

2019 - La Fundación SM establece el Premio El Barco de Vapor - Caribe (Cuba, Puerto Rico, República Dominicana).

2019 - Se crea Lee Conmigo, una fundación sin fines de lucro para promover la lectura desde la niñez.

2019 - Se dedican las festividades del Día Nacional de la Narración Oral a Pura Belpré, en el Archivo General y Biblioteca Nacional de Puerto Rico.

2019 - Subasta en el Departamento de Educación favorece a la Editorial SM para la compra de libros y se cuestionan los procesos de adquisición de estos.

2019 - Comienzan las protestas del Verano del 2019, que culminan con la renuncia de Ricardo Rosselló.

2019 - Wanda Vázquez Garced asume la gobernación de Puerto Rico ante la renuncia de Ricardo "Ricky" Rosselló.

2019 - Estudiantes participan del programa de destrezas de lectura Lectores para un Futuro.

2019 - Se inaugura, en la institución correccional El Zarzal, en Río Grande, el parque terapéutico y recreativo para la niñez para fomentar la lectura, los juegos y el compartir entre la comunidad encarcelada y sus familiares.

2020 y actualidad

2020 - Inaugura la Sala educativa Las Negras, en Juncos, para combatir la brecha tecnológica en la niñez. Cuenta con un área de lectura con libros de escritores puertorriqueños.

2020 - La agrupación musical Atención Atención lanza la plataforma educativa, Atención Atención Academy.

2020 - Ocurren una serie de sismos, entre ellos un terremoto de magnitud 6.4 en el suroeste de la isla grande.

2020 - Se certifican los primeros casos de Covid-19 en Puerto Rico, lo que provocó cierres y una cuarentena obligatoria en el mes de marzo.

2020 - La Universidad del Sagrado Corazón, en unión con la casa publicadora infantil Lilac, crean la Incubadora de Literatura Infantil y Juvenil de Puerto Rico, dirigida a escritores.

BIBLIOGRAFÍA

2000

Carmen María: una vivencia del cafetal
(primeros lectores)

Escrito por Ana Ilsa Rivera

Ilustrado por Alfredo Ortiz Mercado

Publicaciones ANISA | 14 páginas | español | 5+

Resumen: Cada mañana la mamá, el papá y la hermana de Carmen María salen de su hogar en las montañas para recoger café. La niña sueña con un día ir a trabajar en el cafetal junto a su familia, anhelo que logra al recibir una canasta y un paseo a la montaña. Un texto grande y oraciones sencillas acompañan esta historia sobre la vida y el trabajo en los cafetales de Puerto Rico. A pesar de que la narrativa intenta representar a una familia trabajadora del campo, la misma omite las injusticias que enfrentan los trabajadores y no argumenta sobre la explotación laboral infantil.

Temas: agricultura | café | familia | trabajo

Coquí y sus amigos: los animales de Puerto Rico / Coqui and His Friends: The Animals of Puerto Rico (libro informativo)

Escrito y fotografías por Alfonso Silva Lee

Pangea Publishing | 95 páginas | bilingüe (español e inglés) | 8+

Resumen: De manera introductoria, se presentan las definiciones de qué es un continente, una isla y los tipos de rocas. Dichas definiciones sientan las bases para la discusión y la presentación de los diversos animales terrestres y marinos que habitan en el archipiélago. Las relaciones entre los animales y los diferentes ecosistemas son explicadas de manera sencilla.

Temas: animales | ecosistemas | Puerto Rico

Enén: el barquito de papel
(colección de poemas)

Escrito e ilustrado por Francisco Feliciano Sánchez

Editorial Azogue | 120 páginas | español | 6+

Resumen: Colección de poemas sobre Enén, un barco de papel que decide adentrarse al mar para proteger las costas y los habitantes de Anén, una isla en peligro. Mediante versos se describen las aventuras de Enén y los sucesos en el mar. Las ilustraciones son sencillas, sin embargo, no aportan en gran medida al texto.

Temas: animales | naturaleza

Fantasías de niños (colección de cuentos)

Editado por María Victoria Naya

Ilustrado por Marcos Chamorro, Santiago González, Augusto Cabrera, Esmeralda Bolaños, Gonzalo Rizzo, Eulalia Cornejo, Jorge Lara y Marco Villagómez

Autopublicación | 127 páginas | español | 5+

Resumen: Desarrollados como parte de un curso de escritura creativa, se presenta una colección de relatos escritos por estudiantes de la Escuela de la Comunidad Santiago Negroni de Yauco. Cada cuento incluye información sobre el grado y el nombre de la niñez al momento de escribirlo. La creatividad y la imaginación se reflejan en el libro, con discusiones reales de preocupaciones, inquietudes y experiencias.

Temas: amistad | animales | contaminación ambiental | música | naturaleza

José de Diego: el caballero de la raza
(libro informativo)

Escrito por Laura García Ramos y Eduardo Colón Peña

Ilustrado por Eduardo Colón Peña

Editorial Grafito | 22 páginas | español | 7+

Serie: Historias para coleccionar

Resumen: Entrelazando la historia política de Puerto Rico y la lucha incansable por la independencia, se presenta la biografía del político y poeta José de Diego. La narrativa incorpora la relación de Puerto Rico con Estados Unidos y la relación con otros políticos contemporáneos. Se incluyen poemas de su autoría para ejemplificar sus creencias políticas.

Temas: biografía | Carta Autonómica | colonialismo | José de Diego | Ley Foraker | Ley Jones | política

---

Juan Bobo Goes to Work (libro ilustrado)
Contado por Marisa Montes
Ilustrado por Joe Cepeda

HarperCollins | 32 páginas | inglés (traducción al español: *Juan Bobo busca trabajo*, HarperCollins Español, 2006) | 5+

Resumen: Se presenta al popular niño Juan Bobo en sus peripecias por encontrar trabajo, seguir las instrucciones para completar las tareas y para no perder el dinero recibido por sus labores. Las expresivas ilustraciones pintadas en acrílico complementan esta ligera pero jocosa historia.

Temas: folclor | Juan Bobo | tradición oral

Premio: Pura Belpré Award, Honor Book for Illustration, 2002

Liza en el parque de las palomas
(libro ilustrado)
Escrito por Isabel Freire de Matos
Ilustrado por Sofía Sáez Matos

Ediciones Cocolí | 32 páginas | español | 7+

Resumen: Se presenta la vida de la paloma Liza (desde su nacimiento hasta su madurez), los retos de supervivencia y cómo ésta logra su independencia. La vida adulta, descrita desde el espacio de la comunidad y la inclusión, es una de las características de esta obra. Las ilustraciones coloridas capturan la personalidad de Liza y el sentido de convivencia entre las palomas.

Temas: aves | comunidad | independencia | Parque de las Palomas

---

Mami Amor's Little Stories (colección de cuentos)
Escrito por Rebecca Padilla
Ilustrado por Eren Star Padilla

Mango Tree Books | 34 páginas | inglés | 8+

Resumen: A través de su padre, Amparito escucha historias de la vida de su abuela Amparo, llamada Mami Amor, por su bondad y gran amor por los demás. A Mami Amor le encantaba contar historias de su niñez, de su vida en Puerto Rico y de su difícil decisión de mudarse a Chicago en busca de trabajo. El libro está compuesto por once hermosas viñetas acompañadas de coloridas ilustraciones que relatan pequeñas estampas de la vida de Mami Amor, y unidas ofrecen a lectores una vista a sus experiencias, desde su amor por el arte, su trabajo en una fábrica de ropa, su decepción al no ser escogida como la nueva supervisora en una fábrica en Chicago, hasta su deseo de retornar a su amado Puerto Rico. Un epílogo provee información sobre la industria de la costura en Puerto Rico, dominada por mujeres, el cual resulta necesario para entender el contexto de las historias de Mami Amor.

Temas: abuelos | diáspora | familia | trabajo

My Two Lights (libro ilustrado)
Escrito por Félix M. Padilla
Ilustrado por Eren Star Padilla

LIBROS, Encouraging Cultural Literacy | 32 páginas | inglés | 8+

Resumen: Un adulto residente en los Estados Unidos recuerda lugares, sabores y sonidos que lo transportan a sus raíces puertorriqueñas. Uno de sus recuerdos más gratos fue la amistad que mantuvo, cuando niño, con la fenecida boricua inmigrante doña Luz, quien le enseñó a amar su cultura a través de la música. Las coloridas imágenes combinan diferentes técnicas de dibujo mediante las que se expresan los sentimientos y las memorias que unen esta amistad intergeneracional con la enigmática canción *Verde Luz,* compuesta por El Topo.

Temas: Antonio Cabán Vale "El Topo" | diáspora | identidad

Navidad en Puerto Rico (colección de cuentos)

Escrito e ilustrado por Eduardo Colón Peña

Editorial Grafito | 19 páginas | español | 7+

Serie: Historias para coleccionar

Resumen: A través de varios cuentos cortos se dan a conocer algunas de las celebraciones navideñas que se llevan a cabo en Puerto Rico, basadas en tradiciones y prácticas de la Iglesia católica y, más recientemente, de la religión protestante. Se incluyen historias sobre el origen de la Misa de Gallo, las tarjetas de Navidad, los nacimientos, el árbol de Navidad y la leyenda de los Reyes Magos, entre otras. Están acompañadas de ilustraciones en blanco y negro que pueden ser coloreadas.

Temas: Navidad | religión | Reyes Magos | tradiciones

La oruga sandunguera (primeros lectores)

Escrito por Pepe del Valle

Ilustrado por Lilianna Rivera

Ediciones Vejigante | 31 páginas | español | 7+

Colección: Rimas alegres

Resumen: A través de rimas conocemos a Inés, una oruga a la que le fascina cantar y tocar todo tipo de instrumentos, aunque su favorito es el cuatro puertorriqueño. Un día, la araña Ana, ve a Inés y se le ocurre comérsela, pero una mosca había caído en su telaraña. Del susto, Inés dejó caer su cuatro. Cuando fue a buscarlo, conoció unas hormigas e hicieron un trato para protegerla de la araña, lo que no fue necesario porque la música llevó a la unión de estos animales. Las ilustraciones tienen diferentes tonalidades de verde para representar el escenario del árbol de ceiba donde se desarrolla la historia.

Temas: amistad | animales | música

Otro Belén (libro ilustrado)

Escrito e ilustrado por Sandra Vázquez Santiago

Ediciones Huracán | 20 páginas | español | 7+

Resumen: La historia tradicional de los tres Reyes Magos, acompañada de ilustraciones de la naturaleza de Puerto Rico, se modifica al presentar a tres hombres con diferentes talentos. Cada uno es llamado y guiado por un lucero para unirse y brindarle al Niñito Jesús unos regalos genuinos basados en sus habilidades. Al ofrecerle estos regalos, la bendición del Niñito Jesús les corresponde no solo a ellos, sino también a otras personas. La narrativa marca el mensaje del cristianismo sobre la importancia de ofrendarle el corazón a Jesús.

Temas: conversión | religión | Reyes Magos

Poesía infantil de Puerto Rico y Perú (colección de poemas)

Escrito por Biblioteca Nacional del Perú, Biblioteca Nacional de Puerto Rico y ABINIA-Asociación de Bibliotecas Nacionales Iberoamericanas

Ilustrado por Guisela Chauca Vergara

Biblioteca Nacional del Perú; ABINIA | 82 páginas | español | 4+

Resumen: Esta colección, dividida en dos partes, se compone de 29 poemas puertorriqueños y 27 poemas peruanos de diferentes temas y escritos por diversos autores. La selección incluye odas a la naturaleza, canciones y cuentos en versos.

Temas: amor | animales | juegos y juguetes | naturaleza | sueños y deseos

El ratón Misifú (libro ilustrado)

Escrito e ilustrado por Dave Buchen

Autopublicación | 38 páginas | español | 3+

Resumen: Cuando el ratón Misifú hablaba, ningún ratón lo entendía porque el sonido que emitía era como el "miau" de un gato. Un día, un ratón estaba a punto de ser atrapado por tres gatos, pero, como Misifú hablaba como los gatos, trató de comunicarse con ellos y alejarlos hasta que una aparición los mantuvo a salvo a ambos. Este libro de edición limitada utiliza ilustraciones con la técnica del grabado en relieve.

Temas: animales | astucia

El retorno de Turey (cómic)

Escrito por Ricardo Álvarez-Rivón

Ilustrado por Magali Álvarez Meléndez

Editorial Cordillera | 64 páginas | español | 10+

Resumen: Compendio de tirillas cómicas de Turey el Taíno que recoge una variedad de chistes del personaje que habían sido publicados anteriormente en el periódico *El Nuevo Día*. Algunas tirillas se basan en la mofa a la estatura, la mala suerte y la falta de inteligencia de Turey. Sin embargo, gran parte del humor proviene de "chistes" sexistas y prejuiciados contra la gordura, en los que se presentan a las esposas y a suegras como torturas.

Temas: familia | humor | Taínos

Romance de El conde Olinos (libro ilustrado)

Escrito por Anónimo

Ilustrado por Walter Torres

Sociedad Histórica de Puerto Rico | 14 páginas | español | 8+

Resumen: Basada en *El Conde Olinos,* canción de la tradición oral española, se narra la historia de este conde, quien una mañana sale en su caballo entonando su hermoso canto. Su melodía llega hasta la torre del palacio, donde la reina no está muy contenta con el amor entre su hija y el conde, a quien "le falta la sangre real". Es una historia de amor, entre las diferencias de clases, que culmina con un final fatalista para los enamorados. Las ilustraciones transportan la historia a la ciudad amurallada del Viejo San Juan y representan las inequidades sociales y raciales existentes, en donde los personajes blancos españoles acaparan la narrativa.

Temas: colonialismo | realeza | tradición oral | Viejo San Juan

Salsa Stories (colección de cuentos)

Escrito por Lulu Delacre

Scholastic Press | 112 páginas | inglés | 8+

Resumen: Durante la celebración del Año Nuevo, familiares y amistades llegan a la casa de Carmen Teresa para compartir. Tras haber recibido una libreta como regalo, Carmen Teresa decide llenarla de historias sobre la niñez de dichos familiares y amistades. Este libro es una colección de nueve historias que combinan recetas, comidas y memorias sobre celebraciones en Latinoamérica. El libro también incluye recetas y un glosario.

Temas: comida | familia | tradiciones

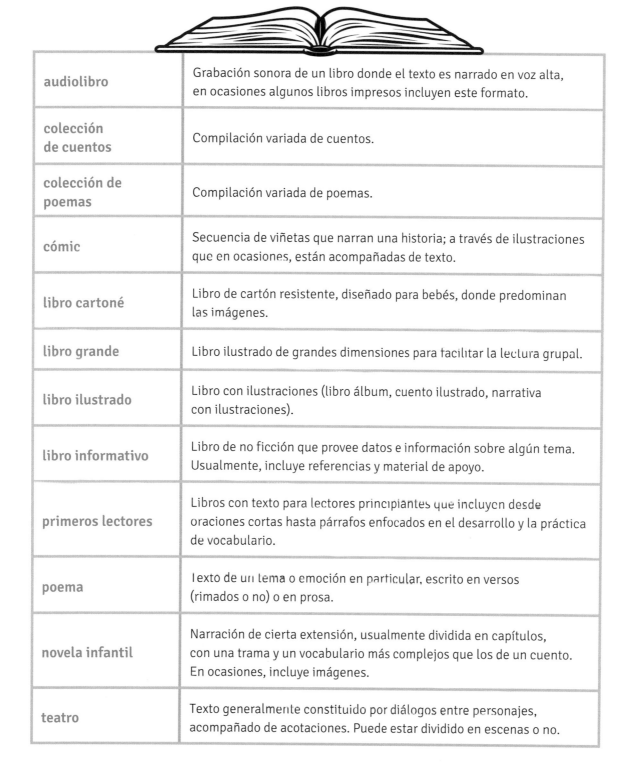

audiolibro	Grabación sonora de un libro donde el texto es narrado en voz alta, en ocasiones algunos libros impresos incluyen este formato.
colección de cuentos	Compilación variada de cuentos.
colección de poemas	Compilación variada de poemas.
cómic	Secuencia de viñetas que narran una historia; a través de ilustraciones que en ocasiones, están acompañadas de texto.
libro cartoné	Libro de cartón resistente, diseñado para bebés, donde predominan las imágenes.
libro grande	Libro ilustrado de grandes dimensiones para facilitar la lectura grupal.
libro ilustrado	Libro con ilustraciones (libro álbum, cuento ilustrado, narrativa con ilustraciones).
libro informativo	Libro de no ficción que provee datos e información sobre algún tema. Usualmente, incluye referencias y material de apoyo.
primeros lectores	Libros con texto para lectores principiantes que incluyen desde oraciones cortas hasta párrafos enfocados en el desarrollo y la práctica de vocabulario.
poema	Texto de un tema o emoción en particular, escrito en versos (rimados o no) o en prosa.
novela infantil	Narración de cierta extensión, usualmente dividida en capítulos, con una trama y un vocabulario más complejos que los de un cuento. En ocasiones, incluye imágenes.
teatro	Texto generalmente constituido por diálogos entre personajes, acompañado de acotaciones. Puede estar dividido en escenas o no.

2001

Castillos de mi tierra (libro ilustrado)

Escrito por Carmen Leonor Rivera-Lassén

Ilustrado por Mrinali Álvarez Astacio

Publicaciones Yuquiyú | 29 páginas | español | 7+

Serie: Del cobito

Resumen: Un día, el abuelo Yayo cuenta la anécdota de cómo se perdieron las llaves de una de las puertas de la ciudad amurallada de San Juan y cómo él caminó por toda la isleta en busca de su padre, un ocupado artesano orfebre, para ayudar a resolver esta situación. Las coloridas imágenes presentan la arquitectura colonial, así como otros lugares de interés de la capital durante el siglo XIX. Al final del cuento se incluyen un glosario, actividades sugeridas e información de los castillos localizados en la ciudad de San Juan.

Temas: arquitectura | Viejo San Juan

Cuentos del mar (colección de cuentos)

Escrito por Maribel T. de Suárez

Ilustrado por PEKEGRAF

Publicaciones Puertorriqueñas | 59 páginas | español | 6+

Serie: Cuentos de Puerto Rico

Resumen: Colección que agrupa ocho cuentos en los que se manifiesta el respeto por los ecosistemas marítimos. Las historias se desarrollan entre una playa de Vega Baja y el océano, con una variedad de personajes, desde seres humanos hasta cobitos. De las narraciones se puede inferir una visión conservadora reflejada en el uso del lenguaje y las alusiones a Dios. Las ilustraciones sencillas no ofrecen valor adicional al libro.

Temas: animales | conservación ambiental | mar | naturaleza | Vega Baja

Ensueño musical (libro ilustrado)

Escrito por Evelyn Cruz

Ilustrado por Kahlil Bonet

Publicaciones Yuquiyú | 22 páginas | español | 6+

Resumen: A través de tres personajes, quienes ejemplifican abiertamente, por medio de sus diálogos y características físicas, las tres culturas (la africana, la española y la taína), se pretenden discutir las raíces de la música puertorriqueña. Inicialmente, se habla sobre África y, luego, la conversación queda sujeta a las observaciones de las culturas indígena y española. Se presentan instrumentos propios de las tres culturas predominantes en Puerto Rico, con una visión sobre el mestizaje que asume la igualdad de condiciones entre los ciudadanos del archipiélago. Al final, se incluye una lista de instrumentos de música popular.

Temas: colonialismo | cultura | mestizaje | música

La flor de maga: un milagro de amor
(libro ilustrado)

Escrito por Evelyn Cruz

Ilustrado por Kahlil Bonet

Publicaciones Yuquiyú | 19 páginas | español | 5+

Resumen: La historia de la flor de maga, árbol nativo de Puerto Rico, es contada desde la idea milagrosa de su creación, dando a la flor una identidad celestial. En el relato conocemos de otros árboles comunes en la isla que llegaron por vía de los conquistadores. En una exaltación de lo nacional, se dan descripciones de los diferentes árboles del bosque con ilustraciones que ofrecen características humanas a la naturaleza.

Temas: árboles | flores | identidad | naturaleza

Girafo (libro ilustrado)

Escrito por Myriam Yagnam Lara

Ilustrado por Jorge Zeno

Autopublicación | 24 páginas | español | 7+

Resumen: Un gato llamado Girafo estaba tan enamorado de la luna que, para poder alcanzarla, decidió aprender a volar. Así fue como Girafo conoció a su sabio maestro de vuelo, el Sr. Búho, con quien estudió muchos años sin poder lograr su cometido. Luego de que el maestro decidiera partir de este mundo, Girafo se transformó y pudo, por fin, aplicar las grandes lecciones de su maestro. El personaje principal fue inspirado por la escultura *Girafo,* del artista puertorriqueño Jorge Zeno, quien también ilustra este cuento, con aires metafísicos.

Temas: amor | animales | sueños y deseos

Grandma's Records (libro ilustrado)

Escrito e ilustrado por Eric Velasquez

Walker & Co. | 32 páginas | inglés (traducción al español: *Los discos de mi abuela,* 2002) | 5+

Resumen: Todos los veranos, Eric visita a su abuela en Nueva York y juntos escuchan música. Al oír su canción favorita, su abuela le cuenta historias de su niñez en Puerto Rico. Una noche, Eric y su abuela van al concierto de Cortijo y su combo, y la banda les deleita con la canción especial de abuela, "En mi Viejo San Juan", dedicada a ella. Ilustraciones detalladas y vibrantes acompañan esta historia de una familia afroboricua en la diáspora.

Temas: diáspora | familia | música | nostalgia

El jardín del búho sabio (colección de cuentos)

Escrito por Tina Casanova

Ilustrado por Daniel Díaz

Publicaciones Puertorriqueñas | 61 páginas | español | 4+

Resumen: Una serie de relatos protagonizados por animales típicos de la granja y por una familia nuclear. Las tramas variadas están relacionadas con las figuras geométricas, los números del 1 al 10, los colores, los cinco sentidos, las palabras opuestas, la composición de una familia tradicional y las partes del cuerpo humano. El personaje del búho sabio funge entre los cuentos como el personaje que aclara o repasa las destrezas básicas que el relato quiere enseñar. Si bien los cuentos tienen una finalidad didáctica, estos no dejan de ser jocosos.

Temas: animales de la granja | cinco sentidos | colores | cuerpo humano | familia | figuras geométricas | números | opuestos

---

The Little Frogs of Puerto Rico (libro ilustrado)

Escrito por Sheila Wegryn

Ilustrado por Richard Martin

Richard C. Owen Publishers | 12 páginas | inglés | 5+

Resumen: Es la hora de dormir y la abuela le cuenta a su nieto, Tomás, sobre cómo el sonido de los coquíes era la serenata cuando ellos residían en Puerto Rico. La breve historia se sitúa en la habitación de Tomás, en donde el poder de la nostalgia fortalece los lazos afectivos de estos inmigrantes en los Estados Unidos con el archipiélago de islas.

Temas: abuelos | coquí | diáspora

Mi caballo (primeros lectores)

Escrito por Georgina Lázaro León

Ilustrado por Encarna Talavera

Editorial Everest | 36 páginas | español | 6+

Serie: Montaña encantada

Resumen: El caballo de palo, hecho de retazos por su mamá y su abuela, es uno de los juguetes más valorados por el niño. Conocemos cómo fue construido, así como las diferentes aventuras que tienen juntos por la Tierra y el resto de los planetas. Este relato trae a la mirada del lector los juegos tradicionales y su importancia para el desarrollo y la imaginación de la niñez.

Temas: aventura | juegos y juguetes

Milagro bajo la estrella de Oriente: la verdadera historia de los tres Reyes Magos (novela infantil)

Escrito por José Manuel Solá

Editorial Cordillera | 92 páginas | español | 11+

Resumen: Este libro narra la historia "desconocida" de Melchor, Gaspar y Baltasar, con especial énfasis en el último. Nos cuenta cómo Melchor y Gaspar eran jóvenes príncipes discípulos de Baltasar, quien reinaba en una hermosa región del este, y a quien llamaban Maestro, por su conocimiento de las ciencias, las artes y las matemáticas. La historia nos da a conocer que Baltasar tuvo un hijo que perdió en un accidente, lo que resalta su sentido de misericordia ante los demás. La historia continúa con detalles de la vida de los Tres Reyes Magos, culminando con su visita al nacimiento de Jesús, guiados por la estrella de Oriente. La titulación del libro como "La verdadera historia de los Tres Reyes Magos" puede llevar a la audiencia a considerar el texto como informativo en vez de ficción. Se incluye un glosario al final.

Temas: amor | religión | Reyes Magos | tradiciones navideñas

Un rayito de sol (libro ilustrado)

Escrito por Ana Ilsa Rivera

Ilustrado por Alfredo Ortiz Mercado

Producciones ANISA | 14 páginas | español | 3+

Resumen: Los rayos del sol entran a una habitación y despiertan a la niñez dormida, mientras se presentan los días de la semana y la rutina de una familia por la mañana. Este libro funciona para la niñez que se encuentra en el proceso de adaptarse a la rutina semanal de la escuela. Las ilustraciones son sencillas, sin ampliar la narrativa textual.

Temas: días de la semana | rutinas

Relatos y leyendas de Borinquen (primeros lectores)

Escrito por Tina Casanova

Ilustrado por Daniel Díaz

Publicaciones Puertorriqueñas | 81 páginas | español | 11+

Resumen: Este libro presenta siete relatos que representan parte de la historia de Puerto Rico desde 1511 hasta 2001. Tres de las leyendas fueron tomadas de Cayetano Coll y Toste, y las demás de la tradición oral o de acontecimientos cotidianos, como explica la autora en la introducción del libro. El libro cuenta con un glosario de términos, una bibliografía y algunos poemas para proveer contexto a los relatos.

Temas: amor | colonialismo | Francisco Antonio García López (Toño Bicicleta) | historia | Marina en Vieques | personas esclavizadas | religión

Una sorpresa en el jardín (libro ilustrado)

Escrito por Producciones ANISA

Ilustrado por Yoalis Durán

Producciones ANISA | 14 páginas | español | 4+

Resumen: Una gata, una coneja y una oruga eran amigas en el jardín. Jugaban juntas todos los días. En una ocasión, la gata y la coneja no encontraron a la oruga, que estaba en el proceso de metamorfosis. Al dar con ella, convertida ya en mariposa, surge la inquietud de conocer más sobre la metamorfosis, pero el cuento no ofrece una respuesta clara al respecto.

Temas: animales del patio | mariposa | metamorfosis | naturaleza

Los taínos de Borinquén (libro informativo)
Escrito e ilustrado por Eduardo Colón Peña
Editorial Grafito | 23 páginas | español | 8+
Serie: Historias para coleccionar
Resumen: Brevemente, se explica la vida de los taínos, así como se incorpora su vestimenta, creencias religiosas, composición sociopolítica, ocupaciones y otros aspectos. El texto incluye la importancia de la mujer taína en la sociedad y algunos roles establecidos en la cultura, además de un mapa de los yucayeques y caciques de la isla. Las ilustraciones son sencillas, en blanco y negro. El libro cuenta con un glosario de las palabras taínas utilizadas.
Temas: historia | Taínos

Los viajes de Cristóbal Colón (libro informativo)
Escrito e ilustrado por Eduardo Colón Peña
Editorial Grafito | 23 páginas | español | 7+
Serie: Historias para coleccionar
Resumen: La historia de Cristóbal Colón se presenta con un contexto de la historia de España, su relación con los habitantes árabes musulmanes y las relaciones comerciales predominantes en la época. Así conocemos, con ilustraciones en blanco y negro, los cuatro viajes de Colón. Se incluye información sobre los territorios visitados y la relación con los indígenas. Concluye con la muerte de Colón y su relación con el rey de España.
Temas: Capitulaciones de Santa Fe | colonialismo | Cristóbal Colón | España | historia

¡Ya llegan los Reyes Magos! (libro ilustrado)
Escrito por Georgina Lázaro León
Ilustrado por Morella Fuenmayor
Lectorum Publications | 48 páginas | español | 5+
Resumen: Es víspera de Reyes, y un niño se levanta muy temprano para enfrentarse a un día de muchas actividades familiares y de ilusiones. Contado en rima, desde el punto de vista del niño, se narran las tradiciones de preparar los alimentos, hacer la lista de peticiones para los Reyes, buscar la hierba para los camellos, así como una noche de villancicos y música navideña. Las ilustraciones son cálidas y capturan la ilusión de la niñez y el amor entre la familia afroboricua, quienes esperan por los Reyes en su casita en el campo.
Temas: Puerto Rico | Reyes Magos | tradiciones navideñas | vida en el campo
Premio: PEN Club de Puerto Rico Internacional, 2001

Panorama actual
de la literatura infantil: cantidad de libros por año

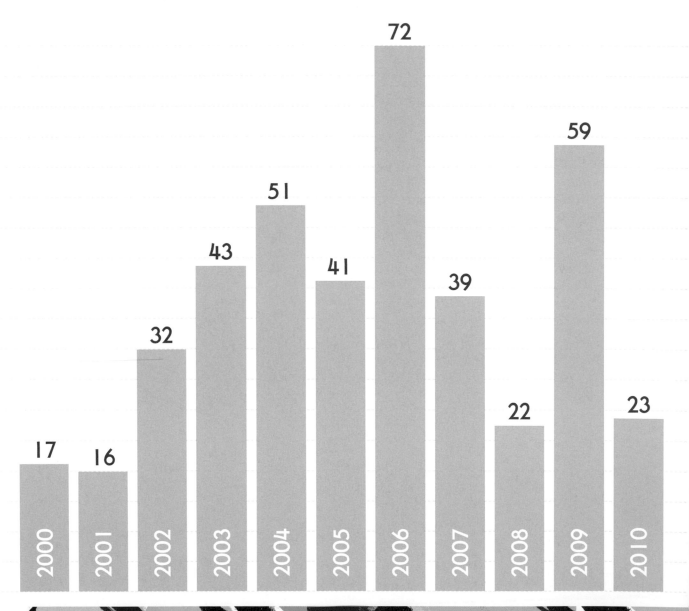

2000-2020

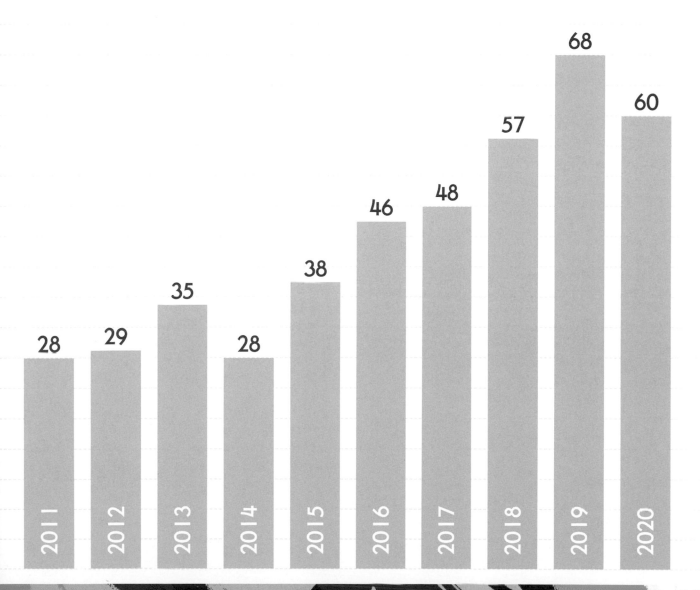

2011	2012	2013	2014	2015	2016	2017	2018	2019	2020
28	29	35	28	38	46	48	57	68	60

2002

ABC de los animales (libro ilustrado)

Escrito por Isabel Freire de Matos

Ilustrado por Rafael Ángel Pagán

Camera Mundi | 35 páginas | español | 4+

Resumen: Con el abecedario y en estrofas poéticas, se describe una serie de animales de diferentes regiones del mundo. Este libro es un buen recurso para preescolares. Cuenta con unas breves palabras de la autora con las que invita a la niñez a crear su propio abecedario.

Temas: abecedario | animales

Al final del arcoíris (colección de cuentos)

Escrito por Tina Casanova

Ilustrado por PEKEGRAF

Publicaciones Puertorriqueñas | 69 páginas | español | 7+

Serie: Cuentos de Puerto Rico

Resumen: Colección de ocho cuentos cortos que tienen como meta "valores [que] adornarán" la vida de la niñez, según se expresa en la introducción. Se trabajan temas como las emociones, la conservación del ambiente, la honradez y la sinceridad, y el no juzgar por las apariencias. Cada cuento incluye preguntas de comprensión de lectura y una sección para enriquecer el vocabulario. La narrativa y las ilustraciones se caracterizan por su cotidianidad, naturalidad y accesibilidad a la niñez.

Temas: conservación ambiental | emociones y sentimientos | naturaleza | valores

---

El árbol de juguetes (libro ilustrado)

Escrito por Myriam Yagnam Lara

Ilustrado por María Antonia Ordóñez

Ediciones Huracán | 32 páginas | español | 4+

Resumen: Por medio de su ciclo de vida, un árbol de algarrobo, deseoso de ofrecer los mejores y más coloridos frutos, descubre su verdadero rol en la comunidad. La narrativa presenta el origen del juego de gallitos, como también la diversidad de la flora y la fauna puertorriqueña. Cabe destacar que, en la historia, la caracterización y la participación del personaje de don Martín, recae en el tropo del *magical negro*.

Temas: animales | autodescubrimiento | flora | juegos y juguetes

---

Children of Puerto Rico (libro informativo)

Escrito por Michael Elsohn Ross

Fotografías por Félix Rigau

Carolrhoda Books | 48 páginas | inglés | 7+

Resumen: Se presentan viñetas y fotografías sobre el diario vivir de la niñez en Puerto Rico, en una variedad de áreas geográficas y ecosistemas. El libro intercala la historia política y social del archipiélago, mientras menciona la vida y las experiencias de la niñez de diversas tonalidades de piel, géneros y clases sociales. La inclusión de municipios como Culebra, Sabana Grande, Arecibo, Maricao, Cabo Rojo, Loíza y Río Piedras (San Juan) rompe con las narrativas tradicionales de libros informativos que se enfocan mayormente en el área metropolitana.

Temas: diario vivir | ecosistemas | historia | niñez

La chiringa (libro ilustrado)

Escrito por Nelson Santos

Ilustrado por Elianeth Molina

LIBROS, Encouraging Cultural Literacy | 33 páginas | español (traducción al inglés: *The Kite*) | 5+

Resumen: Un día en que hacía una fuerte brisa, el padre de Lurdilla y Tatita les enseña a hacer una chiringa con hojas de palma, papel, cordón y un retazo de tela. El cuento ilustra un Puerto Rico campesino idealizado como una estampa jíbara. Las imágenes presentan paso a paso cómo realizar este tipo de chiringa ecoamigable.

Temas: juegos y juguetes | tradiciones

Conquista y rebelión indígena (libro informativo)

Escrito e ilustrado por Eduardo Colón Peña

Editorial Grafito | 19 páginas | español | 8+

Serie: Historias para coleccionar

Resumen: Breve introducción a la conquista, la colonización y la opresión de los españoles a la población indígena de Borikén. Desde la llegada de Cristóbal Colón hasta el genocidio de los indios Taínos, la narrativa incorpora acontecimientos y, eventualmente, el rompimiento de la idea de los Taínos como sumisos ante la rebelión y los enfrentamientos con los españoles. Las ilustraciones en blanco y negro tienen el propósito de ser coloreadas por lectores.

Temas: colonialismo | historia | Taínos

Cuentos de la fauna puertorriqueña (colección de cuentos)

Escrito e ilustrado por José A. Rabelo Cartagena

Ediciones payaLILA | 64 páginas | español | 7+

Resumen: Siete cuentos protagonizados por animales comunes o autóctonos de Puerto Rico, con el fin de llevar una lección o mostrar cómo decisiones humanas afectan el hábitat de los animales. El libro, en su primera edición, contaba con problemas de legibilidad, ya que, en ocasiones, se colocó el texto encima de las imágenes. Este problema se resolvió en su segunda edición en el 2005.

Temas: animales en peligro de extinción | Puerto Rico

¿Dónde está Ana? (libro ilustrado)

Escrito por Ana Ilsa Rivera

Ilustrado por Alfredo Ortiz Mercado

Producciones ANISA | 15 páginas | español | 5+

Resumen: Un día, la maestra le cuenta a los estudiantes que Ana estará ausente, ya que tuvo un accidente. En ese momento, el mejor amigo de Ana, Paco, decide darle una sorpresa con el grupo. La narración presenta conversaciones de la niñez con diferentes miembros de la comunidad escolar como el conserje, la cocinera y la trabajadora social. Las ilustraciones ofrecen el contexto de manera sencilla y amplían la narración.

Temas: amistad | escuela | profesiones y oficios

En la orilla del mar (colección de cuentos)

Escrito por Maribel T. de Suárez

Ilustrado por PEKEGRAF

Publicaciones Puertorriqueñas | 45 páginas | español | 5+

Serie: Cuentos de Puerto Rico

Resumen: Colección de siete cuentos cortos que presentan, como protagonistas, a diferentes animales que se encuentran en el mar y en las playas de Puerto Rico, y que enfrentan diferentes retos de la vida marina. Las historias incluyen aspectos religiosos como las menciones a Dios y el reconocimiento y la afirmación de su protección.

Temas: animales marinos | mar | pescar

La estrella sabia (primeros lectores)

Escrito por Rita Ortiz Brunet

Ilustrado por Gerardo Figueros

Editorial Cultural | 12 páginas | español | 5+

Serie: Cuentos de la abuela

Resumen: Dos hermanitos Kuna, indígenas de las Islas de San Blás en Panamá, deseaban montarse en la canoa de su papá y navegar mar adentro para conocer nuevos continentes. Sin obtener el permiso de su papá, su mamá o su abuela, los hermanos deciden zarpar en su aventura marítima. Divisan una estrella brillante en el cielo, que les habla para ofrecerles direcciones hacia nuevos destinos. Al llegar a tierra, ven que es un lugar ya conocido por ellos. La estrella les da la lección de que no deben salir sin permiso de sus padres y los devuelve a sus islas. Ilustraciones en blanco y negro acompañan la historia que ofrece, de manera obvia, una moraleja trillada.

Temas: familia | indígenas | obediencia

Estrellita se despide de su Isla / Estrellita Says Good-bye to Her Island (libro ilustrado)

Escrito por Samuel Caraballo

Ilustrado por Pablo Torrecilla

Piñata Books | 32 páginas | bilingüe (español e inglés) | 4+

Resumen: Mientras aborda y observa desde la ventana de un avión, Estrellita comienza a pensar y celebrar las bellezas naturales, tradiciones y experiencias de su Puerto Rico. Los paisajes de las ilustraciones y vivencias del autor, dan la impresión de que la historia se sitúa en Vieques, aunque no se hace alusión a su situación política y a la Marina.

Temas: diáspora | naturaleza | nostalgia | Puerto Rico

Lo que le pasó a Curiosa (libro ilustrado)

Escrito por Ana Ilsa Rivera

Ilustrado por Yoalis Durán

Producciones ANISA | 15 páginas | español | 4+

Resumen: Un evento de hostigamiento sexual se presenta mediante la interacción de una gatita, llamada Curiosa, y un gato, llamado Mauro, amigo de la familia que, poco a poco, se gana la confianza de la pequeña hasta tocarla y mirarla de forma inadecuada. La historia pretende establecer la confianza entre los padres y la hija para hablar de estas situaciones, pero concluye con la evidente impunidad del hostigador. Se precipita un final feliz, al desaparecer a Mauro de la historia, sin dar explicaciones

de su paradero. En vez de colocar la responsabilidad de la agresión sobre el hostigador, se pone sobre las mujeres y las niñas. Se trata de una historia muy problemática desde su inicio, al llamar a la víctima con el nombre de Curiosa.

Temas: animales | apoyo familiar | hostigamiento sexual

El mar (libro ilustrado)

Escrito por Irmita Guzmán de Amador

Ilustrado por Alicia I. Lavergne Ramírez

Fundación Carlos Manuel Amador Guzmán | 19 páginas | español | 7+

Serie: Cuentos ecológicos educativos

Resumen: La historia de Carlitos y sus acercamientos al mar se remonta a su niñez, cuando sus padres lo llevaban a la casa de playa en Añasco. Desde pequeño, Carlitos conversa con la arena y el mar, así entiende la importancia de mantener los espacios limpios para el disfrute de las personas y la continuidad de la vida marina. Carlitos comparte estas historias con su madre, quien entiende mejor los intereses de su hijo. Las ilustraciones sencillas describen los espacios narrados. Sin embargo, el tipo de letra, tamaño y color, no facilitan la lectura.

Temas: Añasco | naturaleza | protección ambiental

La media perdida (primeros lectores)

Escrito por Ángeles Molina Iturrondo y Adriana Iguina

Ilustrado por Nívea Ortiz Montañez

Ediciones Santillana | 23 páginas | español | 4+

Serie: Gongolí

Resumen: Una niña, en su rutina de todas las noches, se prepara para ir a dormir y su madre le coloca sus medias rosadas favoritas. Al otro día, la niña se percata de que una de sus medias se ha perdido y deja volar su imaginación para identificar su paradero. Texto sencillo e ilustraciones coloridas acompañan esta historia sobre la imaginación y la relación entre madre e hija.

Temas: imaginación | rutinas | vestimenta

Mi amiga la quebrada (libro ilustrado)

Escrito por Irmita Guzmán de Amador

Ilustrado por Alicia I. Lavergne Ramírez

Fundación Carlos Manuel Amador Guzmán | 15 páginas | español | 7+

Serie: Cuentos ecológicos educativos

Resumen: Mientras exploraba en el bosque, Carlitos se encuentra con una quebrada y comienza a hablar con ella. Durante la conversación, aprende sobre la importancia de mantener los espacios limpios para que las quebradas puedan cumplir con su misión de servicio. El color, el tamaño y el tipo de letra seleccionadas no ayudan a la lectura. La exaltación de la naturaleza que presenta la narrativa demuestra la importancia de que el ser humano cuide de ella.

Temas: contaminación ambiental | educación ambiental | naturaleza

---

Mi amigo el árbol (libro ilustrado)

Escrito por Irmita Guzmán de Amador

Ilustrado por Alicia I. Lavergne Ramírez

Fundación Carlos Manuel Amador Guzmán | 11 páginas | español | 7+

Serie: Cuentos ecológicos educativos

Resumen: Carlitos es un niño que vive en un bello lugar rodeado de naturaleza. Un día, en una conversación con un árbol, conoce mejor sus beneficios para el ambiente y los humanos. Los diálogos del texto se identifican con diferentes colores y tamaño de letra, según el personaje, y se resaltan las palabras de Carlitos. Sin embargo, la letra y el color escogidos no son los más favorables para la lectura. La relación con la naturaleza propicia una mirada crítica entre el lector y sus ejecutorias.

Temas: conservación ambiental | naturaleza

Mi isla y yo: la naturaleza de Puerto Rico / My Island and I: The Nature of Puerto Rico (libro ilustrado)

Escrito por Alfonso Silva Lee

Ilustrado por Alexis Lago

Pangaea | 36 páginas | bilingüe (español e inglés) | 7+

Resumen: Breve introducción a la vida y el desarrollo de las diversas especies de plantas, animales y sistemas naturales que habitan en Puerto Rico. Se incluye la interrelación de los seres humanos con los ciclos de vida de la fauna y la flora. Esta edición bilingüe presenta el texto en inglés tras el texto en español. Su formato y tipo de letra pueden presentar dificultad al lector.

Temas: animales | ecosistemas | flora

El monte cemí (libro ilustrado)

Escrito por Irmita Guzmán de Amador

Ilustrado por Alicia I. Lavergne Ramírez

Fundación Carlos Manuel Amador Guzmán | 19 páginas | español | 7+

Serie: Cuentos ecológicos educativos

Resumen: Carlitos se encuentra en la finca Buena Esperanza cuando escucha un llanto. En busca de su procedencia, entabla una conversación con Monte Herido sobre la importancia de la naturaleza. Aunque se presenta a un niño con deseo de relacionarse con espacios naturales, se le describe como desconocedor de los problemas ambientales. Las ilustraciones y el color, el tamaño y el tipo de letra no son favorables para la lectura.

Temas: deforestación | naturaleza | protección ambiental

Naturaleza borincana (colección de poemas)

Escrito por Onelia Hernández

Ilustrado por Yoalis Durán, José Luis González y Laida Bermúdez

Producciones ANISA | 18 páginas | español | 5+

Resumen: Recopilación de quince poemas cortos sobre diferentes espacios naturales de Puerto Rico. Cada ilustración incluye alguna representación principal del poema que acompaña. Sin embargo, todos los seres humanos resaltados son blancos, presentando un libro sin diversidad racial ni representaciones de la realidad puertorriqueña.

Temas: animales | naturaleza

Nuestra herencia Taína (cómic)

Escrito por Antonio Aguado Charneco

Ilustrado por Animación Boricua

Instituto de Cultura Puertorriqueña | 13 páginas | español | 8+

Serie: ICePé.cómic

Resumen: En una excursión escolar hacia el Centro Ceremonial Indígena de Caguana en Utuado, un grupo de estudiantes aprende sobre los Taínos y las excavaciones arqueológicas. A su regreso, el grupo se transporta mágicamente hacia la época precolombina y los estudiantes conocen más sobre nombres, frutos y actividades que se heredaron y conservaron de las comunidades taínas. Al final de la tirilla cómica, se incluyen una serie de actividades para expandir los conocimientos sobre la herencia taína.

Temas: arqueología | historia | Taínos

Origen de la bandera puertorriqueña (libro informativo)

Escrito e ilustrado por Eduardo Colón Peña

Editorial Grafito | 23 páginas | español | 8+

Serie: Biografía - sucesos históricos

Resumen: Con ilustraciones sencillas en blanco y negro, se presenta una investigación con referencias de periódicos puertorriqueños como *El Mundo*, sobre cómo fue la creación de la bandera de Puerto Rico. Se fortalece el texto con la integración de información sobre la situación colonial del archipiélago y las migraciones a Nueva York. Además, se explica brevemente la persecución política contra quienes poseyeran la bandera y la protesta de Pedro Albizu Campos.

Temas: Antonio Vélez Alvarado | Cayetano Coll y Toste | colonialismo | historia | María Manuela Besosa | Pedro Albizu Campos | política | protesta | símbolos

---

La pandilla bajo el árbol (primeros lectores)

Escrito por Juan Carlos Quiñones

Ilustrado por Nívea Ortiz Montañez

Ediciones Santillana | 44 páginas | español | 8+

Serie: Gongolí

Resumen: La niñez de la historia desarrolla una amistad al darse la situación de que el gato de Merlín no quiere bajarse de un árbol de mangó. Luego de este primer encuentro, se presentan diferentes aventuras vividas por el grupo, desde visitas a la playa hasta celebraciones y encuentros. El narrador se coloca desde la perspectiva de sus personajes, como una invitación a la niñez de convertirse en narradores de historias.

Temas: amistad

El pelícano aventurero (libro ilustrado)

Escrito por Marisel N. Torres Crespo

Ilustrado por Ángel A. Díaz Cabrera

First Book Publishing of Puerto Rico | 31 páginas | español | 5+

Colección: Salvemos el planeta

Resumen: Un día, Mamá Pelícano amanece enferma por una indigestión y manda a su travieso hijo mayor, Cano el Pelícano, a buscar comida que alimente a toda la familia. Mientras cumple con el mandado, el relato da paso a presentar diferentes situaciones que afectan a animales acuáticos en peligro de extinción. El cuento sirve de introducción para reflexionar sobre la toma de decisiones y la empatía en la niñez.

Temas: animales en peligro de extinción | animales marinos | aves | contaminación ambiental | manatíes | tortuga

Pepitina (primeros lectores)

Escrito por Ángeles Molina Iturrondo

Ilustrado por Dennis Villanueva Guevara

Ediciones Santillana | 23 páginas | español | 4+

Serie: Gongolí

Resumen: La hormiga Pepitina decide no ir a la fiesta de la plaza, ya que prefiere quedarse a limpiar su casa. Sus amigos pasan por allí, interrumpiendo sus tareas, para invitarla a la fiesta, pero esto molesta a Pepitina. Al final, ellos deciden sorprenderla, con lo que demuestran compañerismo y amistad. Las ilustraciones y el texto, con tono didáctico, reflejan los estereotipos de género mediante la realización de tareas domésticas y el vestuario hiperfemenino.

Temas: amistad | animales | roles de género

Poesía menuda (colección de poemas)

Escrito por Isabel Freire de Matos

Ilustrado por Rafael Ángel Pagán

Camera Mundi | 34 páginas | español | 3+

Resumen: Mediante versos, conocemos diferentes historias con énfasis en la naturaleza. Las ilustraciones describen una escena o un aspecto particular del poema. Más allá de su lenguaje sencillo, los poemas no se relacionan entre sí.

Temas: naturaleza | poesía

Por la cuesta del viento: relatos de Navidad (colección de cuentos)

Escrito por Salvador Tió

Ilustrado por José R. Alicea

Pearson Educación México | 48 páginas | español | 8+

Resumen: Recopilación de cinco cuentos semibiográficos de Salvador Tió, publicados anteriormente en periódicos y revistas. Desde el punto de vista del autor, los relatos describen memorias de su niñez, la época navideña, los regalos y las tradiciones del Día de Reyes. Algunos de estos textos no se alejan de los estereotipos y las representaciones opresivas de las comunidades negras puertorriqueñas.

Temas: Navidad | nostalgia | Reyes Magos | tradiciones

Quiero ser como el árbol de mangó (libro ilustrado)

Escrito por Félix M. Padilla

Ilustrado por Eren Star Padilla

LIBROS, Encouraging Cultural Literacy | 33 páginas | español (traducción al inglés: *I Want to Be Like the Mango Tree*) | 4+

Resumen: Mediante ilustraciones de flora antropomórfica, el libro discute las diferentes etapas del crecimiento humano en paralelo con el crecimiento de un árbol. La narración enfatiza en las características humanas y los estereotipos de la inocencia de la niñez y la sabiduría de la vejez. El libro carece de información sobre elementos de la naturaleza y, desde la portada, le otorga superioridad al ser humano, al ubicarlo como centro.

Temas: árboles | ciclo de vida | naturaleza

Shake It, Morena! and Other Folklore from Puerto Rico (libro ilustrado)

Compilado por Carmen T. Bernier-Grand

Ilustrado por Lulu Delacre

Millbrook Press | 48 páginas | bilingüe (español e inglés) | 5+

Resumen: Colección de juegos, canciones y cuentos tradicionales de Puerto Rico, presentados desde el punto de vista de una niña. Incluye material suplementario sobre la historia y las tradiciones detrás de las narrativas folklóricas presentadas en el libro.

Temas: adivinanzas | folclor | juegos y juguetes | rimas

Tomás: un elefante que quería ser perro salchicha (libro ilustrado)

Escrito por Myriam Yagnam Lara

Ilustrado por Jorge Zeno

Editorial Cordillera | 23 páginas | español (traducción al inglés: *Tomás a Big Elephant Who Wanted to be a Wiener-Dog*) | 6+

Resumen: En el circo, vive el elefante Tomás, que quería ser tratado como mascota, pues deseaba ser un perro salchicha. Un día, junto al domador del circo, fue a la ciudad a buscar dueño. Como no tuvieron éxito, decidieron poner un anuncio en el periódico: "Elefante grande se ofrece como mascota...". El circo se llenó y Tomás pudo irse, pero luego de esas experiencias, aprendió la importancia de aceptarse como es. Luego de trabajar con su autoestima, se mudó a un campo a vivir con una familia que lo ama, respeta y valora. Con la intención de trabajar el tema de la aceptación, las ilustraciones coloridas reflejan escenas de la narración.

Temas: animales de la selva | autoestima | circo

El último coquí (libro ilustrado)

Escrito por Nancy Ana Pérez

Ilustrado por Patricia Speier Torres

LIBROS, Encouraging Cultural Literacy | 33 páginas | español (traducción al inglés: *The Last Coquí*) | 6+

Resumen: Luego de la llegada de un huracán a Puerto Rico, Coquikí notó que no habían otros coquíes a su alrededor. Durante meses se dedicó a brincar por diferentes lugares buscando otros coquíes, sin tener suerte. Incluso, llegó a pensar que se había convertido en el último coquí. Con la ayuda de sus amigos, una gallina y un lagartijo, conoció a Coquiana. Doña Gallinita, quien le había acompañado durante el trayecto, les reveló a los coquíes el futuro que les esperaba. Las ilustraciones presentan la naturaleza representativa del campo montañoso de Puerto Rico.

Temas: animales en peligro de extinción | coquí | huracanes

El viaje de Pez Dorado (libro grande)

Escrito por Melissa Rodríguez y Ana Ilsa Rivera

Ilustrado por Yoalis Durán

Producciones ANISA | 18 páginas | español (traducción al inglés: *Golden Fish*, 2010) | 4+

Resumen: La historia de un día en el mar es narrada por Pez Dorado, quien, nadando en busca de diversión, interactúa con otros animales hasta encontrar a sus hermanos. Con versos en rimas repetitivas, no tan solo se conoce sobre los diversos animales del mar, pero también a practicar y reconocer los colores.

Temas: animales marinos | colores | comunidad | mar | naturaleza

---

¡Viva la constitución de Puerto Rico! Derecho de todos (cómic)

Escrito por María Gisela Rosado Almedina

Ilustrado por Animación Boricua

Instituto de Cultura Puertorriqueña | 12 páginas | español | 7+

Serie: ICePé.cómic

Resumen: Como parte de la Semana Puertorriqueña, la escuela de Ceci realizará una obra de teatro con varios personajes históricos. Ceci desea hacer el papel de la reina Isabel, pero tiene dudas sobre si la seleccionarán por ser una niña negra. Sus primos le dicen que no deben discriminarla por el color de su piel. Esta conversación sirve de preámbulo para aprender sobre la Constitución de Puerto Rico y los derechos que se establecen en esta. Junto a su abuelo Ramón, el grupo de primos visita el Capitolio, donde se encuentra el documento y aprenden sobre su contenido. A través del texto y las imágenes, se presentan brevemente las personas responsables de la creación de la Constitución. A pesar de promover un mensaje de inclusión y antidiscriminación, la narrativa carece de una crítica y un análisis histórico de la discriminación y el racismo, promovidos por la monarquía, la Iglesia y la colonización.

Temas: Constitución de Puerto Rico | leyes de Puerto Rico

Tina Casanova

Escritora.
Promotora de lectura.
Líder comunitaria.
Luchadora por los
derechos humanos.
Activista en Vieques.

2003

Ana Rosa y las hormigas... (libro ilustrado)

Escrito por Ana Ilsa Rivera

Ilustrado por Yoalis Durán

Producciones ANISA | 18 páginas | español | 5+

Resumen: Ana Rosa es la hermana mayor. Un día, la mamá la despierta y le encarga la responsabilidad de cuidar a sus dos hermanos y de limpiar la casa. En la sala, Ana Rosa ve unas hormigas que trabajan juntas para llevarse las migajas. Al observarlas, ella internaliza que debe colaborar con su mamá y cumplir con sus responsabilidades en lugar de ser perezosa. Los dos hermanos hablan con ella para ayudarla, pero ella les responde "es mi responsabilidad cuidarlos a ustedes y ayudar a mamá". La narrativa sexista de este cuento cae en el estereotipo de la mujer como cuidadora y responsable del hogar. Las ilustraciones presentan cuatro personajes blancos sin brindar diversidad racial.

Temas: roles de género | tareas del hogar

Animales que me divierten (libro ilustrado)

Escrito por Ana Ilsa Rivera

Ilustrado por Yoalis Durán

Producciones ANISA | 18 páginas | español | 4+

Resumen: A través de textos en versos, que incluyen adivinanzas, se presentan animales en diversos espacios. El libro contiene ilustraciones representativas de la adivinanza y el hábitat de los animales, donde prevalece la naturaleza.

Temas: adivinanzas | animales | poesía

El árbol solitario y el pájaro carpintero
(libro ilustrado)

Escrito por Milagros Keppis

Ilustrado por Yoalis Durán

Producciones ANISA | 28 páginas | español | 6+

Resumen: Un árbol joven se encontraba solo y triste. Un pájaro carpintero que llega en busca de comida, le ayuda para que pueda crecer y dar frutos, atraer compañía y desarrollar una vida en comunidad. Uno de los aspectos a criticarse de la narrativa es que presenta la edad como símbolo de sabiduría. Sin embargo, el relato expone la importancia de la amistad y la vida en comunidad. Las ilustraciones sencillas le otorgan características humanas al árbol y no al resto de los personajes.

Temas: amistad | comunidad | emociones y sentimientos | naturaleza

Aventuras de Juan Bobo (libro ilustrado)

Escrito por María Inés Forastieri

Ilustrado por PEKEGRAF

Publicaciones Puertorriqueñas | 43 páginas | español | 6+

Resumen: Se presentan diferentes experiencias de la vida de Juan Bobo. Su madre, para ayudarlo a mejorar su criterio, suele darle instrucciones que el muchacho no siempre comprende bien, propiciando así nuevas aventuras.

Temas: folclor | Juan Bobo | tradición oral

Las aventuras del Gato Anselmo: invasión inglesa de 1598 (libro ilustrado)

Escrito por Diego de la Texera

Adaptado por Tina Casanova

Traducido por Peter Buxton

Ilustrado por Héctor Virella

Publicaciones Puertorriqueñas | 63 páginas | bilingüe (español e inglés) | 7+

Resumen: Con un mapa de la Isleta de San Juan de 1598, se presenta la historia de cómo los gatos valientes de San Juan defendieron la isla tras la invasión de los ingleses. El intento de conquista por parte del inglés George Clifford y la valentía de los gatos, defensores de la monarquía española, producen que se desarrollen diferentes escenarios en los que el ingenio de los gatos, liderados por el Gato Anselmo, tiene gran importancia para la defensa de la ciudad.

Temas: animales | aventura | invasión inglesa | San Juan

El cocodrilo llorón (primeros lectores)

Escrito por Kalman Barsy

Ilustrado por Walter Gastaldo

Alfaguara | 31 páginas | español | 6+

Serie: Gongolí

Resumen: Coco era un cocodrilo de buen corazón que sufría a causa de las burlas que le hacían los demás por su apariencia y mal aliento. Un día rescata una mariposa y entiende que las apariencias no son lo más importante. Las ilustraciones presentan diferentes animales de la selva en las que predominan las tonalidades verdes y amarillas. La historia ofrece oportunidad para diálogos sobre la aceptación y la amistad.

Temas: animales de la selva | autoestima

El coquí que quería ser pájaro (libro ilustrado)

Escrito por Flavia Lugo de Marichal

Ilustrado por Poli Marichal

Ediciones Huracán | 24 páginas | español | 8+

Resumen: Coquí Cantarín, quien nació en una bromelia, ve por primera vez a un pitirre. Decide que quiere volar, por lo que le pide a su mamá que le cree unas alas. Como sabe que no podrá volar, un día se va de paseo en las alas del pitirre. Esta experiencia le enseña a valorar su entorno y comunidad, así como a obedecer a su mamá. El tono didáctico predomina en el texto, restándole al sentido de la aventura. Se incluye un glosario para conocer más sobre el vocabulario utilizado.

Temas: animales | autoestima | comunidad | coquí

Cuéntame un cuento...abuelita

(colección de cuentos)

Escrito por Gloria Vidal de Albó

Ilustrado por PEKEGRAF

Publicaciones Puertorriqueñas | 47 páginas | español | 7+

Serie: Cuentos de Puerto Rico

Resumen: Colección de seis cuentos sobre animales que enfrentan adversidades naturales o provocadas por humanos, y cómo solucionan estos problemas con heroísmo y astucia. Se destacan las aventuras de dos luciérnagas que, súbitamente, deben abandonar a su madre y huir hacia El Yunque, luego que una taladora destruyera su hogar natural, para construir una urbanización. Las imágenes del cuento presentan ciertas discrepancias con las descripciones del texto.

Temas: animales | contaminación ambiental | hábitat | supervivencia

---

El cumpleaños de Pepe (libro ilustrado)

Escrito por Ana Ilsa Rivera

Ilustrado por Yoalis Durán

Producciones ANISA | 15 páginas | español | 4+

Resumen: El día de su cumpleaños, Pepe no celebra con sus amigos, sino con los miembros de su comunidad, que cuentan con profesiones diferentes. El relato presenta un aspecto educativo, pues provee una descripción de las responsabilidades de cada profesión. Esto, a su vez, resalta la ingenuidad de Pepe, ya que se enfoca en la vida de los adultos y deja de lado la interacción y la diversión de la niñez.

Temas: comunidad | cumpleaños | profesiones y oficios

¿De qué nos sirven...el manatí, la iguana y el carey? (libro ilustrado)

Escrito por Pepe del Valle

Ilustrado por Taí Fernández

Ediciones Vejigante | 31 páginas | español | 4+

Colección: Palmas y olas

Resumen: El carey, la iguana y el manatí se presentan como tres animales en peligro de extinción que deben convivir con los humanos tranquilamente. Se muestran diferentes actividades de la vida cotidiana de los seres humanos en que estos animales nos podrían ayudar. Se enfatiza en la importancia de protegerlos, así como en su contribución a la naturaleza. Las ilustraciones son sencillas; parecen creadas por la niñez con lápiz y crayones.

Temas: animales en peligro de extinción

Don Vespertilio, el murciélago
(primeros lectores)

Escrito por Zulma Ayes Santiago

Ilustrado por Walter Torres

Alfaguara | 45 páginas | español | 10+

Serie: Cuentos del Carso | **Serie**: Gongolí

Resumen: El murciélago Don Vespertilio cuenta la historia desde la época de los taínos hasta la invasión de los españoles y la llegada de otras culturas europeas a la isla de Puerto Rico. Expresa la percepción de los taínos sobre los muertos y sus semejanzas con los murciélagos. La narración se sitúa en el año 1798, con descripciones de la llegada de personas esclavizadas a Puerto Rico. El texto ofrece una participación activa al lector. Además, los personajes que se presentan son animales que se asocian con el terror, lo que da paso a otras miradas.

Temas: colonialismo | historia | mitos | murciélagos | naturaleza | personas esclavizadas | Taínos

---

¡En dondequiera coquíes! La canción de Puerto Rico / Everywhere Coquis! The Song of Puerto Rico (libro ilustrado)

Escrito por Nancy Hopper

Ilustrado por Raymond Betancourt

Traducido por Jacqueline Quiñones

Read Street Publishing | 43 páginas | bilingüe (español e inglés) | 7+

Resumen: Los coquíes solo vivían en El Yunque hasta que un día tuvieron que buscar otros espacios, ya que a la cotorra puertorriqueña le molestaba el ruido nocturno de lo que pensaba que eran aves. Así conocemos cómo los coquíes hoy se encuentran en todo Puerto Rico y cómo las solitarias cotorras buscaron a los coquíes en la ciudad para tener compañía en las noches. La travesía de los coquíes también nos muestra algunas profesiones: unos artesanos, un piragüero y unos músicos. La versión en inglés incluye un glosario de términos.

Temas: animales del bosque | Bosque El Yunque | naturaleza

Feliz Navidad: Two Stories Celebrating Christmas (libro ilustrado)

Escrito por José Feliciano

Ilustrado por David Diaz

Scholastic | 28 páginas | bilingüe (español e inglés) | 3+

Resumen: Se presenta una adaptación de la canción original *Feliz Navidad,* del músico lareño, José Feliciano, en las que se intercalan el español y el inglés, para capturar la esencia de celebrar y compartir en familia durante la época navideña. Las ilustraciones, de pinturas de doble página, proyectan el calor familiar y cómo las tradiciones navideñas puertorriqueñas perduran aquí o en la diáspora.

Temas: canciones | diáspora | tradiciones navideñas

Get Ready for Gabí! A Crazy Mixed-Up Spanglish Day (primeros lectores)

Escrito por Marisa Montes

Ilustrado por Joe Cepeda

Scholastic | 96 páginas | inglés | 7+

Resumen: Maritza Gabriela Morales Mercado (Gabi) enfrenta problemas en la escuela a diario, especialmente con Johnny, quien se burla de ella continuamente. Cuando su maestro les asigna un proyecto grupal, Johnny y Gabi deben trabajar juntos. Ella siente tanta molestia que comienza a mezclar el español y el inglés (Spanglish) al tratar de hablar. Esto le sucede durante varios días, pero, con la ayuda de su familia, Gabi acoge su identidad y sus idiomas, enseñándoles a sus compañeros de clase algunas palabras en español y a cómo decir su nombre, Gabí (con acento en la *i*).

Temas: bilingüismo | escuela | idiomas | identidad | familia

Get Ready for Gabí! Who's That Girl?
(primeros lectores)

Escrito por Marisa Montes

Ilustrado por Joe Cepeda

Scholastic | 103 páginas | inglés | 7+

Resumen: Gabí y su familia tienen nuevos vecinos, una familia que se acaba de mudar a la casa misteriosa. La niña, Lizzie, quien es de la misma edad de Gabí, se hace muy amiga de ella y le comparte sus experiencias en St. Rita's, una escuela para niñez con diversidad funcional y de aprendizaje. Sin embargo, un día tienen una confrontación, ya que los hermanos de Lizzie -dos niños gemelos- son los *bullies* del hermanito de Gabí. Al subir a un árbol, Lizzie descubre que sus hermanos verdaderamente son *bullies* y, luego de esto, las niñas se reconcilian. Además de los temas del *bullying* y la diversidad de aprendizaje, el cuento presenta diferencias físicas, ya que Lizzie utiliza una abrazadera en su pierna y hace ejercicios especiales para fortalecer su extremidad.

Temas: amistad | *bullying* | diversidad funcional | familia

Una gira al museo (primeros lectores)

Escrito por C. J. García

Ilustrado por Nívea Ortiz Montañez

Ediciones Santillana | 69 páginas | español | 10+

Resumen: Un grupo de estudiantes de una escuela en el área metropolitana se va de excursión con su maestra al Museo de Arte de Ponce. Durante el viaje por carretera, se mencionan lugares emblemáticos desde Caguas hasta Ponce, incluyendo imágenes como el Monumento al Jíbaro Puertorriqueño. En las actitudes de los personajes abundan los estereotipos. Los referentes utilizados no corresponden

con la audiencia a la que se dirige el libro, como, por ejemplo, las alusiones musicales. Además, se describe de manera problemática a una mujer negra como con "complexiones exóticas", y no se corrigen comentarios hirientes hacia una estudiante obesa.

Temas: arte | *bullying* | excursión | Museo de Arte de Ponce

---

Hostos, amigo viajero (cómic)

Escrito por María Gisela Rosado Almedina

Ilustrado por Animación Boricua

Instituto de Cultura Puertorriqueña | 13 páginas | español | 7+

Serie: ICePé.cómic

Resumen: Un 11 de enero, unos niños puertorriqueños se van de excursión con su abuelo y unos amiguitos de República Dominicana para El Yunque. En el camino, hablan de las ideas hostosianas y de cómo estas se relacionan con las acciones humanas. En El Yunque, mientras descubren la fauna y la flora, se encuentran con Eugenio María de Hostos y su hijo, Adolfo. Allí comienzan un viaje por República Dominicana, Cuba, Venezuela y Chile, a la vez que dialogan sobre las ideas de Hostos y Bolívar, así como sus aportaciones a la libertad de los pueblos y al pensamiento.

Temas: animales del bosque | Antillas Mayores | Bosque El Yunque | Eugenio María de Hostos | República Dominicana

---

Keka en el Museo de Arte de Ponce
(libro ilustrado)

Escrito por Frances Bragan Valldejuly

Fotografías por Francesca von Rabenau

Editorial Plaza Mayor | 59 páginas | español | 10+

Resumen: Francesca es una niña curiosa que participa en un campamento de verano en el Museo de Arte de Ponce, con su maestro Antonio Martorell. La narración presenta su primera experiencia ante las obras de arte del museo. El libro incluye fotografías de Keka, así como de la arquitectura y las obras de arte. Como apéndice se incluyen imágenes de las obras, biografías de artistas, entre otros. Aunque la protagonista es una niña, se expresa con un vocabulario propio de adultos.

Temas: Antonio Martorell | arte | campamento de verano | Museo de Arte de Ponce | Ponce

---

Kikiwi y los desperdicios en el fondo del mar (libro ilustrado)

Escrito por Teresa Rodríguez Nora

Ilustrado por Santi Roman i Guimarães

Ediciones Norte | 30 páginas | español | 7+

Resumen: Kikiwi, un pez del mar Caribe, nadaba cuando se encontró con Penélope, su amiga tortuga, atrapada por una bolsa plástica. Algunos animales del mar se unen y rescatan a Penélope. En un acto de concienciar a los visitantes de la playa sobre el problema de la basura en lo profundo del mar, la niñez bañista comienza una limpieza masiva de las costas. Se debe resaltar que la narración presenta el poder de la niñez en el ambientalismo. Sin embargo, se recomienda una reimpresión con ilustraciones de mejor calidad y, donde se incluyan personas evidentemente negras, ya que solo aparecen personas blancas.

Temas: animales | conservación ambiental | contaminación ambiental | justicia ambiental | protesta

---

Lucita, la luciérnaga: cuéntame un cuento abuelita (primeros lectores)

Escrito por Gloria Vidal de Albó

Ilustrado por PEKEGRAF

Publicaciones Puertorriqueñas | 50 páginas | español | 8+

Serie: Cuentos de Puerto Rico

Resumen: Lucita debe mudarse unos días con su abuelo a El Yunque, debido a que destruirán su hábitat para construir una urbanización. En varios capítulos, conocemos sus experiencias con el abuelo, la fiesta y la vida en comunidad, cuando llega su madre, y la mudanza a una nueva comunidad. El libro

incluye preguntas de comprensión de lectura y un glosario por cada capítulo.

Temas: animales del bosque | Bosque El Yunque | comunidad | justicia ambiental | naturaleza

---

Maína (primeros lectores)

Escrito por Migdalia Fonseca Martínez

Ilustrado por Jorge Báez Martínez-Radio

Alfaguara | 31 páginas | español | 7+

Serie: Gongolí

Resumen: Cuando nació Marina, ya tenía dos hermanitos mayores, quienes le enseñaron muchas cosas durante su periodo de crecimiento. Sin embargo, a los cuatro años, Marina aún no podía decir ninguna palabra. Esto no la limita, pues ella se desarrolla hasta convertirse en maestra de baile, que es su gran pasión. La narración presenta los diferentes logros del personaje y sus interacciones con los miembros de la familia.

Temas: apoyo familiar | baile | diversidad funcional | síndrome de Down

---

Mariana (libro ilustrado)

Escrito por Ana Ilsa Rivera

Ilustrado por Yoalis Durán

Producciones ANISA | 18 páginas | español | 5+

Resumen: En breves palabras, se ofrece un vistazo a la niñez y la adultez de la líder y activista revolucionaria, Mariana Bracetti. Desde su infancia en el pueblo de Mayagüez hasta su participación en el Grito de Lares, el libro centra el rol de las mujeres en la búsqueda de la equidad obrera y libertad del dominio español. Aunque en algunas instancias se idealiza la vida del campesinado, se omiten las opresiones de las comunidades negras y su presencia en las ilustraciones, esta historia sirve de introducción a una época de la historia de Puerto Rico.

Temas: biografía | Grito de Lares | historia | Mariana Bracetti | revolución

El mejor es mi papá (primeros lectores)

Escrito por Georgina Lázaro León

Ilustrado por David Álvarez

Ediciones Santillana | 31 páginas | español | 6+

Resumen: La historia comienza con un grupo de animales (hijos) que exponen las diferentes razones para que se considere a su papá como el mejor del mundo. Animales de diferentes ecosistemas -desde pingüinos hasta lobos- presentan sus argumentos. Es interesante destacar la paternidad con orgullo y responsabilidad. Sin embargo, al transferir este tipo de analogías a los humanos, puede transmitirse un mensaje de exclusión o de que la relación es menos estrecha con la niñez que no presenta rasgos físicos similares a los de sus padres.

Temas: animales | paternidad

Premios: International Latino Book Award, Best Children's Fiction Picture Book (Second Place), 2017 (versión del 2016) | Premio Campoy-Ada, mención de honor, categoría de libro de imágenes (versión del 2016)

Mi mundo / My World (colección de poemas)

Escrito por Magaly Quiñones

Ilustrado por Stephanie Lee Silva del Toro

Instituto de Cultura Puertorriqueña | 46 páginas | bilingüe (español e inglés) | 7+

Resumen: Con ilustraciones en múltiples colores, representativas de cada poema, se presenta una exaltación de la naturaleza. Los temas de los poemas son variados, desde lecciones, como no decir mentiras, hasta el reconocimiento de la tradición de los Reyes Magos. Además, el texto se centra en describir las particularidades de la naturaleza, como lo hace en los poemas "Morivivi", "Mariposa" y "Los árboles". La sección en inglés incluye las mismas ilustraciones de los poemas en español, pero más pequeñas.

Temas: naturaleza | poesía

Mucarito y los habitantes del carso
(primeros lectores)

Escrito por Zulma Ayes Santiago

Ilustrado por Walter Torres

Fotografías por José A. Colón López

Asesoría científica por Armando Rodríguez Durán

Alfaguara | 39 páginas | español | 10+

Serie: Cuentos del Carso

Resumen: En el Carso de Puerto Rico, Mucarito organiza una asamblea a la que están invitados todos los animales, con el propósito de explicarles la verdadera razón de las cosechas del café. Este cuento fusiona lo narrativo con lo informativo, dando a conocer características de los habitantes del Carso, con información y fotografías.

Temas: animales | café | Carso de Puerto Rico | ecosistemas

Un murciélago amigo que vive en las cavernas (libro ilustrado)

Escrito por Blanca Berio de Martinó

Ilustrado por Laura Rodríguez Pratt

Editorial Río Ingenio | 26 páginas | español | 7+

Resumen: Charlie y su familia se van de paseo para explorar las Cavernas de Camuy. Junto a don Gaspar Rivera, el guía del parque, aprenden sobre la naturaleza y se relacionan con un murciélago. La experiencia de Charlie es diferente a la de su familia porque él ya tenía un conocimiento teórico por el informe que había hecho sobre el tema en la escuela. Las ilustraciones simples van acompañadas de fotografías del interior de las cavernas. El libro incluye sugerencias para trabajar el relato de forma interactiva, una entrevista al científico Armando Rodríguez y un CD con música y la narración del cuento. Las ilustraciones de los seres humanos son problemáticas, pues domina la familia puertorriqueña blanca, sin incluir diversidad.

Temas: Cavernas de Camuy | conservación ambiental | murciélagos | recursos naturales | viaje en carretera

La niña y la estrella (primeros lectores)
Escrito por Georgina Lázaro León
Ilustrado por Marnie Pérez Moliére
Ediciones Santillana | 31 páginas | español | 6+
Serie: Gongolí

Resumen: Gracias a un rayo que le regaló la luna, una brillante estrella de mar llama la atención de animales en lo profundo del océano. La estrella espera ser encontrada por una niña. Sin embargo, el énfasis está en respetar los espacios y el hábitat natural. Por esto, se presenta a una niña con conciencia ambiental que le da la oportunidad de vivir en su hábitat. Las ilustraciones muestran arrecifes y la vida en el mar con diversidad de colores con el propósito de ejemplificar la grandeza de las profundidades del mar.

Temas: animales marinos | hábitat | justicia ambiental | naturaleza

---

Nuestra cultura, firme como un guayacán (aventura ecológica y cultural) (cómic)
Escrito por Álida Ortiz Sotomayor
Ilustrado por Paco López Mújica
Instituto de Cultura Puertorriqueña | 13 páginas | español | 7+
Serie: ICePé.cómic

Resumen: Inés tiene que hacer un proyecto para su clase de Ciencias, así que decide ir con el abuelo, Ceci y Pepe al Bosque Seco de Guánica. Junto al oficial de manejo del bosque, aprenden sobre la flora endémica de Puerto Rico. Luego, visitan el Archivo Nacional de Puerto Rico, donde conocen sobre el legado de Agustín Stahl a través de sus obras, las cuales son útiles para su proyecto. La importancia de los distintos bosques de Puerto Rico y la gran variedad de flora son temas de los que se conversa durante la excursión.

Temas: Agustín Stahl | Archivo Nacional de Puerto Rico | Bosque Seco de Guánica | conservación ambiental | flora

---

La oreja Sebastián (libro ilustrado)
Escrito por Tere Dávila
Ilustrado por Ricardo Sánchez
Gabriel Press | 28 páginas | español | 4+

Resumen: Sebastián era una oreja con alas que se pasaba aburrido, ya que no tenía a quien escuchar. Una tarde, por fin, escuchó sonidos y, muy emocionado, exploró sus alrededores en busca de más. Lo que se encontró fue un bizcocho al que no podía saborear, unas flores a las que no podía oler y una mariposa a la que no podía ver. Pero, en ese instante, llegó otra oreja voladora acompañada de ojos, nariz y boca, y juntos pudieron formar una cara completa. El jocoso cuento está acompañado de coloridas ilustraciones hechas en plastilina.

Temas: amistad | cinco sentidos | partes del cuerpo

La pandilla y el libro más grande del mundo (primeros lectores)
Escrito por Juan Carlos Quiñones
Ilustrado por Nívea Ortiz Montañez
Ediciones Santillana | 48 páginas | español | 8+
Serie: Gongolí

Resumen: En este libro conocemos tres historias de la pandilla, un grupo de amigos que se reúnen bajo un árbol de mangó. En la primera historia, a Lucía se le pierde una sortija que había recibido de regalo mientras se lavaba las manos con jabón. En la segunda, Federico decide viajar por varios planetas diferentes a la Tierra. En la tercera, la pandilla descubre el libro más grande del mundo en medio de un picnic. Todos los relatos presentan personajes infantiles que cuestionan, aprenden y comparten ideas. Las ilustraciones nos muestran la niñez al aire libre, con diferentes escenarios que ayudan a guiar la lectura.

Temas: amistad | aventura | solidaridad

Pepa Coquí (primeros lectores)

Escrito por Zulma Ayes Santiago

Ilustrado por Walter Torres

Fotografías por José A. Colón López

Ediciones Santillana | 29 páginas | español | 10+

Serie: Cuentos del Carso | **Serie:** Gongolí

Resumen: Pepa Coquí, por medio de su abuela Eleutaria, conoce historias de sus antepasados, específicamente de Pepe Coquí, un valiente ancestro que fue el primer coquí en viajar en avión a Nueva York. Se presentan características de coquíes, además de la vida en el bosque.

Temas: animales | antepasados | coquí | migración | Nueva York

---

Ramón Power y Giralt, un puertorriqueño en la historia universal (cómic)

Escrito por Héctor Luis Urrutia Pesquera

Ilustrado por Animación Boricua

Instituto de Cultura Puertorriqueña | 13 páginas | español | 8+

Serie: ICePé.cómic

Resumen: La intención de trasladar los restos de Ramón Power y Giralt a la isla produce curiosidad en sus nietos, quienes quieren aprender sobre él. El abuelo comienza a explicarles y les invita a utilizar la computadora para conocer más. En el proceso de búsqueda de información, se interrelacionan la realidad y la ficción; y los niños se transportan en el tiempo a Cádiz para conocer a Ramón Power y Giralt y su rol para promover la Constitución. El tema de la colonización y los derechos se enfatizan en el cómic.

Temas: biografía | colonialismo | Constitución de Cádiz | España | José Campeche | Ramón Power y Giralt

Sapo sapito sapote (libro ilustrado)

Escrito por Ángeles Molina Iturrondo

Ilustrado por Migdalia Umpierre

Alfaguara | 23 páginas | español | 4+

Serie: Gongolí

Resumen: Con un juego de palabras usadas para los nombres de los animales del estanque, conocemos a cada uno de ellos, sus gustos y cómo se mudan para un hábitat con más recursos. Las ilustraciones enfatizan la naturaleza con diferentes tonalidades de verde.

Temas: animales de la charca | comunidad | naturaleza

Te regalo un sueño: un arco iris de cuentos: antología de cuentos escritos por niños y niñas de Latinoamérica (primeros lectores)

Editado por Andrés Palomares

Ilustrado por Juan Pablo Feliz

Publicaciones Puertorriqueñas | 90 páginas | español | 7+

Resumen: Recopilación de cuentos de diez países de Latinoamérica escritos por la niñez. Se incluyen tres cuentos de Puerto Rico, enfocados en interacciones con la naturaleza. En el primero, se juntan un elefante, un ratón y un conejo para hacer un pícnic y se hacen amigos. El segundo es sobre un niño quien decide ir en busca de la paz y que, luego de viajar por el mundo, regresa a su hogar donde se da cuenta de que la paz está donde están sus seres queridos y tiene una vida en comunidad. El tercero es un cuento didáctico que presenta a un coquí que siente envidia de dos vecinos que participarán en el concurso "El rey del canto", pero, luego de varias conversaciones, comprende que la envidia no es un sentimiento correcto.

Temas: amistad | competencia | coquí | naturaleza | paz

Una tertulia en el parque: cuentos de la abuela (libro ilustrado)

Escrito por Rita Ortiz Brunet

Ilustrado por Héctor Soto

Editorial Cultural | 12 páginas | español | 6+

Resumen: Esta narración, de tono educativo, presenta las dificultades y los ataques que sufren las palomas en el parque de San Juan a causa de los roedores. La abuela Rita, una mujer mayor que los visita desde niña, recomienda acciones para solucionar el problema de supervivencia. Se presenta la edad como sinónimo de sabiduría.

Temas: Parque de las Palomas | supervivencia | Viejo San Juan

Los tres náufragos (primeros lectores)

Escrito por Kalman Barsy

Ilustrado por Marnie Pérez Moliére

Ediciones Santillana | 40 páginas | español | 10+

Serie: Gongolí

Resumen: La búsqueda de la supervivencia une las historias de una tortuga, un gato y un pelícano. Estos animales llegan a Puerto Rico, donde tienen que pasar por una última aventura para que su historia pueda ser contada. De manera divertida, el cuento presenta las vidas y las cualidades de estos tres personajes, su unión para sobrevivir. Además, se aborda el tema de la privatización de las playas y las costas, y cómo esto pone en peligro la biodiversidad.

Temas: animales | justicia ambiental | privatización | supervivencia

Los siguientes libros, escritos por Ángeles Molina Iturrondo durante este año, no pudieron ser consultados por falta de acceso: *Bog, the Hungry Frog* (ilustrado por Simon Spotlight), *El búho y la reinita, The Colors of Miss Daisy Violet, De paseo con don Bruno, De paseo por el Yunque* y *Hormigas en mi patio.*

Tropos en la literatura infantil

1 Blackface

- Se utiliza maquillaje o coloración negra más oscura que su piel.
- Labios de color rojo o blanco, dibujados exageradamente grandes, para representar estereotípicamente a personas negras.
- En la televisión boricua, uno de los ejemplos es el personaje Pirulo el Colora'o, de Raymond Arrieta.

2 Mammy

- Representada como una mujer negra con cuerpo grande, pañuelo en la cabeza como vestimenta y muchas veces en *blackface*.
- Se presenta como servil, con características maternales, dándole prioridad al cuidado de la niñez blanca sobre sus propios hijes.
- En Puerto Rico se utiliza la caricatura de la "mammy" como el símbolo de Café Yaucono, Mamá Inés.

3 Magical negro

- Personaje secundario negro que existe únicamente para impartir sabiduría y guiar a una persona blanca o de tez más clara.
- Usualmente, no tiene nombre o solo un primer nombre y su personaje no se desarrolla.

4 Niñez negra descrita como comida

- Práctica deshumanizante en la literatura que compara únicamente la piel oscura con comida (e.g. canela, chocolate, caramelo).
- Tiene raíces en la colonización, cuando se utilizaban bebés negros como carnadas para caimanes y cocodrilos.
- Reducir a la condición de cosa a las personas evidentemente negras y presentarlas como un producto de consumo.

5 Angry Black Woman

- Se caracteriza a la mujer negra como hostil, agresiva, malhumorada, ilógica o amargada, malinterpretando sus emociones.
- Representación dañina en la que se juzga a la mujer negra como irracional y no se le permite expresar sus emociones.

6 Colorblindness

- La idea de que para terminar con el discrimen racial no se debe ver el color de las tonalidades de piel.
- Al omitir tonalidades de la piel, también se ignoran las inequidades, opresiones y violencias hacia las personas racializadas, históricamente marginadas.
- En ilustraciones puede manifestarse con personajes humanos sin color, transparentes o, incluso, amarillos (estilo emojis).

7 Personas Nativas / Indígenas como salvajes

- Representación dañina de personas indígenas o nativas únicamente como salvajes o violentas para provocar miedo a otros personajes.
- El tropo predomina en historias del "Viejo Oeste" y de la colonización de las Américas para imponer y perpetuar narrativas dominantes eurocéntricas.

8 Nativoamericano mágico

- Representación de una persona Indígena/Nativoamericana/ Primeras Naciones que posee poderes sobrenaturales innatos.
- Su propósito usualmente es servir a personajes blancos como guía espiritual o chamán.

9 Redface

- Representación estereotípica y dañina de personas indígenas.
- Se originó cuando colonizadores europeos se referían a indígenas como "hombres rojos".
- En ilustraciones dañinas y deshumanizantes, se ve esta representación problemática al colorear de rojo la piel de personajes nativos.

10 Slanted Eyes

- En ilustraciones, este tropo se ve cuando se representan los ojos de personas asiáticas como líneas, sin mostrar el globo ocular.
- Estas representaciones, en literatura y otros medios, se han utilizado de forma racista y deshumanizante para mofarse e "imitar" diferentes formas de ojos.

11 yellowface

- Representación estereotípica y dañina de personas del este de Asia.
- Se ilustran a las personas asiáticas utilizando el color amarillo para su piel, *slanted eyes* y, en ocasiones, dos dientes frontales grandes.
- En la televisión boricua se ve en el personaje de Akino Curita, de Raymond Arrieta.

12 Damisela en apuros

- Personaje feminizado sin agencia propia, puesto en peligro para mover la trama de la historia.
- Existe únicamente para ser rescatada por un hombre o un grupo.

13 White savior

- Persona o familia blanca presentada como una figura salvadora que rescata a otras personas (usualmente no blancas).
- No importa el contexto, el salvador blanco se convierte en el centro de la historia.

14 Roles de género estereotípicos

- Construcción social sobre la existencia de solo dos identidades de géneros: femenino y masculino.
- Algunos de estos roles para representaciones "femeninas" incluyen el ser pasivas, cuidadoras, maternales, domésticas y en necesidad de rescate.
- Algunos de estos roles para representaciones "masculinas" incluyen ser agresivos, fuertes, no expresar emociones y no participar de actividades que la sociedad considera como femeninas (por ejemplo, jugar con muñecas y realizar tareas domésticas).

Tropos
en la literatura infantil

ABC de Puerto Rico (libro ilustrado)

Escrito y fotografías por Paola Nogueras

Gabriel Press | 48 páginas | español | 3+

Resumen: Fotografías a colores, en las que resaltan imágenes de Puerto Rico, y una o dos palabras acompañan cada letra del abecedario. Se incluyen desde frutos y plantas hasta fiestas tradicionales y artículos del diario vivir. Se les presentan diversos términos que pueden encontrar a sus alrededores. Al final se incluye un glosario de las palabras utilizadas con traducción al inglés y una guía de pronunciación, lo que sugiere que es un libro dirigido a personas para quienes el español no es su primer idioma.

Temas: abecedario | Puerto Rico

Al rescate de nuestras playas y monumentos (cómic)

Editado por Héctor Luis Urrutía Pesquera

Ilustrado por Animación Boricua

Instituto de Cultura Puertorriqueña | 12 páginas | español | 7+

Serie: ICePé.cómic

Resumen: En un viaje entre el pasado y el presente, Ceci, Sofi y Pepe conocen la historia de Puerto Rico, la importancia de tener playas públicas y las responsabilidades ciudadanas para mantener espacios seguros. En su visita al balneario El Escambrón, conversan con el perro San Gerónimo sobre la importancia de conservar las playas y los edificios. El cómic incluye actividades en las que pueden mencionar diferentes lugares de interés en Puerto Rico y preguntas guías para trabajar con la niñez.

Temas: arquitectura | conservación ambiental | parques | playas

Ana en el huerto de Don Gilberto / Ana in Don Gilberto's Garden (libro cartoné)

Escrito por Carmen Rivera Izcoa

Ilustrado por Nívea Ortiz Montañez

Ediciones Huracán | 12 páginas | bilingüe (español e inglés) | 0+

Serie: Ana, la maestra

Resumen: Ana invita a lectores a acompañarla en su recorrido por el huerto de Don Gilberto, donde hay tomates rojos, zanahorias tiernas, cebollas redondas y una variedad de frutos y vegetales perfectos para preparar un sancocho. El texto en español e inglés enfatiza el nombre del fruto o vegetal que se presenta en cada ilustración para que lectores puedan identificarlo fácilmente.

Temas: adjetivos | colores | frutas | huertos | vegetales

Ana recoge flores / Ana Collects Flowers (libro cartoné)

Escrito por Carmen Rivera Izcoa

Ilustrado por Nívea Ortiz Montañez

Ediciones Huracán | 16 páginas | bilingüe (español e inglés) | 0+

Serie: Ana, la maestra

Resumen: Ana invita a lectores a admirar las flores que ha escogido para prepararle un ramo a su madre en el día de su santo. Con adjetivos, se describen varias flores, entre ellas: las rosas perfumadas, las gardenias blancas, las amapolas sencillas y los canarios amarillos. El texto en español e inglés enfatiza el nombre de la flor que se presenta en cada ilustración para que lectores puedan identificarla fácilmente.

Temas: adjetivos | colores | flores

Los animales del patio (libro ilustrado)

Escrito por Isabel Freire de Matos

Ilustrado por Nívea Ortiz Montañez

Alfaguara | 31 páginas | español | 5+

Colección: Isabel Freire de Matos

Resumen: Adentrándose en las experiencias de la niñez en edad escolar, se presenta el juego Descubrimiento y conocimiento, con animales de Puerto Rico, en el patio de la escuela. En este libro, con ilustraciones representativas de una niñez alegre, exploradora y divertida, se emplean colores que reflejan la naturaleza tropical, con tonalidades de verdes y marrones. Sus versos nos cuentan diferentes experiencias en el proceso de descubrir y aprender sin la intervención de adultos.

Temas: animales del patio | escuela | poesía | recreo

Antonio, el manatí de aquí (primeros lectores)

Escrito por Luis A. Roure

Ilustrado por Gregory Suero

Publicaciones Puertorriqueñas | 64 páginas | español | 10+

Resumen: Conocemos la historia de Antonio, un manatí que habitaba en la bahía de Jobos. Un día, su madre muere a causa de una irresponsabilidad de un humano, así que Antonio es cuidado por la Red Caribeña de Varamientos, organización que se encarga de la protección de manatíes. Se presenta el desarrollo de Antonio desde sus primeros años hasta la adultez, cuando conocemos a su hijo y sus aventuras.

Temas: animales en peligro de extinción | animales marinos | bahía de Jobos | manatíes

Arrorró, mi niño: Latino Lullabies and Gentle Games (libro ilustrado)

Selecciones e ilustrado por Lulu Delacre

Lee & Low Books | 32 página | bilingüe (español e inglés) | 3+

Resumen: Se presentan canciones de cuna y de juego, con una explicación de cómo interactuar con el infante al momento de cantarle. Las ilustraciones representan los vecindarios de las comunidades la-tinas. El libro incluye arreglos musicales de Cecilia Esquivel y Diana Sáez de las canciones incluidas.

Temas: canciones | canción de cuna | música

Premio: Pura Belpré Award, Honor Book for Illustration, 2006

La canasta llena de cosas del cielo (primeros lectores)

Escrito por Georgina Lázaro León

Ilustrado por Irene Singer

Ediciones Santillana | 24 páginas | español | 7+

Serie: Gongolí

Resumen: Un ganadero descubre a unas doncellas que ordeñan sus vacas a medianoche y se enamora de una de ellas. Un día, le propone matrimonio y ella acepta con la condición de que no mire dentro de su canasta. Él rompe la promesa y ella decide irse de la casa. La narración muestra la importancia de la confianza, de cumplir las promesas y de valorar los simples detalles. Las ilustraciones que acompañan esta narración, tomada de la tradición oral africana de la tribu de los Bushman, combinan diferentes colores brillantes haciendo un buen contraste con el color seleccionado en el texto.

Temas: autoconfianza | relaciones | tradición oral

Una carta de Delke (libro ilustrado)

Escrito por Isabel Freire de Matos

Ilustrado por Sofía Sáez Matos

Alfaguara | 31 páginas | español | 6+

Colección: Isabel Freire de Matos

Resumen: Delke, originario de Etiopía, envía una carta a Puerto Rico, destino que sabemos por la ilustración. La carta describe la geografía de Etiopía y la rutina diaria de Delke, integrando su labor con los diferentes animales de la región. Al finalizar la carta, se presentan ilustraciones y una breve descripción de siete animales de Etiopía. El cuento presenta la importancia de fomentar el conocimiento de diversas culturas.

Temas: animales | Etiopía | multiculturalidad

Una carta de Mónica (libro ilustrado)

Escrito por Isabel Freire de Matos

Ilustrado por Sofía Sáez Matos

Alfaguara | 31 páginas | español | 6+

Colección: Isabel Freire de Matos

Resumen: Mónica, una niña puertorriqueña, le envía una carta a Delke, un niño de Etiopía, donde incluye imágenes de ocho animales que se encuentran en diferentes países de América. Este cuento presenta la importancia de conocer sobre la biodiversidad de diferentes partes del mundo.

Temas: América | animales | multiculturalidad

The Chavo Cuentos of Zito and Lilis:
The Importance of Savings (primeros lectores)

Escrito por Rachel Jeanty

Ilustrado por Sheila Lee Jimenez

Itiya Publishing | 22 páginas | inglés | 5+

Resumen: Por ilustraciones con contornos útiles para colorear, conocemos a Zito y Lilis. Zito tiene interés en ahorrar dinero y se educa sobre el tema en la biblioteca, donde busca diferentes estrategias para hacerlo. El niño decide que la mejor manera de ahorrar y obtener crecimiento económico es con una cuenta de banco. Sin embargo, Lilis no ha recibido información sobre la importancia de guardar dinero, así que, luego de una conversación con una cajera, comienza un método de ahorro. El libro incluye una prueba sobre destrezas financieras.

Temas: ahorros | dinero | educación financiera

Cielo, mar y tierra (primeros lectores)

Escrito por José A. Rabelo Cartagena

Ilustrado por José A. Rabelo Cartagena
y José A. Rabelo Bigio

Ediciones PayaLILA | 54 páginas | español | 8+

Resumen: Mediante siete cuentos cortos, se presenta información sobre los animales, la protección ambiental y la cultura de paz. El constante tono educativo une los relatos. Las ilustraciones son sencillas, sin añadir propuestas innovadoras al libro. Incluye información sobre las bahías bioluminiscentes y los animales en peligro de extinción.

Temas: animales en peligro de extinción | bahía bioluminiscente | Bosque El Yunque | conservación ambiental | naturaleza

---

Con la Aa escribo Ana:
un alfabeto bilingüe (libro cartoné)

Escrito por Carmen Rivera Izcoa

Ilustrado por Nívea Ortiz Montañez

Ediciones Huracán | 26 páginas | bilingüe
(español e inglés) | 0+

Serie: Ana, la maestra

Resumen: Ana les enseña a lectores palabras que pueden escribir con cada letra del abecedario. Cada página del libro contiene ilustraciones detalladas y texto mínimo que facilitan la identificación del objeto y el enfoque en la letra y palabra presentada. Sin embargo, es problemática la ilustración de un indio para la letra *Ii,* pues se representa a personas indígenas como primitivas. Al ser un texto bilingüe, se escogen palabras que comiencen con la misma letra en ambos idiomas (por ejemplo: elefante/elephant).

Temas: abecedario | consonantes | vocales

Cuenta con Ana / Count with Ana
(libro cartoné)

Escrito por Carmen Rivera Izcoa

Ilustrado por Nívea Ortiz Montañez

Traducido por Fernando Rodríguez

Ediciones Huracán | 12 páginas | bilingüe
(español e inglés) | 0+

Serie: Ana, la maestra

Resumen: Con texto breve en versos, Ana presenta lo que se encontrará en las páginas subsiguientes de este libro sobre aprender y practicar el contar. Utilizando los números del 1 al 10, cada página incluye un número, su nombre en palabras (en español e inglés) y unas ilustraciones de animales con la cantidad del número que acompañan. El libro presenta una manera sencilla de exponer a la niñez preescolar a los números y su secuencia.

Temas: animales | números

David: A Mystic Story about Peace, Love, Faith, Hope and Light (primeros lectores)

Escrito e ilustrado por Diana de la Torre

Talleres Gráficos | 65 páginas | inglés | 6+

Resumen: David es un ser celestial; las ilustraciones lo asemejan a un ángel. La historia se desenvuelve mientras David aprende diferentes lecciones sobre el desarrollo, para completar una existencia correcta. Se presenta la figura de Dios como *The Mighty One*, quien aprueba y orienta el comportamiento de David. Las ilustraciones presentan problemas de calidad y de diseño en las páginas.

Temas: autodescubrimiento | religión

En esta hermosa isla (libro ilustrado)

Escrito e ilustrado por Edwin Fontánez

Exit Studio | 32 páginas | español (traducción al inglés: *On this Beautiful Island*) | 6+

Resumen: El pequeño niño taíno, Guanín, y su cotorra, Tahite, pasan sus días rodeados de naturaleza y aventuras. Diferentes actividades de supervivencia y diversión propias de la cultura precolombina son descritas y relacionadas con el presente, pero no se problematiza la colonización y el genocidio taíno. Las imágenes en acuarela ofrecen un encuadre radiante a la trama.

Temas: aventura | naturaleza | Taínos

Federico descubre los colores / Freddy Discovers Colors (libro cartoné)

Escrito por Carmen Rivera Izcoa

Ilustrado por María Antonia Ordóñez

Traducido por Fernando Rodríguez

Ediciones Huracán | 20 páginas | bilingüe (español e inglés) | 0+

Serie: El gatito Federico

Resumen: Un día, el gato Federico, al ver el arcoíris, aprende sobre los colores hasta que puede asociarlos con objetos y conocidos. Este libro une la diversión del personaje con el aprendizaje.

Temas: colores

Federico descubre los opuestos / Freddy Discovers Opposites (libro cartoné)

Escrito por Carmen Rivera Izcoa

Ilustrado por María Antonia Ordóñez

Traducido por Fernando Rodríguez

Ediciones Huracán | 30 páginas | bilingüe (español e inglés) | 0+

Serie: El gatito Federico

Resumen: El gato Federico, en una travesía durante su día, descubre que vive rodeado de muchos opuestos. Se duerme de noche y despierta de día. Hay objetos muy altos mientras otros son bajos. Cada página contiene los opuestos claramente identificados en el texto e ilustrados en las imágenes.

Temas: antónimos | opuestos

El gatito Federico de paseo / Freddy the Kitty Goes for a Walk (libro cartoné)

Escrito por Carmen Rivera Izcoa

Ilustrado por María Antonia Ordóñez

Traducido por Fernando Rodríguez

Ediciones Huracán | 16 páginas | bilingüe (español e inglés) | 0+

Serie: El gatito Federico

Resumen: El gato Federico va de paseo por un jardín. En su recorrido, aprende sobre objetos y lugares que encuentra, como también de los opuestos, como derecha e izquierda, debajo y encima, y cerca y lejos. Cada página contiene opuestos claramente identificados en el texto e ilustrados en las imágenes.

Temas: animales | flora | opuestos

Get Ready for Gabí! No More Spanish! (novela infantil)

Escrito por Marisa Montes

Ilustrado por Joe Cepeda

Scholastic | 119 páginas | inglés | 7+

Resumen: Gabí tiene que realizar su proyecto "All About Me", en el que cada estudiante de tercer grado debe llevar a sus familiares a la escuela para ser entrevistados. Aunque ella, usualmente, está orgullosa de ser bilingüe, esta vez desea que su familia pare de hablar español. Cuando sus compañeros de clase entrevistan a la familia de Gabí, se impresionan, pero ella se siente avergonzada de tener que hablar español para traducirle a su abuela, quien no habla inglés. Gabí no quiere recibir burlas por ser "diferente". Luego de ciertos eventos familiares, Gabí comprende la importancia de poder comunicarse en dos idiomas y ya no siente vergüenza de hablar español.

Temas: *bullying* | escuela | familia | idiomas

Get Ready for Gabí! Please Don't Go!
(novela infantil)

Escrito por Marisa Montes

Ilustrado por Joe Cepeda

Scholastic | 119 páginas | inglés | 7+

Resumen: Gabí sospecha que su querida abuela ya pronto regresará a Puerto Rico, pero ella quiere tenerla para siempre en California. Entonces, Gabí, junto a sus mejores amigas, coordina un plan para mantener a la abuela por un tiempo más. Mientras tanto, en la escuela, su maestro, Mr. Fine, informa que harán un proyecto en parejas, en el que deberán aprender mutuamente de sus respectivas culturas. Mr. Fine le asigna a Gabí, como pareja, a su peor enemigo: Johnny Wiley. Gabí debe aprender a trabajar con alguien que no le agrada, a la misma vez que debe enfrentar la posible partida de su abuelita a Puerto Rico. Al final, su abuela anuncia que, aunque regresará a Puerto Rico en algún momento, por ahora, se quedará en California con la familia y, luego, visitarán el archipiélago todos juntos.

Temas: diáspora | familia | trabajo en equipo

Isla para los niños (libro ilustrado)

Escrito por Isabel Freire de Matos y Francisco Matos Paoli

Ilustrado por Walter Torres

Ediciones Santillana | 53 páginas | español | 6+

Colección: Isabel Freire de Matos

Resumen: A través de la poesía, se describen diferentes aspectos de Puerto Rico, desde sus paisajes hasta sus animales. Se incluyen adivinanzas escritas y un diálogo entre la niñez. Se resalta la naturaleza como aspecto principal y se representan estampas hermosas de Puerto Rico.

Temas: adivinanzas | naturaleza | poesía

Leyendas de amor y de lealtad: El perro de San Gerónimo; Guanina (primeros lectores)

Escrito por C. J. García

Ilustrado por Jorge Vargas

Ediciones Santillana | 39 páginas | español | 8+

Serie: Leyendas de Puerto Rico

Resumen: Relato de dos leyendas. La primera historia cuenta la vida de un pescador y su perro. Un día, el pescador no regresa del mar y el perro espera a su amigo humano hasta convertirse en piedra. La segunda es una historia trágica de amor entre una india taína y un español, amor entre dos culturas que termina en guerra. Estas leyendas presentan dos aspectos importantes: que las construcciones en áreas costeras no deben ser promovidas; y la lucha, la lealtad y el respeto en la cultura taína. Sin embargo, intercala una historia de amor dentro de la violencia de la colonización, aspecto que se idealiza en la sociedad.

Temas: Agüeybaná | amor | Guanina | San Gerónimo | Taínos | Viejo San Juan

---

Leyendas de audacia: El matador de tiburones; La apuesta atrevida
(primeros lectores)

Escrito por Edgardo Sanabria Santaliz

Ilustrado por María Wernicke

Ediciones Santillana | 39 páginas | español | 8+

Serie: Leyendas de Puerto Rico

Resumen: La primera leyenda trata de un hombre negro, Rufino, a quien le ofrecen dinero por pelear contra un tiburón. Luego de negarse por no tener su cinta con la imagen de la Virgen del Carmen, decide pelear y recibe una gran recompensa para mejorar sus condiciones de trabajo. Esta leyenda, al hablar sobre negritud, hace referencia a las tres culturas predominantes en la historia de Puerto Rico: africana, indígena y europea. La segunda leyenda trata de cuatro jóvenes que se llamaban Juan, quienes eran amigos inseparables y, en las noches, paseaban por la plaza de Arecibo. Uno de ellos decide divertirse al retar a los otros, por lo que visitan un cementerio que los sorprenderá.

Temas: Aguada | Aguadilla | amistad | Arecibo | colonialismo | muerte | religión

---

Leyendas de misterio: La campana del ingenio; El mago de Aguas Buenas
(primeros lectores)

Escrito por Ana María Fuster Lavín

Ilustrado por María Jesús Álvarez

Traducido por Raúl Ricaporte Ainaga

Ediciones Santillana | 39 páginas | español (traducción al inglés: *Legends of Mystery: The Mill's Bell; The Wizard of Aguas Buenas*, 2008) | 8+

Serie: Leyendas de Puerto Rico

Resumen: La llegada de Carlota a Puerto Rico le trajo mucha felicidad. Hasta se enamoró del mayordomo de la hacienda Rancho Viejo, que su tío había comprado. Sin embargo, la campana de la hacienda le avisó en cuatro ocasiones de misteriosos sucesos que le traerían tristeza a su vida. En el segundo relato, en una cueva en Aguas Buenas, vivía un mago que realizaba predicciones que siempre se cumplían. Un día predijo, entre otras cosas, la separación de España y Puerto Rico. Por tal razón, el gobernador quiso atraparlo, pero el sabio mago ya sabía su destino.

Temas: Aguas Buenas | haciendas | magia | muerte

Leyendas del destino: La pesadilla de doña Rosario; La piedra de oro
(primeros lectores)

Escrito por Edgardo Sanabria Santaliz

Ilustrado por Iván Camilli Rivera

Ediciones Santillana | 31 páginas | español | 8+

Serie: Leyendas de Puerto Rico

Resumen: Rosario Delgado vivía en Caguas. Un día, soñó con el Río Cagüitas, lo que le provocó un miedo a todo lo relacionado con ese río. La pesadilla se convirtió en realidad. A través de la caracterización del personaje de la cocinera, se presenta el estereotipo de la clase pobre como ladrona. La segunda leyenda presenta experiencias de la vida de Orozco y Guilarte, dos españoles en busca de oro en Puerto Rico. De forma educativa, el final de la leyenda elabora el tema de la avaricia y el deseo de dinero sobre la amistad.

Temas: aventura | Caguas | colonialismo | Monte Guilarte | Río Cagüitas

---

Leyendas del norte y del sur: La profecía de Violeta; Caja de Muertos
(primeros lectores)

Escrito por Zulma Ayes Santiago

Ilustrado por María Eugenia Nobati

Ediciones Santillana | 40 páginas | español | 10+

Serie: Leyendas de Puerto Rico

Resumen: Violeta es una niña de 12 años que tiene una fascinación con las manos de las personas. Además, es capaz de predecir su futuro y se lo cuenta a su nana, Rosa, una mujer negra. Rosa se presenta como la única persona que entiende y escucha a Violeta, una niña y mujer incomprendida. El personaje de Rosa, caracterizada como una *mammy* sin vida propia, existe para satisfacer las necesidades de Violeta. Sin embargo, eventualmente, Violeta se olvida de su nana para seguir su camino. Por otro lado, la historia de Caja de Muertos es contada por una familia que va en un viaje en automóvil por el expreso de Ponce hacia San Juan. Entrelazando historias, conocemos la relación entre el pirata Almeida y Álida Blanca, que, con la muerte de la misma, brinda un nuevo significado sobre la isla Caja de Muertos.

Temas: José Almeida | piratas | suerte

Leyendas del oeste de la isla: El pirata Cofresí; El milagro de Hormigueros

(primeros lectores)

Escrito por Georgina Lázaro León

Ilustrado por María Eugenia Nobati

Ediciones Santillana | 39 páginas | español | 10+

Serie: Leyendas de Puerto Rico

Resumen: La primera leyenda se centra en la historia del pirata Cofresí, desde su nacimiento hasta su muerte así como su lucha contra un buque danés. La narración cuenta la contienda, pero no ofrece mucha información del porqué de las acciones realizadas. La segunda leyenda nos explica la creación de la ermita de Hormigueros en honor a la Virgen de la Monserrate. Conocemos dos milagros en la vida de Gerardo: él y su hija fueron salvados de la muerte. Ambas leyendas se unen por situarse al oeste de Puerto Rico.

Temas: Cabo Rojo | Hormigueros | Pirata Cofresí (Roberto Cofresí y Ramírez de Arellano) | piratas | religión | Virgen de la Monserrate

Leyendas del Viejo San Juan: El Santo Cristo de la Salud; Las once mil vírgenes

(primeros lectores)

Escrito por Georgina Lázaro León

Ilustrado por Walter Gastaldo

Ediciones Santillana | 39 páginas | español | 8+

Serie: Leyendas de Puerto Rico

Resumen: La primera leyenda se remonta al siglo XVIII, cuando, en un día festivo, ocurre un milagro inolvidable gracias a la invocación de Tomás Mateo Prats. La segunda ofrece una explicación sobre el monumento de La Rogativa, en que un grupo de personas, en medio de un ataque inglés, sale a pedir protección divina. Ambas leyendas relacionan los milagros con el bienestar humano.

Temas: milagros | protección | religión

Leyendas fantásticas: El temporal de San Narciso; El calabozo del chino

(primeros lectores)

Escrito por Mayra Montero

Ilustrado por Iván Camilli Rivera

Ediciones Santillana | 47 páginas | español | 10+

Serie: Leyendas de Puerto Rico

Resumen: En la primera leyenda, mientras navegaban unos marineros, se toparon con los vientos de un huracán. Un rezo a la Virgen de la Monserrate les salva la vida. En la otra leyenda, Gaby va de excursión con su grupo de la escuela al Morro para volar chiringas. Allí se encuentra con dos fantasmas: un niño blanco y un hombre chino, llamado Fu-Fu-Koalín, que está en el calabozo por matar a un hombre en Cuba. Aunque ambas leyendas necesitan un salvador, es interesante que solo se salva el personaje creyente del cristianismo. Además, la vida esclavizada de Fu-Fu-Koalín es olvidada por los ejecutores quienes causaron su muerte. Sin embargo, su poder es mayor en espíritu ya que tiempo después puede contar su historia. Este personaje se presenta y describe como otredad.

Temas: Arecibo | Castillo San Felipe del Morro | comunidad china en Puerto Rico | excursión | navegación | personas encarceladas | religión | Virgen de la Monserrate

Limericks (libro ilustrado)

Escrito por Isabel Freire de Matos

Ilustrado por Mónica Weiss

Ediciones Santillana | 37 páginas | español | 6+

Colección: Isabel Freire de Matos

Resumen: Por medio de 27 poemas cortos, conocemos diferentes historias desde animales hasta un vejigante. Las ilustraciones muestran el escenario de cada uno de los poemas. El libro comienza con una página introductoria en donde se explica, de forma breve, qué es el *limerick* y sobre qué trata el libro. Se invita a lectores a escribir su propio poema tras la lectura.

Temas: poesía

Mis abuelos y yo / My Grandparents and I
(libro ilustrado)

Escrito por Samuel Caraballo

Ilustrado por D. Nina Cruz

Traducido por Ethriam Cash Brammer

Piñata Books | 32 páginas | bilingüe
(español e inglés) | 5+

Resumen: Un texto en versos acompaña esta historia de un niño y su amor por su abuela y su abuelo. Entre los tres comparten tiempo en la cocina, visitan diversos lugares de Puerto Rico y cuidan el patio por las tardes. Una historia que cubre el compartir familiar durante varias épocas del año y captura la ternura de una relación intergeneracional.

Temas: abuelos | estaciones del año |
familia | Puerto Rico

Mis lentes (libro ilustrado)

Editado por Andrés Palomares

Ilustrado por Mrinali Álvarez Astacio

Publicaciones Puertorriqueñas | 22 páginas |
español | 5+

Serie: De inclusión

Resumen: La historia presenta los diferentes tipos de espejuelos que hay y cómo cada uno se adapta a la personalidad del individuo que los usa, para facilitarle las actividades diarias como leer, combinar ropa y colorear. Las ilustraciones con colores y formas llamativas presentan diversidad de personalidades. Cada una de las imágenes está enmarcada en un cuadrado de diferentes colores.

Temas: espejuelos

Mitología taína para niños (libro ilustrado)

Escrito por Irene Rial Bou

Ilustrado por Camilo Torres

Editorial Cultural | 24 páginas | español | 6+

Resumen: Basado en las crónicas escritas por fray Ramón Pané por orden de Cristóbal Colón, se explica el mito de por qué canta el ruiseñor. La narración presenta al taíno como un individuo miedoso e ignorante al relacionarse con el sol y el agua. El aspecto de la transformación humana es central en la narración.

Temas: colonialismo | fray Ramón Pané | mitos |
Pedro Mártir de Anglería | Taínos

No Dogs Allowed! (libro ilustrado)

Escrito por Sonia Manzano

Ilustrado por Jon J. Muth

Atheneum Books for Young Readers | 32 páginas |
inglés | 6+

Resumen: Iris, una niña de siete años, cuenta su experiencia de cuando fue con su familia de pícnic al *Enchanted State Park*. Conocemos cómo, al perro de esta familia puertorriqueña radicada en Nueva York, no le permiten utilizar las facilidades del parque y qué acciones toman ellos al respecto. La participación y el apoyo social son esenciales para disfrutar de un día en el lago sin tener que sacrificar la oportunidad de la experiencia comunitaria. Las ilustraciones muestran características de cada personaje y divertidas acciones de la historia. El libro incluye palabras en español para describir las experiencias de la diáspora puertorriqueña y el bilingüismo.

Temas: diáspora | Enchanted State Park
(Nueva York) | parques | perros | picnic

Orson Blasts Off! (libro ilustrado)

Escrito e ilustrado por Raúl Colón

Atheneum Books for Young Readers | 31 páginas |
inglés | 4+

Resumen: Al dañarse su computadora, un niño, llamado Orson, se enfada y piensa que su verano será un aburrimiento total. Cuando un juguete de su cuarto le empieza a hablar y le dice que nieva en pleno julio en la ciudad, ambos se embarcan en un viaje lleno de imaginación que los transporta a otros mundos. Orson y su juguete, Weasel, visitan el Polo Norte, pasan por un huracán y hasta llegan al espacio, para luego regresar a su cuarto. Ilustraciones en acuarelas y lápices de colores, les dan vida a las aventuras de un niño y su imaginación.

Temas: diáspora | imaginación | juegos y juguetes

Pablo y su mangosta (libro ilustrado)

Escrito por Georgina Lázaro León

Ilustrado por Valeria Cis

Alfaguara | 31 páginas | español | 8+

Serie: Gongolí

Resumen: Una breve historia de la vida del poeta chileno Pablo Neruda es contada por medio de versos. Se ubica en Ceilán (Sri Lanka), donde el poeta acoge como mascota a una mangosta. La lectura nos va presentando la vida de Pablo y una de las aventuras que tuvo con su mascota. El libro cuenta con unas breves palabras de la autora y un glosario.

Temas: mascotas | Pablo Neruda | Sri Lanka

El pececito mágico (libro ilustrado)

Escrito por Isabel Freire de Matos

Ilustrado por Walter Torres

Ediciones Santillana | 21 páginas | español | 6+

Colección: Isabel Freire de Matos

Resumen: Un pececito mágico es encontrado por Yaití, una niña taína, quien, luego del paso de un huracán, recibe la ayuda del pez. La gesta de bondad salva no solo al poblado, sino también transforma las jerarquías taínas. Con un componente didáctico sobre las buenas acciones, los fenómenos atmosféricos y la cultura taína, la narración expone diversas palabras indígenas y la vida en comunidad.

Temas: huracanes | magia | Taínos

Petatun y Petetun (libro ilustrado)

Escrito por Carmen Rivera Izcoa

Ilustrado por Elena Montijo Capetillo

Ediciones Huracán | 8 páginas | español | 4+

Resumen: Una niña juega a cuidar a sus muñecos como si fueran hijos. Andrea, la protagonista, imita roles estereotipados, especialmente con respecto a la conducta maternal.

Temas: maternidad | roles de género

Rafi and Rosi (primeros lectores)

Escrito e ilustrado por Lulu Delacre

Rayo, HarperCollins Publishers | 63 páginas | inglés (traducción al español: *Rafi y Rosi,* Children's Book Press, 2016) | 5+

Serie: Rafi y Rosi

Resumen: Los hermanos coquíes, Rafi y Rosi, se van de paseo por las playas y las costas de Puerto Rico. Mientras juegan en la playa y hacen "trucos de magia" con un imán, descubren los diversos elementos que se encuentran en la arena, como el hierro. Luego, se transportan a La Parguera, y, gracias a sus travesuras, conocen sobre la bahía bioluminiscente y los seres vivos que hacen que existan "estrellas" en el mar. También visitan los mangles y conocen sobre los cobitos y sus cambios de concha. Las ilustraciones capturan la flora y los paisajes de las costas del suroeste de Puerto Rico, así como las expresiones y dinámicas de Rafi y Rosi. El libro incluye información sobre la playa, la arena, la bahía bioluminiscente, el mangle, los cobitos y los coquíes.

Temas: animales marinos | bahía bioluminiscente | coquí | playas

---

El satito Borikén (libro ilustrado)

Escrito por Frances Bragan Valldejuly

Ilustrado por Juan José Vásquez

Publicaciones Puertorriqueñas | 21 páginas | español | 6+

Resumen: Al encontrar que, en Puerto Rico, hay muchos perros callejeros, una mujer decide llevarse un perro sin hogar a su casa en Nueva York. Luego de esta experiencia de tener una mascota amorosa, se contacta con una persona en Puerto Rico para que envíe otros perros sin hogar a familias en Nueva York. Esta historia crea conciencia sobre el problema de los animales abandonados en Puerto Rico.

Temas: adopción de animales | Nueva York | perros | responsabilidad ciudadana

La semana de Federico / Freddy's Busy Week
(libro cartoné)

Escrito por Carmen Rivera Izcoa

Ilustrado por María Antonia Ordóñez

Traducido por Fernando Rodríguez

Ediciones Huracán | 22 páginas | bilingüe
(español e inglés) | 0+

Serie: El gatito Federico

Resumen: El gato Federico tiene interés en aprender los días de la semana. Con la ayuda de versos, su mamá le presenta cada uno de los días y las rutinas diarias de la familia. El libro está acompañado de ilustraciones sobre la rutina de Federico y su mamá.

Temas: días de la semana | rutinas

La sortija de rubí (primeros lectores)

Escrito por Rosario Ferré

Ilustrado por Walter Torres

Ediciones Santillana | 23 páginas | español | 9+

Serie: Leyendas de Puerto Rico

Resumen: Nany Lind, hija del dueño de la hacienda de azúcar La Enriqueta, vive junto a sus padres en el pueblo de Arroyo. Esta es la época en que el científico Samuel Morse, inventor del telégrafo eléctrico, y su hijo, Charles, viajan a Puerto Rico. Charles Morse y Nany Lind se enamoran. La epidemia de tifus negro afecta a la pareja, pero un rezo a Nuestra Señora de Valvanera en la Iglesia de Coamo cambia su destino. La leyenda presenta sucesos en los pueblos de Arroyo y Guayama, como la instalación del telégrafo.

Temas: Arroyo | Guayama | haciendas | hacienda La Enriqueta | religión | Samuel Morse | telégrafo

Taína y sus aventuras en el ejercicio
(libro ilustrado)

Escrito por María Núñez Bryson

Ilustrado por Alejandro Duperón

Fit-Kids Productions | 16 páginas | bilingüe
(español e inglés) | 6+

Resumen: En el día del cumpleaños de Taína, sus padres la sorprenden al llevarla al gimnasio para tomar su primera clase de aeróbicos con sus primos gemelos y su mascota, un coquí. La actividad física es presentada como parte integral de la vida del ser humano, desde el interés de Taína hasta la profesión de la madre. Las ilustraciones pretenden mostrar una familia negra, sin embargo, el color de la familia de Taína es de unas tonalidades grises. Aunque la historia es apropiada para una niñez de 6 años en adelante, el tamaño de la letra escogida no favorece a lectores principiantes.

Temas: actividad física | coquí | deportes

El traje de las lentejuelas verdes
(libro ilustrado)

Escrito por Gladys Díaz de Padrón

Ilustrado por Luis Felipe Meléndez

Panamericana Formas e Impresos S.A |
46 páginas | español | 6+

Resumen: En Puerto Rico, vivían dos ratoncitas costureras que se encargaban de hacerle trajes a la reina. Tras un concurso de costura creado por la reina, las ratoncitas reconocieron la importancia de valorar las relaciones por encima de las ganancias. El texto incluye preguntas para que, al momento de trabajar la lectura en voz alta, haya una interacción con la audiencia. Se presenta sutilmente un pasaje de la Biblia a través de la reina. Las ilustraciones ofrecen valor añadido a la narración.

Temas: amistad | costura | moda |
profesiones y oficios

Tutú el caballito volador (libro ilustrado)

Escrito por Diana Musa

Ilustrado por Lourdes Castillo

Editorial Búsqueda | 55 páginas | español | 9+

Resumen: En la granja Caballos Locos, nace un potrito con alas, y, por esta razón, lo quieren sacrificar. Sin embargo, una paloma blanca logra que lo lleven al bosque encantado. Allí el potrito desarrolla valor y vuela para salvar una estrella. Presenta semejanzas con la historia bíblica del sacrificio de Isaac, trata de llevar un mensaje de aceptación, pero utiliza la palabra "fenómenos" para describir lo diferente. Este texto es problemático, mayormente por los adjetivos utilizados. Y termina con el dicho "haz el bien y no mires a quien". Las ilustraciones son imágenes para ser coloreadas por la niñez.

Temas: animales de la granja

Uítel en el bosque (primeros lectores)

Escrito por Félix Córdova Iturregui

Ilustrado por Nívea Ortiz Montañez

Ediciones Huracán | 20 páginas | español | 8+

Resumen: Uítel es un niño que tuvo un sueño que sintió tan real que pensó que estaba en el bosque. En su paseo solitario, encuentra e interactúa con una variedad de flora y fauna, que estimulan sus sentidos y aprende sobre sus respectivos roles en la naturaleza. A través del texto descriptivo y las ilustraciones mate, Uítel comprende las responsabilidades y las tareas de sus padres y del hogar.

Temas: animales del bosque | bosque | familia

Van a tumbar el húcar (primeros lectores)

Escrito por Carmen Rivera Izcoa

Ilustrado por María Antonia Ordóñez

Ediciones Huracán | 21 páginas | español | 8+

Resumen: Carola escucha que su vecina quiere tumbar su árbol favorito, un húcar. Para tratar de evitarlo, dialoga con sus padres, quienes no logran convencer a doña Petra. Debido a su conciencia ambiental, Carola decide trepar el árbol, como forma de protesta, hasta lograr una negociación que incluyó a toda la comunidad. La narración presenta una niñez que idea acciones concretas sin intervención de adultos. Las ilustraciones presentan una comunidad con diversidad de cuerpos, sin embargo, predomina la piel clara.

Temas: árboles | comunidad | José Molinelli | protección ambiental | protesta

---

¡Viva la tortuga! (libro ilustrado)

Escrito por Georgina Lázaro León

Ilustrado por Walter Torres

Ediciones Santillana | 30 páginas | español | 6+

Serie: Gongolí

Resumen: A través de la poesía, se presenta la vida de la tortuga, exponiendo las vivencias del animal en peligro de extinción, desde los retos de supervivencia hasta el disfrute y la protección en el océano. La historia le enseña al lector la importancia de cuidar el medio ambiente.

Temas: animales en peligro de extinción | conservación ambiental | mar | tortuga

---

Zoológico de poemas / Poetry Zoo
(colección de poemas)

Escrito e ilustrado por Margarita Montalvo

Scholastic en español | 47 páginas | bilingüe (español e inglés) | 6+

Resumen: Poemas sobre animales donde se incluyen ilustraciones coloridas relacionadas con el animal o la escena presentada en cada poema. Aunque los poemas son cortos, el tamaño de letra escogida no favorece la lectura para una niñez más pequeña. Se incluyen dos glosarios y material adicional para cuidadores y educadores.

Temas: animales | poesía

El siguiente libro fue publicado en este año y no pudo ser consultado por falta de acceso: *La reunión de todos los animales*, escrito por Wanda I. De Jesús Arvelo e ilustrado por Tim Egan.

Instituto Puertorriqueño del **Libro Infantil**

Establecido en Ponce en 1989. Difusión, desarrollo y promoción de la literatura infantil y juvenil.

Colaboración entre autores, sector bibliotecario, educadores.

Publicaron la *Bibliografía de literatura infantil y juvenil puertorriqueña*, 1994.

Las artesanías (libro informativo)

Escrito por Carmen Leonor Rivera-Lassén

Ilustrado por Mrinali Álvarez Astacio

Editorial de la Universidad de Puerto Rico |
26 páginas | español | 4+

Colección: Nueve pececitos | **Serie:** Raíces

Resumen: Libro que consiste en un recorrido por los diferentes tipos de artesanías realizadas en Puerto Rico con el fin de documentar estas manifestaciones culturales para las nuevas generaciones. Cada página incluye una ilustración de una niña acompañada por un objeto artesanal. Lamentablemente, en el caso de la muñeca de trapo, esta se representa como una imagen con *blackface*. El texto enfatiza en los orígenes, los materiales usados para la confección de las artesanías, algunas curiosidades, y si dicha práctica está en peligro de desaparecer o no. El libro es tanto un homenaje a los artesanos como también a la rica variedad de artes populares que son parte de nuestras tradiciones.

Temas: arte | Puerto Rico | tradiciones

Borikén para niños (colección de poemas)

Escrito por Daliana Muratti Nieves

Ilustrado por PEKEGRAF

Publicaciones Puertorriqueñas | 47 páginas |
bilingüe (español e inglés) | 7+

Resumen: Colección de poemas bilingües en los que se presenta, de manera creativa, información sobre los taínos en Puerto Rico. Algunos poemas informan sobre el origen de palabras que continúan en nuestro vocabulario, mientras otros explican aspectos sobre la vida de los Taínos, como sus ocupaciones, gobierno, alimentos, prácticas religiosas y entretenimiento, entre otros. El lenguaje que se utiliza es anticuado y la narración blanquea la realidad de la colonización en Puerto Rico al referirse a los Taínos como "indians", en inglés, y al describir la invasión de Cristóbal Colón como un descubrimiento en vez de una colonización.

Temas: orígenes | Taínos | vocabulario

El bosque santo y los animalitos frailes
(libro ilustrado)

Escrito por Tina Casanova

Ilustrado por fray Luis González, OFM Cap.

Publicaciones Puertorriqueñas | 32 páginas |
español | 7+

Resumen: En un bosque se encuentra una comunidad de animales que siguen las enseñanzas de fray Francisco de Asís y preparan una fiesta en su honor. Cuando un grupo de humanos comienza a destruir el hogar de los animales, la comunidad de animales se une en protesta. Este suceso hace que el animal incrédulo del grupo comience a entender las creencias de la comunidad y las respete. El aspecto religioso del relato se centra en el bienestar social y no tanto en las liturgias religiosas.

Temas: Francisco de Asís | justicia ambiental |
protesta | religión

La brujita encantada (libro ilustrado)

Escrito por Isabel Freire de Matos

Ilustrado por Enrique Martínez Blanco

Colección: Isabel Freire de Matos

Ediciones Santillana | 29 páginas | español | 6+

Resumen: Con coloridas ilustraciones y acciones de bienestar social conocemos a Fua, una brujita de Jayuya muy pequeña que duerme en una higüera. A Fua le encanta colaborar con los demás y le gusta que las personas estén contentas. Las interacciones de Fua con otras personas le ayudan a tener mejor calidad de vida y cooperar con la comunidad.

Temas: comunidad

El café de mi tierra (cómic)

Escrito por Tina Casanova

Ilustrado por Animación Boricua

Instituto de Cultura Puertorriqueña | 17 páginas | español | 7+

Serie: ICePé.cómic

Resumen: Unos primos van con el abuelo Ramón a la plaza del mercado en el municipio de San Sebastián. Allí aprenden sobre la inauguración de la plaza en 1948, y ven diferentes kioscos donde pueden hacer compras variadas de productos locales. Su interés por conocer sobre el café los lleva a transportarse al pasado y visitar una hacienda durante la Fiesta del Acabe. De regreso, junto al abuelo Ramón, conocen sobre artistas y escritores cuyas obras se inspiraron en el cafetal puertorriqueño. El libro incluye una sección de preguntas para lectores que deseen conocer más sobre el tema.

Temas: café | Fiesta del Acabe | haciendas | plaza del mercado | San Sebastián

Canciones de la aurora (libro ilustrado)

Música y letra por Diego Duey

Ilustrado por Mariana Díaz

Editorial de la Universidad de Puerto Rico | 63 páginas | español | 3+

Resumen: Cancionero infantil ilustrado, compuesto por 27 composiciones originales y dividido en dos secciones. En la sección *Libro de YO,* se presentan canciones relacionadas con el desarrollo psicológico y social de la niñez, mientras que *Libro de EN* es un himno a la naturaleza y a la relación de diversión y respeto que forjamos con ella. El libro incluye partituras musicales y un CD.

Temas: autoestima | canciones | ciclo de vida | naturaleza

Cocina fácil para niños de 4 años en adelante (libro informativo)

Escrito por Luis Antonio Cosme

CF&C Demo | 190 páginas | español | 4+

Resumen: Se presenta un surtido de recetas para que la niñez pueda comenzar a desarrollar sus habilidades en la cocina. Se incluyen instrucciones, tanto para la niñez como para los adultos, desde cómo hacer huevos fritos, arroz con leche, camarones hervidos, *limber* de maní hasta pintura a base de comida para aplicarse con los dedos. También presenta recetas fáciles para hacer en el microondas. Contiene una nota para motivar a los adultos a que inviten a la niñez a la cocina. Cuenta con algunas ilustraciones que muestran información sobre utensilios y medidas para cocinar. Se incluyen anuncios de productos y lugares auspiciadores, los cuales pueden distraer a lectores.

Temas: cocina | comida | recetas

Corillo Corillante (libro grande)

Escrito por Nyrma García

Ilustrado por Juan Araujo

Rocket Learning Puerto Rico | 38 páginas | español | 6+

Resumen: Luis es un niño de 12 años que vive en un barrio en Cataño y sueña con ser artista de reggaetón. Todos los días saluda a sus vecinos con rimas, pero un día es golpeado por dos *bullies,* quienes también golpean a otros niños y niñas del barrio. En conjunto, la niñez víctima del *bullying* idea un plan y logra que los *bullies* no ataquen más. Desafortunadamente, las ilustraciones incluidas carecen de diversidad racial, ya que los personajes son todos blancos. Además, las rimas y las palabras utilizadas tratan de ser un tanto "cool" y le restan autenticidad a la voz del niño.

Temas: amistad | *bullying* | comunidad | música | violencia

La cotorrita puertorriqueña (libro ilustrado)

Escrito por Evelyn Cruz

Ilustrado por Midiam Astacio Méndez

Publicaciones Yuquiyú | 25 páginas | español | 4+

Resumen: Vitata, una cotorra que sobrevivió el embate de un huracán, desea ofrecerle un homenaje a Yuquiyú por vencer a Juracán. En su travesía hacia el altar de Yuquiyú, observa los daños ocasionados a las cosechas de las comunidades taínas como también a los hábitats de los animales. Al lograr su encomienda, Vitata también aprende sobre la solidaridad y la resistencia de las cotorras puertorriqueñas y los taínos. Se incluye un glosario con términos utilizados en el texto sobre los taínos y el clima.

Temas: aves | huracanes | Taínos

La cueva mágica: la historia del niño gigante (teatro)

Escrito por Marvia López y José Luis Figueroa

Ilustrado por Carmen Tirado

Editorial Tiempo Nuevo | 68 páginas | español | 7+

Resumen: Originalmente escrita en 1994, esta obra de teatro presenta una serie de personajes que incluyen a Imago el mago, Maelo el niño gigante, el Tulipán Africano y Murciélago, entre otros. Un día, Maelo cae dentro de la Cueva Mágica y se convierte en gigante. Allí aprende sobre actos de buena voluntad que ha hecho la niñez alrededor del mundo y también sobre cómo la naturaleza está en peligro debido a la basura, el petróleo y otras amenazas. El tono de la obra es muy didáctico, dando lecciones y moralejas directas a Maelo y a la audiencia lectora.

Temas: conservación ambiental | imaginación | lecciones | magia | medioambiente | naturaleza

---

De la montaña a la playa (libro ilustrado)

Escrito por Gina González de Freytes

Ilustrado por Manuel Fondeur y Juan José Vásquez

Publicaciones Puertorriqueñas | 57 páginas | español | 6+

Resumen: A través de una compilación de poesías y moralejas, se elabora una diversidad de temas en escenarios diferentes. Cada uno cuenta con un trabajo ilustrativo que refleja la temática, incluyendo información del escenario y/o personaje. La lectura pretende educar sobre diferentes temas sin tener un hilo conductor, por lo que pueden ser leídas individualmente.

Temas: animales | conservación ambiental | coquí | diáspora | moralejas | poesía

---

Don Quijote a carcajadas (libro ilustrado)

Escrito por Georgina Lázaro León

Ilustrado por Aleix Gordo

Ediciones Norte | 24 páginas | español | 6+

Resumen: Cuento en versos rimados de un suceso sacado del capítulo 20 del primer tomo de *Don Quijote*, en que el hidalgo y su fiel amigo, Sancho, pasan una noche tenebrosa, luego de escuchar crujir unas cadenas. En el prólogo del libro, la autora explica que decidió reinterpretar este pasaje como una manera divertida y ligera de presentar este clásico literario a la niñez. Los dibujos en lápices de colores capturan las acciones y los contrastes entre los personajes.

Temas: Don Quijote de la Mancha | humor | poesía

Don Quijote para siempre (libro ilustrado)

Escrito por Georgina Lázaro León

Ilustrado por Wally Rodríguez López

Ediciones Santillana | 32 páginas | español | 5+

Resumen: Alonso Quijano disfrutaba de leer novelas de caballería que lo inspiraron a imaginar y comenzar sus propias aventuras y crear su alter ego, Don Quijote. La narración en versos es un preámbulo a las historias que forman parte del libro, escrito por Miguel de Cervantes, *Don Quijote de la Mancha,* y que ayudan a exponer a la niñez a una de las obras más conocidas de la literatura en español. Ilustraciones digitales caricaturescas acompañan los versos y reflejan imágenes características de Don Quijote. Al final se incluye información adicional sobre Miguel de Cervantes y un glosario.

Temas: Don Quijote de la Mancha | poesía

En busca de la paz (libro ilustrado)

Escrito por Tere Rodríguez Nora

Ilustrado por Aleix Gordo

Ediciones Norte | 32 páginas | español | 5+

Resumen: André es un niño citadino curioso y a quien le encanta hacer muchas preguntas. Un día decidió preguntarle a su hermana mayor, Clara, qué era la paz. Ella respondió de la mejor manera posible, aunque el niño siguió con dudas. En un sueño, André descubre el verdadero significado de la paz, a través de interacciones con sus abuelos. Las ilustraciones coloridas capturan el paisaje del sueño y las emociones de la niñez, aunque su texto en color blanco puede dificultar la lectura de algunos pasajes. Historia sencilla, pero con potencial de comenzar conversaciones sobre los diversos significados del concepto paz.

Temas: curiosidad | familia | imaginación | paz | sueños y deseos

Grano a grano… Refranes populares (libro ilustrado)

Selecciones por Josefina Barceló Jiménez

Ilustrado por Juan Álvarez O'Neill

Editorial de la Universidad de Puerto Rico | 27 páginas | español | 3+

Colección: Nueve pececitos | **Serie:** Raíces

Resumen: Selección de once refranes, o frases cortas, que forman parte de la tradición oral. Las ilustraciones llamativas están acompañadas de tipografía grande que puede facilitar la lectura a los primeros lectores. Una breve introducción a refranes populares, con su explicación, se incluye en el libro con la intención de que sean contados de generación en generación. A pesar de que las imágenes ilustran literalmente cada refrán, la ilustración en uno de los refranes representa una imagen estereotipada de las comunidades indígenas.

Temas: Puerto Rico | refranes | tradicional oral

Leyendas de rebeldía: Carabalí;
Las fiestas de Cruz (primeros lectores)

Escrito por Mayra Santos Febres

Ilustrado por María Jesús Álvarez

Ediciones Santillana | 40 páginas | español | 8+

Serie: Leyendas de Puerto Rico

Resumen: Un par de leyendas puertorriqueñas. En la primera leyenda encontramos a Carabalí, un hombre esclavizado que, cansado de los abusos por parte de los blancos de la hacienda, decide escaparse hacia la llamada Cueva de los Muertos. Al darlo por fallecido, las personas cercanas a la cueva creen oír gritos de los cimarrones que buscaron refugio en la cueva. Carabalí es símbolo de organización de personas oprimidas en las haciendas y el "cuco" para los hacendados y sus riquezas. La segunda leyenda gira en torno a las creencias religiosas y los roles de géneros tradicionales. Doña Carmita Rondales teme que su hija Paulina huya con Fermín, vecino del pueblo. La hija reta a su madre y la sorprende durante la celebración de las Fiestas de la Cruz, al hallar su libertad e independencia. Cortos capítulos capturan estas leyendas que nacen de la resistencia y la rebeldía de comunidades históricamente marginadas.

Temas: cimarronaje | esclavitud | resistencia | roles de género

Leyendas sobre Juan Ponce de León:
La fuente de la juventud; La casa encantada (primeros lectores)

Escrito por Yolanda Izquierdo y Gabriela González Izquierdo

Ilustrado por Enrique Martínez Blanco

Ediciones Santillana | 46 páginas | español | 11+

Serie: Leyendas de Puerto Rico

Resumen: La primera leyenda presenta a Juan Ponce de León y su viaje a la Florida en busca de la fuente de la juventud. La persistencia de volver a sentir las mismas energías lo llevan a continuar una búsqueda sin resultado. La segunda leyenda explica cómo, tras la muerte de Juan Ponce de León, nadie pudo vivir en la casa, ya que se encontraba "encantada". La narración hace referencia a los viajes de Juan Ponce de León, con el uso de la palabra "descubrimiento" en lugares habitados por indígenas, y se presenta a este personaje como un ser a imitar, incluso, después de su muerte.

Temas: colonialismo | Cristóbal Colón | Juan Ponce de León | misterio

___

Leyendas sobre secretos: La hija del verdugo; La mancha de sangre (primeros lectores)

Escrito por Eduardo Lalo

Ilustrado por Walter Gastaldo

Ediciones Santillana | 40 páginas | español | 11+

Resumen: Relato de dos leyendas, en que la primera presenta una historia trágica de amor en San Juan, entre María Dolores y Betancourt, un bandido quien, por sus acciones delictivas, tuvo un final fatal. La fragilidad e ingenuidad del único personaje femenino demuestra el estereotipo de ser dependiente del hombre. El segundo relato tiene como escenario La Hacienda San Daniel, que se convirtió en una próspera gracias a la mano de obra de personas negras esclavizadas. Su dueño, Don Blas Silva de Almeida, decide llamar al escribano para redactar su testamento y le cuenta una historia familiar secreta de intriga, muerte y sufrimiento.

Temas: amor | Blas Silva de Almeida | haciendas | muerte | venganza

___

Lolita… la niña que quiso vivir en un árbol (libro ilustrado)

Escrito por Myriam Cruz Sanes

Ilustrado por Benjamín

Producciones ANISA | 28 páginas | español | 5+

Resumen: Un día, Lolita decide mudarse de su casa para vivir en un árbol. Así comienza la aventura en la que conoce, por su invasión, otras especies, desde el múcaro hasta los grillos. El cuento tiene una intención evidentemente didáctica, pues en el diálogo final la niña indica "aprendí una lección". En las ilustraciones, se manifiesta un elemento religioso con la iglesia, que se distingue por la cruz,

única estructura arquitectónica, además de la casa presentada.

Temas: animales del patio

___

Mi isla en poesía (colección de poemas)

Escrito por Isabel Freire de Matos

Ilustrado por Poli Marichal

Camera Mundi | 27 páginas | español | 6+

Resumen: Colección de poemas que hacen homenaje a los animales, como el gallo, a plantas y árboles, como la flor de Maga y el flamboyán, y a objetos para la niñez, como la chiringa, el tambor y una muñeca. Los poemas cortos y sus rimas son fáciles de memorizar, por lo que la niñez disfrutaría de recitarlos. Las ilustraciones a color añaden vitalidad al texto. Es importante mencionar que el texto falla al utilizar el problemático tropo de comparar la piel negra con comida, en este caso, al describir a una muñeca "negra como el café".

Temas: amor | juegos y juguetes | naturaleza | niñez | paisaje

___

Mi mar y yo: el mundo azul de Puerto Rico (libro informativo)

Escrito por Alfonso Silva Lee

Ilustrado por Alexis Lago

Ediciones Callejón | 47 páginas | español | 8+

Resumen: Los lectores pueden conocer la historia del mar desde sus comienzos y evoluciones hasta zambullirse en la rica vida marítima que rodea Puerto Rico. El libro reflexiona sobre los vínculos, retos y peligros que la humanidad enfrenta con este cuerpo de agua, con el fin de estimular la conciencia y el deseo de preservación de este. Las delicadas imágenes en acuarela ofrecen una acertada atmósfera acuática, pero el tamaño del texto es muy pequeño para la cantidad de información que hay por cada página.

Temas: animales marinos | ecosistemas | mar | Puerto Rico

Mirando, mirando (libro ilustrado)

Escrito por Rafael Eugenio Trujillo

Ilustrado por Kimi Liu

Big Head Fish | 30 páginas | español | 6+

Resumen: Enrique, el coquí, llega al Viejo San Juan, desde El Yunque, y quiere conocer la ciudad. Allí se topa con la cotorra Antonia, el caballo Marcos, la iguana Josefina y el búho Abelardo. Los animales le van enseñando diferentes lugares como la Plaza de Armas, el Teatro Tapia y el Fuerte San Cristóbal. Las coloridas ilustraciones muestran algunos de estos pintorescos lugares; sin embargo, el texto, escrito completamente en rimas, a veces resulta confuso. Además, se mencionan nombres de personajes que no han sido presentados anteriormente.

Temas: turismo interno | viajes | Viejo San Juan

Una muñeca para el Día de Reyes
(libro ilustrado)

Escrito por Esmeralda Santiago

Ilustrado por Enrique O. Sánchez

Turtleback Scholastic | 32 páginas | español (traducción al inglés: *A Doll for Navidades*, Scholastic) | 5+

Resumen: Inspirada en la niñez de la autora, se narra la historia de Esmeralda y su deseo de tener una muñeca, como la de su prima, Jenny, como regalo del Día de Reyes. La niña, sus hermanos y la demás niñez del barrio, recogen la hierba y escriben la carta a los Reyes, pidiéndoles sus regalos deseados. Esmeralda no logra recibir la muñeca blanca, rubia y de ojos azules que deseaba, pero obtiene otros regalos y reconocimientos por ser la hermana mayor. La narración y las ilustraciones del cuento capturan las tradiciones y las costumbres navideñas en los campos de Puerto Rico y las diversas festividades que culminan con el Día de Reyes. También se presentan regalos estereotipados y tradicionales para niñas, como son las muñecas, pero al ser blancas, estas resaltan ciertos estándares de belleza, lo que refleja el discrimen que sufren las personas racializadas, que son históricamente marginadas.

Temas: nostalgia | regalos | Reyes Magos | tradiciones navideñas

Natalia, la detective... y el caso de las pisadas misteriosas (primeros lectores)

Escrito por Rosana Rodríguez Salas

Ilustrado por Horacio Gatto

Ediciones Santillana | 23 páginas | español | 8+

Serie: Gongolí

Resumen: A Natalia le encanta investigar, pues entiende que las situaciones incomprensibles tienen una explicación lógica. Cuando un día el zapato de Mario camina solo a su lado, ella comienza a buscar en libros y la Internet hasta que descubre la razón del suceso. La interesante narración nos presenta un personaje femenino fuerte, inteligente y analítico. Las ilustraciones presentan a la niña en los diferentes pasos de su investigación.

Temas: investigación | método científico | tecnologías

Polín, el coquí que se negó a morir
(primeros lectores)

Escrito por Gloria Vidal de Albó

Ilustrado por Iván Camilli Rivera

Publicaciones Puertorriqueñas | 53 páginas | español | 8+

Resumen: El bosque donde Polín y otros animales vivían es destruido repentinamente por una gran máquina amarilla que devoró todo a su paso. Despavoridos, los habitantes del bosque salen a encontrar otro lugar que puedan llamar su nuevo hogar. En este texto de cinco capítulos llenos de aventura y supervivencia, la intención de la autora es reflexionar sobre las diferentes amenazas humanas que arriesgan la extinción de animales autóctonos de Puerto Rico.

Temas: animales en peligro de extinción | contaminación ambiental | coquí | hábitat | planificación urbana

Pon, pon ¡A jugar con el bebé! (libro ilustrado)
Selecciones por Josefina Barceló Jiménez
Ilustrado por Mrinali Álvarez Astacio
Editorial de la Universidad de Puerto Rico | 27 páginas | español | 0+
Colección: Nueve pececitos | **Serie:** Cantos y Juegos
Resumen: Canciones infantiles tradicionales, como "La linda manita" y "Pon, pon", son incluidas con la letra de la canción y una explicación de los diferentes movimientos que se deben hacer al cantarlas. Las ilustraciones que acompañan cada canción se relacionan con esta. Predomina la diversidad racial. Se incorpora información sobre la importancia de los cantos-juegos, así como recomendaciones para cuidadores al momento de ejecutarlos, además de un CD, con las once canciones presentadas en el libro.
Temas: canciones | juegos y juguetes

¿Por qué un tigre es un tigre?
Un bestiario de etimología (libro ilustrado)
Escrito e ilustrado por Dave Buchen
Autopublicación | 84 páginas | español (traducción al inglés: *Why is a Tiger a Tiger?: A Bestiary of Etymology*, 2012) | 8+
Resumen: Las ilustraciones en blanco y negro nos van presentando diferentes animales que habitan en el planeta Tierra. El texto ofrece una explicación basada en historias reales del origen de las palabras que se usan actualmente para nombrar a los animales. La importancia de este bestiario es que no solo explica, de manera sencilla, la etimología de la palabra, sino que también presenta historias pasadas, lo que acerca al lector a mitología antigua.
Temas: animales | bestiario | palabras

Quince poemas y una nana para soñar / Fifteen Poems and a Lullaby (colección de poemas)
Escrito e ilustrado por Myriam Yagnam Lara
Ediciones Huracán | 34 páginas | bilingüe (español e inglés) | 7+
Resumen: A través de cortos y sencillos poemas, se presentan diferentes escenarios para enseñarle a la niñez sobre la hora, la ortografía, la leyenda del perro de piedra y otros. Cada poema corto cuenta con ilustraciones sencillas del aspecto central del poema.
Temas: poesía

El regalo del espino rubial (libro ilustrado)
Escrito por Rocío Costa
Ilustrado por Edna Román
Orillaroja Ediciones | 30 páginas | español | 8+
Colección: Aguja, lija y pincel
Resumen: Manuela es una niña que desea ayudar a don Andrés en su taller, donde talla instrumentos musicales de madera. Todos los días, Manuela insiste en que está lista para aprender el oficio, pero don Andrés piensa que aún es muy joven. Un día, mientras cortaban un árbol espino rubial, la resina le provoca picazón a don Andrés, por lo que Manuela toma las riendas del trabajo. Durante varios meses, la niña talla y prepara un cuatro y, al presentárselo a don Andrés, este se sorprende con el maravilloso regalo que provino del espino rubial. Las detalladas ilustraciones le dan un toque realista a esta historia.
Temas: arte | educación | instrumentos musicales | naturaleza

---

Los relatos del cacique Aymón
(primeros lectores)
Escrito por Luis Iván Echandía
Ilustrado por José Antonio Acosta
Editorial Isla Negra | 81 páginas | español | 8+
Colección: Cuadernos de Marcela
Resumen: El cacique Aymón vive en una cueva en El Yunque y tiene la capacidad de relatar historias relacionadas con Boriquén y sus dioses, su fauna y flora. Un día, a causa de un leve accidente, el narrador se encuentra con el cacique y comienzan una amistad, gracias a la que el narrador logra redactar las historias que se cuentan en el libro, al contestar diferentes preguntas mediante las que se entrelazan las leyendas y la historia.
Temas: colonialismo | coquí | leyendas | religión | Taínos

Roberto Clemente: Pride of the Pittsburgh Pirates (libro ilustrado)

Escrito por Jonah Winter

Ilustrado por Raúl Colón

Atheneum Books for Young Readers | 40 páginas | inglés | 5+

Resumen: Recuento breve sobre la infancia, la participación en las Grandes Ligas y la inesperada muerte del pelotero Roberto Clemente. Se describe su creatividad, cuando de niño, convierte artículos cotidianos en bates, guantes y bolas de béisbol, así como su admiración por el deporte. Se narra su llegada y sus logros con el equipo de los Piratas de Pittsburgh, Pennsylvania, y su récord de 3,000 hits. También se describen brevemente las experiencias xenofóbicas y racistas que pasó Clemente durante su carrera, pero que no lo detuvieron de continuar su labor en el parque y fuera de este. Las ilustraciones en colores y, en ocasiones, en blanco y negro, capturan la energía y las emociones de Roberto como también de la audiencia que lo admira.

Temas: béisbol | biografía | deportes | Roberto Clemente

Señor Oruga (novela infantil)

Escrito por Tina Casanova

Ilustrado por Iván Camilli Rivera

Publicaciones Puertorriqueñas | 64 páginas | español | 8+

Resumen: Con el propósito de marchar al encuentro con el sol, se encuentran el Señor Oruga, la Señorita Babosa y el Señor Caracol, pero, por ayudar al Señor Conejo, cambian sus planes. Esta cooperación les cuesta retrasar su viaje, ofreciéndoles la oportunidad de auxiliar al Señor Conejo y fortalecer sus relaciones sociales. El Señor Oruga, luego de ofrecer colaboración, pasa por el proceso de metamorfosis, cambio que se manifiesta en sus decisiones, acciones y personalidad. Las pocas ilustraciones que incluye el libro son creadas con siluetas en blanco y negro.

Temas: amistad | comunidad | respeto

Sonríe Francine (libro ilustrado)

Escrito e ilustrado por Frances Ramírez Meléndez

Rocket Learning | 18 páginas | español | 7+

Resumen: En este cuento, basado en sus propias experiencias, la autora presenta a Francine, una niña que nació sin una oreja, con discapacidades auditivas y con ciertas diferencias en su cara. De pequeña, Francine estudió en una escuela para la niñez sorda, pero luego fue transferida a una escuela para niñez oyente. Allí Francine disfrutó mucho, hasta que recibió burlas y comenzó a sentirse diferente. Su madre le aconsejó ignorar las burlas y enfocarse en cosas positivas, con lo que logró su meta de entrar a la universidad. La historia va acompañada de ilustraciones en blanco y negro hechas a lápiz.

Temas: autoestima | *bullying* | Comunidad Sorda | diversidad funcional | resiliencia | superación

Sopa de hortalizas / Vegetable Soup (libro ilustrado)

Escrito por Ángeles Molina Iturrondo

Ilustrado por Nívea Ortiz Montañez

Editorial de la Universidad de Puerto Rico | 32 páginas | bilingüe (español e inglés) | 4+

Serie: Dos Lenguas / Two Languages

Resumen: Una mañana, la Señora Coneja sale junto con sus doce conejitos hacia el huerto a recoger hortalizas. En el camino, se topa con varios animales que le dan sugerencias de vegetales que harían más deliciosa su sopa, y, en agradecimiento, ella los invita a su cena familiar. Las tiernas y coloridas imágenes en acuarela complementan esta breve historia sobre alimentos y el sentido de comunidad.

Temas: animales | comida | comunidad

Tai va de pesca: el paso de un niño taíno al mundo de los adultos (libro ilustrado)

Escrito por Editorial El Antillano
y Manuel Otero Portela

Ilustrado por Carol Serrano

Traducido por Olga Otero

Editorial El Antillano | 25 páginas | español
(traducción al inglés: *Tai Goes Fishing: The Path
of a Taíno Boy Into the Adult World*, 2010) | 9+

Colección: Tai

Resumen: El personaje del niño taíno tiene una nueva aventura. Tai ahora es un adolescente a punto de salir con su padre y otros pescadores a una expedición al mar. Este relato cuenta cómo por la valentía y madurez del joven le ganan el respeto de los adultos de su yucayeque, cuando enfrenta un peligro en alta mar, que pone en riesgo a todo el grupo. El libro tiene dos versiones ilustradas, una del 2005, realizada con dibujos a colores, y otra, del 2012, con gráficas en 3D, tomadas del cortometraje con el mismo título.

Temas: madurez | pescar | Taínos

Tato y Kenepo: amigos inseparables [Volumen 1] (cómic)

Escrito e ilustrado por Martin Gaudier

Grupo Editorial Norma | 108 páginas | español | 8+

Resumen: Colección que contiene los primeros cinco cómics de los personajes Tato, un gato sato, y Kenepo, un pájaro chango. Las tirillas presentan a los personajes y sus experiencias en diversas aventuras en el mundo laboral, en su vecindario y con sus familias. Al final de cada historia, aparecen Tato y Kenepo explicando la moraleja, que puede ser desde no tomar decisiones por otras personas hasta el dejar de fumar o no robar. Las historias están llenas de humor, lenguaje coloquial y de ilustraciones coloridas que exaltan cada uno de los personajes. Una de las historias sobre criminalidad y robo presenta a un personaje llamado Afroesqueleto, como el villano, quien resulta arrestado por la policía, narrativa que reproduce el estereotipo de los hombres negros como criminales. Al final, se incluye un glosario del vocabulario utilizado y

ejemplares de las historias cortas de *El Niño Mono*, con ilustraciones de Yamil Medina.

Temas: animales | moralejas

Te regalo un sueño: cuentos de mi tierra [Para leer y colorear antología de cuentos escritos por niños y niñas puertorriqueños] (colección de cuentos y poemas)

Escrito por Varios autores

Editado por Andrés Palomares

Ilustrado por Juan José Vásquez

Publicaciones Puertorriqueñas | 62 páginas | español | 5+

Resumen: 17 escritos creados por niñez puertorriqueña, en géneros literarios como cuentos cortos y poesía. "El pajarito sin una patita", "El coquí triste", "¡Qué lindo es mi Puerto Rico!", "El Coquí que lloraba" y "La niña de los sueños encantados" son algunos de los títulos que recoge este libro. Cada escrito está acompañado por una ilustración delineada para que lectores puedan colorear.

Temas: animales | fantasía | naturaleza | niñez | Puerto Rico

El tesoro del pirata (libro ilustrado)

Escrito e ilustrado por Eduardo Colón Peña

Editorial Grafito | 10 páginas | español | 6+

Resumen: Decididos a encontrar el tesoro de Roberto Cofresí, tres adolescentes se reúnen y planifican su aventura. Al contar con un mapa que marca la travesía del tesoro, Ana, Roberto y Miguel, parten desde Cabo Rojo hasta la Isla de Mona. Luego de evadir un barco pirata, los jóvenes llegan a la isla y, luego de una caminata y de enfrentar obstáculos, logran encontrar una cueva donde descubrirán si se encuentra el tan preciado tesoro. Ilustraciones sencillas, en lápices de colores, acompañan la narración corta de aventura que, aunque su final parece abrupto y simple, puede animar a lectores a conocer más sobre Roberto Cofresí y a crear sus propias aventuras.

Temas: aventura | Pirata Cofresí (Roberto Cofresí y Ramírez de Arellano) | piratas

Los tres reyes (a caballo) (libro ilustrado)

Escrito por Carmen Leonor Rivera-Lassén
y Víctor Maldonado Dávila

Ilustrado por Mrinali Álvarez Astacio

Editorial de la Universidad de Puerto Rico |
27 páginas | español | 6+

Colección: Nueve pececitos | **Serie:** Raíces

Resumen: A petición del Niño Jesús, los tres Reyes Magos deben obsequiar regalos a la niñez. La Virgen María les recomienda comenzar por Puerto Rico, lugar que describe como tierra de arenas doradas. Así que los Reyes encuentran cómo llegar ahí, en su libro de magia, y comienzan su aventura a caballo, repartiendo regalos en nuestro archipiélago. Es interesante que la religión y la magia se encuentren en este relato, con ambas opciones presentadas como aceptadas y verdaderas. La imagen de los talladores de santos es lo que recuerda a los Reyes a caballo como tradición puertorriqueña.

Temas: magia | Navidad | religión |
Reyes Magos | tradiciones navideñas

¡Vamos a jugar! (libro ilustrado)

Selecciones por Josefina Barceló Jiménez

Ilustrado por Juan Álvarez O'Neill

Editorial de la Universidad de Puerto Rico |
27 páginas | español | 3+

Colección: Nueve pececitos | **Serie:** Cantos y Juegos

Resumen: Colección de once juegos infantiles tradicionales del folclor puertorriqueño. Desde *Un, dos, tres...pescao* hasta las peleas con gallitos, cada juego incluye instrucciones de cómo jugar y unas ilustraciones alusivas a este. Para algunas personas, estos juegos serán recuerdos y memorias de la niñez, mientras para los pequeños lectores serán una introducción a la infancia de sus ancestros y a pasatiempos de la memoria colectiva.

Temas: juegos y juguetes

El siguiente libro fue publicado en este año
y no pudo ser consultado por falta de acceso:
*Mis papitos: héroes de la cosecha / My Parents: Heroes
of the Harvest*, escrito por Samuel Caraballo
e ilustrado por Obed Gómez.

Desde la
Academia

Consuelo Figueras

Investigadora, educadora y defensora de las bibliotecas escolares.

Ketty Rodríguez

Bibliotecaria, investigadora y comprometida con reconocer la literatura infantil.

María del Rocío Costa

Educadora, escritora y gestora del blog *Libros para niños e ideas para su utilización*.

1898: el bombardeo norteamericano a San Juan (libro ilustrado)

Escrito por Josefina Barceló Jiménez y Midiam Astacio Méndez

Ilustrado por Juan Álvarez O'Neill

La Voz del Centro | 27 páginas | español | 8+

Serie: Voces de la Cultura. Serie Juvenil

Resumen: Desde la ciudad de San Juan, se cuenta la historia de la Guerra Hispanoamericana, con aspectos de la situación colonial de la isla a manos de España y Estados Unidos, la explosión de la embarcación Maine y la situación política de Cuba. El personaje de Laura resalta dentro del libro por ser instruida en la política local por medio del periódico la *Gaceta de Puerto Rico*, con narrativas del gobierno español. Se mencionan aspectos como la pobreza y el miedo causados por la guerra.

Temas: colonialismo | España | Estados Unidos | Guerra Hispanoamericana | historia

A trovar con nuestros niños (cómic)

Escrito por Irvin Santiago Díaz

Ilustrado por Animación Boricua

Instituto de Cultura Puertorriqueña | 17 páginas | español | 7+

Serie: ICePé.cómic

Resumen: Pepe, Ceci, Sofi y el abuelo van a San Germán y visitan el estudio de la trovadora Luz Celenia Tirado, quien conoce sobre la música típica de Puerto Rico y es maestra en Mayagüez. Mientras el abuelo está viendo fotos, Luz le explica a la niñez sobre la importancia de la trova y los instrumentos musicales. Luego son transportados al año 1945 y llegan al Primer Encuentro de Niños Decimistas, en el que conocen a Jesús Sánchez Erazo, quien les enseña sobre la historia de la décima y los diferentes tipos de rima. La niñez es educada para valorar la música y las tradiciones de Puerto Rico. El libro también incluye una sección de actividades con preguntas y aplicación de las destrezas aprendidas para que lectores puedan crear sus propias décimas.

Temas: Jesús Sánchez Erazo | Luz Celenia Tirado | música | San Germán | tradiciones | trova puertorriqueña

El alfabeto de hojalata (libro ilustrado)

Escrito por Dalia Nieves Albert

Ilustrado por Tatiana Boada Santacoloma

Ediciones Puerto Infantil | 78 páginas | español | 6+

Resumen: Se presenta la historia de cómo las Letras de Hojalata se unieron y marcharon en contra de la destrucción del bosque que les servía de hogar. La narración incluye un verso para cada letra del alfabeto en español. Es una excelente herramienta para introducir a la niñez a temas de justicia social y organización comunitaria.

Temas: abecedario | justicia ambiental | organización comunitaria | protesta

Ánade real o Azulón (libro ilustrado)

Escrito por Tere Marichal Lugo

Ilustrado por Julio César Morales

Camera Mundi | 31 páginas | español | 7+

Serie: Cuentos de María Chuzema para los niños

Resumen: En una finca de patos en Puerto Rico, se habla de la llegada de Azulón, un pato viejo que viajará desde China para visitar a su familia. Por otro lado, los patos se enteran de que el dueño, don Tomás, quiere vender un caballo viejo. Con tono didáctico, el relato elabora la importancia de aceptar a todas las personas sin importar su edad.

Temas: animales de la granja | respeto | vejez

Ángel de la guarda: sueño ilustrado para niños de 0 a 115 años (libro cartoné)

Escrito por Rucco Gandía

Ilustrado por Círculo de paz en la niñez, Escuela de Artes Místicas

Grupo Editorial Norma | 34 páginas | español | 0+

Resumen: La oración tradicional cristiana, Ángel de la guarda, es presentada como un ruego de protección, cuidado y compañía. Cada página cuenta con una ilustración distintiva de diferentes ángeles con dos o tres versos de la oración. Se incluye un CD con la versión cantada y la versión instrumental. Las ilustraciones de ángeles presentan diferentes colores y rasgos físicos.

Temas: religión | rezos

Aprendiendo a volar (libro grande)

Escrito por Ana Ilsa Rivera

Ilustrado por José Esparza Navarro

Producciones ANISA | 15 páginas | español | 3+

Resumen: Con un nido de seis pájaros y su mamá, el libro entrelaza el proceso de aprendizaje para volar y la enseñanza de las matemáticas a nivel preescolar. La mamá les enseña a volar y, con preguntas, el lector hace la resta para indicar cuántos pájaros faltan por aprender a volar. Las ilustraciones son repetitivas mostrando el nido con diferentes cantidades de pájaros.

Temas: aves | matemáticas

Arco iris (colección de poemas y cuentos)

Escrito por Ester Feliciano Mendoza

Ilustrado por Alberto Murciego

Ediciones Puerto | 66 páginas | español | 5+

Resumen: Recopilación de quince poemas y cinco cuentos acompañados por ilustraciones distintivas de cada uno de los escenarios presentados en el texto. En la primera parte, algunos de los poemas cuentan con una partitura para convertirlo en una canción. Esto hace que pueda realizarse un proceso pedagógico divertido con la niñez. La musicalidad de la poesía es evidente en la rima de los que no cuentan con partitura. La naturaleza abunda como escenario y personaje principal. El libro incluye juegos tradicionales, como un poema al trompo, y experiencias como la celebración del día de cumpleaños.

Temas: animales | música | naturaleza

Así soy yo (libro ilustrado)

Escrito por Carmen Leonor Rivera-Lassén

Ilustrado por Mrinali Álvarez Astacio

Traducido por Raquel S. Arato

Editorial de la Universidad de Puerto Rico | 23 páginas | español (traducción al inglés: *That's Just Me,* 2010) | 7+

Colección: Nueve pececitos | **Serie**: Igualitos

Resumen: Las personalidades y los gustos varían y lo diferente puede convertirse en algo normal. Así es que se exalta a una niñez "diferente", con intereses incomprendidos por sus padres, demostrándose la aceptación a la diversidad de opiniones y personalidades. Los gustos van desde la lectura hasta los animales.

Temas: aceptación | diversidad | intereses

Arrullito de amor: todos cantan nanas para mí (libro ilustrado)

Escrito e ilustrado por Shakti Estrella Luz de Luna

Orbis | 48 páginas | español | 0+

Resumen: Se incluyen 20 nanas para deleitar a bebés, con estilos musicales variados como el vals vienés, el tango, la bachata, la danza puertorriqueña, el bolero, las marchas y la bossa nova. Esta diversidad de ritmos sirve para entretener o dormir a infantes. Las letras de las nanas presentan una variedad de temas como el amor por infantes recién nacidos, juegos, y la admiración por las nubes y la naturaleza. El libro contiene un CD.

Temas: amor | infantes | música

Atariba y Niguayona: pieza de teatro basada en una leyenda (teatro)

Escrito por Isabel Freire de Matos

Ilustrado por Nívea Ortiz Montañez

Ediciones Santillana | 38 páginas | español | 8+

Colección: Isabel Freire de Matos

Resumen: Esta obra de teatro se desarrolla en Borikén, donde aprendemos diferentes aspectos de las costumbres, tradiciones, dioses y vocabulario taíno nativo. A través de los personajes de Atariba y Niguayona, se presenta y describe la vida de la niñez taína. Un día, Atariba se enferma y recibe la cura por medio de la fruta caimoní, obtenida valientemente por Niguayona en la Cueva de los Cemíes.

Temas: Agüeybaná | amistad | dioses (religión) | milagro | Taínos

Cajita de música (colección de cuentos)

Escrito por Ester Feliciano Mendoza

Ilustrado por Tatiana Boada Santacoloma

Ediciones Puerto | 122 páginas | español | 7+

Resumen: Con un acercamiento de ingenio y creatividad, estos cuentos presentan personajes de la naturaleza, con roles protagónicos, en los que se describen sus vidas y algunos sucesos que les ayudan a fortalecer el carácter. La nostalgia de la flora es ampliamente descrita y utilizada en la narración desde los escenarios hasta algunos personajes.

Temas: animales | flora

El calendario (libro ilustrado)

Escrito e ilustrado por Tere Marichal Lugo

Camera Mundi | 34 páginas | español | 4+

Serie: Cuentos de María Chuzema para los niños

Resumen: A través de la narración, se explica cómo el calendario está organizado desde los meses hasta los días. Haciendo una invitación para que la niñez conozca el beneficio de organizar sus agendas y responsabilidades a través de calendarios. Se presentan calendarios elaborados por diferentes culturas y la importancia del concepto del tiempo en el día a día. El libro incluye el origen del nombre de los meses del año.

Temas: calendario | días de la semana | estaciones del año | tiempo

Caritas felices (libro cartoné)

Escrito por Ana Ilsa Rivera

Ilustrado por Yoalis Durán

Fotografías por Herminio Rodríguez

Producciones ANISA | 17 páginas | español | 0+

Resumen: Libro que presenta diferentes fotografías de rostros de infantes. Cada fotografía incorpora el nombre de la niñez, que comienza con una vocal. Incluye un espacio para que haya una foto del infante al final.

Temas: emociones y sentimientos | vocales

Carlitos y la burbuja espacial (primeros lectores)

Escrito por Edgardo Sanabria Santaliz

Ilustrado por Mima Castro

Ediciones Santillana | 23 páginas | español | 6+

Serie: Gongolí

Resumen: Carlitos recibe la noticia de que tendrá un hermanito. Sus ansias crecen según pasan los días. Cuando su mamá va al hospital, Carlitos imagina, de manera divertida, la llegada del nuevo miembro de la familia hasta quedar atrapado en una pesadilla. La interesante narración nos presenta planetas, aventuras, juegos y alegrías. Sin embargo, las ilustraciones muestran un solo personaje negro, mientras que predominan los personajes blancos con ojos verdes y azules.

Temas: familia | nacimiento de bebé

Celebra la Navidad y el Día de los Reyes Magos con Pablo y Carlitos (primeros lectores)

Escrito por Alma Flor Ada y F. Isabel Campoy

Ilustrado por Walter Torres

Santillana | 31 páginas | español | 6+

Serie: Cuentos para celebrar

Resumen: Pablo y Carlitos hablan sobre la carta que le escribieron a los Reyes Magos y sus peticiones de regalos. Cuando llega el 6 de enero son sorprendidos con regalos por toda la casa y una respuesta por parte de los Reyes. El libro incluye descripciones y fotografías de las fiestas y tradiciones en otros países del mundo. Las ilustraciones de este cuento son problemáticas por la falta de multiculturalidad, ya que predominan los personajes blancos.

Temas: Navidad | Reyes Magos | tradiciones

El circo (libro ilustrado)
Escrito por Isabel Freire de Matos
Ilustrado por Viviana Garófoli
Ediciones Santillana | 21 página | español | 7+
Colección: Isabel Freire de Matos
Resumen: Al llegar el circo a su barrio, Alicia decide cumplir su sueño de ser trapecista. Se acerca a un payaso y le pregunta si puede participar del espectáculo. De este modo, comienza su sueño a hacerse realidad y todos en el pueblo disfrutan de su talento y dedicación. Durante la historia se van describiendo diferentes escenas del circo y sus animales. Las ilustraciones presentan personajes blancos y negros. Sin embargo, a lo largo de la historia, los personajes blancos predominan en las ilustraciones hasta que se elimina por completo la presencia de personajes negros, lo que transmite un mensaje de antinegritud.

Temas: animales | circo | sueños y deseos

Una cometa para la luna (libro ilustrado)
Escrito e ilustrado por Tere Marichal Lugo
Camera Mundi | 34 páginas | español | 7+
Serie: Cuentos de María Chuzema para los niños
Resumen: La historia de la luna lunera, allá en la galaxia, y la de Lisandra y sus amigos, en una isla tropical, se entrelazan mediante temas como el compañerismo, la amistad y la pérdida. La luna lunera se siente triste y, por medio de la pérdida de Lisandra, recibe un regalo de sus amigos que le ayuda a cambiar su ánimo. Mientras que Lisandra, con la empatía de sus amigos, tiene una aventura al volar chiringa.

Temas: amistad | emociones y sentimientos | perdido y encontrado

Con la otra mano (libro ilustrado)
Escrito por Víctor Maldonado Dávila
Ilustrado por Mrinali Álvarez Astacio
Traducido por Raquel S. Arato
Editorial de la Universidad de Puerto Rico | 23 páginas | español (traducción al inglés: *With the Other Hand*, 2010) | 7+
Colección: Nueve pececitos | **Serie:** Igualitos
Resumen: Texto que representa, con respeto y aceptación, las diferentes habilidades que poseen las personas zurdas, así como sus respectivas experiencias. Los personajes de este relato, escrito en verso, tienen diferentes talentos y se identifican entre ellos, ya que su mano izquierda es más hábil que la derecha. Se presenta lo diferente como algo bueno. Es interesante que uno de los ejemplos es una niña practicando el béisbol, juego que culturalmente se asocia con niños, por lo que la narración hace frente a los estereotipos en ese sentido.

Temas: aceptación | diversidad | respeto | zurdo

El coquí que quiso ser sapo (libro ilustrado)
Escrito por Emmanuel "Sunshine" Logroño
Ilustrado por Sonia Kercadó
Ediciones Santillana | 23 páginas | español | 8+
Serie: Gongolí
Resumen: Con la visita del sapo a un bosque de Puerto Rico, el coquí, que se encontraba en medio de un concierto, decide que quiere ser como él. Así que contempla mudarse y "cruzar el camino de las luces" para cantar tan grueso como el sapo. En el proceso aprende a valorar su comunidad y características únicas. Las ilustraciones presentan al coquí con un sombrero asociado con la vestimenta del jíbaro puertorriqueño.

Temas: animales | autoestima | comunidad | coquí

El corsario Cofresí: héroe puertorriqueño
(libro ilustrado)

Escrito por Midiam Astacio Méndez
y Josefina Barceló Jiménez

Ilustrado por Juan Álvarez O'Neill

Fundación Voz del Centro | 27 páginas | español | 8+

Serie: Voces de la Cultura. Serie Juvenil

Resumen: Roberto Cofresí es presentado como un amante del mar y navegante bondadoso que compartía sus bienes con los pobres. El gobierno español le ofrece convertirse en corso para proteger los mares de barcos enemigos, pero le cancelan este permiso por cuestionar un acto injusto de un capitán español. La unión de imperios, tanto españoles como norteamericanos, se lleva a cabo para atrapar y ejecutar al corsario. La visión heroica se enfatiza en la narración. Sin embargo, es cuestionable la descripción en el texto sobre el colorismo como "joven blanco, de piel bronceada por el sol".

Temas: Cabo Rojo | colonialismo | justicia | Pirata Cofresí (Roberto Cofresí y Ramírez de Arellano)

Counting Ovejas (libro ilustrado)

Escrito por Sarah Weeks

Ilustrado por David Diaz

Atheneum Books for Young Readers | 30 páginas | bilingüe (inglés y español) | 3+

Resumen: Ya es la hora de dormir y un niño se encuentra acurrucado en su cama cuando, de pronto, comienzan a aparecer ovejas en su cuarto. Desde una oveja blanca hasta diez ovejas amarillas, el niño se las ingenia para despedirlas de su cuarto y poder dormir. El texto incorpora la práctica y la enseñanza de los colores, así como el contar, en este cuento acumulativo de imaginación y astucia.

Temas: animales | colores | números | rutinas

Cuenta cuentos en los castillos
(primeros lectores)

Escrito por Beatriz M. Santiago Ibarra

Ilustrado por Tatiana Boada Santacoloma

Ediciones Puerto Infantil | 37 páginas | español | 7+

Resumen: El Castillo San Cristóbal en San Juan se convierte en el escenario principal de tres cuentos recopilados en este libro. Conocemos las historias de dos princesas que viven allí y cómo sus estrategias de protección, ingenio y poderes ayudan a mantener la seguridad de los habitantes de San Juan. Aunque las ilustraciones intentan presentar escenas del relato, resulta problemática la falta de negritud entre los personajes y se resalta la belleza de la realeza, con descripciones de personas blancas de ojos azules.

Temas: Castillo San Cristóbal | princesas | Viejo San Juan

Cuentos golosos (libro ilustrado)

Escrito por Ingrid Ortega Borges

Ilustrado por Raquel Welin

Cambridge BrickHouse | 64 páginas | español | 6+

Resumen: Se incluyen dos cuentos. El primero, "¿Quién se comió mi sándwich?", presenta a Ramón, que quiere saber dónde está su sándwich sin recordar, por distracción, que él sabía la respuesta. En el proceso, imagina posibles culpables de su núcleo familiar. En el segundo cuento, "Emilio de mal humor", el personaje es castigado y, en su armario, descubre un escondite de deliciosos dulces que le alegra el día. En ambos se presentan emociones naturales expresadas por la niñez y cómo las manejan.

Temas: comida | emociones y sentimientos | familia

Cuentos musicales (libro ilustrado)

Escrito por Isabel Arraiza Arana

Ilustrado por Tatiana Boada Santacoloma

Ediciones Puerto Infantil | 52 páginas | español | 7+

Resumen: A lo largo de siete cuentos cortos y una diversidad de temas, se describen las acciones de diferentes animales y un repostero. Cada cuento tiene ilustraciones que complementan la descripción del escenario en que se desarrolla la narración. Dos de los cuentos presentan temas de prejuicios por diferencias físicas que sirven como paralelo a los prejuicios raciales de los humanos.

Temas: aceptación | amistad | animales | aventura

Cuentos para niños y jóvenes de estos tiempos (colección de cuentos)

Escrito por Carmen Morales Matos

Publicaciones Puertorriqueñas | 59 páginas | español | 7+

Resumen: Colección de cuentos cortos que se concentra en presentar una perspectiva del cristianismo integrando a Dios y la naturaleza como personajes. Los primeros relatos mencionan a Dios y los últimos elaboran el tema de la contaminación ambiental. El tono didáctico abunda en la narración de manera obvia.

Temas: justicia ambiental | religión

Cuentos para seguir contando (primeros lectores)

Escrito por Evy Lucío Córdova

Ilustrado por Sandra Vázquez Santiago

Teresita Santini Publicaciones | 112 páginas | español | 8+

Resumen: Un niño que vive en una casona antigua tiene interacciones con tres palomas, un búho, el enano de los cuentos y dos brujas, entre otros. Se presentan diferentes escenas con personajes intercalados, en las que el niño descubre un mundo imaginario justo antes de acostarse a dormir o, en el caso del búho, al despertarse. La narración presenta los estereotipos de personajes como las brujas malas, el búho sabio y el niño valiente y bueno.

Temas: aventura | magia

El cumpleaños del San Pedrito (libro ilustrado)

Escrito por Isabel Freire de Matos

Ilustrado por Walter Torres

Ediciones Santillana | 21 páginas | español | 6+

Colección: Isabel Freire de Matos

Resumen: En el bosque se reúnen los animales, con música y comida, para la celebración del cumpleaños de San Pedrito. El temible guaraguao aparece en la reunión, pero, gracias a la valentía del pitirre, la fiesta continúa. Se presenta la naturaleza como escenario para ejemplificar la supervivencia animal.

El narrador ofrece una interesante descripción del plumaje de San Pedrito y la vestimenta humana.

Temas: animales del bosque | bosque | naturaleza | supervivencia

Desde África hasta Puerto Rico, volumen I (libro informativo)

Escrito por Wanda Ivelisse Rodríguez de Amil

Ilustrado por Mrinali Álvarez Astacio y Equipo artístico Publicaciones Yuquiyú

Publicaciones Yuquiyú | 37 páginas | español | 7+

Resumen: Explica datos de las personas esclavizadas que llegaron a América, con información sobre el tráfico de personas, las ideologías religiosas y políticas de los españoles, y el comercio. Lamentablemente, las ilustraciones de personas negras son semejantes a *blackface*, con ojos grandes y labios rojos. Además, personas asiáticas se incluyen estereotipadas con *slanted eyes* y picl amarilla.

Temas: África | América | colonialismo | esclavitud | Juan Garrido | personas esclavizadas

Desde África hasta Puerto Rico, volumen II (libro informativo)

Escrito por Wanda Ivelisse Rodríguez de Amil

Ilustrado por Mrinali Álvarez Astacio y Equipo Artístico Publicaciones Yuquiyú

Publicaciones Yuquiyú | 34 páginas | español | 7+

Resumen: Presenta parte de la historia de las personas negras esclavizadas en Puerto Rico durante el colonialismo español. Se explican algunos acontecimientos relacionados con las leyes de la época, el maltrato y la economía. Sin embargo, el vocabulario debe ser revisado para incluir el antirracismo y el cimarronaje. Incluye una lista de recursos de referencia y un glosario.

Temas: colonialismo | esclavitud | Revolución Haitiana | personas esclavizadas

Desde África hasta Puerto Rico, volumen III
(libro informativo)

Escrito por Wanda Ivelisse Rodríguez de Amil

Ilustrado por Mrinali Álvarez Astacio,
José Gutiérrez Rivera y Juan Carlos Peña

Publicaciones Yuquiyú | 44 páginas | español | 7+

Resumen: Este libro informativo trata diferentes temas como la transformación de Puerto Rico; incluye información sobre los negros libertos y el desarrollo económico. Estos se explican mediante la integración de conceptos definidos, para conocer sobre los procesos sociales que se enfrentaban durante la época. Además, se incorporan a la discusión biografías de puertorriqueñas evidentemente negras y sus aportaciones. Sin embargo, el concepto del mestizaje se asimila en todo el texto. También se atiende el tema de la unión caribeña con las visitas de haitianos a países latinoamericanos.

Temas: Arturo Alfonso Schomburg | Cecilia Orta Allende | esclavitud | haciendas | Isabelo Zenón Cruz | Rafael Tufiño | Roberto Clemente | Victoria Espinosa

El diario de Pablo Rivera: un joven en el Grito de Lares (libro ilustrado)

Escrito por Josefina Barceló Jiménez
y Midiam Astacio Méndez

Ilustrado por Juan Álvarez O'Neill

Fundación Voz del Centro | 25 páginas | español | 8+

Serie: Voces de la Cultura. Serie Juvenil

Resumen: Por medio del diario de Pablo Rivera encontrado en una hacienda, se cuenta el suceso histórico del Grito de Lares. Conocemos sobre líderes revolucionarios, pensamientos políticos y acciones heroicas, con el fin de tener un país más justo. El personaje principal, desde sus 16 años, cuenta con una visión política e incursiona en la lucha por la libertad.

Temas: colonialismo | Grito de Lares | Mariana Bracetti | Pablo Rivera | política | Ramón Emeterio Betances

Doctor Ramón Emeterio Betances: luchador por la libertad y los pobres (libro ilustrado)

Escrito por Midiam Astacio Méndez
y Josefina Barceló Jiménez

Ilustrado por Juan Álvarez O'Neill

Fundación Voz del Centro | 27 páginas | español | 8+

Serie: Voces de la Cultura. Serie Juvenil

Resumen: Se narran las acciones revolucionarias de Ramón Emeterio Betances en Puerto Rico, a la par que se explican sus ideas de libertad e igualdad. Ambas ideas se ejemplifican mediante sus acciones promotoras de la abolición de la esclavitud y el establecimiento de un consultorio médico en Mayagüez, durante la epidemia de la cólera, enfocada en atender a las personas esclavizadas.

Temas: colonialismo | derechos humanos | esclavitud | justicia sanitaria | Ramón Emeterio Betances

Los elfos enanucos (teatro)

Escrito por Beatriz M. Santiago Ibarra

Ilustrado por Tatiana Boada Santacoloma

Ediciones Puerto | 44 páginas | español | 11+

Serie: Puerto infantil

Resumen: Unos duendes de Puerto Rico, ilustrados con colores diversos y alas de mariposas, tienen diferentes habilidades que utilizan para ayudar a un pescador y una rosa. Los elfos se dedican a proteger la comunidad y sus habitantes, no toleran el maltrato y defienden a los vulnerables. El texto está escrito en diálogos continuos, en los que se añade la jerigonza a la conversación. Este texto pudiera funcionar como un libreto.

Temas: comunidad | duendes | imaginación

La fiesta de Melchor (libro ilustrado)

Escrito por Carmen Leonor Rivera-Lassén

Ilustrado por Juan Álvarez O'Neill

Traducido por Raquel S. Arato

Editorial de la Universidad de Puerto Rico | 23 páginas | español (traducción al inglés: *Melchor's Feast Day*, 2010) | 6+

Colección: Nueve pececitos | **Serie:** Raíces

Resumen: Carmelo, un residente del pueblo de Lares, le ofrece a Melchor un sopón que le provocó un sueño de dos días. Todos buscaban al rey mago hasta que Carmelo le encontró y comenzó la fiesta en el campo, con música, comida y rosarios cantados. En este evento, Carmelo aprendió a tallar en madera y elabora una figura del rey negro. Se integra la religión con las fiestas tradicionales y las celebraciones comunitarias.

Temas: comidas típicas | Lares | Navidad | religión | Reyes Magos | tradiciones navideñas

---

Los Gatos Black on Halloween (libro ilustrado)

Escrito por Marisa Montes

Ilustrado por Yuyi Morales

Henry Holt & Company | 31 páginas | inglés | 4+

Resumen: Se acerca la luna llena en el mes de octubre y los monstruos se preparan para el gran baile de Halloween. Las brujas, los muertos, los zombies y los vampiros salen de sus escondites para disfrutar juntos de una fiesta en la casa embrujada. Al final, se encontrarán con los más temibles seres: la niñez en Halloween. Una oda poética a la noche de Halloween que intercala algunas palabras en español dentro de su texto en inglés. Las ilustraciones capturan la esencia de una "Noche de Brujas" y sus criaturas, sin dejar de ser amistosos para la niñez.

Temas: gatos | Halloween (Día de Brujas) | poesía

Premios: Tomás Rivera Mexican American Children's Book Award, 2008 | Pura Belpré Award, Honor Book for Narrative, 2008 | Pura Belpré Award, Winner Book for Illustration, 2008

La gran sorpresa del museo (libro ilustrado)

Escrito por María del Rocío Costa

Ilustrado por Walter Torres

Ediciones Norte | 31 páginas | español | 7+

Resumen: Margarita y Javier visitan, por primera vez, el Museo de Arte de Puerto Rico, donde mágicamente interactúan con parte de la colección de arte que este alberga. Las experiencias van desde conversaciones con la obra "Las hijas del Gobernador",

de José Campeche, hasta dialogar con el Maestro Rafael Cordero, a través de la obra de Francisco Oller y Cestero. Por medio de una adivinanza descubren la manera de desarrollar su arte. Se presenta la importancia del arte en el disfrute del ser humano.

Temas: arte | Francisco Oller y Cestero | José Campeche | Museo de Arte de Puerto Rico

---

La hora del baño (libro cartoné)

Escrito por Carmen Rivera Izcoa

Ilustrado por María Antonia Ordóñez

Ediciones Huracán | 10 páginas | español | 0+

Resumen: Versos que describen las experiencias de un infante a la hora del baño, desde el frío hasta el juego. La poesía puede ser cantada, por sus rimas, a la hora del baño para interactuar con un infante.

Temas: aseo | baño | poesía | rutinas

Ilán-Ilán (colección de poemas)

Escrito por Ester Feliciano Mendoza

Ilustrado por Yeimi Ayala

Ediciones Puerto | 82 páginas | español | 5+

Resumen: Con la naturaleza como principal recurso, los poemas de esta colección mencionan diferentes situaciones, centrándose en el reconocimiento de la flora de Puerto Rico. Algunos versos incluyen la repetición de las vocales, como es el caso del poema "A, E, I, O, U", y otros, el acróstico, como es el caso del poema "Amor".

Temas: naturaleza | poesía

José Campeche, pintor de la puertorriqueñidad (cómic)

Escrito por María Gisela Rosado Almedina

Ilustrado por Animación Boricua

Instituto de Cultura Puertorriqueña | 14 páginas | español | 6+

Serie: ICePé.cómic

Resumen: Ceci, Pepe, Inés y Pablo van de paseo por el Viejo San Juan con el abuelo, quien quiere ir a uno de los museos para ver la exhibición de José Campeche.

Al llegar al retrato de Juan Alejo de Arizmendi, tocan la pintura y se van de viaje al pasado. Así llegan al taller de Campeche, lo conocen y conversan sobre diferentes temas. Este cómic, además de presentar la vida y obra de Campeche, incluye temas de la colonización, así como asuntos de racialización y esclavitud en Puerto Rico. Las ilustraciones presentan personajes evidentemente negros y se añaden unas preguntas guías para trabajar con la audiencia.

Temas: arte | historia | José Campeche | Juan Alejo de Arizmendi | Luis Parés y Alcázar | Ramón Power y Giralt

---

Julia (libro ilustrado)
Escrito por Georgina Lázaro León
Ilustrado por Poli Marichal
Lectorum Publications | 28 páginas | español | 9+
Serie: Cuando los grandes eran pequeños
Resumen: Mediante versos, se presenta la biografía de Julia de Burgos, exaltando su periodo de niñez. Se incorporan la relación y los acercamientos de Julia al Río Grande de Loíza y las montañas de Carolina. Las ilustraciones resaltan la naturaleza y sus colores.

Temas: biografía | Carolina | escritores | Julia de Burgos | poesía | Río Grande de Loíza

---

Kikiriki, el gallo canta así (libro ilustrado)
Escrito por Tere Marichal Lugo
Ilustrado por Julio César Morales
Camera Mundi | 31 páginas | español | 4+
Serie: Cuentos de María Chuzema para los niños
Resumen: Por medio de versos, se enseñan los sonidos de los animales que habitan en el pueblo de Aguas Buenas. Los animales presentados son diversos, con representación del gallo, el pollo, el cerdo, la oveja, la vaca, el búho, y también incluye animales que no existen en Puerto Rico, como el león.

Temas: Aguas Buenas | animales

El león y el coquí: una fábula sobre la paz
(libro ilustrado)
Escrito e ilustrado por Tere Marichal Lugo
Camera Mundi | 30 páginas | español | 4+
Colección: María Chuzema, ambiente, paz y arte
Resumen: León era el rey de todo un territorio donde vivían varios animales bajo su mando. Todos los animales le temían por ser fuerte, temible, gruñón y dominante. Hasta que un día llega Coquí Coquito, que, con su cantar y conversaciones, logra ser un puente entre el león y los animales, para vivir en paz y armonía. La narración trabaja con los abusos de poder y el objetivo de minimizar la violencia entre los grupos, pero cae en un tono didáctico que explica en vez de mostrarle a la niñez sobre el tema de la paz.

Temas: coquí | relaciones de poder | resolución de conflictos

---

Leyendas insólitas: El sacristán y su verdugo; Una visita de ultratumba (primeros lectores)
Escrito por Kalman Barsy
Ilustrado por Nancy Fiorini
Alfaguara Infantil y Juvenil | 38 páginas | español | 10+
Serie: Leyendas de Puerto Rico
Resumen: Se incluyen dos leyendas sobre amor, desamor y morbo que reflejan la influencia, presencia y glorificación de los españoles en Puerto Rico. En "El sacristán y su verdugo", un hombre en el presente anda en busca de su escudo familiar y, en el proceso de investigación, conoce los secretos de sus antepasados. Dichos secretos recogen la hambruna de un pueblo y la historia de amor entre el sacristán, una mujer y un mayordomo, que los lleva a conocer el verdadero contenido de las butifarras consumidas por la alta sociedad. En "Una visita de ultratumba", Leonor, la hija menor de Juan Ponce de León, añora a su esposo, quien recién partió para España por mar. Al enterarse que una tormenta arrebató la vida de los tripulantes del barco y la de su esposo, Leonor pierde las fuerzas y desea la muerte. Al recibir una visita del más allá de su amado esposo, Toñín, recobra energías. Am-

bas leyendas metatextuales, integran lo insólito y lo misterioso dentro de las familias de clase alta del Puerto Rico durante la colonización española.

Temas: amor | canibalismo | colonialismo | España | fantasía | leyendas

---

Leyendas sobre aparecidos: El pozo de Jacinto; El hada del naranjal
(primeros lectores)

Escrito por Edgardo Sanabria Santaliz

Ilustrado por Nancy Fiorini

Loqueleo de Ediciones Santillana | 32 páginas | español | 10+

Serie: Leyendas de Puerto Rico

Resumen: Julito era un niño curioso, en edad escolar, que una noche decidió ir sin permiso de su abuela para el pozo de Jacinto, peñasco peligroso cerca del mar; lugar prohibido, donde se decía que habitaba el espíritu de Jacinto. Algo interesante del relato es la composición familiar. Julito vivía con su abuela; no se presentan otras personas como parte de la familia. En "El hada del naranjal", Eduarda y el dueño de la hacienda se enamoran y se casan. Luego de vivir felices por un tiempo, la muerte entristece a la familia. Entonces, se comienza a escuchar, en el cementerio, el sonido de un arpa cerca de la tumba del caballero, misterio que llega hasta la Iglesia y el Gobierno. Se presenta la unión entre la Iglesia y el Estado en la toma de decisiones.

Temas: Isabela | Manatí | playa de Jobos | religión

Lorenzo Homar, tesoro del arte puertorriqueño (cómic)

Escrito por Beatriz M. Santiago Ibarra

Ilustrado por Animación Boricua

Instituto de Cultura Puertorriqueña | 15 páginas | español | 7+

Serie: ICePé.cómic

Resumen: El abuelo Ramón va a un homenaje póstumo que le hacen a Lorenzo Homar y habla con sus nietos, Pepe, Sofi y Ceci sobre el legado del artista. Mientras Ricardo Alegría da un discurso, los primos viajan al pasado, al taller de Lorenzo Homar, donde conocen a José Alicea y Rafael Tufiño. En el taller, aprenden sobre el arte y las obras de Homar realizadas durante el programa de la División de Educación de la Comunidad. Además de conocer sobre la obra de Homar, los personajes se convierten en artistas y crean sus propias obras.

Temas: arte | José Alicea | Lorenzo Homar | Rafael Tufiño | Ricardo Alegría

---

La maestra pequeñita (libro ilustrado)

Escrito por Marilia Scharrón del Río

Ilustrado por Juan Araujo

Rocket Learning | 33 páginas | español | 5+

Resumen: Este libro utiliza las repeticiones para presentar a una maestra, baja en estatura y grande en amor, compromiso y fortaleza. Un día, la maestra, que había construido un gran equipo con su grupo de estudiantes, supo que, por una enfermedad, tendría que ausentarse durante dos meses. El amor por sus estudiantes hizo que la recuperación fuera más fácil. A su regreso, los animó a continuar esforzándose en sus estudios. Las ilustraciones incluyen a la niñez en diferentes espacios del salón de clases y a la maestra, con amor por su profesión.

Temas: educación | emociones y sentimientos | profesiones y oficios

---

¡Mamá, debajo de mi cama hay un dragón!
(libro ilustrado)

Escrito por Tere Marichal Lugo

Ilustrado por Guie Beeu Guerrero Hunt

Camera Mundi | 32 páginas | español | 4+

Serie: Cuentos de María Chuzema para los niños

Resumen: Miguel no puede dormir, ya que ve dragones debajo de su cama. El niño decide interrumpir a su mamá, quien le cuenta una historia de diez dragones, para brindarle confianza. El narrador invita al lector a desarrollar su propio cuento, brindándole la opción de ser creador de historias.

Temas: dragones | números

Las manchas de Daniela (libro grande)

Escrito por Wanda I. De Jesús Arvelo

Ilustrado por María Jesús Álvarez

Aparicio Distributors | 20 páginas | español | 3+

Serie: Ambos a dos

Resumen: En el cuerpo de Daniela, aparece un grupo de manchas con formas extrañas. En este cuento de narración acumulativa, el lector sigue las pistas para descubrir el tierno misterio que nos descifran las manchas. El cuento funciona para sesiones de lectura en voz alta por propiciar la interacción e integrar huellas de animales reconocidos por la niñez.

Temas: animales de la granja | autodescubrimiento | números

Mangú y mofongo (libro ilustrado)

Escrito por Tere Marichal Lugo

Ilustrado por Olga Charneco López

Camera Mundi | 32 páginas | español | 6+

Serie: Cuentos de María Chuzema para los niños

Resumen: Miguel, un niño puertorriqueño, mediante una tarea escolar sobre el tema de la comunidad, presenta su relación y hermandad con su mejor amigo dominicano, Raúl. Se muestran semejanzas y diferencias entre ambas culturas a través de su arte culinario, con la intención de enfatizar en las similitudes. Como ambos países son parte de la diáspora africana, se unen cultural y culinariamente. Sin embargo, al presentar el estereotipo de la mujer en la cocina, se replican los roles de género.

Temas: Antillas Mayores | cocina | comunidad dominicana en Puerto Rico | República Dominicana

Mari... posa para el mundo
(colección de cuentos)

Escrito por Olga Fígaro

Ilustrado por Manuel Carela

Autopublicación | 60 páginas | español | 6+

Resumen: Aunque la publicación se describe como de cuentos, el texto comienza con estrofas de tres versos libres. Los quince cuentos incluyen aspectos relacionados con el cristianismo y se menciona la figura de Dios, en un tono didáctico. Conocemos la historia de Mari, una mariposa, y sus diversas interacciones e interpretaciones del mundo. Las sencillas ilustraciones de los diferentes escenarios de los relatos poseen colores brillantes.

Temas: animales | mariposa | religión

La Masacre de Ponce (libro ilustrado)

Escrito por Midiam Astacio Méndez y Josefina Barceló Jiménez

Ilustrado por Juan Álvarez O'Neill

Fundación Voz del Centro | 27 páginas | español | 8+

Serie: Voces de la Cultura. Serie Juvenil

Resumen: Con el suceso histórico de la Masacre de Ponce, el 21 de marzo de 1937, se presenta una familia que apoya al Partido Nacionalista y conoce las violencias que viven los puertorriqueños, como la limitación de derechos (a la libertad de expresión, por ejemplo). Esta historia sumamente importante presenta al personaje de María, enajenada de la situación política del archipiélago.

Temas: colonialismo | historia | Masacre de Ponce | persecución política | violencia

Mi mamá da leche (libro ilustrado)

Escrito por Marianne Sánchez Santiago

Ilustrado por María del C. Torres

Autopublicación | 23 páginas | español | 5+

Resumen: El núcleo familiar de Luis se amplía con la llegada de Luna, su nueva hermana. Sus padres le presentan la lactancia como algo natural que vincula a un infante con su madre, utilizando, como ejemplo, a diferentes mamíferos. La lactancia se muestra no solo en la narración, sino también en las ilustraciones, con el semblante de felicidad y amor en la madre.

Temas: animales | lactancia | maternidad

Mi silla de ruedas (libro ilustrado)

Escrito por Carmen Leonor Rivera-Lassén

Ilustrado por Mrinali Álvarez Astacio

Traducido por Raquel S. Arato

Editorial de la Universidad de Puerto Rico | 23 páginas | español (traducción al inglés: *My Wheelchair*, 2010) | 7+

Colección: Nueve pececitos | **Serie:** Igualitos

Resumen: Cuento rimado, en el que una niñez diversa, en silla de ruedas, comparte las diferentes actividades que realizan en su cotidianidad. El denominador común es que las sillas de ruedas no son una barrera para llevar a cabo dichas actividades.

Temas: diversidad funcional | inclusión | persona usuaria de silla de ruedas

Moisés, el manatí (libro ilustrado)

Escrito e ilustrado por María Teresa Arrarás

La Gallina Gorda | 18 páginas | español | 6+

Resumen: La historia, en primera persona, cuenta el rescate, el cuidado y el eventual regreso al mar del famoso manatí, Moisés. El mamífero es recordado por toda una generación, cuando en la década del 1990, fue rescatado por la Red Caribeña de Varamientos, y convertido en un símbolo nacional de la preservación ambiental. En el cuento se destacan las delicadas imágenes en acuarelas. Sin embargo, el color, el tamaño y la tipografía utilizada no son favorables para la lectura.

Temas: animales en peligro de extinción | animales marinos | conservación ambiental | manatíes

Nanas de la adolescencia (colección de poemas)

Escrito por Ester Feliciano Mendoza

Ilustrado por Alberto Murciego

Ediciones Puerto | 65 páginas | español | 8+

Resumen: Mediante la poesía, se recogen los diferentes deseos de una madre con respecto a su adolescente. Se presenta la nostalgia, la alegría y la preocupación que la maternidad lleva consigo debido al apego. Los poemas van acompañados de ilustraciones crea-das con marcadas líneas y figuras donde se presentan el cuerpo humano y su proceso de desarrollo.

Temas: emociones y sentimientos | poesía

Nanas de la Navidad (colección de poemas)

Escrito por Ester Feliciano Mendoza

Ilustrado por Tatiana Boada Santacoloma

Ediciones Puerto | 52 páginas | español | 6+

Resumen: Colección de poemas sonoros y musicales que recrean la Navidad, al resaltar las tradiciones de la época. Estos contienen referencias al Municipio de Loíza, el dulce de coco y algunos animales. Se observa una reverencia al Niño Jesús como imagen central de la época.

Temas: Loíza | Navidad | poesía | religión | Reyes Magos

Nuestro Capitolio (libro ilustrado)

Escrito por Georgina Lázaro León

Ilustrado por Wally Rodríguez López

Estado Libre Asociado, Asamblea Legislativa | 39 páginas | español | 6+

Resumen: Luego de estudiar sobre El Capitolio en el salón de clases, un grupo de estudiantes se va de excursión con su maestra. Las ilustraciones muestran las escalinatas, los bustos, la rotonda y las pinturas del Capitolio, acompañadas por un texto que presenta esta estructura como patrimonio de los puertorriqueños.

Temas: Capitolio de Puerto Rico | historia

La parranda de Mimí / Mimí's Parranda (libro ilustrado)

Escrito por Lydia M. Gil

Ilustrado por Hernán Sosa

Piñata Books | 29 páginas | bilingüe (español e inglés) | 6+

Resumen: Como todas las Navidades, Mimí se prepara para dejar su apartamento en la ciudad fría y viajar a Puerto Rico junto a su familia. La emoción de la niña es tanta que sus compañeras de clases comienzan a hacer preguntas para aprender sobre las parrandas, los instrumentos y las tradiciones puertorriqueñas. Este año, la mamá de Mimí anuncia que no podrán viajar a Puerto Rico, lo que llena de tristeza a la niña. Sin embargo, con la ayuda de familiares y amistades, lectores verán que se puede llevar la música y las tradiciones navideñas a cualquier lugar del mundo.

Temas: diáspora | Navidad | parranda | tradiciones navideñas

Pauet quiere un violonchelo (libro ilustrado)

Escrito por Carmen Leonor Rivera-Lassén

Ilustrado por Mrinali Álvarez Astacio

Editorial de la Universidad de Puerto Rico | 28 páginas | español | 7+

Colección: Nueve pececitos | **Serie:** Ilustres

Resumen: La niñez de Pablo Casals, maestro y músico, se presenta en diferentes escenas, como sus vivencias con sus padres, sus interacciones con el catolicismo y su amor por la música. El violonchelo fue su gran pasión y, desde los doce años, tuvo la oportunidad de estudiar en la Escuela Municipal de Música de Barcelona.

Temas: biografía | España | música | Pablo Casals | religión

Los pingüinos emperadores llegan al Caribe (libro ilustrado)

Escrito e ilustrado por Myriam Yagnam Lara

Ediciones Huracán | 24 páginas | español | 8+

Resumen: Debido a la contaminación en el arrecife, se unen los animales del mar en asamblea para decidir juntos qué acciones tomar con el propósito de mejorar sus condiciones de vida. El cuento critica la contaminación marina, la conducta humana que la afecta, así como propone soluciones para mejorar la situación. El narrador le otorga poder a la niñez para cambiar y educar en sus comunidades.

Temas: animales marinos | contaminación ambiental | justicia ambiental | mar

El piragüero (libro ilustrado)

Escrito por Tere Marichal Lugo

Ilustrado por Jorge L. Medina López

Camera Mundi | 32 páginas | español | 5+

Serie: Cuentos de María Chuzema para los niños

Resumen: La niña narradora del cuento vive con su abuela Marina, quien siempre la lleva a comprar piraguas a la plaza. Así conocemos a don Papepe, el piragüero del pueblo, y se explica cómo se confecciona la piragua, y se describe el carrito del piragüero. El cuento menciona diferentes municipios visitados por los personajes y cómo el piragüero se convierte en una figura distinguida.

Temas: comida | municipios de Puerto Rico | piragüero | profesiones y oficios

Plumita, la paloma de la paz (libro ilustrado)

Escrito por Gloria Vidal de Albó

Ilustrado por Fernando R. La Rotta Sánchez

Editorial Gloryville | 43 páginas | español | 7+

Serie: El abuelo y yo

Resumen: Es la historia de una paloma blanca que desea esparcir la paz por lugares remotos que están en guerra. Con ayuda del viento, esta logra su sueño de llevar la paz, mientras sostiene una ramita de flamboyán en su pico. El cuento no profundiza en cómo promover la paz y, más bien, da un falso sentido de que un conflicto militar puede ser detenido con tan solo gritar "paz" en el campo de batalla. Un cuaderno de actividades, publicado aparte, complementa el texto con actividades lúdicas, de comprensión lectora y una adaptación teatral al cuento.

Temas: guerra | paz

Poemas para los más pequeños (colección de poemas)

Escrito por Magaly Quiñones

Ilustrado por Yeimi Ayala

Ediciones Puerto Infantil | 36 páginas | español | 7+

Resumen: Mediante los poemas incluidos en este libro, se manifiestan diferentes experiencias diarias de la niñez y las interacciones de esta con el mundo. Se presentan sus diversas curiosidades y cómo pueden ser contestadas. Los sentimientos y las emociones también se trabajan de una forma sencilla. Las ilustraciones utilizan colores primarios y secundarios brillantes para describir ciertos aspectos de los poemas.

Temas: emociones y sentimientos | naturaleza | tecnologías

Rafi & Rosi: Carnaval! (primeros lectores)
Escrito e ilustrado por Lulu Delacre
HarperCollins Children's Books | 64 páginas | inglés (traducción al español: *Rafi y Rosi: ¡Carnaval!*) | 4+
Serie: Rafi y Rosi
Resumen: Se acercan las celebraciones del Carnaval de Ponce, y los hermanos, Rafi y Rosi Coquí, no pueden esperar. En este libro de capítulos cortos, nuestros protagonistas se disfrazan de vejigantes y Rosi participa como reina de su propio carnaval. Las ilustraciones, en colores pasteles, representan varias imágenes y vestuarios característicos del carnaval ponceño. Se incluyen un glosario e instrucciones de cómo hacer una carroza, un periscopio y una máscara de vejigante.

Temas: carnavales | coquí | cultura | Ponce | vejigantes

Símbolos de mi tierra (libro ilustrado)
Escrito por Evelyn Cruz
Ilustrado por Mrinali Álvarez Astacio
Publicaciones Yuquiyú | 30 páginas | español | 5+
Serie: Del cobito
Resumen: Nilsa y Teresita esperan con ansias los sábados, día en que visitan a su abuelo Samuel, en su casa en el campo. El abuelo es un maestro retirado, amante de los libros, la radio y la televisión, y siempre aprovecha cualquier oportunidad para compartir conocimientos con sus nietas curiosas. Es así como las niñas aprenden sobre la bandera, el escudo y el himno de Puerto Rico y sus respectivas

historias. Al lado de cada texto, aparecen ilustraciones brillantes cuyo diseño simula un *scrapbook*. El texto es breve, pero presenta y discute algunos de los llamados símbolos nacionales.

Temas: historia | Puerto Rico | símbolos

Soy gordito (libro ilustrado)
Escrito por Carmen Leonor Rivera-Lassén
Ilustrado por Mrinali Álvarez Astacio
Traducido por Raquel S. Arato
Editorial de la Universidad de Puerto Rico | 23 páginas | español (traducción al inglés: *I'm Chubby*, 2010) | 6+
Colección: Nueve pececitos | **Serie:** Igualitos
Resumen: La niñez gorda y la diversidad de cuerpos se representan en este texto con respeto y aceptación, rompiendo con los estereotipos de la gordura como símbolo de mala alimentación y falta de actividad física. Una de las escenas presenta el *bullying* como una de las situaciones que enfrenta la niñez gordita en la escuela y en otros espacios. La vida familiar de respeto, aceptación y cariño fortalecen la autoestima de la niñez gordita.

Temas: aceptación | *bullying* | diversidad | respeto

Una tormenta tropical (libro ilustrado)
Escrito por Tere Marichal Lugo
Ilustrado por Jorge L. Medina López
Camera Mundi | 32 páginas | español | 5+
Serie: Cuentos de María Chuzema para los niños
Resumen: El relato se centra en cómo los animales se protegen de las fuertes lluvias y del viento durante el paso de un huracán. Este cuento muestra aspectos como la comunicación, el refugio seguro y el compañerismo al momento de pasar por un fenómeno atmosférico.

Temas: animales | comunidad | huracanes | protección

Toyita: aventuras de una hormiga
(libro ilustrado)

Escrito por Isabel Freire de Matos

Ilustrado por Sofía Sáez Matos

Ediciones Cocolí | 33 páginas | español | 4+

Resumen: Toyita era una hormiga soñadora y aventurera que decidió irse a viajar en una yola. Al llegar a una isla llena de hormigas, colaboró con ellas para defender sus tierras de otras hormigas. La valiente Toyita zarpó de nuevo a destinos como Miami, Brasil y otras tierras de las Américas. El texto en verso y las ilustraciones coloridas enseñan sobre los diversos tipos de hormigas, sus roles en las colonias y la solidaridad. No tan solo se trabajan temas sobre la ciencia, pero también sobre la colaboración y trabajo en equipo.

Temas: animales del patio | solidaridad | viajes

Tú, Ellos y los Otros (novela infantil)

Escrito por Ernesto Guerra Frontera

Editorial Pasiteles | 111 páginas | español | 10+

Resumen: La narración utiliza el pronombre Tú para hacer al lector partícipe de la novela. Un día, la casa de Tú ha sido invadida por Ellos, cinco personajes que son distintos, pero se asemejan, ya que cada uno tiene uno de los cinco sentidos más desarrollado que los demás. Ellos se encuentran en una guerra contra los Otros, las personas habitantes de la isla. De esta forma, nos adentramos en el mundo en guerra, donde Ellos comprenden la importancia de vivir al utilizar los recursos naturales responsablemente.

Temas: cinco sentidos | guerra | recursos naturales

Uítel y los delfines (primeros lectores)

Escrito por Félix Córdova Iturregui

Ilustrado por Nívea Ortiz Montañez

Ediciones Huracán | 20 páginas | español | 8+

Resumen: Uítel está de paseo con su familia por la playa, cuando una fuerte ola lo arrastra hacia lo profundo del mar. Allí se expone a las condiciones ambientales, en una narración centrada en una niñez con conciencia ambiental dispuesta a provocar cambios. Las ilustraciones nos invitan a la evaluación de nuestras acciones con respecto a la contaminación. Estas presentan animales afectados por las acciones humanas.

Temas: animales marinos | contaminación ambiental | justicia ambiental | playas

Verde Navidad (libro ilustrado)

Escrito por Mrinali Álvarez Astacio y Juan Álvarez O'Neill

Ilustrado por Mrinali Álvarez Astacio

Traducido por Raquel S. Arato

Editorial de la Universidad de Puerto Rico | 24 páginas | español (traducción al inglés: *Green Christmas*, 2010) | 6+

Colección: Nueve pececitos | **Serie:** Raíces

Resumen: Basado en el cuento de Carmen Leonor Rivera-Lassén, conocemos a Juanito, Victoria y Adelita, quienes quieren llenar cajas de zapatos con pasto para los camellos. Sin embargo, en la ciudad no logran encontrar verde pasto, pues están rodeados de cemento. Su experiencia con la naturaleza la viven con su abuela Cheli, que reside en el campo. En la historia se resalta la crítica a las construcciones en lugares urbanos.

Temas: ciudad | Navidad | planificación urbana | Reyes Magos | tradiciones navideñas

El siguiente libro fue publicado en este año y no pudo ser consultado por falta de acceso: *El secreto de Dorián*, escrito por Yvette Carter e ilustrado por Juan Araujo Pettengill.

Proyectos
para la niñez

- Aula en la Montaña

- Lee y Sueña

- Piñones Aprende Y Emprende (PAYE)

- Red por los Derechos de la Niñez
  y la Juventud de Puerto Rico

A bailar mi bomba (cómic)

Escrito por Awilda Sterling

Ilustrado por Animación Boricua

Instituto de Cultura Puertorriqueña | 20 páginas | español | 7+

Serie: ICePé.cómic

Resumen: Awilda Sterling, bailarina, coreógrafa de danza experimental y bailadora de bomba, visita la escuela un 22 de marzo, en conmemoración a la abolición de la esclavitud en Puerto Rico. Explica cómo llegó la bomba a desarrollarse en el archipiélago, las acciones de las personas esclavizadas y su resistencia. Enseña sobre los diferentes tipos de bomba como el sicá, el yubá y el holandé, además de presentar instrumentos musicales que acompañan el baile. Se incluyen actividades para ampliar la discusión sobre la bomba puertorriqueña.

Temas: Awilda Sterling | baile | cimarronaje | esclavitud | música | tradiciones

Alejo se arrepiente (libro ilustrado)

Escrito por Ana I. Emmanuelli y Ana Ilsa Rivera

Ilustrado por Yoalis Durán

Producciones ANISA | 22 páginas | español | 5+

Resumen: Un conejo vanidoso recibe una lección de humildad por parte del ganso de la granja, cuando este detiene una burla suya contra Curro, el burro, por sus grandes orejas. El cuento se narra como una anécdota para que las futuras generaciones de conejitos no cometan el mismo error de burlarse de las diferencias de los demás animales. Las coloridas imágenes presentan íntegramente las secuencias de este cuento cuyo objetivo es aleccionar.

Temas: animales de la granja | *bullying* | respeto

Amelia, la reina maga / Amelia the Wise Queen (libro ilustrado)

Escrito por Daliana Muratti Nieves

Ilustrado por David E. Rosa

Publicaciones Puertorriqueñas | 46 páginas | bilingüe (español e inglés) | 6+

Resumen: En la víspera del Día de Reyes, Amelia y sus amigos, Bernardo y Santiago, se deslizan en tigüeros por una jalda y llegan a Belén, donde, guiados por una estrella, visitan al Niño Jesús, quien acaba de nacer. Allí lo deleitan con aguinaldos y villancicos puertorriqueños. A María, la niña le regala chocolate, queso blanco y cascos de guayaba de Camuy; lechón de Guavate; y otras ricas comidas de Puerto Rico. Llegan también los Reyes de Juana Díaz, y María les presenta a Amelia como la Reina Maga. Luego de su experiencia en Belén, Amelia y sus amigos regresan a sus hogares a tiempo para la Fiesta de Promesa de Reyes. El texto a veces se pierde en las ilustraciones a colores que acompañan la historia por la falta de contraste.

Temas: Navidad | religión | Reyes Magos | tradiciones

Ángeles Urbanos: el plan infalible de Fía (novela infantil)

Escrito por Patricia E. Acosta

Ilustrado por Wally Rodríguez López

Alfaguara | 63 páginas | español | 9+

Resumen: Siete amigos, también conocidos como los Ángeles Urbanos, unen sus fuerzas para salvar el parque ubicado junto a la plaza de su cierre permanente y, de paso, impedir la inminente mudanza y cambio de escuela de uno de los miembros del club. Fía, la líder, planea y soluciona las diferentes peripecias que le suceden al grupo de amigos, mientras maneja, al mismo tiempo, las primeras mariposas del amor. La novela corta celebra las características únicas de los integrantes de Ángeles Urbanos, y cómo la niñez puede gestionar proyectos y solucionar problemas por sí misma. Su segunda edición, publicada en el 2020, contiene un nuevo trabajo de ilustración por Mónica Paola Rodríguez.

Temas: amistad | amor | comunidad | parques | rescate de espacios abandonados | solidaridad

---

El bastón mágico (libro ilustrado)
Escrito por María Celeste Arrarás
Ilustrado por Pablo Raimondi
Coloreado por Chris Chuckry
Scholastic | 30 páginas | español (traducción al inglés: *The Magic Cane*) | 6+

Resumen: Moconoco era un niño avaro y egoísta, quien, deseoso de tener todo lo que quería, le quitó y destruyó el bastón dorado de una anciana. Al crecer, se convirtió en un emperador cruel. Su amigo, Karmelo, al contrario, era humilde y compasivo. En su adultez, tuvo tres hijes, cada cual con poderes mágicos, que se unieron, junto al bastón dorado, para vencer al cruel Moconoco. Las detalladas ilustraciones transportan a lectores a un mundo mágico y lejano.

Temas: familia | magia | valores

A Box Full of Kittens (libro ilustrado)
Escrito por Sonia Manzano
Ilustrado por Matt Phelan
Atheneum Books for Young Readers | 40 páginas | inglés | 6+

Resumen: Ruthie admira mucho a Superman y quiere ser una heroína como él. Un día, es asignada a ayudar a su tía Sonia, que está embarazada. Ruthie suele llevarle cosas ricas para comer, como piraguas y coquito. Tía Sonia también le pide a Ruthie queso blanco y pasta de guayaba de la bodega de don Félix, quien tiene una caja con tres gatitos. Ruthie pasa la tarde jugando con los gatitos y, al regresar, su tía es llevada al hospital a dar a luz. Sonia le agradece a Ruthie por toda su ayuda. Las vivas ilustraciones reflejan la aventura de Ruthie en la ciudad. El texto incluye palabras en español, pero algunas, como *piragua,* están mal escritas (el texto presenta *piraqua* y *piraquero*) y la nota de la autora explica erróneamente que el *coquito* es helado de coco.

Temas: animales | colaboración | comida | familia

Cuatro gotitas de rocío (colección de cuentos)
Escrito por Eva Luz Rivera Hance
Ilustrado por David E. Rosa
Publicaciones Gaviota | 85 páginas | español | 8+

Resumen: Una serie de cuentos, en que el primero, "Cuatro gotitas de rocío", trata sobre unas gotitas que viajan por el aire y por el mar hasta llegar a la Nube Madre, donde, junto a otras gotas, visten de lluvia a la naturaleza. "El perrito azul almidonado" cuenta la historia de un perrito blanco curioso que un día cae dentro de una mezcla de almidón azul, tornándose así en un tieso perro azul ignorado por muchos. Luego de un viaje en tren, llega a un lugar en el que hay mucha construcción y destrucción. De allí lo rescata una niña que lo lleva a ser parte de su familia. "La muñeca rota" presenta la historia de una muñeca sin una pierna, que es encontrada en un basurero y, luego, menospreciada por una niña. Otros juguetes se burlan de la muñeca, mientras que la ignoran la niña y sus amistades. Un día, una muñeca de porcelana le cumple el deseo a la muñeca rota y esta es transportada a un lugar con una niñez con diversidad física, quienes la aprecian y juegan con ella. Finalmente, "Cuándo será mañana" narra la historia de una mamá osa y sus dos crías, y cómo ella les enseña, con amor y paciencia, a ser independientes. Los cuentos están acompañados de ilustraciones a color y actividades para la comprensión de lectura.

Temas: amistad | amor | animales | *bullying* | diversidad funcional | naturaleza

Cuentos del Caño: El cangrejo violinista; El jardín escondido (primeros lectores)

Escrito por Zulma Ayes Santiago; Georgina Lázaro León

Ilustrado por Boricua Rivera Batista; Marjorie Ann Vélez

Ediciones Santillana | 39 páginas | español | 5+

Resumen: En el Caño Martín Peña, se desarrolla la historia de un cangrejo que tiene la habilidad de tocar el violín. Sus pinzas están hechas para apreciar la música y disfrutar del manglar donde hace agujeros. En el segundo cuento, nos adentramos en un hermoso jardín abandonado por la poca responsabilidad gubernamental y ciudadana. Tras el paso de los años, las acciones ciudadanas tienen como resultado la recuperación del espacio natural y la restauración del medio ambiente. Se incluye información sobre el Proyecto Enlace y el Caño Martín Peña, con opiniones de las autoras sobre las historias.

Temas: animales | Caño Martín Peña | contaminación ambiental | justicia ambiental | recursos naturales | San Juan

El cumpleaños de Baldomero / Baldomero's Birthday (libro ilustrado)

Escrito por Isabel M. Febles Iguina

Ilustrado por Nívea Ortiz Montañez

Editorial de la Universidad de Puerto Rico | 21 páginas | bilingüe (español e inglés) | 4+

Serie: Dos lenguas / Two Languages

Resumen: Se acerca el mes de junio, lo que significa que será el cumpleaños número siete de Baldomero. Como parte de los preparativos de la fiesta, su mamá y papá le dicen al niño que haga una lista de invitados. Baldomero quiere invitar a su compañero de clases, Tito, quien es sordo, pero le preocupa cómo manejar la comunicación por su desconocimiento del lenguaje de señas. Ilustraciones en acuarelas y un texto simple cuentan esta historia sobre nuevas amistades; el reconocimiento de nuestras diferencias y similitudes; y la lección de que no debemos imponernos prejuicios y barreras. Lo que resalta de la historia es que no se trata de una narración paternalista con respecto a las personas con diversidad funcional; por el contrario, estas forman parte activa de la historia.

Temas: amistad | arte | cumpleaños | diversidad funcional

Dientelandia (libro ilustrado)

Escrito por Lydia López

Ilustrado por David E. Rosa, Juan José Vásquez y Fidel Santiago

Publicaciones Puertorriqueñas | 31 páginas | español | 6+

Resumen: Esta es la historia de Lulita, su hermano, Carlitín, y su aventura en Dientelandia, un lugar fantástico al que viajan con el hada mágica, Sonrisitas, para aprender lecciones sobre el cuidado dental. A Carlitín le encanta comer dulces por las noches y no lavarse los dientes. Luego de escuchar el testimonio de una muela llena de caries y de aprender cómo cuidar mejor sus dientes durante su visita a Dientelandia, Carlitín regresa a su casa y comienza a cepillarse regularmente. El cuento claramente presenta una lección de manera didáctica. Algunas oraciones fallan en su sintaxis y otras contienen descripciones que pueden ser problemáticas. Por ejemplo, se describe la muela con caries como "con manchas blanquitas" y, luego, "MARRONSITO" con todas las letras mayúsculas, equiparando el color marrón u oscuro (y no el blanco) como una característica negativa.

Temas: cuidado dental | higiene | salud

Un domingo de aventura (libro ilustrado)

Escrito por Morayma Nieves Rivera

Ilustrado por María M. Nieves Rivera

Rocket Learning | 18 páginas | español | 5+

Resumen: Todos los domingos, Juan y su papá visitan dos negocios en la mañana: la panadería y la frutera. Este domingo, Juan aprenderá, con el panadero, a hornear pan y galletas. Durante el camino a la panadería, el papá le cuenta sobre la receta de su madre, quien también disfruta del pan recién horneado. Luego comprarán en la frutera, negocio de la comunidad, donde les preparan platos con frutas frescas.

Las ilustraciones incluyen fotografías. La panadería está ubicada en Caguas y la frutera, en Cidra.

Temas: Caguas | Cidra | comida | negocios | viajes

Una estrella para mamá / A Star for Mom
(libro ilustrado)

Escrito por Elaine Vélez Esteve

Ilustrado por Marjorie Ann Vélez

Editorial de la Universidad de Puerto Rico | 50 páginas | bilingüe (español e inglés) | 3+

Serie: Dos lenguas / Two Languages

Resumen: Pícola está convencida de que bajará la estrella más bonita, suave, brillante, grande y veloz, como regalo para su madre. Cada día de la semana, busca una forma diferente de alcanzarla. Las tiernas imágenes ilustran cómo la protagonista pone a prueba diferentes soluciones para lograr su deseo, de manera independiente, sin intervención adulta.

Temas: amor | madre | regalos | sueños y deseos

La fiesta de Don Gato (libro ilustrado)

Escrito por Ana Ilsa Rivera

Ilustrado por José Esparza Navarro

Producciones ANISA | 14 páginas | español | 3+

Resumen: Ilustraciones de la celebración del cumpleaños de don Gato con descripciones de los gatos invitados acompañan la historia que cuenta el día de la fiesta que hace con sus amigos. El texto integra preguntas para que el lector preescolar sume la cantidad de invitados.

Temas: Cayey | gatos | matemáticas | números

La gallina de Matías / Matías' Hen
(libro grande)

Escrito por Wanda I. De Jesús Arvelo

Ilustrado por Mrinali Álvarez Astacio

Aparicio Distributors | 17 páginas | bilingüe (español e inglés) | 3+

Serie: Ambos a dos

Resumen: Matías tenía una gallina que todos los días de la semana ponía un huevo de un color diferen-

te. Así, esta historia introduce al lector a los colores y los días de la semana. El conteo de los huevos lo hace un animal diferente cada vez, para que la niñez aprenda a reconocerlos. Las ilustraciones son muy coloridas y llaman la atención, brindándole un valor adicional al texto, que, con sus rimas, conduce a la participación de la audiencia. Este libro es muy bueno para la lectura en voz alta.

Temas: animales de la granja | colores | días de la semana

La granja de Angelito / Angelito's Farm
(libro ilustrado)

Escrito por Lillian Vázquez Robles

Ilustrado por Iván Camilli Rivera

Editorial de la Universidad de Puerto Rico | 21 páginas | bilingüe (español e inglés) | 2+

Serie: Dos lenguas / Two Languages

Resumen: En un texto rimado y repetitivo, Angelito describe cómo llegaron, uno a uno, los animales de su granja. Desde una vaca hasta un pez, cada día de la semana, Angelito conoce y trata bien a los animales que llegan a su granja, y que deciden quedarse con él. El texto y las ilustraciones reflejan las emociones del niño y de los animales, como también coloridos paisajes llamativos para la niñez temprana. Al final de la historia, se incorpora su versión en inglés. Además, hay actividades sugeridas.

Temas: animales de la granja | días de la semana | emociones y sentimientos

---

Hay magia en la canaria (libro ilustrado)

Escrito por Georgina Lázaro León

Ilustrado por María Antonia Ordóñez

Instituto de Cultura Puertorriqueña | 24 páginas | español | 7+

Colección: Premios de literatura

Resumen: Una niña comparte con su abuela en el patio, mientras descubre unos gusanos en la planta de canaria. La abuela le explica sobre el proceso de metamorfosis de las mariposas. Un día, la niña ve la crisálida por primera vez y observa cómo se convierte en mariposa. Las ilustraciones reflejan la relación de amor entre los personajes femeninos. También se exalta la naturaleza.

Temas: animales del patio | metamorfosis | relaciones familiares

Premio: Instituto de Cultura Puertorriqueña, Literatura para jóvenes y niños, 2006

Las insólitas aventuras de Juan Bobo
(colección de cuentos)

Escrito por Luis Otero Garabís

Publicaciones Puertorriqueñas | 39 páginas | español | 9+

Resumen: Colección de cinco historias que aplican la reconocida lógica simplista de Juan Bobo para hallar soluciones a eventos tanto extraordinarios como cotidianos. Esta entrega está dirigida a introducir y divertir a la niñez con las ocurrencias de este popular personaje de la tradición oral puertorriqueña, y explora diferentes versiones del enigmático niño.

Temas: astucia | folclor | Juan Bobo | tradición oral

Islandia: entre hielo y fuego (libro informativo)

Escrito por Tina Casanova

Ilustrado por Juan E. Colón Rivera

Rocket Learning | 20 páginas | español | 9+

Resumen: Este escrito, que simula un diario de viaje, cuenta las aventuras de Tina Casanova y su esposo por las recónditas tierras de Islandia. Las páginas están acompañadas de fotografías e ilustraciones que dan la sensación de estar ante un álbum de vacaciones familiares. A modo de epílogo, la segunda sección del libro toma un giro de crónica sobre los sucesos que ocurrieron tres meses después de visitar la isla nórdica, en donde ocurrió una gran erupción volcánica. Esta segunda parte falla en solo acompañar el texto con dibujos que simulan hojas de periódicos. Al ser un acontecimiento histórico, la documentación fotográfica o las referencias electrónicas hubieran favorecido al recuento.

Temas: Islandia | vacaciones

José (libro ilustrado)

Escrito por Georgina Lázaro León

Ilustrado por María Sánchez

Lectorum Publications | 32 páginas | español | 9+

Serie: Cuando los grandes eran pequeños

Resumen: Biografía en versos sobre la vida de José Martí mediante la que conocemos sus relaciones con sus familiares, como su hijo mayor, su interés por la lectura y su compromiso con Cuba. La influencia de Rafael María Mendive en su educación le ayudó a desarrollar un sentido de patriotismo. A sus dieciséis años, Martí fue condenado a prisión por escribir un poema sobre la libertad para Cuba y, luego, fue exiliado a Madrid, donde continuó sus estudios y siempre deseó una patria libre. Este libro incluye una sección con información adicional sobre la vida y la obra de José Martí.

Temas: biografía | Cuba | José Martí | persecución política

Juana Inés (libro ilustrado)

Escrito por Georgina Lázaro León

Ilustrado por Bruno González Preza

Lectorum Publications | 30 páginas | español | 4+

Serie: Cuando los grandes eran pequeños

Resumen: Textos en verso narran la vida y la obra de la poeta mexicana Sor Juana Inés de la Cruz. Desde su infancia en los campos de México hasta su decisión de entrar al convento y ser monja, la narración profundiza en el impacto de los libros, la educación y las bibliotecas en la infancia y el desarrollo intelectual de Sor Juana Inés. También abre la discusión sobre los privilegios y el acceso a la educación y a las letras a finales del siglo XVII, lo que ayudó a la monja a ser una de las poetas más conocidas de la literatura en español.

Temas: biografía | escritores | Juana Inés de la Cruz | México | poesía | retar roles de género

Laura y su caja de sorpresas (libro ilustrado)

Escrito por Nelbaliz Díaz del Valle

Ilustrado por Julia Laborde Delgado

Editorial de la Universidad de Puerto Rico | 17 páginas | bilingüe (español e inglés) | 2+

Serie: Dos lenguas / Two Languages

Resumen: Laura celebra su cumpleaños. Uno de sus regalos es una caja de parte de su abuela. Al abrirla, se encuentra con diferentes figuras geométricas que le recuerdan muchas cosas de su vida. Lo que Laura recuerda más es el amor y el cariño que se tienen su abuelita y ella. El texto breve presenta formas como el círculo, el cuadrado, el triángulo y el rectángulo, cada una acompañada de ilustraciones llamativas perfectas para la niñez temprana.

Temas: familia | figuras geométricas | regalos

Lo que le pasó a Nina...Pamplinas! (primeros lectores)

Escrito por Georgina Lázaro León

Ilustrado por Marjorie Ann Vélez

Ediciones SM | 39 páginas | español | 5+

Serie: El Barco de Vapor

Resumen: Nina es la más pequeña de los primos, la consentida de la familia. Un día, todos los primos se van con los abuelos a un juego de pelota. Entonces, Nina tiene un accidente. La narración, escrita en versos, expone las experiencias naturales de la niñez, sin mofa. Desde la narración se muestra un respeto por la niñez capaz de contar historias desde su perspectiva. Las ilustraciones presentan una niñez alegre, activa y unida, en contacto con la naturaleza.

Temas: baño | familia | rutinas

Luis, poeta de su pueblo (libro ilustrado)

Escrito por Alma Rivera

Ilustrado por Yoalis Durán

Producciones ANISA | 21 páginas | español | 7+

Resumen: Esta historia comienza en Guayama, donde Vicente Palés conoce a Consuelo Matos y, un 20 de marzo de 1898, nace su hijo, Luis Palés Matos. La vida del poeta puertorriqueño se presenta desde su nacimiento hasta su muerte. Incluye escenas desde la colonización hasta las haciendas para brindar un contexto del pueblo de Guayama. También se describe la precaria situación económica de la isla bajo la colonización española.

Temas: biografía | colonialismo | esclavitud | escritores | Guayama | Luis Palés Matos | poesía

Melvin, el marciano viajero / Melvin, the Traveling Martian (libro ilustrado)

Escrito por Saremmy Rodríguez Salazar

Ilustrado por Dennis Villanueva Guevara

Editorial de la Universidad de Puerto Rico | 48 páginas | bilingüe (español e inglés) | 4+

Serie: Dos lenguas / Two Language

Resumen: Melvin vivía tranquilo en el planeta Marte hasta que un día el frío lo obligó a mudarse. El marciano va de planeta en planeta del sistema solar, resaltando sus características particulares, para decidir si quedarse a vivir en él o no. En fin, a veces el mejor lugar para vivir es donde hemos estado siempre. El texto corto y los versos rimados favorecen que el libro pueda ser utilizado para integrar las ciencias en las artes del lenguaje.

Temas: extraterrestres | hogar | planetas | viajes

Mi estrella (primeros lectores)

Escrito por Stella Soto

Ilustrado por David Martínez

Ediciones Santillana | 31 páginas | español | 5+

Serie: Gongolí

Resumen: Una estrella se siente triste por estar sola y, luego de un proceso de introspección, llega a la conclusión de que el amor cambiará su estado de ánimo. Aunque las ilustraciones y el tamaño de la letra exaltan la lectura, la narración debilita la historia al presentar la soledad como un fracaso. La estrella nunca llega a valorarse a sí misma ni se percata de todo lo que el universo puede ofrecerle. Se idealiza el amor de pareja como meta para la felicidad completa.

Temas: amor | emociones y sentimientos | planetas | universo

Miguel Enríquez, corsario puertorriqueño
(cómic)

Escrito por Gloria Tapia Rios

Ilustrado por Animación Boricua

Instituto de Cultura Puertorriqueña | 17 páginas | español | 7+

Serie: ICePé.cómic

Resumen: Ramón va con sus nietos a la Fiesta de la Candelaria y visitan la hacienda El Plantaje en Toa Baja, donde Irma Picón les explica sobre esta tradición, así como quién era Miguel Enríquez. Mientras festejan, Ceci pide conocer al corsario y, en un viaje al pasado, se cumple su deseo. Miguel Enríquez le explica algunas de sus funciones. Van a la isla de Vieques, en 1718, en plena lucha contra los ingleses por mantener el dominio español. Se incluyen actividades para integrar y desarrollar el conocimiento sobre el tema.

Temas: esclavitud | Fiesta de la Candelaria | hacienda El Plantaje | Irma Picón | Miguel Enríquez | piratas | religión | Toa Baja | Vieques

My Brain Won't Float Away / Mi cerebro no va a salir flotando (libro ilustrado)

Escrito por Annette Pérez

Ilustrado por Yolanda V. Fundora

Traducido por Jacqueline Herranz-Brooks

Campanita Books | 28 páginas | bilingüe (inglés y español) | 7+

Resumen: Annie tiene ocho años y, aunque ella puede jugar, correr y saltar como casi todos los demás, el padecer de hidrocefalia hace que aprenda a realizar las tareas cotidianas de forma diferente. El cuento embarca al lector por el camino de la aceptación y el amor propio que cultivará la niña con su condición. Cabe destacar que en cada página del texto se intercambia el orden entre español e inglés (y viceversa) lo que puede ser confuso para el lector.

Temas: autoestima | diversidad funcional | hidrocefalia

El piano (libro ilustrado)

Escrito por Stella Soto

Ilustrado por Ricardo Rossi

Ediciones Santillana | 31 página | español | 6+

Serie: Gongolí

Resumen: Andrés se despierta a medianoche y encuentra que sus dedos largos no paran de saltar. Luego de atreverse a tocar el antiguo piano de la casa, descubre su pasión por la música. Al presentar alternativas artísticas profesionales a la niñez, se enfatiza en el disfrute de la profesión escogida. Las ilustraciones divertidas le otorgan sentimientos al piano, mostrándolo alegre mientras ofrece su música.

Temas: música | pianista | profesiones y oficios

Polita conoce el mundo (libro ilustrado)

Escrito por Coraly Molina Chinea

Ilustrado por Juan E. Colón Rivera

Rocket Learning | 16 páginas | español | 5+

Resumen: Polita es una cotorra puertorriqueña que habita en El Yunque. Un día, decide que quiere viajar y conocer otros lugares, así que se inventa un medio de transporte y visita los continentes de África, Australia y Antártica, además de las Islas Galápagos y Costa Rica. En cada lugar hace amistad con un animal que le muestra, como guía turístico, diferentes atracciones naturales. El libro, escrito en diálogos continuos, incluye ilustraciones de diversos animales.

Temas: aves | turismo | viajes

El ponqué de abuela Fefa (libro ilustrado)

Escrito por Frances Bragan Valldejuly

Ilustrado por Marjorie Ann Vélez

Publicaciones Puertorriqueñas | 32 páginas | español | 8+

Resumen: La complicidad entre la abuela y la nieta se manifiesta cada sábado desde que Alondra, a los diez años, comienza a visitar a su abuela de ochenta y nueve años. En esta visita, Alondra conoce una receta secreta que ha pasado de generación en generación. Las ilustraciones muestran la amorosa relación matriarcal, en una narración en que solo hay personajes femeninos. Al final, incluye la receta del ponqué de la abuela.

Temas: amor | cocina | recetas

El príncipe que no quería ser príncipe / The Prince Who Did Not Want to Be a Prince
(libro ilustrado)

Escrito por Ángeles Molina Iturrondo
Ilustrado por Nívea Ortiz Montañez

Editorial de la Universidad de Puerto Rico |
50 páginas | bilingüe (español e inglés) | 3+

Serie: Dos lenguas / Two Languages

Resumen: Un príncipe aburrido de ser príncipe sueña con bailar en una compañía de ballet, cantar ópera, pintar murales y navegar los mares en un barco de vela. El niño príncipe, en vez de aceptar pasivamente su destino de realeza, decide probar otras opciones, cambiando la corona por otras aventuras. El relato consiste en una estructura narrativa circular, acompañada por radiantes ilustraciones a color. El libro contiene ambos idiomas por separado e incluye actividades sugeridas para aumentar el disfrute de su lectura.

Temas: cuento de hadas | príncipe | sueños y deseos

¡Qué sacudida! (libro ilustrado)

Escrito por Magalis Vázquez Crespo
Ilustrado por Juan E. Colón Rivera

Rocket Learning | 29 páginas | español | 8+

Resumen: Un domingo cualquiera, Rafael y su familia visitan el cine y mientras están en la sala, ocurre un temblor de tierra. Este fenómeno natural motiva al niño y a sus padres a buscar más información al respecto. Al final del libro, se incluyen recomendaciones a seguir antes, durante y después de un terremoto.

Temas: temblores

Quiero una noche azul / I Want a Blue Night
(colección de poemas)

Escrito por Magaly Quiñones
Ilustrado por Stephanie Lee Silva del Toro

Editorial de la Universidad de Puerto Rico |
54 páginas | bilingüe (español e inglés) | 6+

Serie: Dos lenguas / Two Languages

Resumen: Libro compuesto de doce poemas, en versos libres, que buscan acompañar a la niñez en sus procesos de descubrimiento, asombro y reflexión sobre las múltiples experiencias internas y externas que atraviesan todos los días. Entre los temas de los poemas se encuentran: experiencias con lugares o acontecimientos naturales como la playa, el parque, la lluvia; cuestionamiento acerca de nuevos conceptos o sentimientos (qué es el tiempo, cómo surge la niñez, la amistad y las mascotas), entre otros. Cada poema está acompañado por un dibujo de una niña mayagüezana destacada en las artes plásticas.

Temas: poesía

Sugar Cane: A Caribbean Rapunzel
(libro ilustrado)

Escrito por Patricia Storace
Ilustrado por Raúl Colón

Jump at the Sun, Hyperion Books for Children |
48 páginas | inglés | 6+

Resumen: Un joven pescador y su esposa esperan la llegada de su bebé. Durante el embarazo, la joven futura madre constantemente tiene antojos de alimentos dulces, en especial, de caña de azúcar. Al nacer, nombran a su bebé Sugar Cane, para recordar esos momentos dulces y de antojos. Al Madame Fate, la hechicera del pueblo, conocer que la niña creció consumiendo caña de azúcar de su finca, decide secuestrarla y encerrarla. Pasan los años, y Sugar Cane, con sus cabellos largos, su amor por la música y sus ansias de independencia, debe enfrentar nuevos amores, nuevos rumbos y su vida fuera de la torre, lejos de Madame Fate y cerca de su futuro esposo, King. Esta interpretación del cuento tradicional de Rapunzel presenta un giro afrocaribeño en el que el arte y la música tienen el poder de unir personas y amores. El texto descriptivo y las ilustraciones llamativas capturan el ambiente y la musicalidad de las islas caribeñas.

Temas: Antillas Mayores | cuento tradicional | música | pescadores

---

There's a Coqui in My Shoe! (libro ilustrado)

Escrito por Marisa de Jesús Paolicelli

Ilustrado por Tanja Bauerle

Chi Chi Rodriguez Books | 59 páginas | inglés | 6+

Resumen: Armando vive con su madre en el Viejo San Juan. Una noche, escucha el sonido del coquí y, luego de buscarlo mucho, lo encuentra en su zapato. A través del coquí, Carlito, lectores aprenden sobre las diversas especies de coquíes en Puerto Rico y cómo protegerlos, entre otros temas. El libro intercala la narración con información, a veces un poco moralista.

Temas: amistad | conservación ambiental | coquí | familia | hábitat

---

La verdadera historia de Alfadrilo
(libro grande)

Escrito por Wanda I. De Jesús Arvelo

Ilustrado por Mrinali Álvarez Astacio

Aparicio Distributors | 15 páginas | español | 3+

Serie: Ambos a dos

Resumen: Esta es la sorprendente historia de cómo el hambre voraz de Alfadrilo lo convierte en el cocodrilo más letrado que haya existido. Fueron tantas las letras que se comió, que una mañana estas se convirtieron en cuentos que encantan a la gente. La historia del simpático cocodrilo será un deleite para repasar el abecedario y motivar el uso de las palabras para crear nuevas historias. Se destacan, además, las divertidas y creativas ilustraciones de Alfadrilo y su mágico apetito.

Temas: abecedario | lectura

Un viaje fantástico (libro ilustrado)

Escrito por Morayma Nieves Rivera y María M. Nieves Rivera

Ilustrado por María M. Nieves Rivera

Rocket Learning | 12 páginas | español | 5+

Resumen: José y Rosa se van de excursión escolar al Parque de las Ciencias, en Bayamón. La historia presenta desde la llegada de la guagua escolar para transportarlos, los juegos de camino al destino, hasta los intereses que tienen en visitar los museos y las atracciones del parque. En las ilustraciones se presenta la diversidad racial de la niñez e incluyen fotografías del Parque de las Ciencias.

Temas: Bayamón | excursión | Parque de las Ciencias

Los viajes fantásticos de Sebastián y los chicos (libro ilustrado)

Escrito por Walter A. Martínez

Ilustrado por Werner Olmos

Publicaciones Puertorriqueñas | 53 páginas | español | 8+

Resumen: Se cuenta el nacimiento, el desarrollo y la primera gran aventura del niño Sebastián en alta mar, quien fuera un regalo especial de la luna a su padre de crianza. La historia comienza cuando él y sus amistades toman prestado un bote y, en peligro de naufragar, son conducidos por un pulpo hasta la Isla de Mona. Desde ese punto una hada madrina hará todo lo posible para regresarlos sanos de su expedición. La narración repite en muchas ocasiones de prejuicios y clichés al enfocarse en características físicas de los personajes, como la gordura del padre y un pescador o adjudicar adjetivos de pureza a la piel blanca del hada madrina. Las ilustraciones digitales tienen problemas de nitidez, lo que las hace lucir borrosas.

Temas: amistad | fantasía | Isla de Mona | mar | navegación

La yola puertorriqueña / The Puertorican Yola
(libro ilustrado)

Escrito por Maribel T. de Suárez

Ilustrado por Juan José Vásquez

Publicaciones Puertorriqueñas | 30 páginas |
bilingüe (español e inglés) | 8+

Resumen: El padre de Anselmo lo invita, por primera vez, a acompañarlo a pescar. Durante el viaje, el niño cuestiona por qué su padre sigue utilizando una anticuada yola de madera cuando pudiera tener un bote de aluminio, como el del "americano, Mr. Henry". Este suceso genera una conversación sobre la identidad puertorriqueña, las yolas y el origen y la historia de estas embarcaciones que están atadas a las comunidades taínas, colonizadores españoles y personas negras esclavizadas. A pesar de que la conversación promueve el mito del mestizaje, incorpora elementos históricos sobre algunas de las comunidades y culturas que desarrollaron las diversas identidades puertorriqueñas. El libro incluye un dibujo de una yola para cortar y pegar.

Temas: colonialismo | identidad

Premios

**EL BARCO
DE VAPOR**

Premio El Barco de Vapor

certamen anual con el fin de promover una literatura para niños que fomente el gusto por la lectura y transmita, con calidad literaria, valores humanos, sociales y culturales.

Pura Belpré Award

otorgado a escritores e ilustradores residentes en Estados Unidos o Puerto Rico que mejor representen la experiencia latina.

Premio PEN de Puerto Rico Internacional

premiación anual de la asociación de escritores a la mejor
publicación de literatura infantil.

Premio del Instituto de Cultura Puertorriqueña

premiación anual a la mejor publicación puertorriqueña
de literatura infantil.

International Latino Book Award

reconocimiento a la literatura latina otorgado a autores,
traductores e ilustradores de libros escritos en inglés,
español y portugués.

Medalla Hans Christian Andersen

reconoce a nivel internacional el legado de autores
e ilustradores cuyas obras completas han hecho una
contribución importante y duradera a la literatura infantil.

2008

Las abejitas obreras (libro ilustrado)

Escrito por Gloria Vidal de Albó

Ilustrado por Fernando R. La Rotta Sánchez

Editorial Gloryville | 44 páginas | español | 6+

Serie: El abuelo y yo

Resumen: Carlitos, de la mano de su abuelo, conocerá quiénes son los empleados públicos e identificará varias profesiones que trabajan incansablemente, como hacen las abejas, para servir a todos los ciudadanos del país. La autora utiliza el lenguaje binario (masculino y femenino) al nombrar las profesiones que tienen los servidores públicos.

Temas: empleados públicos | profesiones y oficios

Las aventuras de Lizi y Lili: la telepatía
(primeros lectores)

Escrito por Stella Soto

Ilustrado por Rolando Pérez Figueroa

Publicaciones Gaviota | 84 páginas | español | 7+

Resumen: Unas gemelas idénticas descubren que nacieron con un don especial: pueden comunicarse telepáticamente. Cuando inician la escuela de los *nenes grandes*, sus poderes les traerán gratas sorpresas como también problemas. En esta corta, pero entretenida novela, una cosa está muy clara: no importa el problema que se les ponga por delante, ellas sabrán hacerle frente como hermanas y mejores amigas.

Temas: amistad | escuela | familia | gemelas

Coquí (colección de poemas y cuentos)

Escrito por Ester Feliciano Mendoza

Ilustrado por Karina Escobar

Ediciones Puerto | 87 páginas | español | 5+

Resumen: Libro dividido en dos partes: la primera cuenta con veintiséis poemas donde predomina la naturaleza y su interacción con la niñez. Se demuestra una nostalgia por lo natural y se resalta la importancia de relacionarse con el planeta con mucha imaginación. La segunda parte incluye seis cuentos donde se expone cómo llega el coquí a Puerto Rico. En ambas partes, podemos observar palabras lejanas a nuestro presente. Hay ilustraciones de personajes o escenarios de la narración.

Temas: animales | naturaleza

Ernesto, el domador de sueños
(primeros lectores)

Escrito por Mayra Santos Febres

Ilustrado por Ángel Flores Mangual

Ediciones SM | 37 páginas | español | 7+

Colección: El Barco de Vapor

Resumen: Ernesto es un niño como todos los demás, pero las constantes pesadillas tornan la hora de dormir en el peor momento del día. Aconsejado por su madre, él se embarca en una aventura para domar sus miedos y conquistar nuevamente el descanso. El lector podrá identificarse con la historia por su tono cálido y casual, además se destaca la relación entre los padres de Ernesto, al compartir la custodia y la crianza de este valiente chico.

Temas: custodia compartida | divorcio | emociones y sentimientos | monstruos | pesadillas | valentía

Esto era una vez...en el fin del mundo
(primeros lectores)

Escrito por Ángeles Molina Iturrondo

Ilustrado por Nívea Ortiz Montañez

Ediciones SM | 46 páginas | español | 6+

Serie: El Barco de Vapor

Resumen: Un viajero visita el Reino del Fin del Mundo con un sinnúmero de cosas, cositas y cositas inútiles que deja olvidadas por todo el pueblo. Será la niñez de este remoto lugar quienes le encontrarán uso mediante el juego. La niñez del pueblo cambia el destino de sus días al tornar estos objetos en juguetes. Las ilustraciones, aunque son sumamente coloridas y lúdicas, presentan a un personaje asiático de manera estereotipada.

Temas: juegos y juguetes | imaginación | visitantes

Premio: PEN Club de Puerto Rico Internacional, 2009

Estrellita en la ciudad grande / Estrellita in the Big City (libro ilustrado)

Escrito por Samuel Caraballo

Ilustrado por Pablo Torrecilla

Piñata Books | 30 páginas | bilingüe (español e inglés) | 4+

Resumen: En esta secuela de *Estrellita se despide de su isla*, seguimos la historia de la preadolescente, Estrella, ahora radicada en la ciudad de Nueva York. La trama se desarrolla mediante una llamada telefónica entre Estrella y su abuela, quien vive en Puerto Rico, al contarle a esta última acerca de sus nuevas experiencias en la Gran Manzana. Pese a que Estrella extraña mucho su isla, está maravillada con las nuevas experiencias turísticas que le ofrece esta ciudad.

Temas: diáspora | Nueva York | viajes

Gabriel Comelibros (libro ilustrado)

Escrito por Matilde García Arroyo e Hilda E. Quintana

Ilustrado por Walter Torres

Ediciones SM | 42 páginas | español | 4+

Resumen: Cuando Gabriel está acompañado de los libros, la diversión no tiene fin. Tanta es su felicidad que sus amistades, queriendo ser como él, se motivan a leer y transformarse en comelibros. El cuento recalca la importancia de la lectura recreacional accesible para la niñez. Las ilustraciones son llamativas y presentan a una niñez felizmente sorprendida por los mundos que abren los libros.

Temas: amor | imaginación | lectura

José pinta a la Virgen: un cuento sobre la niñez del pintor José Campeche (libro ilustrado)

Escrito por Carmen Leonor Rivera-Lassén

Ilustrado por Mrinali Álvarez Astacio

Editorial de la Universidad de Puerto Rico | 27 páginas | español | 6+

Colección: Nueve pececitos | **Serie:** Ilustres

Resumen: En este cuento se narra la anécdota de cómo José Campeche, hijo de un esclavo liberto, utiliza su encomiable talento para dibujar los personajes que ve desde su casa en el Viejo San Juan y le inspiran a pintar. El pintor del siglo XVIII es considerado nuestro primer gran pintor con fama internacional.

Temas: arte | biografía | José Campeche

Juan Bobo Sends the Pig to Mass (libro ilustrado)

Versión de Arí Acevedo-Feliciano

Ilustrado por Tom Wrenn

August House Publishers | 24 páginas | bilingüe (inglés y español) | 5+

Resumen: Se presenta a Juan Bobo (o *Simple John*) en el jocoso evento que ocurre cuando su madre sale al pueblo para asistir a misa y lo deja encargado de cuidar a la cerda del corral. Los dibujos digitales presentan detalladamente este cuento que explica el popular dicho: "Más emperifollá que la puerca de Juan Bobo".

Temas: animales de la granja | folclor | Juan Bobo | tradición oral

La magia del teatro (cómic)

Escrito por Gil René Rodríguez Pérez

Ilustrado por Animación Boricua

Instituto de Cultura Puertorriqueña | 16 páginas | español | 9+

Serie: ICePé.cómic

Resumen: Un abuelo y sus tres nietos visitan el distrito teatral de Santurce, en donde se encuentra con su antigua maestra de Teatro, la actriz, dramaturga y directora, Victoria Espinosa. De la mano de la teatrera, ellos rememoran a personas ilustres del teatro puertorriqueño y enseñarán a los chicos terminología popular de esta maravillosa profesión.

Temas: Francisco Arriví | San Juan | teatro | Victoria Espinosa

---

Mi hermanito es autista (libro ilustrado)

Escrito por Eileen Whitlock Manrique

Ilustrado por Mrinali Álvarez Astacio

Editorial de la Universidad de Puerto Rico | 23 páginas | español | 6+

Colección: Nueve pececitos | **Serie:** Igualitos

Resumen: Una niña enumera las diferencias que su hermano menor presenta por ser un niño con trastorno espectro del autismo. Se presentan las terapias y las rutinas que realizan ella y su madre para aprender cómo tratar con dignidad y respeto al niño, y hacerle sentir cómodo y feliz. Las ilustraciones de colores sólidos presentan una relación basada en el amor, la comprensión y el respeto a la diversidad hacia su hermano menor.

Temas: autismo | diversidad funcional | hermanos

Nana al niño Jesús (libro ilustrado)

Escrito por Magaly Quiñones

Ilustrado por Stephanie Lee Silva del Toro

Música por Nélida Cortés Salinas

Arreglo coral por Guarionex Morales Matos

Editorial Tiempo Nuevo | 22 páginas | español | 0+

Colección: Imago

Resumen: Canción de cuna sobre la visita de los Tres Reyes Magos al Niño Jesús. El libro resalta lo nacional con ilustraciones de la bandera puertorriqueña y otros símbolos de la navidad boricua. Se incluye una grabación en CD y la partitura musical arreglada para coro.

Temas: canción de cuna | Navidad | Reyes Magos

No estás (libro ilustrado)

Escrito por Carmen Leonor Rivera-Lassén

Ilustrado por Mrinali Álvarez Astacio

Traducido por Raquel S. Arato

Editorial de la Universidad de Puerto Rico | 23 páginas | español (traducción al inglés: *You're Not Here*, 2010) | 6+

Colección: Nueve pececitos | **Serie:** Igualitos

Resumen: Cuento en versos que explora diferentes tipos de pérdidas que experimenta la niñez y, por consiguiente, toda la humanidad. Entre las pérdidas mencionadas se encuentran la muerte de un ser querido, así como de una mascota; el extravío de un juguete preferido; y la emigración de un amigo.

Temas: duelo | muerte | perdido y encontrado

Pablo (libro ilustrado)

Escrito por Georgina Lázaro León

Ilustrado por Marcela Donoso

Lectorum Publications | 32 páginas | español | 9+

Serie: Cuando los grandes eran pequeños

Resumen: Biografía en versos rimados sobre la infancia de Pablo Neruda. Esta abarca su trasfondo familiar, su amor por la lectura y su incursión en la escritura. Las cálidas imágenes exaltan la naturaleza con toques fantásticos.

Temas: biografía | Chile | escritores | imaginación | Pablo Neruda

Premio: PEN Club de Puerto Rico Internacional, Mención literatura juvenil, 2008

Paz para Carlitos o la historia de un cumpleaños (libro ilustrado)

Escrito por Marangel Clemente López

Ilustrado por Ivelisse Colón Nevárez

Publicaciones Puertorriqueñas | 30 páginas | español | 6+

Resumen: Los padres de Carlitos se divorciaron recientemente y, al llegar el día de su cumpleaños, un mar de preocupaciones abruma los pensamientos del niño. Mientras recuerda diferentes sucesos previos a la separación familiar, él busca acercarse a un adulto confiable para compartir sus preocupaciones. La maestra de salón hogar funge ese rol y apoya al niño con consejos basados en expresiones cristianas de consuelo.

Temas: cumpleaños | custodia compartida | divorcio | emociones y sentimientos

---

Pepe Gorras, o la extraña historia de un perro sin cabeza (novela infantil)

Escrito por Tina Casanova

Ilustrado por Julio César Morales

Ediciones SM | 103 páginas | español | 9+

Colección: El Barco de Vapor

Resumen: José Rondón, mejor conocido por Pepe Gorras, navegará por un sinnúmero de situaciones propias de la preadolescencia junto a sus peculiares amigos y rivales escolares. En esta primera entrega, Pepe y el batallón de "Los Colgados" se enteran de que están a punto de fracasar la clase de ciencias, pero su maestra les lanza el gran reto de realizar proyectos ingeniosos para la feria científica de la escuela.

Temas: amistad | creatividad | escuela | fracaso escolar

Premios: I premio de literatura infantil, El Barco de Vapor Puerto Rico, 2007 | PEN Club de Puerto Rico Internacional, 1er premio, 2008

Puerto Rico y sus hermanitas (libro ilustrado)

Escrito por Gloria Vidal de Albó

Ilustrado por Fernando R. La Rotta Sánchez

Editorial Gloryville | 44 páginas | español | 6+

Serie: El abuelo y yo

Resumen: Llega la hora de dormir y el abuelo de Carlitos tiene una nueva historia que compartirle. En esta ocasión, conocerá en qué se asemeja y se diferencia Puerto Rico de sus hermanas islas antillanas. Entre los temas platicados se encuentran las estructuras gubernamentales de las islas así como una explicación detallada de las tres ramas del gobierno de Puerto Rico. Incluye, al final, un breve glosario de términos.

Temas: Antillas Mayores | gobierno de Puerto Rico

¿Qué crees? (libro ilustrado)

Escrito por Carmen Leonor Rivera-Lassén

Ilustrado por Mrinali Álvarez Astacio

Traducido por Raquel S. Arato

Editorial de la Universidad de Puerto Rico | 23 páginas | español (traducción al inglés: *What Do You Believe?*, 2010) | 6+

Colección: Nueve pececitos | **Serie:** Igualitos

Resumen: Cuento en versos para concienciar sobre las múltiples creencias y religiones que existen en la humanidad. El tono del cuento enfatiza en las diferencias de opiniones y cómo debemos respetarnos por igual.

Temas: creencias | diversidad | religión

Un regalo especial (libro ilustrado)

Escrito por Carmen Leonor Rivera-Lassén

Ilustrado por Mrinali Álvarez Astacio

Traducido por Raquel S. Arato

Editorial de la Universidad de Puerto Rico | 24 páginas | español (traducción al inglés: *A Special Gift*, 2010) | 6+

Colección: Nueve pececitos | **Serie:** Raíces

Resumen: Mónica, al enterarse de que hace muchos años nació un niño al que la gente de los barrios de San Juan le obsequia muchos regalos cada 24 de diciembre, se anima a unirse a la tradición. La travesía de buscar ese regalo perfecto le lleva a recolectar objetos reciclados y reusados que honren tanto al Niño como a la Madre Tierra. El cuento, de raíces ambientalistas, promueve las prácticas sustentables en la víspera navideña en vez del consumismo.

Temas: comunidad | Navidad | reciclaje | San Juan | sustentabilidad

Las reglas de oro para ayudar a los animales / The Golden Rules for Helping Animals

(libro ilustrado)

Escrito por Carla Cappalli

Ilustrado por Martin Gaudier

Autopublicación | 24 páginas | bilingüe
(español e inglés) | 4+

Resumen: Se presenta a la escritora, quien es activista por los derechos de los animales, como consejera de la niñez para proteger tanto a los animales salvajes como a los domesticados. El libro tiene un estilo narrativo de reglas o mandamientos que la niñez debe seguir para respetar a los animales. Estos están acompañados por dibujos en blanco y negro para colorear. Estos están acompañados por dibujos en blanco y negro para colorear. El cuento inicia con una premisa cristiana sobre la creación aunque esta no se continúa en el resto del libro.

Temas: maltrato de animales |
protección de animales | respeto

The Storyteller's Candle / La velita de los cuentos (libro ilustrado)

Escrito por Lucía González

Ilustrado por Lulu Delacre

Children's Book Press | 30 páginas |
bilingüe (español e inglés) | 8+

Resumen: Conoce el histórico enlace creado por Pura Belpré, la primera bibliotecaria puertorriqueña en la Biblioteca Pública de Nueva York, con la ola de inmigrantes boricuas y latinos durante la Gran Depresión. Entre los logros alcanzados por Belpré se encuentran la compra e inclusión de libros en español en la biblioteca y el establecimiento de espacios de lectura de cuentos bilingües para toda la niñez inmigrante.

Temas: bibliotecas | diáspora | Gran Depresión |
Nueva York | Pura Belpré | Reyes Magos

Premios: Pura Belpré Award, Honor Book
for Narrative, 2009 | Pura Belpré Award,
Honor Book for Illustration, 2009

El sueño de Ramoncito (libro ilustrado)

Escrito por Evelyn Cruz

Ilustrado por Elena Montijo Capetillo

Publicaciones Yuquiyú y Hospital del Niño |
26 páginas | español | 6+

Resumen: En un lugar muy lejano, los Tres Reyes Magos leen las cartas que, con muchos deseos, reciben de la niñez. Entre ellas está la misiva de Ramoncito, quien usa silla de ruedas y está hospitalizado por una extraña enfermedad, por lo que deciden cumplirle sus deseos. Para ello, los Reyes se le aparecen en sueños al niño mientras le explican el significado de los tres regalos que recibirá durante esa inolvidable víspera. Las imágenes destacan dignamente a un niño con diversidad funcional y su día a día en un hospital infantil.

Temas: diversidad funcional | Navidad |
regalos | Reyes Magos

CELELI

Centro para el Estudio de la Lectura, la Escritura y la Literatura Infantil

Forma parte de la Facultad de Educación de la Universidad de Puerto Rico, Recinto de Río Piedras. Promociona, divulga e investiga la lectura, la escritura y la literatura infantil. Coordina el Maratón Puertorriqueño de Lectura y el Proyecto Alianzas de Lectura Puerto Rico-Guatemala.

2009

El ABC del Viejo San Juan / The ABC of Old San Juan (libro ilustrado)

Escrito por Yvonne Sanavitis

Ilustrado por Karen Dietrich

Traducido por Idalia Cordero Cuevas

Editorial Plaza Mayor | 64 páginas | bilingüe (español e inglés) | 4+

Resumen: Abecedario de lugares, comidas y acontecimientos propios del Viejo San Juan. Cada página incluye una palabra relacionada con la letra del abecedario, un breve texto informativo o anecdótico y un poema a la palabra. Al final del libro, hay un glosario de términos y una sección de preguntas y respuestas para repasar lo leído.

Temas: abecedario | Viejo San Juan

Adiós... Chiqui (libro ilustrado)

Escrito por Gloria Vidal de Albó

Ilustrado por Fernando R. La Rotta Sánchez

Editorial Gloryville | 44 páginas | español | 5+

Serie: El abuelo y yo

Resumen: Por varios años, Marinés tuvo un perro sato, llamado Gacho, al que quería mucho. Sin embargo, cuando su abuela le regala una perra de raza, llamada Chiqui, la niña se aleja de su primera mascota y dirige todas sus atenciones al nuevo animal. Chiqui cae enferma y muere, produciéndose una reflexión sobre la inevitable llegada de la muerte a todo ser viviente. En múltiples ocasiones, el relato enumera los contrastes físicos entre los perros: Gacho, con una oreja caída y de pelaje gris opaco, en comparación con Chiqui, que era de color dorada y ojos azules brillantes. Esto revela un canon de belleza donde lo claro es lo bello. Las diferencias físicas, además, se marcan en los mimos y cuidados que recibía el perro de raza al compararse con el sato. La autora publicó aparte un cuaderno de actividades que sirve para reforzar los temas del cuento.

Temas: muerte | perros

El árbol revolucionario (primeros lectores)

Escrito por Elísaura Vázquez

Ilustrado por Mariely Valentín-Llopis

Publicaciones Gaviota | 47 páginas | español | 7+

Resumen: Un árbol, que desea viajar el mundo, descubre maneras de explorar en donde no puede llegar físicamente. Sus ramas se convierten en el refugio de muchos animales, así como conoce y simpatiza con luchas de justicia social y ambiental. La historia presenta dificultades para descifrar quién habla debido a la multiplicidad de personajes que conversan con el árbol. La historia destaca como temas la destrucción del medio ambiente a manos de la humanidad y de cómo debemos desistir de contaminar.

Temas: árboles | contaminación ambiental | medioambiente

El archipiélago mágico (colección de poemas)

Escrito por Isabel Arraiza Arana

Ilustrado por Walter Torres

Instituto de Cultura Puertorriqueña | 29 páginas | español | 4+

Resumen: El libro realiza un paseo poético por las siete coloridas islas que componen el "archipiélago mágico". Versos de rimas asonantes, acompañados por una ilustración, nos describen cómo son la Isla Coco, la Isla del Perfume, la Isla Nena, la Isla Corazón de Piedra, la Isla del Tambor, la Isla del Coquí y la Isla de Aguas de Estrellas. En las páginas correspondientes al poema Isla Corazón de Piedra, se ilustra a una persona indígena con la piel color roja, representación estereotípica y deshumanizante.

Temas: naturaleza | poesía | Puerto Rico

Bilingual ABC Bilingüe (libro ilustrado)

Escrito e ilustrado por Dave Buchen

Autopublicación | 32 páginas | bilingüe (inglés y español) | 2+

Resumen: Abecedario en el que se incluyen todas las letras del alfabeto, incluyendo la ñ, a pesar de ser en inglés y en español. Instrumentos, partes del cuerpo, oficios y otros aspectos o artículos de la cotidianidad forman parte de este libro con ilustraciones hechas en linóleo. El autor logra encontrar palabras cuyo significado en ambos idiomas utilizan la misma primera letra lo que resalta la ingeniosidad de este libro.

Temas: abecedario | arte

Bruno: un perrito lindo y simpático
(libro ilustrado)

Escrito por Rosa E. Soltero de Fernández

Ilustrado por Mildred Fernández Feliberti

Autopublicación | 14 páginas | español | 6+

Resumen: Los niños de la familia Vázquez añoraban tener una mascota y, en una víspera de Reyes, se les concedió el deseo. A raíz de la llegada de Bruno al hogar de estos puertorriqueños, radicados en Colorado, E.E.U.U., germina un sentido de responsabilidad y unión entre los miembros de la familia. El corto cuento incorpora a muchos personajes en pocas oraciones, lo que llena la narración de interrupciones para recordarle al lector el parentesco de los personajes.

Temas: diáspora | familia | mascotas | perros

La casa que sueño (primeros lectores)

Escrito por Gloribel Delgado Esquilín

Ilustrado por Claudia Degliuomini

Ediciones Santillana | 56 páginas | español | 8+

Colección: Yabisí | **Serie:** Mundo verde

Resumen: Emi visita a sus primos y al tío Ricardo que viven en una ciudad muy peculiar rodeada de vegetación y casas de formas muy diferentes a las acostumbradas. Se trata de una comunidad de casas ecológicas que aprovechaba al máximo los recursos naturales para llevar una vida sustentable. El cuento se basa en los proyectos de arquitectura verde: la Casa Ausente, del Arq. Fernando Abruña, en Vega Alta, Puerto Rico, y el complejo de apartamentos, del austriaco Arq. Friedensreich Hundertwasser.

Temas: arquitectura | energía renovable | planificación urbana | sustentabilidad

Los cerditos espaciales (libro ilustrado)

Escrito por Juan G. Marrero Cabrera

Ilustrado por Fernando R. La Rotta Sánchez

Editorial Gloryville | 32 páginas | español | 5+

Resumen: Los cerditos espaciales solucionan un gran problema, cuando uno de los paneles solares de la Estación Espacial G-I cae y amenaza con estallar en el espacio. Las ilustraciones digitales complementan muy bien la saga intergaláctica producto de un certamen de cuentos del Departamento de Educación ganado por el joven escritor de 11 años.

Temas: aventura | galaxia | planetas

Chemorella / Quimiorela (libro ilustrado)

Escrito por Ken Phillips y Katy Franco

Ilustrado por Scott Sackett

Traducido por Eduardo Franco

Franco-Phillips Publishers | 57 páginas | bilingüe (inglés y español) | 8+

Resumen: Reescritura del cuento de hadas "La Cenicienta", representada por una paciente diagnosticada con cáncer de seno, quien, luego de pasar por el tratamiento de quimioterapia, enfrentará episodios dulces y amargos que le harán crecer y recuperar su autoestima. Las imágenes capturan la atmósfera fantástica y urbana del cuento, dando al lector la sensación de estar leyendo una novela gráfica. Desafortunadamente, la traducción al español no es tan fluida como el texto original redactado en inglés.

Temas: autoestima | cáncer | cuento de hadas | superación

La ciudad de vidrio (primeros lectores)
Escrito por Aravind E. Adyanthaya
Ilustrado por Claudia Degliuomini
Ediciones Santillana | 46 páginas | español | 8+
Colección: Yabisí | **Serie:** Mundo verde
Resumen: Érase una innovadora ciudad de vidrio admirada por inventar usos fuertes y maleables de este material en la construcción. Por ser de cristal, sus ciudadanos podían observar toda la ciudad desde cualquier lugar, pero a un grupo de jóvenes les crece la curiosidad de saber cómo será la vida fuera de ese lugar. La visita a un viejo y sabio habitante les abrirá la puerta a nuevos mundos.
Temas: curiosidad | medioambiente | reciclaje

Corasí (libro ilustrado)
Escrito por Walter Murray Chiesa
Ilustrado por Juan Álvarez O'Neill
Editorial de la Universidad de Puerto Rico | 29 páginas | español | 10+
Serie: Cuentos de un mundo perdido
Resumen: La pequeña Corasí está al borde de la muerte a manos de la temible Upía (la muerte), que ronda incesante su bohío en busca de recolectar su noble alma. Conmovido con la situación, Agüeíbana convoca al astuto curandero Goabey, quien, en colaboración con los padres de la niña, burlan la muerte. Las imágenes en alto contraste engalanan muy bien el ambiente dramático y misterioso del cuento. Al final, se incluye un glosario de términos taínos.
Temas: mitos | muerte | Taínos

Cuando sea grande... ¡Quiero ser alcaldesa!
¡Estoy lista para ayudar! (primeros lectores)
Escrito por Patricia E. Acosta
Ilustrado por Nívea Ortiz Montañez
Ediciones Santillana | 32 páginas | español | 6+
Colección: Yabisí | **Serie:** Cuando sea grande
Resumen: Juliana no entiende por qué tiene que seguir asistiendo a la escuela si ella ya sabe muchas cosas. Tanto en la casa como en la escuela lo único que recibe son instrucciones de los adultos; por eso, es que, cuando crezca, ella quiere ser alcaldesa para mandar también. Este deseo de Juliana desata una interesante conversación con su madre sobre el importante y dedicado rol de los alcaldes de velar por el bienestar y los intereses de las comunidades a las que sirven.
Temas: alcaldesa | política | profesiones y oficios

Cuando sea grande... ¡Quiero ser biólogo!
Arañas, orugas, renacuajos (primeros lectores)
Escrito por Zulma Ayes Santiago
Ilustrado por Nana González
Traducido por Raúl Picaporte Ainaga
Ediciones Santillana | 39 páginas | español (traducción al inglés: *When I Grow Up... I Want to be a Biologist! Spiders, Silkworms and Caterpillars*) | 6+
Colección: Yabisí | **Serie:** Cuando sea grande
Resumen: El curioso Alejandro pasa sus días experimentando con los animales que encuentra en el patio de su casa. El cuento, narrado en forma de anécdota, rememora gratos momentos de la infancia del niño, vividos junto a la Tía Canita y el *asistente de laboratorios*, su vecino Julio "Manos de Piedras". La relación con el vecino se acerca a la caricatura burlona, al percibir a Julio como torpe con sus manos.
Temas: biólogo | investigación | profesiones y oficios

Cuando sea grande... ¡Quiero ser bombero!
Bomberos voladores (primeros lectores)
Escrito por Rafael Franco Steeves
Ilustrado por Edmundo Castillo
Ediciones Santillana | 24 páginas | español | 6+
Colección: Yabisí | **Serie:** Cuando sea grande
Resumen: A Miguelito le gusta hacer muchas cosas, pero, cuando tiene que informar a su maestra lo que quiere ser cuando sea grande, buscará juntar sus gustos y talentos en una sola profesión. El breve cuento nos presenta la relación saludable de un niño con su padre, bombero de profesión.
Temas: bomberos | paternidad | profesiones y oficios

Cuando sea grande... ¡Quiero ser coleccionista! Santiago y la moneda más valiosa del mundo (primeros lectores)

Escrito por Solangel Monroy Becerra

Ilustrado por Walter Torres

Ediciones Santillana | 40 páginas | español | 6+

Colección: Yabisí | **Serie:** Cuando sea grande

Resumen: El padre de Santiago es capitán de la Marina y, de regreso de cada viaje, le obsequia algún juguete u objeto autóctono del lugar visitado. Un día, le regala a Santiago una moneda extraña que despierta el interés de un nuevo pasatiempo: coleccionar monedas extranjeras. Así es que la vida de Santiago se entrelaza con la del viejo coleccionista, Don Fermín, en una bonita y sólida amistad.

Temas: coleccionista | compañía | profesiones y oficios | vejez

Cuando sea grande... ¡Quiero ser doctora! Como mi mamá (primeros lectores)

Escrito por Lucía Stom

Ilustrado por Nívea Ortiz Montañez

Ediciones Santillana | 32 páginas | español | 6+

Colección: Yabisí | **Serie:** Cuando sea grande

Resumen: En esta ocasión, conocemos a Matilde, que, mientras cría a Elena y a sus otros hijos, aspira a terminar sus estudios en medicina. Contada desde la perspectiva de la pequeña Elena, conocemos los sacrificios que hacen todos los miembros de la familia para que su mamá estudie y cumpla su sueño de ser doctora, promoviendo un mensaje feminista de que las mujeres pueden cumplir sus metas profesionales y también ser madres.

Temas: doctora | madre trabajadora | profesiones y oficios | retar roles de género

Cuando sea grande... ¡Quiero ser ebanista! La maderita feliz (primeros lectores)

Escrito por Sofía Irene Cardona

Ilustrado por Ruddy Nuñez

Ediciones Santillana | 32 páginas | español | 6+

Colección: Yabisí | **Serie:** Cuando sea grande

Resumen: Escrito desde la perspectiva de una risueña maderita, conocemos sus aspiraciones de vida para cuando le toque ser cortada del árbol y vendida como una tabla de madera. No será hasta el día en que conoce a la ebanista Alba Montero que, con gran habilidad, le tallará su nueva, hábil y útil forma de ser.

Temas: ebanista | profesiones y oficios | sueños y deseos | retar roles de género

Cuando sea grande... ¡Quiero ser escritora! ¡A pensar en musarañas! Y otros consejos de mi tía la escritora (primeros lectores)

Escrito por Patricia E. Acosta

Ilustrado por Adriana Canizo

Ediciones Santillana | 31 páginas | español | 6+

Colección: Yabisí | **Scric:** Cuando sea grande

Resumen: Cuando llegan los sábados, Ana sabe que será un buen día porque visitará a su tía Luisa, la escritora. A Ana, que también aspira ser escritora, le gusta escucharla y pasar las horas haciendo volar su imaginación. En esta visita, ella recibe un gran consejo que la invita a no olvidar que existe un tiempo y espacio para todo, incluso, para pensar en musarañas.

Temas: escritora | imaginación | profesiones y oficios

Cuando sea grande... ¡Quiero ser maestra! A Gabriela le encanta la escuela (primeros lectores)

Escrito por Georgina Lázaro León

Ilustrado por Lara Dombret

Ediciones Santillana | 24 páginas | español | 6+

Colección: Yabisí | **Serie:** Cuando sea grande

Resumen: A Gabriela le encanta tanto la escuela que ya decidió que, cuando sea grande, quiere ser maestra. Para ella, no habría mejor profesión que estar rodeada de libros, cuentos, canciones y del inmensurable amor de sus alumnos. El poema está escrito en tiernos versos rimados de cuatro estrofas.

Temas: maestra | profesiones y oficios | rimas

Cuando sea grande... ¡Quiero ser matemático! El x-mático (primeros lectores)

Escrito por Aravind E. Adyanthaya

Ilustrado por Adriana Canizo

Ediciones Santillana | 40 páginas | español | 6+

Colección: Yabisí | **Serie:** Cuando sea grande

Resumen: Se presenta a un chico atemorizado por las matemáticas, pero que, con la ayuda de su hermano mayor y un misterioso alienígena, llamado el *X-mático*, podrá desmitificar el mundo de los números. El cuento se narra desde la perspectiva del protagonista y nos pone en presencia de un mundo lleno de fantasía y de otros misterios "lógicos y reales" propios del mundo matemático.

Temas: álgebra | matemáticas | matemático | profesiones y oficios

Cuando sea grande... ¡Quiero ser pintora! Marina, la pintora del Viejo San Juan (primeros lectores)

Escrito por Lilly Cruz

Ilustrado por Walter Torres

Ediciones Santillana | 32 páginas | español | 6+

Colección: Yabisí | **Serie:** Cuando sea grande

Resumen: El tío de Marina regresó de Nueva York hace unos meses y ahora vive con su familia mientras se establece definitivamente en Puerto Rico. Todos los sábados se repite un misterio. Su tío camina por los adoquines del Viejo San Juan con unos grandes rollos de tela y lápices peludos que, al tocarlos, no sueltan tinta. Mientras Marina descifra qué hace su tío, la curiosidad estallará en un interrogatorio, dándole así nuevas ideas de lo a que ella también quisiera aspirar cuando sea grande.

Temas: arte | pintora | profesiones y oficios | Viejo San Juan

Cuando sea grande... ¡Quiero ser violinista! Dariana, la grande (primeros lectores)

Escrito por Sofía Irene Cardona

Ilustrado por Victoria Asanelli

Ediciones Santillana | 24 páginas | español | 6+

Colección: Yabisí | **Serie:** Cuando sea grande

Resumen: A Dariana le molesta que le pregunten qué va a ser cuando sea grande porque, con su baja estatura, jamás piensa en crecer. Al culminar los cursos del día, ella asiste al Conservatorio de Música para sus clases de violín, en las que se siente enorme, fuerte y poderosa. La próxima vez que el maestro le pregunte lo mismo de siempre, ella le contestará que ya es grande y que, si no le cree, que la escuche tocar el violín.

Temas: persona de talla baja | profesiones y oficios | violinista

Cuentos de duendes (colección de cuentos)

Escrito por Nelsonrafael Collazo Grau

Ilustrado por Ángel Jiménez Alfínez

Autopublicación | 54 páginas | español | 10+

Resumen: Siete cuentos breves protagonizados por duendes que habitan e interactúan de diferentes maneras con el mundo de los humanos. Cuentos sobre las travesuras de los duendes, la creencia en su existencia, la exploración del amor inquebrantable de una madre duende a una hija que vive en el mundo de los humanos, así como otros cuentos de apariciones y hazañas increíbles. Si bien los cuentos no están conectados entre sí, leerlos en secuencia ayudará a profundizar en los aspectos fantásticos que hilan este universo. Cada cuento contiene dibujos en blanco y negro que retratan escenas del relato, pero el tamaño de letra es muy pequeño para el formato del libro.

Temas: duendes | fantasía

De cómo dicen que fue hecho el mar (libro ilustrado)

Escrito e ilustrado por Mrinali Álvarez Astacio

Traducido por Raquel S. Arato

Editorial de la Universidad de Puerto Rico | 23 páginas | español (traducción al inglés: *How the Sea Came to Be*, 2010) | 5+

Colección: Nueve pececitos | **Serie:** Mititos

Resumen: Yaya y su esposa son dos indios Taínos que cultivan la tierra. Un día encuentran una calabaza mágica colgando del cielo que será el fruto de donde surja uno de los recursos naturales más importantes. El libro es una adaptación libre del mito taíno de cómo surgió el mar, recopilado por fray Ramón Pané. Las ilustraciones de la autora crean un juego entre patrones, grabados y otros elementos pictóricos de etnias aborígenes que existen o ya desaparecieron en Latinoamérica.

Temas: mar | Taínos | tradición oral

De dónde dicen que vino la gente
(libro ilustrado)

Escrito e ilustrado por Mrinali Álvarez Astacio

Traducido por Raquel S. Arato

Editorial de la Universidad de Puerto Rico | 23 páginas | español (traducción al inglés: *How People Came to Be,* 2010) | 5+

Colección: Nueve pececitos | **Serie:** Mititos

Resumen: Yocahú y su madre Atabey, al notar una serie de islas despobladas, se darán a la tarea de proveerles la vida. El libro, hermosamente ilustrado, es una adaptación libre del mito taíno relatado por fray Ramón Pané. Las imágenes se basan en una amalgama de motivos pictóricos pertenecientes a etnias aborígenes que existen o desaparecieron en el mundo.

Temas: orígenes | Taínos | tradición oral

De cómo nació el amor (libro ilustrado)

Escrito e ilustrado por Mrinali Álvarez Astacio

Traducido por Raquel S. Arato

Editorial de la Universidad de Puerto Rico | 23 páginas | español (traducción al inglés: *How Love Was Born,* 2010) | 4+

Colección: Nueve pececitos | **Serie:** Mititos

Resumen: Conoce cómo, al llegar la noche, la luna baila por doquier sin importar su fase. Este relato es una alegoría mítica del amor y de enamorarse de la vida. Las ilustraciones son un bello tributo a elementos pictóricos propios de etnias aborígenes que existen o ya desaparecieron en el mundo.

Temas: amor | orígenes | tradición oral

La extraordinaria idea de Tito
(primeros lectores)

Escrito por Ángeles Molina Iturrondo

Ilustrado por Nana González

Traducido por Pilar García de Castro

Ediciones Santillana | 54 páginas | español (traducción al inglés: *Tito's Extraordinary Idea*) | 8+

Colección: Yabisí | **Serie:** Mundo verde

Resumen: Tito reflexiona sobre la gran cantidad de basura que se desecha a diario en su escuela, localizada en la calle Loíza en Santurce. Junto a sus amigos, decide buscar una solución práctica para fomentar el reciclaje y la reusabilidad de los productos en el plantel. El cuento hace protagonista a la niñez y propone soluciones con conocimiento y conciencia ambiental.

Temas: activismo | justicia ambiental | reciclaje | San Juan

La familia Castor (libro ilustrado)

Escrito por Carlos A. Ortiz Salvá

Ilustrado por Carlos Daniel Ortiz Quiñones y Andrea Alexandra Ortiz Quiñones

Publicaciones Puertorriqueñas | 22 páginas | español | 5+

Resumen: Ante la amenaza de un gran diluvio, Papá Castor y su familia salvarán a los animales de la colina al construir un refugio sólido en las entrañas de un árbol. El cuento es narrado en forma de fábula e incluye, al final, una hoja de enseñanza para el lector. Encontramos que esa hoja es conflictiva y confusa debido a que el autor dirige todas las enseñanzas del cuento a Dios, aunque la narración no da indicios de ser un cuento teológico.

Temas: amistad | animales del bosque | solidaridad

Federico García Lorca (libro ilustrado)

Escrito por Georgina Lázaro León

Ilustrado por Enrique S. Moreiro

Lectorum Publications | 32 páginas | español | 9+

Serie: Cuando los grandes eran pequeños

Resumen: Biografía en versos rimados sobre la infancia de Federico García Lorca. Se muestra a un niño sensible, juguetón y admirador de las artes, en particular del teatro. El recorrido por sucesos tanto gratos como dolorosos de su desarrollo, nos ofrece pinceladas de quien será una de las voces más grandes de la poesía española del siglo XX. Las ilustraciones destacan los lazos afectivos del joven poeta.

Temas: biografía | escritores | España | Federico García Lorca | teatro

Premios: Pura Belpré Award, Honor Book for Narrative, 2010 | PEN Club de Puerto Rico Internacional, Mención literatura infantil

---

La flecha (libro ilustrado)

Escrito por Walter Murray Chiesa

Ilustrado por Juan Álvarez O'Neill

Editorial de la Universidad de Puerto Rico | 31 páginas | español | 10+

Serie: Cuentos de un mundo perdido

Resumen: Un gran árbol en el bosque del Yunque le revela, en sueños, sus memorias milenarias de resistencia a un joven que encuentra, entre las ramas de este, una extraña flecha antigua de madera y piedra. El cuento consta de dos voces narrativas que completan la historia en dos tiempos: la del joven aventurero en el presente y la del viejo árbol ausubo, en el pasado. Las imágenes digitales incluyen líneas gruesas en alto contraste que simulan ser grabados. Al final, se incluye un glosario de términos taínos.

Temas: Bosque El Yunque | mitos | Taínos

Floxy y Julio: un universo maravilloso
(libro ilustrado)

Escrito por Fernando J. Montilla

Ilustrado por Jesús Flores Maddox y Fernando J. Montilla

Autopublicación | 53 páginas | español (traducción al inglés: *Fluxy & Julio: A Universe of Wonder*) | 6+

Resumen: Una noche, mientras observaba las estrellas desde su telescopio, Julio detecta la nave espacial de la niña alienígena, Floxy, del Planeta Mokzi.

Este acontecimiento hará que el aficionado del espacio se acerque más a la infinita galaxia, además de hacer florecer una bella amistad. El cuento escrito en versos rimados cuenta con ilustraciones 3-D. Esta entretenida y movida historia sienta las bases para una serie de nuevas aventuras.

Temas: aventura | ciencia ficción | extraterrestres | galaxia | planetas

---

Jorge Luis Borges (libro ilustrado)

Escrito por Georgina Lázaro León

Ilustrado por Graciela Genovés

Lectorum Publications | 32 páginas | español | 10+

Serie: Cuando los grandes eran pequeños

Resumen: Biografía en versos rimados sobre la infancia de Jorge Luis Borges, entre los países de Argentina y España. Se enfatiza en la relación con su hermana, y cómo el amor por la lectura, inculcado por sus padres y demás familiares, nutrió la gran imaginación de este escritor latinoamericano. Las imágenes en acuarelas abren una ventana al imaginario fantástico del escritor.

Temas: Argentina | biografía | escritores | Jorge Luis Borges

---

Juntos jugamos (primeros lectores)

Escrito por C. J. García

Ilustrado por Magalí Mansilla

Traducido por Pilar García de Castro

Ediciones Santillana | 47 páginas | español (traducción al inglés: *We Play Together*) | 8+

Colección: Yabisí | **Serie:** Mundo verde

Resumen: Luichi se muda al barrio de los subcampeones de la Liga de Béisbol Juvenil, pero sus aspiraciones de unirse al equipo ganador se ven tronchadas cuando el parque de pelota se convierte en un vertedero clandestino. Con la ayuda de toda la comunidad, restaurarán el espacio abandonado y les sacarán provecho a los materiales reusables allí disponibles.

Temas: comunidad | materiales reusables | parques | rescate de espacios abandonados | trabajo en equipo

El lado adoquinado (primeros lectores)

Escrito por Pepe del Valle

Ilustrado por Federico Porfiri

Ediciones Santillana | 56 páginas | español | 7+

Colección: Yabisí | **Serie:** Mundo verde

Resumen: En una comunidad lejana, establecida en la falda del valle, vive Tito, quien sugiere reutilizar los adoquines para desviar un río. Muchos años más tarde, los hermanos gemelos Isabel e Ismael reciben la aparición mágica de don Tito, que les hablará del peculiar lago adoquinado que aún suministra agua y energía al pueblo, así como recalcará la importancia de proteger los cuerpos de agua para las futuras generaciones. Al final de la narración, se presenta una hoja informativa sobre el origen de los lagos de agua dulce de Puerto Rico, la importancia de conservar agua y recomendaciones fáciles para aplicar en el hogar.

Temas: conservación ambiental | educación ambiental | energía renovable

Lágrimas de Luna (libro ilustrado)

Escrito por María Ostolaza

Ilustrado por Francisco Vilchez

Publicaciones Gaviota | 46 páginas | español | 7+

Resumen: La Luna se pone triste por la poca atención que los seres humanos le brindan en comparación con la de años atrás, cuando se había convertido hasta en noticia mundial. Su hermana, la Noche, tratando de consolarla, ingenia diferentes estrategias para traerle alegría, sin resultado. Finalmente, en una conversación sincera, Luna comprende que no vive en soledad, que cuenta con compañía en el universo. Las sencillas ilustraciones del libro brindan espacio para que el tamaño de la letra sea apropiado para la lectura. Se incluyen vocabulario y preguntas guías para la comprensión lectora.

Temas: comunidad | emociones y sentimientos | universo

El libro del tapiz iluminado (novela infantil)

Escrito por Juan Carlos Quiñones

Ilustrado por Lorraine Rodríguez Pagán

Ediciones SM | 221 páginas | español | 8+

Resumen: Un día, Ligelia, Samuel, Demetrio, Roxana y el perro, Napoleón, andaban en sus respectivas faenas diarias. Al escuchar voces y darse cuenta de la presencia de personajes extraños, todos son transportados a una variedad de mundos alternos donde se conocen por vez primera. Entonces, se dan cuenta de la misión que les espera de rescatar a Tejedor, el guardián de los mundos, quien se encuentra encarcelado. Con una mezcla de fantasía, ciencia ficción y narrativa, se cuenta la historia de la niñez como héroes del mundo y portavoces de la importancia de las diferencias entre los humanos. Lamentablemente, el único personaje asiático recibe burlas por su nombre y, por otra parte, el texto recae en señalar lo obvio, ser condescendiente con los lectores y las voces de la niñez suenan como malos actores de película.

Temas: aventura | ciencia ficción | fantasía | mundos alternos

La linda señora tortuga (primeros lectores)

Escrito por Yolanda Arroyo Pizarro

Ilustrado por Mariana Ruiz Johnson

Traducido por Raúl Picaporte Ainaga

Ediciones Santillana | 48 páginas | español (traducción al inglés: *Pretty Mrs. Turtle*) | 8+

Colección: Yabisí | **Serie:** Mundo verde

Resumen: Noraida y sus primas viven experiencias inolvidables al bucear y presenciar el anidaje de un tinglar en la playa. Este mar de nuevas experiencias nutrirá la conciencia ambiental de las tres niñas, quienes inician una campaña para no tirar basura en las playas. Se destacan del cuento sus imágenes tiernas y sus destellos de fantasía.

Temas: activismo | contaminación ambiental | justicia ambiental | tortuga

Lucas, el guardabosques y el Julián Chiví
(primeros lectores)

Escrito por Mario Santana Ortiz

Ilustrado por David Martínez y Joseph Candelaria

Traducido por Raúl Picaporte Ainaga

Ediciones Santillana | 40 páginas | español
(traducción al inglés: *Lucas, the Ranger and the Julián Chiví*) | 8+

Colección: Yabisí | **Serie:** Mundo verde

Resumen: Durante una excursión por el Bosque del Pueblo en Adjuntas, Lucas escucha el peculiar cantar del Julián Chiví, y decide enjaular uno y llevárselo ilegalmente a su casa. Este suceso dará paso a una gran lección por parte del viejo guardabosques en estas tierras rescatadas de la explotación minera.

Temas: Adjuntas | aves | Bosque del Pueblo

Una mano a la naturaleza (primeros lectores)

Escrito por C. J. García

Ilustrado por Mariana Ruiz Johnson

Ediciones Santillana | 55 páginas | español | 8+

Colección: Yabisí | **Serie:** Mundo verde

Resumen: Esperanza, una niña citadina, aprenderá a desconectarse y apreciar los muchos beneficios ambientales que nos ofrece la siembra de árboles al visitar a su abuelo retirado, que ahora vive en un municipio rural de Puerto Rico. Aunque las ilustraciones son muy atractivas, se debe señalar que hay varios animales que no son endémicos de la fauna caribeña, sino de América Central y Suramérica.

Temas: árboles | desconexión tecnológica | naturaleza | siembra

---

Manolo (libro ilustrado)

Escrito por Gloria Vidal de Albó

Ilustrado por Fernando R. La Rotta Sánchez

Editorial Gloryville | 44 páginas | español | 6+

Serie: El abuelo y yo

Resumen: Abuelo le cuenta a Carlitos sobre los derechos de la niñez, valiéndose de la anécdota de Manolo, un niño negro que recibe una gran lección de su maestra. Este cuento tiene varias instancias problemáticas, pues se describe a los personajes racializados como la otredad, mientras que los blancos son la norma. Aunque la autora desea imponer un estribillo que subraya lo peculiar que era la tez de Manolo, "era de piel negra, negra como noche oscura, sin luna ni estrellas", su repetición se vuelve forzada.

Temas: derechos de la niñez | diversidad

Milagros la niña que canta a orillas del mar
(libro ilustrado)

Escrito por Melitza Rosa Cuevas

Ilustrado por Victoria Caruso

Rocket Learning | 18 páginas | español | 6+

Resumen: Mientras caminaba a la orilla del mar, una niña viequense encuentra una botella con un mensaje. La carta, escrita por otro joven viequense, le pedía al mar concederle deseos a él y su familia. Conmovida por sus palabras, Milagros convoca a toda su familia para organizar un evento de recaudación de fondos que ayude a este joven.

Temas: comunidad | solidaridad | sueños y deseos | Vieques

Mira: la granja (libro cartoné)

Escrito por Rafael Eugenio Trujillo

Ilustrado por Kimi Liu

Big Head Fish | 20 páginas | español | 0+

Serie: Mira

Resumen: Con ilustraciones digitales coloridas se presentan varios conceptos que podemos encontrar en una granja. Palabras como tractor, oveja, gallina, carreta y establo son acompañadas con una imagen representativa. Su formato lo hace fácil de manejar para manos de la niñez en edad temprana.

Temas: animales de la granja | frutas | vida en el campo

La montaña de colores (libro ilustrado)

Escrito por Rafael Hernández Pérez

Ilustrado por Victoria Caruso

Rocket Learning | 23 páginas | español | 6+

Resumen: Todas las tardes, Diego visita su lugar favorito: la montaña de colores. Un día, sintiéndose decepcionado porque su padre no podía acompañarlo a jugar, conocerá, por parte de las hadas de las flores, la historia de cómo ese lugar cobró vida. El cuento es un homenaje a los trabajos vistos social e históricamente como inferiores, ya que el padre del protagonista es conserje (empleado de limpieza). De este modo, se rompe con la categorización y el menosprecio a ciertas profesiones u oficios.

Temas: basura | conserje | profesiones y oficios

El mundo de Lopito (primeros lectores)

Escrito por Rafael Franco Steeves

Ilustrado por Nívea Ortiz Montañez

Traducido por Raúl Picaporte Ainaga

Ediciones Santillana | 40 páginas | español (traducción al inglés: *Lopito's World*) | 8+

Colección: Yabisí | **Serie:** Mundo verde

Resumen: Un día lluvioso se convierte en el mejor laboratorio viviente para Lopito y su hermano mayor, pues, cuando visitan a un vecino cercano, comienzan a apreciar mejor a los animales y la vegetación que les rodea. El libro enfatiza en la conservación y el respeto a la biodiversidad propia de nuestro entorno.

Temas: conservación ambiental | ecosistemas

La Nena se viste de verde (primeros lectores)

Escrito por Audrey Santiago

Ilustrado por Victoria Caruso

Rocket Learning | 19 páginas | español | 8+

Resumen: Durante un verano, el padre de Carib hace un estudio de viabilidad para construir un puente que conecte la Isla Nena con la Isla Grande, mientras el niño se da a la tarea de conocer las maravillas de Vieques y hacer grandes amistades con los niños del lugar. No cabe duda de que Carib es un niño líder, pero el problema de este breve relato es que recae en el estereotipo del salvador blanco, ya que la narración y las imágenes sugieren que, sin la llegada de ese niño rubio citadino, a los niños viequenses no se les hubieran ocurrido ideas de cómo reciclar u organizar un equipo de baloncesto.

Temas: conservación ambiental | vacaciones | Vieques

Los números en Ponce / Ponce in Numbers (libro ilustrado)

Escrito por Yvonne Sanavitis

Ilustrado por Karen Dietrich

Editorial Plaza Mayor | 52 páginas | bilingüe (español e inglés) | 4+

Resumen: Se conoce la historia de Ponce y sus muchas atracciones turísticas, mientras se cuenta del 1 al 100. Luego de llegar al número 10, se cuenta de cinco en cinco hasta el 50. Más adelante, se cuenta de 10 en 10 hasta llegar al 100. Todas las imágenes reflejan fielmente la rima numérica mencionada.

Temas: números | Ponce | turismo

Otoquí (libro ilustrado)

Escrito por Walter Murray Chiesa

Ilustrado por Juan Álvarez O'Neill

Editorial de la Universidad de Puerto Rico | 35 páginas | español | 10+

Serie: Cuentos de un mundo perdido

Resumen: El curandero Otoquí recibe la visita del dios taíno, Yocajú, quien pide que lo visite en las montañas sagradas de Boriquén. Durante el pasadía tendrá varios encuentros que retan su nobleza *bujití*, pero su perseverancia lo convertirá en el elegido para recibir un invaluable regalo. Los dibujos digitales están realizados para dar la sensación de ser imágenes creadas con técnicas de grabado.

Temas: coquí | mitos | Taínos

Plutón ¡se casa! / Pluto gets Married! / Pluton Se Marie! (libro ilustrado)

Escrito por Laura Salvá

Ilustrado por Reinaldo Santiago Serpa

Autopublicación | 83 páginas | trilingüe (español, inglés y francés) | 5+

Resumen: Los planetas de nuestro sistema solar no salen de la sorpresa: el planeta Plutón y su luna, Caronte se van a casar. En esta divertida historia se narra la reclasificación de Plutón a planeta enano. El cuento se publicó en dos versiones, una abreviada, dirigida a primeros lectores, y otra más extensa, que incluye traducciones del cuento al inglés y francés, un glosario de términos, actividades lúdicas y una biografía del astronauta mexicano, José M. Hernández.

Temas: planetas | sistema solar

Lo que el viento me contó (primeros lectores)

Escrito por Patricia E. Acosta

Ilustrado por Federico Porfiri

Traducido por Pilar García de Castro

Ediciones Santillana | 56 páginas | español (traducción al inglés: *Told By the Wind*) | 8+

Colección: Yabisí | **Serie:** Mundo verde

Resumen: Narración introspectiva en primera persona en que el protagonista descubre que puede unirse a los esfuerzos para ayudar a la naturaleza a frenar la contaminación rampante de la que es víctima. Aunque no se ofrecen propuestas específicas, es loable cómo la naturaleza personificada convence al joven de que puede lograr una diferencia con respecto a este mal que nos afecta a todos.

Temas: activismo | autoconfianza | educación ambiental

Ramoncito y los genios mágicos (libro ilustrado)

Escrito por Jorge I. Carvajal

Ilustrado por Miguel Bayón y Gary Javier

Hospital del Niño de Puerto Rico | 25 páginas | español | 6+

Resumen: En el pequeño pueblo de Vista Hermosa, se celebra anualmente una gran fiesta de Navidad auspiciada por su alcalde, José Feliz. Durante la celebración se acostumbraba a visitar el hospital para llevar música y alegría a los pacientes. Cuando el alcalde decide mudarse a otro pueblo, deja encargado a Tomás Esgruñón, quien toma la decisión de suspender las tradicionales fiestas. En su estadía por el hospital del pueblo, Ramoncito, un niño que usa silla de ruedas, encuentra un cofre mágico con tres Reyes Magos, que le concederán tres deseos que devolverán la alegría al pueblo. Las coloridas ilustraciones intercalan dibujos digitales con patrones fotográficos.

Temas: diversidad funcional | Navidad | Reyes Magos | sueños y deseos

Los Reyes Magos llegan de noche... (libro ilustrado)

Escrito por Manuel Fernández Juncos

Ilustrado por Marjorie Ann Vélez

Traducido por Raquel S. Arato

Música por Braulio Dueño Colón

Editorial de la Universidad de Puerto Rico | 23 páginas | español (traducción al inglés: *The Wise Men Come at Night*, 2010) | 5+

Resumen: Es una adaptación de un fragmento de *Canciones escolares,* compilación de Braulio Dueño Colón y Virgilio Dávila, y donde se ilustra el poema por Fernández Juncos. En este trabajo histórico, se pueden notar prejuicios de la época, como juguetes asignados de acuerdo con los roles de género, así como la asociación de las muñecas de tez blanca y rubias con querubines, es decir, con características angelicales. El libro incluye un CD con el poema musicalizado y la pista musical.

Temas: canciones | juegos y juguetes | Navidad | Reyes Magos

El sapo en la mata está mejor que en la lata (primeros lectores)

Escrito por Ricardo González

Ilustrado por Mariana Ruiz Johnson

Ediciones Santillana | 46 páginas | español (traducción al inglés: *A Toad in a Can is Better Off Among Plants*) | 8+

Colección: Yabisí | **Serie:** Mundo verde

Resumen: En un pasadía por el Bosque Seco de Guánica, los hermanos Díaz adoptan ilegalmente un sapo concho, pero, al llegar a su hogar con la nueva mascota, notan que está cargada de huevos. En este cuento, conocerás sobre el sapo concho y los factores que mantienen en peligro de extinción a esta especie endémica de Puerto Rico.

Temas: animales en peligro de extinción | Bosque Seco de Guánica | Guánica | sapo

---

Tai juega pelota (primeros lectores)

Historia original por Talleres Loíza

Adaptado por Manuel Otero Portela

Ilustrado por Carol Serrano

Editorial El Antillano | 21 páginas | español (traducción al inglés: *Tai Plays Ball*) | 8+

Colección: Tai

Resumen: Lejos de las épocas de Juracán y de los fuertes vientos, el tiempo era perfecto para jugar pelota y seleccionar a una pareja. El pequeño Tai es ahora todo un adolescente destacado en el mejor equipo de pelota de su yucayeque. Debido a su fama, lo reta el equipo más fuerte de Borikén. El relato se enfoca en esa gran batalla que dieron en contra del equipo opuesto y cómo Tai se destaca por su coraje e iniciativa. Las imágenes presentan taínos de diversas edades, con predominio de las figuras masculinas.

Temas: Taínos | trabajo en equipo

Un tallito verde (primeros lectores)

Escrito por Zulma Ayes Santiago

Ilustrado por Nívea Ortiz Montañez

Traducido por Pilar García de Castro

Ediciones Santillana | 56 páginas | español (traducción al inglés: *A Little Green Stem*) | 8+

Colección: Yabisí | **Serie:** Mundo verde

Resumen: Las aventuras de Carlos y el resto de sus compañeros, mientras realizan informes orales sobre el medioambiente para la clase de Ciencias, exponen a los pequeños a cambios que se pueden hacer desde el hogar para retrasar el cambio climático. El cuento narrado en primera persona integra temas y problemas actuales sobre la preservación ambiental. Las ilustraciones presentan una niñez alegre, pero notamos que el único personaje asiático del cuento siempre aparece de manera estereotipada con *slanted eyes*. Se recomienda una reimpresión con nuevo trabajo ilustrativo.

Temas: asignaciones | ciencia | contaminación ambiental | medioambiente

---

El tren de ayer y hoy (cómic)

Escrito por Felisa Rivero

Ilustrado por Animación Boricua

Instituto de Cultura Puertorriqueña | 16 páginas | español | 9+

Serie: ICePé.cómic

Resumen: El abuelo y sus tres nietos se embarcan a dar una trilla por el Tren Urbano. Cuando llegan a la estación de su destino, un fantástico cruce transporta a los jóvenes al Puerto Rico de mediados del siglo XX, en donde conocen al fotógrafo Jack Delano y hacen un colorido viaje por el antiguo tren que conectaba los municipios del noroeste desde San Juan hasta llegar a Ponce.

Temas: historia | Jack Delano | transportación | Tren Urbano

Los tres jueyes magos (libro ilustrado)

Escrito por José Agosto Rosario

Ilustrado por Nívea Ortiz Montañez

Editorial de la Universidad de Puerto Rico | 31 páginas | español | 4+

Resumen: Acompaña a Estela, una estrella de mar que, tras buscar a los Tres Jueyes Magos, los guiará hasta la orilla de la playa. Es aquí donde nacerá un tinglar llamado Esperanza. En su misión, la estrella de mar se encontrará con un sinnúmero de animales marinos, quienes la guiarán a su meta, mientras le advierten acerca de la contaminación que afecta su hábitat diariamente.

Temas: animales marinos | contaminación ambiental | Reyes Magos

---

La última ola de Marianela (libro ilustrado)
Escrito por Rafael Eugenio Trujillo
Ilustrado por Kimi Liu
Big Head Fish | 28 páginas | español | 5+
Resumen: Marianela es una preadolescente, a quien una tarde le cayó un coco en la cabeza, mientras descansaba en una hamaca en la playa. Este golpe le hizo recordar leyendas del pasado, en especial, aquella sobre una ola gigante que asombraba a todos. Marianela decide compartir la leyenda e ir, junto a sus amigos y pescadores a alta mar, en busca de aquella ola. Texto rimado e ilustraciones coloridas reflejan el paisaje playero y la aventura de los personajes, que parecen ser de clase alta. La narración tampoco pierde la oportunidad de hacer guiños sobre la conservación del ambiente y de los hábitats marinos.

Temas: aventura | mar | playas | viajes

Viaje a Isla de Mona (novela infantil)
Escrito por Mayra Montero
Ilustrado por Walter Torres
Editorial SM | 111 páginas | español | 9+
Serie: El Barco de Vapor
Resumen: Un grupo de amigos viven una peligrosa aventura, luego de que el nuevo estudiante, procedente de la República Dominicana, sospechara que su hermano desapareció en un viaje en yola con destino a Puerto Rico. Este hecho motiva a los chicos a ir en lancha hasta Isla de Mona para rescatar al joven quien era una promesa del béisbol, posiblemente abandonado allí. Ya en la isla, se enfrentan con la hostilidad del clima, un encuentro paranormal con piratas y con una banda de sicarios, que tratarán de robarles el bote y todas sus pertenencias. Si bien esta novela es de las pocas representaciones

que tenemos de la comunidad dominicana en publicaciones infantiles recientes, se debe explorar otras narrativas de procedencia que no se limiten al tema del dominicano en yola. En cuanto a las ilustraciones, predomina la vegetación y la fauna, pero no hay muchos detalles de los personajes de esta novela de expedición.

Temas: amistad | aventura | comunidad dominicana en Puerto Rico | diversidad funcional | inmigrantes | Isla de Mona | República Dominicana
Premio: II premio de literatura infantil El Barco de Vapor Puerto Rico, 2008

El siguiente libro fue publicado en este año y no pudo ser consultado por falta de acceso: *Pelé, King of Soccer / Pelé, el rey del fútbol*, escrito por Monica Brown e ilustrado por Rudy Gutiérrez.

Autores e ilustradores
que publicaron más

 Georgina Lázaro León

 Mrinali Álvarez Astacio

 Tere Marichal Lugo

 Tere Marichal Lugo

 Isabel Freire de Matos

 Nívea Ortiz Montañez

 Tina Casanova

 Walter Torres

 Ángeles Molina Iturrondo

 Brittany Gordon Pabón

 Carmen Leonor Rivera-Lassén

 Juan Álvarez O'Neill

2010

El acertijo del lagartijo (primeros lectores)

Escrito por Georgina Lázaro León

Ilustrado por José M. Ramos

Ediciones SM | 45 páginas | español | 6+

Serie: El Barco de Vapor

Resumen: Un niño visita la casa de su abuela, quien tiene varios lagartijos. El niño les tiene miedo y asco, pero su abuela hasta les ha puesto nombres a cada uno de ellos. Mediante la narración, nos enteramos sobre la vida de la abuela, aunque no sabemos la cantidad exacta de sus lagartijos, pues solo conocemos a uno. Se invita al lector a completar un acertijo haciéndolo partícipe del cuento.

Temas: adivinanzas | emociones y sentimientos | lagartijos

El arbolito del cerro (primeros lectores)

Escrito por Zulma Ayes Santiago

Ilustrado por Boricua Rivera Batista

Ediciones Santillana | 13 páginas | español | 6+

Serie: Yabisí

Resumen: Los árboles del parque interactúan con humanos constantemente. Por el contrario, otro árbol, que se encuentra en un cerro, se siente solo y triste, aunque sea admirado en la distancia. La narración enfatiza la importancia de tener compañía y de vivir en comunidad. El texto incluye información sobre cómo los árboles benefician a la humanidad.

Temas: comunidad | emociones y sentimientos | justicia ambiental

Beba and Little Sister Island / Beba y la Isla Nena (libro ilustrado)

Escrito por Rafael Landrón

Ilustrado por María Antonia Ordóñez

Campanita Books | 32 páginas | bilingüe (español e inglés) | 6+

Resumen: Beba, una manatí pequeña y valiente, reúne a la fauna de los mangles de la isla de Vieques para detener las detonaciones causadas por unos grandes barcos que destruían sus playas. Mediante esta fábula, se recuenta el valor y la solidaridad que unió al pueblo de Puerto Rico para lograr la desmilitarización de la Isla Nena.

Temas: desmilitarización | Marina en Vieques | medioambiente | solidaridad | Vieques

Clemente! (libro ilustrado)

Escrito por Willie Perdomo

Ilustrado por Bryan Collier

Henry Holt & Co. | 31 páginas | inglés | 5+

Resumen: Un niño, llamado Clemente, aprende sobre la vida y el trabajo de su tocayo, Roberto Clemente, gracias a su padre y su tío, fanáticos del gran pelotero boricua. Desde su niñez en Carolina hasta los últimos días en que coordinaba el viaje humanitario a Nicaragua, se narran datos y anécdotas relevantes de Clemente en el parque de pelota y fuera de este. Texto poético en inglés, donde se incorporan palabras en español, capturan el dinamismo y las emociones del niño y su héroe, Roberto Clemente. Al final, se incluye un recuento histórico e información adicional sobre el pelotero.

Temas: béisbol | biografía | deportes | diáspora | Roberto Clemente

Cuentos puertorriqueños para esperar a Los Reyes Magos: historias para entretener al niño que habita en cada uno de nosotros (colección de cuentos)

Escrito por Beatriz Durand Aldea

Ilustrado por Nancy López Martínez

Impresos Quintana | 77 páginas | español | 7+

Resumen: Seis cuentos cortos sobre los Reyes Magos y los diferentes retos para continuar esta tradición. Las experiencias de los Reyes Magos incluyen aspectos modernos como la entrega de regalos en una urbanización con control de acceso; las Navidades en la isla luego de que amistades se mudaran a Florida; y un puertorriqueño como Rey Mago en Belén. Cada uno de los cuentos tiene el propósito de continuar la tradición de los Reyes Magos y las festividades tradicionales puertorriqueñas.

Temas: Florida (EE. UU.) | diáspora | Navidad | Nueva York | religión | Reyes Magos | tradiciones navideñas

---

Encuentra tu estrella (novela infantil)

Escrito por Joan Jiménez Marrero
Ilustrado por María del Carmen Lamadrid Zamora
Rocket Learning | 110 páginas | español | 10+

Resumen: Leo, un niño de la Tierra, y una criatura de Saturno se conocen en el planeta Eris, donde tienen la misión de encontrar una estrella que está ubicada en el archipiélago. Al pasar cada una de las cinco islas, Leo y la criatura tienen diferentes aventuras e interacciones. Durante el viaje, se hacen mejores amigos y aprenden mutuamente. Las ilustraciones presentan los diferentes escenarios de la narración. El tamaño de letra y las dimensiones seleccionadas para el libro no son las más adecuadas para la lectura.

Temas: aventura | ciencia ficción | extraterrestres

La Escuelita Do-re-misteriosa (novela infantil)

Escrito por Isabel Arraiza Arana
Ilustrado por Verónika Chaves
Editorial SM | 117 páginas | español | 8+
Serie: El Barco de Vapor

Resumen: Debido a una situación económica, Manuel y su familia venden su casa en Monte Verde, la cual se convierte en la Escuela Do-re-mi. La llegada de los nuevos vecinos a la comunidad despierta mucho interés en Manuel, quien trata de descubrir el misterio de los instrumentos y conoce el libro mágico que, por medio de adivinanzas, incita al lector a descubrir su instrumento. La manera en que la historia se de-

sarrolla hace que el lector también esté consciente de los diferentes acertijos y descubra el misterio. Las ilustraciones presentan personajes caricaturescos con representaciones diversas de la comunidad.

Temas: adivinanzas | aventura | música
Premio: III premio de literatura infantil El Barco de Vapor Puerto Rico, 2009

Goabey (libro ilustrado)

Escrito por Walter Murray Chiesa
Ilustrado por Juan Álvarez O'Neill
Editorial de la Universidad de Puerto Rico | 51 páginas | español | 10+
Serie: Cuentos de un mundo perdido

Resumen: Goabey era el sacerdote principal del cacique de Jayuya. Una noche es atacado por Anacao, lo que provocó su salida inmediata de la aldea. Luego de su partida, recibe una revelación que le dice que debe llegar a Guajataca, lugar donde sana a un niño y se convierte en el *bujití* supremo. El cuento incluye explicaciones sobre las tradiciones taínas y un glosario de la terminología usada en el relato.

Temas: mitos | religión | Taínos

Grandma's Gift (libro ilustrado)

Escrito e ilustrado por Eric Velasquez
Walker | 32 páginas | inglés (traducción al español: *El regalo de mi abuela*, 2012) | 5+

Resumen: Este hermoso libro presenta la relación cercana entre Eric y su abuela, que vive en El Barrio, en Nueva York, y a quien visita todos los inviernos. En esta ocasión, el niño tiene un proyecto escolar para el que debe escribir un informe sobre una pintura recientemente adquirida por el Museo Metropolitano de Arte. Su abuela promete llevarlo al museo después de que Eric la ayude a preparar pasteles para las fiestas navideñas. La narración lleva a lectores en un paseo por El Barrio y, luego, al Museo Metropolitano de Arte, enterándose así cómo la abuela prepara sus deliciosos pasteles; cuán nerviosa se siente al salir de su comunidad para aventurarse al museo; y cuán emocionada se siente al reconocer una pintura del artista Juan de Pareja. Para ambos, es importante verse representados en las obras de arte de Pareja. El Día de Navidad, Eric recibe un regalo de parte de su abuela que le cambia la vida y lo inspira, junto a las obras de Pareja, a ser artista también. Cabe destacar que un tema presente en la historia es cómo Eric ayuda a su abuela a leer en inglés y a traducir en español, ya que ella no entiende el idioma anglosajón. En la versión del libro en inglés, cada frase escrita en español es inmediatamente traducida al inglés entre paréntesis. El libro presenta el afroamor. Las ilustraciones realistas y detalladas celebran y respetan a las personas evidentemente negras.

Temas: arte | cultura | diáspora | El Barrio (Nueva York) | idiomas | Juan de Pareja | familia | museos | Nueva York | tradiciones

Premio: Pura Belpré Award, Winner Book for Illustration, 2011

Kiki Kokí: la leyenda encantada del coquí (libro ilustrado)

Escrito e ilustrado por Ed Rodríguez

IdeaRworks | 40 páginas | español (traducción al inglés: *Kiki Kokí: The Enchanted Legend of the Coquí Frog*) | 5+

Resumen: Kiki Kokí es un niño taíno que no gusta de participar en tareas como recoger frutos y otros alimentos y prefiere divertirse. En la noche del Festival de la Luna Llena, Kokí se convierte en una rana arbórea dorada, con la posibilidad de volver a ser niño después de treinta días. Luego de muchas aventuras, Kokí se convierte en niño nuevamente y es el mejor ayudante de su comunidad.

Temas: aventura | cooperación | leyenda | Taínos

Mamá Toa (libro ilustrado)

Escrito por Walter Murray Chiesa

Ilustrado por Juan Álvarez O'Neill

Editorial de la Universidad de Puerto Rico | 34 páginas | español | 7+

Serie: Cuentos de un mundo perdido

Resumen: Colisibí era una niña taína de seis años, curiosa y tratada con escepticismo por Goabey, el bohíque de las tierras del Cacique Jayuya. Colisibí decide buscar ayuda de Goabey para que cure a su muñeca, Mamá Toa, pero el bohíque se da cuenta de las verdaderas intenciones de la niña, quien desea hacer hablar a su muñeca. Un relato lleno de suspenso y datos sobre la vida de las comunidades taínas son complementadas con imágenes coloridas.

Temas: Taínos

Premio: PEN Club de Puerto Rico Internacional, Premio nacional Literatura infantil

---

El manatí de Puerto Rico (libro informativo)

Escrito por Antonio Mignucci

Fotografías por varios

Red Caribeña de Varamientos y Universidad Interamericana de Puerto Rico | 56 páginas | español | 7+

Resumen: Se presenta y guía a lectores por los aspectos más importantes relacionados con el manatí, desde su alimentación y su hábitat hasta su comportamiento y reproducción. El libro incluye una variada selección de imágenes que nos harán sentir más de cerca del enigmático mamífero en peligro de extinción.

Temas: animales en peligro de extinción | animales marinos | conservación ambiental | manatíes

---

El Marqués de La Esperanza (novela infantil)

Escrito por Zulma Ayes Santiago

Ilustrado por Lorraine Rodríguez Pagán

Ediciones SM | 119 páginas | español | 11+

Serie: El Barco de Vapor

Resumen: Clemencia nos cuenta su historia y, a su vez, adentra al lector al Puerto Rico del siglo XIX, con su estado político-colonial. Desde la hacienda La Esperanza en Manatí y San Juan, conocemos la vida privilegiada de algunas personas poderosas de la época, las enfermedades como la cólera morbo y la esclavitud. De manera simultánea, con el personaje de José Dionisio, hijo de una mujer esclavizada, se toca el tema de la economía de la isla y el poder de los hacendados. Se ofrece información de Ramón Emeterio Betances, Mr. Morse (con el telégrafo en la hacienda La Enriqueta en Arroyo) y otros sucesos de gran influencia como hilo conductor para el desarrollo político y económico de don José Ramón Demetrio Fernández y Martínez, a quien le fue otorgado el título nobiliario de Marqués de La Esperanza.

Temas: cólera morbo | colonialismo | esclavitud | haciendas | hacienda La Esperanza | Manatí | política

---

Mis dos mamás me miman (libro ilustrado)

Escrito por Yolanda Arroyo Pizarro

Ilustrado por Yatzel Sabat

Traducido por Consuelo Martínez Reyez

Autopublicación | 55 páginas | español (traducido al inglés: *My Two Mommies Make Me Merry,* 2020) | 4+

Resumen: De manera sencilla se presentan las relaciones amorosas entre dos mujeres. Una niña, hija de una de las mujeres, se da cuenta de que su mamá se siente sola y triste. Esto cambia cuando conoce a su nueva pareja, que llega a su vida a compartir con respeto y amor. Se discute el problema de los prejuicios y la homofobia normalizando las familias homoparentales. Se recomienda una reimpresión de este libro con una mejor calidad de ilustraciones, diseño y diagramación.

Temas: familia | LGBTQIA+ | relaciones homomaternales

Un misterio en el corral (libro ilustrado)

Escrito por Ana Ilsa Rivera

Ilustrado por Armando Esperanza

Traducido por Adriana Horta

Producciones ANISA | 20 páginas | español (traducción al inglés: *A Mystery at the Corral,* 2011) | 4+

Resumen: Lucía, una gallina del corral, se enfermó y el médico le recetó un jarabe que le provocó que pusiera huevos de colores, hecho que produce variadas opiniones entre miembros del corral. El relato, escrito en versos, invita al lector a desarrollar su creatividad al pintar sin miedo a utilizar muchos colores. Las ilustraciones sencillas presentan fielmente el relato.

Temas: animales de la granja | comunidad

Nicolás, la abuela Margot y el hechicero
(novela infantil)

Escrito por Vanessa Seijo

Ilustrado por Nívea Ortiz Montañez

Ediciones SM | 191 páginas | español | 10+

Serie: El Barco de Vapor

Resumen: Nicolás vive con su abuela, quien es una amante de los libros de magia. Esto la ha llevado a crear diferentes hechizos que impactan a las personas a su alrededor. Las primas y el primo de Nicolás se burlan de ella hasta que, en sus peculiares vidas, se entrelazan efectos climáticos que afectan a toda la comunidad. La magia toma lugar en el pueblo y sus habitantes, mientras que Nicolás acepta un talento en desarrollo.

Temas: aventura | comunidad | magia

Pepe Gorras o el lío de Claudia y el Pelotas
(novela infantil)

Escrito por Tina Casanova

Ilustrado por Julio César Morales

Ediciones SM | 186 páginas | español | 9+

Serie: El Barco de Vapor

Resumen: *Pepe Gorras,* en una divertida y cautivadora historia, pasa por diferentes sucesos familiares y escolares que lo llevan a afianzar sus habilidades y demostrar su compromiso, desde el desempleo de su padre y el cuidado de una gata hasta situaciones con compañeros de escuela en el entorno familiar. Conocemos la resiliencia de abuela Espe que, desde el campo, viene con la iniciativa de un negocio y emprendimiento.

Temas: amistad | aventura | familia | negocios | relaciones | violencia de género

Premio: PEN Club de Puerto Rico Internacional, 1er premio, 2011

El Querequequé llega a casa (primeros lectores)

Escrito por Zulma Ayes Santiago

Ilustrado por Boricua Rivera Batista

Ediciones Santillana | 17 páginas | español | 6+

Serie: Yabisí

Resumen: Luego de vivir en un centro comercial, el pájaro Querequequé desea ser admitido en la comunidad del Centro Ambiental Santa Ana y montar allí su casa. Se lleva a cabo una encuesta entre todos los animales, Querequequé se queda en su nueva casa. Siempre que regresa de un viaje cuenta sus experiencias a la comunidad. Las imágenes coloridas le brindan un encanto especial a este cuento. Es recomendable realizar una nueva impresión con una encuadernación de mejor calidad.

Temas: aves | ecosistemas | naturaleza

La rosa va caminando (libro ilustrado)
Escrito por Elsa Tió
Ilustrado por Sofía Sáez Matos
Ediciones SM | 113 páginas | español | 5+
Resumen: Edición expandida del libro *Poesía*, publicado en 1958, cuando la poeta Elsa Tío tenía 7 años. El libro recoge una serie de poemas, fotografías, documentos, cartas y otros materiales relacionados con la vida y obra de la niña poeta. Organizado en orden cronológico, el contenido de este poemario va desde las flores, la luna, el agua, los colores hasta el amor por sus familiares y amigos. Ilustraciones nuevas y actualizadas ayudan a que esta edición apele a una nueva audiencia.

Temas: niñez | poesía | versos

Seguir el vuelo de un pájaro: un libro acerca de Inés María Mendoza (libro ilustrado)
Escrito por Alfonso Silva Lee
Ilustrado por Mrinali Álvarez Astacio
Fundación Luis Muñoz Marín | 39 páginas | español | 8+
Resumen: La vida de Inés María Mendoza es presentada con hermosas ilustraciones que presentan la nostalgia del área rural de Puerto Rico. Desde su niñez hasta su muerte, se realiza un recorrido por diferentes experiencias que fortalecieron el carácter de doña Inés, como la lucha por la educación en español, la importancia de cuidar el medioambiente y su activismo por la igualdad de las mujeres en la sociedad. Uno de los aspectos que destaca la narración es su interés por contar cuentos. Parte del libro menciona algunas historias narradas por doña Inés. Acompañadas con citas, las ilustraciones le ofrecen al lector un acercamiento a Inés María.

Temas: biografía | educación | Inés María Mendoza | política

Sonia Sotomayor: jueza de la Corte Suprema (libro ilustrado)
Escrito por Carmen T. Bernier-Grand
Ilustrado por Thomas González
Marshall Cavendish Children | 48 páginas | español (traducción al inglés: *Sonia Sotomayor: Supreme Court Justice*) | 10+
Resumen: Libro que presenta la biografía de Sonia Sotomayor, primera jueza latina de la Corte Suprema de los Estados Unidos. Se tocan asuntos como su niñez, crianza, etapa universitaria y logros profesionales hasta que, en el 2009, el presidente Barack Obama la nomina a la Corte Suprema.

Temas: biografía | Corte Suprema de los Estados Unidos | Sonia Sotomayor

---

Tai: el pequeño tayno (libro ilustrado)
Escrito por Talleres Loíza
Editorial El Antillano | 23 páginas | español | 7+
Resumen: Presenta la historia del niño taíno, Tai, y sus tareas diarias en la comunidad. El cuento explica cómo se dividían las tareas en la cultura Taína, incluyendo las responsabilidades y las profesiones en la comunidad. El libro es una reimpresión de la edición original del 1972.

Temas: cultura | Taínos

**Welcome to My Neighborhood!:
a Barrio ABC** (libro ilustrado)

Escrito por Quiara Alegría Hudes

Ilustrado por Shino Arihara

Arthur A. Levine Books | 32 páginas | inglés | 3+

Resumen: Una niña decide pasear por su vecindario en la ciudad junto a su mejor amigo. Desde *a is for abuela* a la z de *zooming cars,* este libro en inglés, con palabras en español, incluye elementos del barrio para cada letra del abecedario. El texto sencillo y sus ilustraciones representan los negocios, los vecinos, el paisaje urbano del barrio neoyorkino, como también su deterioro a causa del abandono producto de la planificación urbana. La caminata y la narración pueden inspirar a los lectores a descubrir y encontrar cosas con las letras del alfabeto en sus propios vecindarios.

Temas: abecedario | ciudad | comunidad |
diáspora | Nueva York | vecindario

¿Contaste?

BIOGRAFÍAS

64

LEYENDAS Y FOLCLOR

53

EL COQUÍ

38

ABECEDARIOS

15

ABC

LOS REYES MAGOS

31

¡A bailar! / Let's Dance! (libro ilustrado)

Escrito por Judith Ortiz Cofer

Ilustrado por Christina Ann Rodríguez

Piñata Books | 32 páginas | inglés | 7+

Resumen: Se guía a lectores por una jornada musical que comienza en la casa de la narradora y su Mami, y con un recorrido por la ciudad. El sábado, la niña y Mami escuchan la salsa que compuso Papi. Estas crean sus propias letras e invitan a personas de su vecindario y de los alrededores a bailar con ellas. El libro está escrito mayormente en inglés, con algunas frases y palabras en español. La letra de la canción se presenta en español y en inglés. Detalladas ilustraciones reflejan la alegría de bailar al compás de la música.

Temas: baile | comunidad | diáspora | familia | identidad | idiomas | música

ABC's with Rocky (libro ilustrado)

Escrito por Larissa Bouyett

Ilustrado por Charlo Nocete

Autopublicación | 23 páginas | inglés | 3+

Resumen: Abecedario realizado en homenaje a la mascota de la autora llamada Rocky, de la raza corgi galés de Pembroke. Dibujos del perro acompañan cada letra del alfabeto, junto con una palabra y un breve párrafo que destacan sus costumbres y hazañas cotidianas. El libro incluye el siguiente enunciado al principio de cada letra: "Kids while you read let's find the letter...", el cual se torna muy repetitivo y pesado a lo largo de las 26 letras del abecedario en inglés.

Temas: abecedario | mascotas | perros

Los amigos de Mario tienen picos extraños (libro ilustrado)

Escrito por Pepe del Valle

Ilustrado por Nívea Ortiz Montañez

Palibrio | 36 páginas | español | 7+

Resumen: Una tarde lluviosa, un grupo de aves se conocen, mientras se refugian de la tormenta y deciden volverse a ver. En el reencuentro, solamente Mario, el múcaro, llega al lugar y descubre que sus amigos no se presentaron por prejuicios familiares contra diferentes aves. La unión hace que, de manera didáctica, se toquen temas controversiales como los prejuicios y la gordofobia. El texto, en ocasiones, presenta rimas forzadas, mientras que las ilustraciones les otorgan características humanas a los animales.

Temas: amistad | aves | diferencias | prejuicios

Arrecifes de coral (libro informativo)

Escrito por Álida Ortiz Sotomayor

Fotografías por Héctor J. Ruiz Torres

CFMC, Sea Grant Puerto Rico y Universidad de Puerto Rico | 71 páginas | 10+

Resumen: Se presenta información acerca de los arrecifes de coral localizados en las aguas que rodean a Puerto Rico. Entre algunos de sus contenidos, se encuentran definiciones sobre qué es un coral, cómo se forman los arrecifes, qué organismos viven en estos, así como sus funciones ecológicas. También se presentan diagramas, glosarios, fotografías y datos destacados que añaden información de forma accesible y visual. A veces, el poco contraste entre el color oscuro de las páginas y el color del texto dificulta la lectura.

Temas: arrecifes de coral | ecosistemas | naturaleza | organismos

Atabey: la niña de la yuca / The Yucca Girl (libro ilustrado)

Escrito por Luis F. García Martínez

Ilustrado por Tatiana Boada Santacoloma

Ediciones Puerto | 23 páginas |
bilingüe (español e inglés) | 6+

Serie: Cuentos taínos para pequeños lectores

Resumen: Atabey es una inteligente niña taína que cuestiona y contribuye en su comunidad mediante el trabajo agrícola. A través de la observación, el personaje desarrolla conocimiento sin la intervención de adultos. Se presenta la manera en que las mujeres taínas parían, cultivaban la tierra y vivían en comunidad. Este libro bilingüe coloca el idioma inglés como primer idioma. Las ilustraciones, con tonalidades verdes y marrones, presentan el cuerpo y maternidad de las mujeres con naturalidad.

Temas: agricultura | comunidad |
naturaleza | Taínos

Aunque viva en el agua (libro ilustrado)

Escrito por Antonio Mignucci

Ilustrado por Walter Torres

Ediciones SM | 32 páginas | español | 4+

Resumen: Cada verano, Marina y su abuelo parten hacia el muelle para salir a pescar. La niña se percata de un letrero que dice "Cuidado, Zona de manatíes", pero no logra entender qué son los manatíes y por qué viven en el agua. A partir de sus preguntas, tanto Marina como les lectores aprenderán sobre los manatíes, su hábitat y las diversas amenazas a estos mamíferos acuáticos. Ilustraciones digitales, pequeños datos curiosos y fotografías se presentan paralelas a esta narración sobre la conservación de una de nuestras especies en peligro de extinción.

Temas: conservación ambiental | manatíes | mar

Aves de Puerto Rico para niños (libro informativo)

Escrito por Adrianne G. Tossas Cavalliery ,
Beatriz Hernández Machado y José A. Colón López

Con el auspicio del Servicio de Pesca y Vida Silvestre de Estados Unidos, División de Conservación Internacional, Programa Compañeros para la Vida Silvestre, Oficina del Caribe y la Sociedad para la Conservación y Estudio de las Aves Caribeñas | 85 páginas | español | 9+

Resumen: Mediante fotografías, se presentan diferentes aves, su hábitat, nombre científico, alimentación, tamaño y datos de interés. Incluye información sobre las características de las aves y el equipo básico para observarlas. Se incorporan lecturas recomendadas para conocer sobre aves de Puerto Rico y el Caribe.

Temas: aves | hábitat

Cómo pinta Campeche (libro ilustrado)

Escrito e ilustrado por Walter Torres

Museo de Arte de Puerto Rico |
32 páginas | español | 7+

Resumen: Mediante los temas del mestizaje, la educación por los dominicos y la relación con Luis Paret y Alcázar, conocemos la vida de José Campeche. Se nos presentan desde su relación de niño con su madre hasta su posicionamiento como pintor en San Juan. Las ilustraciones aportan información visual sobre el contexto, la ubicación y la descripción de escenas. Las figuras lucen desproporcionadas, con más énfasis en la creación que en la perfección de rostros. El libro incluye un glosario de términos artísticos y una lista de obras de Campeche.

Temas: arte | biografía | colonialismo | cultura |
José Campeche | Luis Paret y Alcázar

Dale la vuelta (novela infantil)

Escrito por C. J. García

Ilustrado por Rabindranat Díaz Cardona

Ediciones SM | 95 páginas | español | 8+

Serie: El Barco de Vapor

Resumen: Alba es una niña que se aburre fácilmente y, por eso, su maestra le asigna un proyecto sobre la Estatua de la Libertad, para el que no podía usar Google. De esta forma, conoce al profesor Garabito, un científico e inventor que ayuda a Alba y su amigo Osiris a "viajar en el tiempo", a través del Portal Otra

Historia (POH). El POH es un asiento conectado a una pantalla de televisión y, con este invento, Alba y Osi no solo aprenden sobre la Estatua de la Libertad, sino también sobre la Gran Muralla China, la Gran Esfinge de Egipto y otros lugares. (Se utilizan curiosos nombres para ellos, que pueden interpretarse como burlas: el Tajito Majao de la India, el Machín Pichín del Perú y el *Training Bra* de Cayey).

Temas: aventura | ciencia ficción | educación | historia | imaginación

Premio: IV premio de literatura infantil El Barco de Vapor Puerto Rico, 2010

De la A a la Z: Puerto Rico (libro ilustrado)

Escrito por Georgina Lázaro León

Ilustrado por Mrinali Álvarez Astacio

Editorial Everest | 48 páginas | español | 5+

Resumen: Abecedario que da a conocer palabras de la cultura puertorriqueña, primordialmente dirigido a una audiencia extranjera que quisiera conocer más de nuestro archipiélago. La autora acompaña cada palabra con un poema y una breve explicación que provee información adicional. Las imágenes digitales, además de ilustrar la palabra, hacen juego a los versos rimados.

Temas: abecedario | cultura | Puerto Rico

El dedito de Kiki (libro ilustrado)

Escrito por Frances Bragan Valldejuly

Ilustrado por Marjorie Ann Vélez

Ediciones Norte | 30 páginas | español | 4+

Resumen: A Kiki le encanta chuparse el dedo y, en su primer día de escuela, su mamá le dice que ha llegado el momento de dejar el hábito. Sin embargo, esto es muy difícil para la niña. La mamá de Kiki la lleva al dentista para que le explique las consecuencias de esta costumbre. Ella logra el objetivo con la ayuda de su familia y su autodeterminación. Las ilustraciones presentan diferentes escenas donde se destaca la comunicación y el apoyo de la familia.

Temas: apoyo familiar | primer día de clases | romper hábitos

En la cabaña del tiempo escondido
(novela infantil)

Escrito por Magali García Ramis

Ilustrado por Roberto Silva Ortiz

Ediciones SM | 172 páginas | español | 11+

Serie: El Barco de Vapor

Resumen: Tras la muerte de sus padres, Ana Natalia se muda con su abuelo. El proceso de acoplarse a una nueva escuela le cuesta trabajo y esto se ve reflejado en sus notas. Su primo Joel, quien también se muda con el abuelo mientras sus padres resuelven unas situaciones, sabe del acoso que recibe Ana Natalia en la escuela. Mientras están en la casa, ambos tienen prohibido entrar a la casucha del abuelo, pero desobedecen esta instrucción. Ahí conocen a Tortu y crean el Club de los Valientes. Ana Natalia y Joel se hacen amigos de Gustavo y comparten en el club hasta transformarlo en el Club de los Artistas.

Temas: animales en peligro de extinción | *bullying* | misterio | teatro

---

La Granja Global: el lugar donde los animales viven en paz y alegría (libro ilustrado)

Escrito e ilustrado por Tere Marichal Lugo

Autopublicación | 32 páginas | español (traducción al inglés: *The Global Farm: Where Animals from Different Cultures Lives in Peace and Joy*, 2011) | 3+

Colección: Mi mundo es tu mundo

Resumen: En la Granja Global, ubicada en República Dominicana, viven en paz y armonía diferentes animales que provienen de distintos países del mundo. La narración, ideal para una lectura en voz alta, promueve la repetición de los sonidos de los animales. Además, se presenta la importancia del respeto, sin importar la nacionalidad ni el idioma. Las ilustraciones coloridas presentan la vida en la granja, con sus tonalidades verdes y marrones. El comienzo del libro explica, de forma breve, las definiciones de onomatopeya y gentilicio.

Temas: animales de la granja | gentilicio | multiculturalidad

Guita, la tortuguita (primeros lectores)

Escrito por María Varela

Ilustrado por Raquel Rivera

Yagunzo Press | 59 páginas | español | 8+

Resumen: La tortuga Guita es aventurera y muy amable. Tras salir de su huevo, tiene algunas distracciones hasta que llega al mar Caribe y comienza su viaje. Luego de conocer algunos de los riesgos del mar y de reencontrarse con sus hermanas, desarrolla destrezas de liderazgo. Aunque las descripciones de los escenarios son amplias en el texto, las ilustraciones representan las profundidades del mar y los diferentes escenarios.

Temas: animales en peligro de extinción | aventura | contaminación ambiental | tortuga

El hada madrina de Reverencia a la Vida visita la isla de Culebra (libro ilustrado)

Escrito por Carmen Irma García Fernández

Ilustrado por Juan Álvarez O'Neill

Fundación Reverencia a la Vida | 40 páginas | español | 7+

Resumen: El ecosistema marino de Culebra está muriendo a causa de toda la basura y los desechos que los humanos han tirado al mar. Varios animales se reúnen para buscar soluciones y acuden a otros animales marinos de alrededor de la isla grande—desde Cabo Rojo hasta Fajardo. Entonces, aprenden sobre el Hada Madrina de Reverencia a la Vida, una creación del Dr. Albert Schweitzer, quien los ayuda a enfrentar a personas como el villano, llamado Ignorante, quienes no respetan la vida marina. Se incluyen un glosario, una nota acerca del trabajo de ética del Dr. Schweitzer y un rezo por los animales, escrito por él. Las ilustraciones a color captan el diverso y colorido mundo marino y les proveen diferentes personalidades a los personajes.

Temas: animales marinos | contaminación ambiental | Culebra | ecosistemas | ética | naturaleza

Isabella's Hair and How She Learned to Love It (libro ilustrado)

Escrito por Marshalla Ramos

Ilustrado por Michael Murphy

Autopublicación | 46 páginas | inglés | 4+

Resumen: Isabella vive con su familia en Carolina. Todos tienen el pelo lacio y largo, menos ella. El cabello de la niña se describe como *curly and brown* y se siente fea, por lo que cree que nada le queda bien por culpa de este. Su abuela, quien vive en Nueva York, los visita y le enseña a amar su pelo, su piel y su ancestralidad. El libro utiliza un texto breve con tipografía grande para narrar esta historia de autoestima y afroamor, donde emana el conocimiento intergeneracional. La narración y las ilustraciones contienen errores geográficos y se menciona el Café Bustelo como puertorriqueño. Una versión editada y con ilustraciones nuevas puede resaltar mejor esta importante historia afroreparativa y de identidad racial.

Temas: afroamor | Carolina | diáspora | pelo natural

El librazo (libro ilustrado)

Escrito e ilustrado por Dave Buchen

Autopublicación | 46 páginas | español | 2+

Resumen: Libro que recoge una serie de palabras que, al añadirles el sufijo -azo, se convierten en aumentativos. Estas nombran desde artículos hasta conceptos de crítica social, representados mediante imágenes que acompañan a cada uno de estos. El libro no incluye una narración como tal, pero estimula a lectores a utilizar el sufijo en otras palabras. Ilustraciones en blanco y negro, hechas en grabado, se colocan junto a cada palabra y se puede invitar a la niñez a colorearlas.

Temas: arte | español | juegos de palabras

Mami y papi se divorciaron, pero... / Mom and Dad Got Divorced but...

(libro ilustrado)

Escrito por Gloria Vidal de Albó

Ilustrado por Fernando R. La Rotta Sánchez

Editorial Gloryville | 24 páginas | bilingüe (español e inglés) | 6+

Resumen: Historia narrada por un niño de diez años, quien, cuando tenía seis, pasó por el divorcio de sus padres. Se presenta la separación como un espacio de planificación para los adultos con la intención de proveer siempre a la niñez un hogar seguro. Sin embargo, la idea del matrimonio para toda la vida predomina en el cuento como la meta de un niño de diez años. Las ilustraciones no presentan diversidad racial, ya que predominan los personajes blancos.

Temas: custodia compartida | divorcio | relaciones familiares

María Chucena techaba su choza
(libro ilustrado)

Escrito e ilustrado por Tere Marichal Lugo

Autopublicación | 40 páginas | español | 4+

Colección: Cuentos de trabalenguas

Resumen: Con el trabalenguas y el personaje de María Chucena, se narra la historia de una mujer a quien le encantan los libros. Un día decide construir anaqueles en su casa para estos. Es el mes de mayo y comienzan las lluvias. María Chucena se da cuenta de las goteras de su casa y de que la lluvia puede mojar sus libros. Con la lectura de algunos de estos, aprende de carpintería y cómo techar su choza y trabajar con sus anaqueles. En esta historia se intersecan la construcción, el poder de los libros y el reto a los roles de género en la carpintería.

Temas: carpintería | independencia | libros | retar roles de género | trabalenguas

Mateo y los secretos del mar (libro ilustrado)

Escrito por Myriam Cruz Sanes

Ilustrado por José Armando Esperanza

Producciones ANISA | 21 páginas | español | 6+

Resumen: La historia de Mateo, narrada por un abuelo a su nieto, presenta las aventuras del personaje en el mar, ayudando y protegiendo diversos animales. Escrita en versos, la historia enfatiza en el personaje del niño blanco como salvador y protector de los animales. También se presenta una crítica a la caza de ballenas.

Temas: animales marinos | mar | navegación

Mona Lisa: su historia (novela infantil)

Escrito e ilustrado por Ida Gutiérrez

Tres Soles | 110 páginas | español | 10+

Resumen: Rodrigo está emocionado planificando su fiesta de cumpleaños y quiere que sea diferente y divertida. Así que decide ir al taller de la maestra Pili, junto con sus amigos, para celebrar. El día del cumpleaños llega y, durante la celebración, aprenden parte de la fascinante historia de la Mona Lisa. La niñez entusiasmada decide volver el próximo sábado al taller, desde donde viajan a encontrarse con Leonardo da Vinci; conocen sobre la desaparición y la reaparición de la obra; de otros referentes artísticos; y del Museo del Louvre. El libro incluye un glosario con información de términos y artistas, como Henri Matisse, Claude Monet y Pablo Picasso; además de una bibliografía, recetas y actividades para integrar a la niñez. Las ilustraciones al óleo sobre lienzo y el tipo de letra facilitan la lectura.

Temas: arte | educación | imaginación | museos

Monsieur Betances (cómic)

Escrito por Brunilda García

Ilustrado por Paco López Mújica

Instituto de Cultura Puertorriqueña | 11 páginas | español | 7+

Serie: ICePé.cómic

Resumen: En una visita a Lares, los primos y el abuelo Ramón llegan a la plaza y ven el mapa de Puerto Rico, con las sociedades secretas. Al acercarse a la estatua de Ramón Emeterio Betances, dan un viaje al pasado, donde lo conocen y viajan juntos a las diferentes partes del mundo en las que se desarrolló este líder. Se enteran de las hazañas revolucionarias, los "Diez mandamientos de los hombres libres" y el compromiso de Betances con el archipiélago. Se incluye una sección de preguntas para desarrollar el diálogo y la discusión.

Temas: cólera morbo | derechos humanos | Francia | Lares | Ramón Emeterio Betances | Venezuela

Osiclando (libro ilustrado)

Escrito por Rosa Delis Avilés Martínez

Ilustrado por Fernando R. La Rotta Sánchez

Editorial Gloryville | 32 páginas | español | 5+

Resumen: Una familia de osos comienza a reciclar para mantener el planeta Tierra verde. El pequeño oso, Osiclando, busca información sobre el reciclaje en la biblioteca de su hogar, recoge juguetes plásticos viejos y visita el centro de reciclaje de la comunidad con sus padres. Las ilustraciones sencillas muestran tonalidades verdes que aluden a la naturaleza.

Temas: conservación ambiental | reciclaje | responsabilidad ciudadana

---

Paseando junto a ella (libro ilustrado)

Escrito por Georgina Lázaro León

Ilustrado por Teresa Ramos

Editorial Everest | 40 páginas | español | 5+

Resumen: Con ilustraciones que demuestran amor, sensibilidad y respeto por la vejez, se presenta la relación de un nieto con su abuela, quien sufre de alzhéimer. Mediante versos, se captura el apego de estos personajes, con ejemplos de actividades realizadas en conjunto, hasta que el amor sobresale en los últimos años de la abuela con una ternura particular, en la que se manifiesta la añoranza del recuerdo.

Temas: abuelos | alzhéimer | vejez

Polín el coquí en Hawai (primeros lectores)

Escrito por Gloria Vidal de Albó

Ilustrado por Fernando R. La Rotta Sánchez

Editorial Gloryville | 54 páginas | español | 7+

Resumen: Polín, el coquí, junto a otros coquíes y animales, corre peligro, ya que su hábitat será destruido a causa del "monstruo amarillo" (maquinaria de construcción). Las criaturas se unen para proteger su entorno, pero la amenaza continúa. Un día, Polín y su amigo, Rufino, son accidentalmente transportados en barco a Hawai, y allí conocen otros coquíes y animales, que los acompañan en sus aventuras.

Se topan con que la población humana no quiere la presencia de los coquíes en la isla y tratan de eliminarlos. Nuevamente, Polín, ahora con sus nuevas amistades, son llevados en barco rumbo a Puerto Rico, donde los coquíes viven felices y agradecidos de volver a su hábitat original. El cuento va acompañado de coloridas ilustraciones y, además, incluye preguntas de discusión y un glosario.

Temas: animales en peligro de extinción | contaminación ambiental | coquí | hábitat | naturaleza

---

El potrito que nadie quería (primeros lectores)

Escrito por Viveca Venegas Vilaró

Autopublicado | 16 páginas | español | 7+

Resumen: Cuenta la historia verídica de un potro abandonado por su dueño, y que vive en una finca en Morovis. Así llega a la vida de Cindy, quien, cautivada por su amor, se responsabiliza de él. En 2011, se convierte en el campeón de Potros Debutantes de Paso Fino de la Feria Dulce Sueño, celebrado anualmente en Guayama.

Temas: animales | competencias de caballo

Que no muera el coquí (libro ilustrado)

Escrito por Irma Bruno

Ilustrado por Emelí Vando

Publicaciones Gaviota | 21 páginas | español | 8+

Resumen: Federico es un coquí desmotivado, despreocupado y prepotente. No le presta atención a su novia, Samira, a la que luego busca sin encontrarla. Al preguntarle a un pelícano sobre el paradero de Samira, este le explica que, si no le brinda atención a su novia, el amor perece así, como perecen los árboles y los animales. Federico no cree que la naturaleza esté en peligro, incluso, cuando asiste a una reunión de animales, en donde se habla del calentamiento global. Sin embargo, en una reunión de humanos, ve una foto de Samira moribunda, debido al cambio climático, y se da cuenta de que el peligro es real. Al ver que su novia fue rescatada, agradece a los humanos que se dedican a rescatar la naturaleza y promete tratarla con amor. La historia incluye ilustraciones, a veces mínimas, que presentan a Federico y Samira, de manera antropomórfica, y a los demás animales en su estado natural.

Temas: amor | animales en peligro de extinción | coquí | contaminación ambiental | hábitat | naturaleza

---

Truchín del Sella (primeros lectores)

Escrito por Tina Casanova

Ilustrado por Enrique Carballera

Colegio Público Río Sella de Arriondas | 16 páginas | español | 5+

Resumen: Álvaro tiene un amigo pez, llamado Truchín. En primavera, tiene que devolverlo a su hábitat en el río Sella. Un día, las corrientes del río se salen de su cauce hasta llegar a la escuela de Álvaro. Truchín y Álvaro se reencuentran y continúan su amistad. Según la autora, este proyecto surge como agradecimiento a las personas que se unieron luego de la riada del 16 de junio de 2010, en Arriondas, España.

Temas: amistad | desastres naturales

senta a Cro-Cro, una rana que habita en El Yunque. Esta anhela volar y, con la ayuda de varios pájaros, intenta cumplir su deseo. El último cuento narra la historia de los animales marinos que preparan una gran fiesta. Durante la organización del evento aprenden sobre las amenazas humanas a la vida marina. Cada cuento está acompañado por coloridas ilustraciones y actividades de comprensión de lectura, vocabulario y preguntas. Cabe destacar que, en las últimas dos historias, los textos manifiestan gordofobia y críticas al físico de animales que no reflejan estándares de belleza estereotípicos.

Temas: animales marinos | aves | Bosque El Yunque | conservación ambiental | Taínos

---

El Sistema de Tribunales de Puerto Rico
(libro informativo)

Escrito por Rama Judicial de Puerto Rico

Rama Judicial de Puerto Rico | 15 páginas | español | 5+

Resumen: Se ofrece una explicación sobre la composición del Sistema de Tribunales de Puerto Rico, su funcionamiento y las responsabilidades de los empleados. Se utiliza el lenguaje binario para explicar las profesiones. Incluye un libro de actividades que ayuda a entender las reglas del tribunal y los diferentes términos utilizados.

Temas: leyes de Puerto Rico | profesiones y oficios | Sistema de Tribunales de Puerto Rico

---

Soy sordo cien por ciento (libro ilustrado)

Escrito por Reinaldo Saliva González

Ilustrado por Gil Balbuena Jr.

Palibrio | 25 páginas | español | 8+

Resumen: Escrito desde la perspectiva de Miguel, un niño sordo, se presentan diferentes incidentes que demuestran las barreras de comunicación y las actitudes que enfrenta de familiares oyentes y en el entorno escolar. Debido a que la población oyente que rodea al niño desconoce el lenguaje de señas y este no cuenta con los servicios de un intérprete, son muchas las frustraciones que tiene en su vida diaria. Conocemos, además, las experiencias de Miguel con

su único amigo sordo, al presentar los prejuicios que ambos enfrentan al usar públicamente el lenguaje de señas para comunicarse. El cuento, aunque no tiene una trama clara, narra una pluralidad de incidentes y situaciones de marginalización contra los que actualmente lucha la Comunidad Sorda.

Temas: Comunidad Sorda | diversidad funcional

Tai y Juracán (teatro)

Escrito por Talleres Loíza y Manuel Otero Portela

Ilustrado por Manuel G. Aquino Quilichini

Editorial El Antillano | 32 páginas | español | 11+

Colección: Tai

Resumen: Basado en un libreto teatral de 1972, el joven taíno, Tai, se enfrenta a las advertencias del bohíque sobre la llegada de Juracán y la arrogancia de su cacique, Bayanabey. Tai, de familia de pescadores, debe tomar decisiones que determinan el futuro de su yucayeque y de su vida.

Temas: historia | huracanes | pescar | Taínos

Tato el pelícano y otros cuentos
(colección de cuentos)

Escrito por Gloria Vidal de Albó

Ilustrado por Juan José Vásquez y Manuel Fondeur

Publicaciones Puertorriqueñas | 70 páginas | español | 7+

Resumen: Cuatro cuentos cortos sobre la vida costera en Puerto Rico, la creatividad, el compañerismo, la solidaridad, la autoestima, el hábitat y los peligros de los animales de la granja. Los títulos incluidos son: "Tato, el pelícano", "La casita del árbol", "El gallito Riquín" y "El moriviví". Al final, hay actividades diversas para la comprensión y la profundización de cada cuento.

Temas: amistad | animales | aves | naturaleza

El siguiente libro fue publicado en este año y no pudo ser consultado por falta de acceso: *My Big Sister / Mi hermana mayor*, escrito por Samuel Caraballo e ilustrado por Thelma Muraida.

¡A visitar...

- **Biblioteca Municipal e Infantil Mariana Suárez de Longo**
  Municipio de Ponce

- **San Juan Community Library**
  Municipio de Guaynabo

- **The Jane Stern Community Library System**
  Biblioteca central en el Municipio de Dorado

- **Biblioteca Juvenil de Mayagüez**
  Municipio de Mayagüez

bibliotecas!

- **Sistema de Bibliotecas de Carolina**
  Biblioteca central *Biblioteca Electrónica*
  Dr. Carlos Hernández en el Municipio de Carolina

- **Biblioteca Nacional de Puerto Rico**
  Municipio de San Juan

- **Biblioteca Rodante del Programa Head Start/ Early Head Start**
  Visitas por el archipiélago

2013

Los animales de Daniela (libro grande)

Escrito por Wanda I. De Jesús Arvelo

Ilustrado por María Jesús Álvarez

Aparicio Distributors | 21 páginas | español | 3+

Serie: Ambos a dos

Resumen: Secuela de *Las manchas de Daniela*, donde la niña nos presenta a sus siete mascotas. Se invita a replicar los movimientos distintivos de cada animal. El cuento anima al lector a moverse y divertirse mientras imita a un sapo, un pollito, un pato, una oruga, un perro, un gato y una gallina.

Temas: actividad física | animales de la granja | mascotas

Antrópolis (novela infantil)

Escrito por Janette Becerra

Ilustrado por José Hernández Díaz

Editorial SM | 133 páginas | español | 12+

Serie: El Barco de Vapor

Resumen: Teo ya no quería salir a jugar con sus amigos. Lo único que deseaba era jugar Playnetwork todo el día. En el mundo de fantasía de Antrópolis, él podía explorar libremente. Tan solo que había un problema: todo lo que pasaba en su videojuego tenía efectos en la vida real. La novela explora desde la ciencia ficción los cambios de la preadolescencia a la adolescencia. Las imágenes nos ofrecen una ventana a los personajes y a los escenarios de ese mundo digital, y cómo Teo enfrentó al temible monstruo que habita en su interior.

Temas: autodescubrimiento | ciencia ficción | juegos y juguetes | madurez | mundos alternos

Premio: VI premio de literatura infantil El Barco de Vapor Puerto Rico, 2012

La búsqueda de Chiquito (libro grande)

Escrito por Wanda I. De Jesús Arvelo

Ilustrado por Marina Espiñeiro

Aparicio Distributors | 24 páginas | español | 3+

Serie: Ambos a dos

Resumen: Un pequeño anfibio visita a diferentes animales y les pide ayuda para descifrar quién es. En el proceso de autodescubrimiento, entenderá que la respuesta siempre estuvo dentro de sí. Orgullosamente, compartirá lo que siempre supo que era... un coquí. Las imágenes en acrílico ilustran el viaje introspectivo del animal.

Temas: adivinanzas | animales del bosque | coquí | identidad

Canito, el murciélago pescador (libro ilustrado)

Escrito por Zulma Ayes Santiago

Ilustrado por Roberto Silva Ortiz

Ediciones SM | 48 páginas | español | 6+

Resumen: Conocemos la vida de Luz Marina y Canito, una madre y su pequeño murciélago pescador que inesperadamente pierden su hogar tras la destrucción de los mangles situados en la laguna de San Juan. Este cuento, colmado de unión y solidaridad, se enfoca en celebrar el trabajo colectivo, empático y restaurativo que debemos practicar con el medioambiente. La trama se sitúa en el Estuario de la Bahía de San Juan e ilustra un llamativo giro a la naturaleza de los espacios urbanos y sobrepoblados.

Temas: conservación ambiental | Estuario de la Bahía de San Juan | murciélagos | resiliencia | San Juan | solidaridad

Un cuadrado que quiso ser círculo / A Square Who Wanted to Be a Circle (libro ilustrado)

Escrito por Orlando Planchart Márquez

Ilustrado por José A. Rabelo Cartagena

Traducido por Luz M. Rivera Vega

Editorial Isla Negra | 34 páginas | bilingüe (español e inglés) | 7+

Resumen: Historia de un cuadrado que se encuentra triste porque quería tener la misma movilidad que los círculos. La trama continúa hasta que el cuadrado logra transformar poco a poco sus lados hasta convertirse en un círculo. Las imágenes a *collage* ilustran fielmente la narración y dan varios ejemplos de figuras geométricas que podrían derivar de un cuadrado. Si bien la finalidad del cuento matemático es didáctica, el planteamiento de la trama puede interpretarse como una crítica a las diferencias y la necesidad de cambiar y moldearse a los estándares sociales.

Temas: geometría | juegos matemáticos

El cumpleaños del planeta Tierra (libro grande)

Escrito e ilustrado por Marina Espiñeiro

Aparicio Distributors | 24 páginas | bilingüe (español e inglés) | 3+

Serie: Ambos a dos

Resumen: Una maestra y sus alumnos preparan una gran fiesta al planeta Tierra en víspera de su aniversario: el 22 de abril. El cuento con estructura acumulativa refuerza la llamada regla de las tres-r: reciclar, reducir y reutilizar, como una forma de ayudar a reducir desechos y cuidar el medio ambiente.

Temas: cumpleaños | Día del Planeta Tierra | reciclaje

Dos amigos (libro ilustrado)

Escrito por Georgina Lázaro León

Ilustrado por Enrique Martínez Blanco

El Arca Ediciones | 48 páginas | español | 7+

Serie: Leo y descubro

Resumen: Un ratel y un pájaro forman una peculiar amistad para poder alcanzar y comer los deliciosos panales de abeja que les gustan a ambos. Esta alianza natural de supervivencia es también conocida como mutualismo. El relato en versos rimados es una adaptación de un pasaje del libro *The Heart of the Hunter: Customs and Myths of the African* de Laurens van der Post. El cuento incluye una ilustración racista y estereotipada de una *Mammy*.

Temas: animales | supervivencia

Ensalada de frutas (libro grande)

Escrito por Carmen Leonor Rivera-Lassén

Ilustrado por Mrinali Álvarez Astacio

Aparicio Distributors | 19 páginas | español | 3+

Serie: Ambos a dos

Resumen: Leonorcita se comprometió a llevar una ensalada de frutas a la fiesta del fin de año escolar. Con la ayuda de su madrina Socorro, ella busca, selecciona y prepara una gran ensalada con frutas del país. El cuento puede ser una buena herramienta para la lectura en voz alta, mientras se invita a la niñez a repetir los nombres de las diferentes frutas utilizadas.

Temas: cocina | frutas | números

La fiesta de las abejitas (libro ilustrado)

Escrito e ilustrado por Tere Marichal Lugo

Autopublicación | 32 páginas | español | 4+

Colección: Pachamama

Resumen: Diez abejas visitan a diferentes insectos para invitarlos a su gran fiesta. La lista de insectos diversos llega a 100. Este cuento acumulativo celebra la biodiversidad y la armonía con la naturaleza que nos rodea.

Temas: abejas | fiestas | números

Una fiesta para doña Cotorra (libro grande)

Escrito por Wanda I. De Jesús Arvelo

Ilustrado por Marina Espiñeiro

Aparicio Distributors | 24 páginas | español | 3+

Serie: Ambos a dos

Resumen: Los animales del Bosque El Yunque deciden preparar una gran fiesta en honor a doña Cotorra. La colaboración entre todos los animales será el elemento clave para gestar una inolvidable velada al ave oficial de Puerto Rico. La cuidada prosa rimada de la autora será un deleite para escuchar durante una hora del cuento.

Temas: animales del bosque | aves | Bosque El Yunque | cumpleaños

---

Generosa, la gallinita agricultora
(libro ilustrado)

Escrito e ilustrado por Tere Marichal Lugo

Camera Mundi | 40 páginas | español | 6+

Colección: Pachamama

Resumen: La gallina Generosa es agricultora e involucra a los animales de la finca en la cosecha de maíz. El ideal de comunidad se refleja en la historia, así como la importancia del trabajo. Se percibe en la lectura un respeto por la naturaleza y los beneficios de esta. Este cuento es una nueva versión del clásico "La gallinita roja".

Temas: agricultura | animales de la granja | trabajo

La gorra de Robertito (libro ilustrado)

Escrito por Hidelisa Ríos Maldonado

Ilustrado por Juan Álvarez O'Neill

Editorial DEHONITE | 32 páginas | español | 7+

Colección: Héroes

Resumen: La infancia de Roberto Clemente es revisitada en esta colorida biografía del ilustre pelotero. Desde pequeño, Robertito tiene interés especial por el juego y los deportes que lo distinguen con un brillo individual. En una víspera de Reyes, su sueño de tener una gorra de béisbol se hace realidad. No tan solo la recibe, sino que le regalan el uniforme completo. Las imágenes nos transportan a la infancia del pelotero y filántropo oriundo del barrio San Antón en Carolina.

Temas: biografía | Carolina | deportes | niñez | Roberto Clemente

La gran travesura de mi perro dominguero
(primeros lectores)

Escrito por Georgina Lázaro León

Ilustrado por Mrinali Álvarez Astacio

Ediciones SM | 46 páginas | español | 7+

Serie: El Barco de Vapor

Resumen: El destino cruzó las vidas de un perro flaco y hambriento con la de una familia que lo adoptó y llamó José Fausto. Entre el afecto y los mimos, rápidamente el perro crece fuerte y robusto, sin abandonar sus largos periodos de siesta. Un domingo cualquiera, la familia se preparaba para asistir a misa, pero el perrito salió del ensueño y, al acompañarlos, todo cambió. El cuento en rimas emplea refranes puertorriqueños y latinoamericanos para contar la amistosa anécdota. Al final del cuento, se incluye un glosario que explica cada dicho popular.

Temas: adopción de mascotas | perros | refranes | religión

¡Hola! ¡Mi nombre es Pepe! (libro ilustrado)

Escrito por Tomás Trinidad

Ilustrado por Mirta Rosario

Autopublicación | 26 páginas | español (traducción al inglés: *Hello! My Name is Pepe!*) | 6+

Resumen: Esta es la historia de adopción de un perrito peludo llamado Peabody, luego bautizado como Pepe por su nueva familia, y los procesos de integración que pasa en su nuevo hogar. La versión en español posee un notable número de errores ortográficos y gramaticales.

Temas: adopción de mascotas | perros

How Far Do You Love Me? (libro ilustrado)

Escrito e ilustrado por Lulu Delacre

Lee & Low Books | 32 páginas | inglés | 2+

Resumen: Inspirado en un juego que practicaba con sus hijas, la autora e ilustradora presenta una oda al amor entre cuidadores y sus crías. Reflejando a familias de todos los continentes, se intercalan expresiones de amor con imágenes y textos de paisajes naturales. Las ilustraciones capturan la simbiosis familiar, sus emociones y acciones, e invitan a la audiencia a ser parte del juego. El libro puede ser utilizado para trabajar y presentar a la niñez preescolar temas de estudios sociales, ciencias e historia.

Temas: amor | familia | multiculturalidad | naturaleza

El huerto de mi casa (libro ilustrado)

Escrito e ilustrado por Tere Marichal Lugo

Autopublicación | 30 páginas | español | 4+

Colección: Pachamama

Resumen: Lola, su madre y su abuela se mudan a una casa que está llena de basura y maleza. Con la ayuda y la solidaridad de la familia y el vecindario, logran pintar, reverdecer y crear un huerto en su nuevo hogar. Alimentos como tomates, lechugas, pimientos, ajíes, guineos y recao forman parte del huerto de Lola. Se presenta el ciclo de vida de estos mediante las ilustraciones y el texto. Se representa el rol y el liderazgo de la niñez en la siembra, y se ofrecen herramientas a lectores para crear un huerto casero. Ilustraciones coloridas acompañan la historia de solidaridad y autosuficiencia, así como de la siembra y el consumo de alimentos de manera ecoamigable.

Temas: agricultura | comida | huertos | siembra | solidaridad | sustentabilidad

El jardín de las abejitas (libro ilustrado)

Escrito e ilustrado por Tere Marichal Lugo

Autopublicación | 40 páginas | español | 5+

Colección: Pachamama

Resumen: Lola está maravillada con las flores del patio de su abuela, pero ella no es la única. Las abejas, también asombradas por tanta variedad florida, se comunican entre sí para visitarlo. Este acontecimiento mueve a la abuela a explicarle la producción de la miel y el proceso de polinización que ocurre al extraer el néctar de las flores. Se incluyen varias páginas con información adicional relacionadas con las partes de la flor y las abejas. Al final, se ofrecen actividades y manualidades para trabajar con la niñez.

Temas: abejas | flores | polinización | sustentabilidad

Javi es cartero / Javi is a Mailman
(libro informativo)

Escrito y con fotografías por Tere Marichal Lugo

Autopublicación | 22 páginas | bilingüe (español e inglés) | 3+

Colección: Dos-en-uno / Two-in-one Collection

Resumen: Un día en la escuela, el pequeño Javi tiene la oportunidad de conocer diferentes profesiones por medio del juego y el disfraz. Los breves textos acercan a la niñez temprana a reconocer la importancia de trabajadores del servicio postal de la mano de fotografías de un niño de su propia edad.

Temas: cartero | correspondencia | juegos y juguetes | profesiones y oficios

Lo que le pasó a la Ñ (libro grande)

Escrito por Carmen Leonor Rivera-Lassén

Ilustrado por Mrinali Álvarez Astacio

Aparicio Distributors | 19 páginas | español | 3+

Serie: Ambos a dos

Resumen: A la letra Ñ le molesta su tilde; por eso, ha decidido cambiarla y dejarla guardada en el gavetero. Debido a este "cambio de imagen", ocurren peculiares sucesos por toda la ciudad. El divertido cuento amplía y refuerza el vocabulario en español de la niñez temprana.

Temas: abecedario | cambios | español | palabras

Martina y su monedita de oro (libro ilustrado)

Escrito por Yadhira González-Taylor

Ilustrado por Alba Escayo

Traducido por Amelia L. Forthwright

Martina's Coin Publishing Co. | 28 páginas | español | 7+

Resumen: Mientras se encuentra sentada en el balcón de su casa, la Cucarachita Martina recibe diversas proposiciones de casamiento de parte de varios animales que han quedado flechados por su belleza y no por sus múltiples pasatiempos y talentos. En esta versión del cuento tradicional, la autora enfatiza en el amor propio y la dignidad que tiene la cucaracha para no aceptar cualquier proposición que no fuera sincera.

Temas: amor | autoestima | Cucarachita Martina | cuento tradicional | folclor

---

Mi hogar el flamboyán (libro grande)

Escrito e ilustrado por Isset M. Pastrana Andino

Aparicio Distributors | 22 páginas | español | 4+

Serie: Ambos a dos

Resumen: ¿Qué hará tan majestuoso al flamboyán? Esa es la pregunta que varios animales se hacen al admirar al frondoso árbol. El gran misterio se resuelve cuando una hormiguita trabajadora les explica cómo el árbol es el hogar de muchos insectos que, a cambio, ayudan en su protección. El cuento cuenta con páginas plegadizas que invitan a la interacción. Además, es una buena introducción a la biodiversidad y la conservación ambiental.

Temas: animales | árboles | ecosistemas | flora

Mirando y mirando "Ponce" (libro cartoné)

Escrito por Rafael Eugenio Trujillo

Ilustrado por Damián Ciancio

Big Head Fish | 20 páginas | español | 2+

Serie: Mira

Resumen: Enrique, un coquí que reside en El Yunque, decide montarse en una hoja de yagrumo y visitar el municipio de Ponce, en el sur de Puerto Rico. Junto a sus amigos animales, pasa por varios lugares turísticos de la ciudad Señorial como la Cruceta del Vigía, la Hacienda Buena Vista, el Parque de Bombas, sus varios museos y el tablado de la Guancha. El formato y el texto rimado hacen que el libro apele a la niñez temprana, pero el tamaño pequeño del texto puede dificultar su lectura. El libro es una colorida introducción a uno de los municipios más grandes del archipiélago.

Temas: coquí | Ponce | Puerto Rico | turismo interno | viajes

---

Mis derechos (libro informativo)

Escrito por Jorge Martínez Luciano

Ilustrado por Mrinali Álvarez Astacio

Rama Judicial de Puerto Rico | 21 páginas | español (traducción al inglés: *My Rights*) | 8+

Resumen: Libro corto en donde se resumen los derechos fundamentales que tienen los ciudadanos según la Constitución de Puerto Rico. Las imágenes digitales presentan los diversos derechos con el símbolo de un pájaro.

Temas: Constitución de Puerto Rico | derechos civiles

The Missing Chancleta and Other Top-Secret Cases / Chancleta perdida y otros casos secretos (primero lectores)

Escrito por Alidis Vicente

Ilustrado por Leonardo Mora

Piñata Books | 34 páginas | bilingüe (inglés y español) | 7+

Serie: Los expedientes de Flaca / The Flaca Files

Resumen: Flaca es una niña de ocho años, quien ha dedicado su corta vida al mundo detectivesco, al resolver casos a su alrededor. A través de tres casos, se destaca la seguridad, la autoestima, la maña y el humor que tiene la niña para trabajar los misterios tanto en casa como en la escuela. El primer caso se enfoca en encontrar su querida chancleta, por lo que lleva a sus familiares a pasar por una serie de interrogatorios. En el segundo, ella investiga el misterio de las frutas encontradas en su merienda, que incluían un cítrico al que es alérgica, y la lleva a pensar que alguien quería hacerle daño. En el tercer y último caso, es tiempo de celebrar el quinceañero de la hermana de Flaca, con una serie de bailes que llevan a la niña a andar en busca de su ritmo. Textos cortos y sencillos favorecen el flujo de la trama e inspiran a la niñez lectora a descubrir sus propios casos secretos.

Temas: detectives | familia | misterio

La muñeca (libro ilustrado)

Escrito por Magaly Quiñones

Ilustrado por Mercedes Maccarino

Editorial Mairena | 12 páginas | español | 6+

Resumen: En la nota del autor, se invita exclusivamente a las niñas a seguir y a cantar la letra que dedica la niña, Alondra, a su muñeca, Leonor. Este poema-canción incluye una breve guía para orientar a la niña lectora en la redacción de sus propios versos o canciones dedicados a su muñeca favorita. El libro contiene un CD musical con la canción a la muñeca y su pista musical, como también un patrón para cortar una muñeca en papel cartón. Las narraciones e ilustraciones replican estereotipos en los roles de género.

Temas: juegos y juguetes | poesía | roles de género

Nomegusta y Yonoquiero (libro grande)

Escrito por Wanda I. De Jesús Arvelo

Ilustrado por Tere Marichal Lugo

Aparicio Distributors | 24 páginas | español | 3+

Serie: Ambos a dos

Resumen: Historia de dos princesas, Camila y Paula, mejor conocidas por Nomegusta y Yonoquiero, por ser dos niñas muy selectivas a la hora de comer. Es gracias a los consejos de una doctora y la bondad de sus padres que las niñas aprenderán a comer saludable. El cuento rimado utiliza pictogramas para invitar a los más pequeños a ser parte de la lectura.

Temas: colores | cuentos con pictogramas | frutas | gustos | vegetales

---

Pepe Gorras o la visita del tío Pipa
(novela infantil)

Escrito por Tina Casanova

Ilustrado por Julio César Morales

Ediciones SM | 147 páginas | español | 9+

Serie: El Barco de Vapor

Resumen: La directora de la Escuela de Parcelas Nuevas, con gran tristeza, da la noticia de que el Departamento de Educación decidió cerrar la escuela.

El tío Pipa, quien ha venido de Estados Unidos a visitar a su familia, decide unirse a todos los vecinos y luchar para demostrar la importancia de la escuela para la comunidad. Entre las aventuras de Pepe, está la participación en una obra de teatro escolar que le cambiará la vida. Uno de los aspectos más importantes de la narración es la lucha y la acción social para beneficio de la comunidad, con la exigencia de la educación como derecho.

Temas: cierre de escuelas | comunidad | derechos humanos | educación | protesta

Premio: PEN Club de Puerto Rico Internacional, Mención de honor, 2014

El primer regalo del Niño (libro grande)

Escrito por Wanda I. De Jesús Arvelo

Ilustrado por Jolimar Andino González

Aparicio Distributors | 24 páginas | español | 4+

Serie: Ambos a dos

Resumen: Tres amigos camellos van por un desierto de África, cuando una noche, la luz cegadora de una estrella los despierta. El camello Yusef, conocido por ser un lector voraz, les aclara a sus amigos que esa estrella anuncia el nacimiento del Niño Dios. Todos lo quieren conocer y deciden seguir la estrella. En el trayecto, cruzarán camino con los tres Reyes Magos, quienes van a pie, y le ofrecen subir a sus jorobas hasta el pesebre. El cuento reta la historia tradicional de la visita de los Magos, y se enfoca en los obsequios e interacciones de los tres camellos. La historia considera como el regalo más importante para dar a la niñez los libros y la lectura.

Temas: animales | lectura | Navidad | Reyes Magos

Santiago el soñador: entre las estrellas
(libro ilustrado)

Escrito por Ricky Martin

Ilustrado por Patricia Castelao

Celebra Children Books (Penguin Books) | 32 páginas | español (traducción al inglés: *Santiago the Dreamer in Land Among the Stars*, 2013; traducción al catalán: *En Santi somiador: entre els estels*, 2015) | 5+

Resumen: Santiago tiene un gran sueño: actuar en un escenario. Cuando se presenta la oportunidad de audicionar para la obra anual de la escuela, sus nervios lo traicionan y no consigue el papel estelar. Este suceso, en vez de desalentar al niño, hará que desarrolle más sus talentos y haga realidad sus sueños. El cuento se destaca por sus imágenes y la relación tierna de Santiago con su padre, único cuidador que se presenta en la historia.

Temas: emociones y sentimientos | sueños y deseos | teatro

Tricka y Mágika: día de las brujas
(libro ilustrado)

Escrito por Tomás Trinidad

Ilustrado por Danielle Madeline Gensh

Autopublicación | 20 páginas | español (traducción al inglés: *Tricka and Magica's Halloween*) | 4+

Resumen: Historia de las brujas, Tricka y Mágika, quienes organizan una divertida fiesta para celebrar el Día de Brujas. Al final del cuento, se incluye una hoja de consejos para disfrutar sanamente esta festividad y un pequeño juego relacionado con las ilustraciones del cuento. Errores de conjugación en la última página le restan fuerza al cuento.

Temas: Halloween (Día de Brujas)

Tulipán: la jirafa puertorriqueña
(libro ilustrado)

Escrito por Ada Haiman

Ilustrado por Atabey Sánchez-Haiman

Autopublicación | 42 páginas | español (traducción al inglés: *Tulipan: The Puerto Rican Giraffe*) | 5+

Resumen: ¿Será que, por ser ella una jirafa, con apariencia y vivencias diferentes, no puede ser puertorriqueña? Tulipán, la jirafa puertorriqueña, explora las posibles respuestas a la tan mítica pregunta de qué nos hace boricuas. Las imágenes coloridas y dinámicas complementan la narración.

Temas: diáspora | identidad

¡Vamos de paseo! (libro grande)
Escrito e ilustrado por Lolita Paz

Aparicio Distributors | 24 páginas | español | 2+

Serie Ambos a dos

Resumen: Un domingo, la mamá de Luna le anuncia que saldrán a pasear. Esta vez no irán a donde abuela Ceci ni a visitar a su amiga, Sofi, sino que ella tiene que descifrar una adivinanza para conocer a dónde irán. El cuento destaca el amor y la ternura de la madre, mientras se repasan los días de la semana y los lugares amenos para disfrutar en familia. Las imágenes representan una relación tierna y afectiva entre una madre y su hija.

Temas: adivinanzas | días de la semana | familia | viajes

Las Vocales de Hojalata (libro ilustrado)
Escrito e ilustrado por Dalia Nieves Albert

Ediciones Puerto Infantil | 99 páginas | español | 6+

Resumen: Libro escrito en verso que presenta la historia de lo que sucedió cuando las Vocales de Hojalata descubrieron su lugar en el alfabeto. La historia comienza con un recuento sobre cómo las Letras de Hojalata se unieron en marcha para protestar por la destrucción del bosque donde residían. Cuando se escucha un misterioso –pero hermoso– sonido en la noche, cada consonante trata de descifrar de dónde viene este. Se encuentran con varios personajes del bosque hasta descubrir que el sonido proviene de las vocales. El libro sirve de herramienta para introducir el abecedario y, además, hablar de temas tales como la xenofobia.

Temas: abecedario | comunidad | justicia ambiental | protesta | solidaridad | vocales | xenofobia

Yo hago composta (libro informativo)
Escrito y diseñado por Tere Marichal Lugo
Autopublicación | 40 páginas | español | 5+

Colección: Pachamama

Resumen: Este libro instruccional muestra paso a paso cómo crear composta casera. Cuenta con fotografías de un niño llamado Javi que, con mucho entusiasmo, demuestra las recomendaciones del texto para la preparación del abono. El texto da recomendaciones sobre qué ingredientes incluir o excluir de la composta. Además, invita activamente a lectores a reducir y reutilizar los residuos orgánicos y plásticos por el bien del medioambiente.

Temas: composta | reciclaje | siembra

El siguiente libro fue publicado en este año
y no pudo ser consultado por falta de acceso:
La olita Marimar, en busca de aventuras,
escrito por Nora Cruz Roque.

Pilares

Ester Feliciano Mendoza

Escritora y crítica de literatura infantil. Destacó la importancia de ver la literatura infantil como parte de la literatura puertorriqueña.

Isabel Freire de Matos

Escritora y promotora de la literatura infantil. En 1946 dirigió *Puerto Rico: revista infantil*, publicada por la Escuela Elemental de la Universidad de Puerto Rico. Fundó, en 1954, el Colegio Eugenio María de Hostos.

Flor Piñeiro de Rivera

Bibliotecaria y educadora. Publicó una de las bibliografías más destacadas, *Un siglo de literatura infantil puertorriqueña / A Century of Puerto Rican Children's Literature (1876-1978)*.

Pura Belpré

Bibliotecaria, cuentera, titiritera, escritora y traductora. Primera bibliotecaria puertorriqueña en trabajar en la Biblioteca Pública de Nueva York.

Arturo A. Schomburg

Bibliófilo y coleccionista de obras creadas por la diáspora africana. Activista de los derechos humanos. Su obra y legado se reconoce con el *Schomburg Center for Research in Black Culture*.

2014

El areyto de la pluma (libro ilustrado)

Escrito e ilustrado por Tere Marichal Lugo

Autopublicación | 32 páginas | español | 3+

Colección: Nanichi

Resumen: Este relato, con cierta musicalidad, trata sobre una pluma bailarina que se posa en diferentes espacios del bohío donde vive. Se utiliza vocabulario taíno para describir la ubicación de la pluma, al representar con sus movimientos, el canto y el baile indígena. Se incluye un pequeño glosario con definiciones de las palabras taínas utilizadas. Cuenta con un tamaño y un tipo de letra muy eficaces para la lectura del texto.

Temas: Taínos

**Arturo y el tesoro escondido:
un cuento basado en la vida de Arturo
Alfonso Schomburg** (libro ilustrado)

Escrito por Ada Myriam Felició Soto

Ilustrado por Abimael Ortiz Álvarez

Traducido por Nathalie Beullens-Maoui

Editorial Hostos | 24 páginas | español (traducción al inglés: *Arturo and the Hidden Treasure*) | 6+

Serie: Colección infantil

Resumen: Desde su niñez en Puerto Rico hasta su legado en Nueva York, esta biografía captura momentos claves en la vida del gran historiador, bibliógrafo y activista afroboricua, Arturo Alfonso Schomburg. Su educación autodidacta a través de la lectura, la historia oral de sus abuelos y las lecturas en voz alta en la tabacalera reflejan las numerosas maneras de aprender sobre las experiencias de las comunidades negras históricamente marginadas. El racismo y la violencia vividas en la escuela llevaron a Schomburg a dedicar su vida a recuperar y hacer accesible la vida y la obra de las diásporas africanas y la historia de la negritud en general. Las ilustracio-

nes capturan las calles del Viejo San Juan y las ciudades de Estados Unidos que influenciaron su trabajo de bibliógrafo. Al final, se incluyen una cronología y un glosario del vocabulario utilizado. Se recomienda una nueva edición que cuente con una lista de fuentes consultadas.

Temas: Arturo Alfonso Schomburg | bibliotecas | biografía | educación | historia | negritud

---

La chivita (libro ilustrado)

Escrito e ilustrado por Tere Marichal Lugo

Autopublicación | 38 páginas | español | 4+

Colección: Cuentos de trabalenguas

Resumen: Don Eucalipto es un agricultor que tiene muchos animales en su finca, incluyendo una chivita blanca. Esta es temida en el pueblo por ser diferente. Con el tiempo, las personas ven su gentileza y la aceptan sin importar sus diferencias. La chivita es tan amada y respetada por la comunidad que hasta recibe todo tipo de regalos. Las ilustraciones pretenden mostrar una población diversa para complementar la narración. Sin embargo, presenta personajes con *blackface,* por lo que se recomienda un nuevo trabajo de ilustración.

Temas: aceptación | animales de la granja | comunidad | profesiones y oficios

---

Chocolat - Mi ama (porque me ama)
(libro ilustrado)

Escrito por Doris E. Lugo Ramírez

Ilustrado por Juan Carlos "Juanca" Torres Cartagena y ZOOMideal

Caribbean Educational Services |
62 páginas | español | 9+

Resumen: La historia de Chocolat, una perra abandonada que consigue un hogar, se narra desde las perspectivas de la nueva dueña y de ella misma. Se relatan desde visitas al veterinario hasta la primera salida juntas a la playa y al parque. Ambas miradas se complementan y nos muestran su convivencia. Se resalta la importancia de cuidar a las mascotas correctamente y prestarles atención. La publicación ofrece información sobre cómo se crearon las ilustraciones, que incluyen un aspecto interesante en cuanto a la perspectiva y la profundidad de los diferentes objetos mostrados.

Temas: adopción de animales | convivencia | mascotas | perros

---

Club de CaLaMiDaDes (novela infantil)

Escrito por José A. Rabelo Cartagena

Ilustrado por Josué E. Oquendo Natal

Ediciones SM | 97 páginas | español | 9+

Serie: El Barco de Vapor

Resumen: En el salón de clases, los estudiantes se dividen en diferentes grupos para ser parte de clubes. Así surge el Club de las CaLaMiDaDes, compuesto por cinco estudiantes que se encuentran sin pertenecer a ningún otro, y se unen para inventar cuentos. Entre la creación del club y el cuento inventado por estos, vamos adentrándonos en la historia de monstruos y acertijos. La historia creada por el grupo menciona otros escritos y autores, presentando a una niñez lectora y conocedora de la literatura y con talento para crear historias.

Temas: aventura | club de lectura | imaginación

Premio: VII premio de literatura infantil El Barco de Vapor Puerto Rico, 2013

Cuentos del cafetal (colección de cuentos)

Escrito e ilustrado por Ednadís Muñoz Cintrón

Autopublicación | 36 páginas | español | 8+

Resumen: Texto que recoge cinco cuentos sobre la naturaleza, la vida y el trabajo en los cafetales del pueblo de Yauco. Cada cuento provee detalles, descripciones y vocabulario específico sobre la zona geográfica y el cultivo del café. Las onomatopeyas y los textos utilizados transportan al lector al llamado Pueblo del Café y capturan la esencia de la vida campesina en la montaña. Al final, se incluye un glosario extenso del vocabulario mencionado en los cuentos.

Temas: agricultura | café | haciendas | Yauco

Dos hermanas gemelas / Twin Sisters
(primeros lectores)

Escrito por Rosalie Bocelli-Hernández

Ilustrado por David Cruz

Autopublicación | 37 páginas | bilingüe (español e inglés) | 7+

Resumen: Desde la perspectiva de una narradora adulta, conocemos las vidas de Cristina y Milagros, un par de gemelas que, por medio del arte, aprenden a valorar las destrezas de otras personas. Aunque se dirige a la niñez, la manera en que está escrita la reflexión final del cuento produce cierto distanciamiento con el lector. El libro incluye preguntas de discusión y vocabulario. El texto resalta el inglés como idioma principal, por la ubicación y el énfasis de color en la página.

Temas: arte | Carlota Alfaro | costura | gemelas

Draw! (libro ilustrado)

Escrito e ilustrado por Raúl Colón

Simon & Schuster Books for Young Readers | 32 páginas | inglés | 2+

Resumen: Basado en la niñez del escritor e ilustrador, este cuento sin palabras narra la historia de un niño que se deja llevar por su imaginación. Sentado en su cama, con una libreta de dibujos, el niño comienza a crear imágenes de animales salvajes como elefantes, jirafas, cebras y rinocerontes, lo que hace que se transporte a un safari en el continente africano. Ilustraciones en acuarelas y tinta acompañan la historia de aventuras, donde se resalta el poder de la creatividad y la imaginación a través de las artes visuales.

Temas: animales de la selva | arte | imaginación | safari

Felisa y el mágico coquí (libro ilustrado)

Escrito por Elizabeth Wahn

Ilustrado por Cristina Fabris

EW | 46 páginas | español (traducción al inglés: *Felisa and the Magic Coquí*) | 6+

Resumen: Intercalando fábula, ficción y datos biográficos, se relatan la niñez y la adultez de Felisa Rincón de Gautier, primera alcaldesa de la capital de Puerto Rico. La narración comienza con la pérdida de su madre y la responsabilidad de cuidar y educar a sus hermanos menores. Luego, se relatan su educación, su creación de una empresa de costura y su elección como alcaldesa de San Juan. Se incluyen eventos icónicos como su visita a la Casa Blanca y su regalo a la niñez de Puerto Rico de transportar nieve de Estados Unidos al archipiélago. La inclusión de un coquí que concede deseos a Felisa, y quien se presenta como responsable de sus logros, minimiza la vida y la obra de una de las mujeres más importantes de la política puertorriqueña.

Temas: biografía | Felisa Rincón de Gautier | política

Gabriel García Márquez (Gabito)
(libro ilustrado)

Escrito por Georgina Lázaro León

Ilustrado por Rafael Yockteng

Lectorum Publications | 30 páginas | español | 6+

Serie: Cuando los grandes eran pequeños

Resumen: A través de versos rimados se narra la infancia y adolescencia del escritor colombiano Gabriel García Márquez. Su niñez estuvo rodeada de familiares en la casona de sus abuelos maternos en Colombia, donde compartía lecturas y aventuras con su abuelo, el coronel. La narración y las ilustraciones incorporan pistas o anécdotas que forman parte de su trabajo literario y descripciones visuales de los diversos paisajes en que vive Gabito o los que se imagina.

Temas: biografía | Colombia | escritores | Gabriel García Márquez

Gallinita Colorá Colorá y las semillas misteriosas (teatro)

Escrito e ilustrado por Tere Marichal Lugo

Autopublicación | 40 páginas | español | 4+

Colección: Los teatreros

Resumen: Un día en la finca, la Gallinita Colorá Colorá encuentra un saco con semillas y llama a sus amigos para descifrar el misterio. Los diferentes animales rurales brindan consejos para tener una siembra exitosa mientras juegan a adivinar el tipo de semillas que son. El libreto está ilustrado llamativamente y ofrece anotaciones técnicas sugeridas para las entradas y las salidas de personajes, acciones, utilería y escenografía. El libro es una adaptación de la fábula "La gallinita roja".

Temas: animales de la granja | siembra | solidaridad

El guaguao quema (Las aventuras de Atabey y Yayael) (libro ilustrado)

Escrito e ilustrado por Tere Marichal Lugo

Autopublicación | 40 páginas | español | 6+

Colección: Nanichi

Resumen: En el año 1511, primer año de la rebelión taína en Borikén, los hermanos Aramaya y Yayael se unen a los preparativos de la visita que harían diferentes caciques a su batey con el fin de planificar estrategias de lucha contra los invasores españoles. Ambos estaban encargados de cosechar la yuca, ingrediente para la preparación del casabe, pero, en el trayecto, el pequeño Yayael descubre una frondosa planta de guaguao (chile) y el resto es historia. El cuento también presenta elementos taínos de la organización, iconografía y sus experiencias culinarias. Predomina en las secuencias de ilustraciones rostros de taínos en primer plano, y una paleta de verdes y marrones. El libro cuenta con otra versión en la que el cacique Agueybaná visita la misma aldea y sus hermanos y otros habitantes narran los preparativos para la cena en honor a su visita.

Temas: colonialismo | comida | Taínos

Juan y el gigante dormido de Adjuntas
(libro ilustrado)

Escrito por María Judith Piñero

Ilustrado por Angel Dela Pena

Palibrio | 20 páginas | español | 4+

Resumen: En el mes de marzo, Juan y su familia parten hacia el pueblo de Adjuntas para la celebración del Festival del Gigante Dormido. Al llegar al municipio, Juan queda fascinado con las montañas, especialmente la que simula un gigante dormido. El niño sueña que el gigante cobra vida tras varios años de siesta. En ese breve momento, nace una amistad entre Juan y el gigante, quien viste un atuendo al estilo cavernícola de los Picapiedras, lo que resulta ajeno al contexto histórico de Puerto Rico. Una historia de amistad y de conocer sobre el pueblo de Adjuntas, toma un giro hacia la conservación y la preservación del medio ambiente, en especial, del árbol de nogal, que se encuentra en peligro de extinción.

Temas: Adjuntas | imaginación | medioambiente

Mis deberes (libro informativo)

Escrito por Rama Judicial de Puerto Rico

Ilustrado por Mrinali Álvarez Astacio

Rama Judicial de Puerto Rico | 26 páginas | español (traducción al inglés: *My Duties*, 2014) | 4+

Resumen: Con la Carta de Derechos como referente, se presentan los deberes del individuo de manera sencilla y con ilustraciones coloridas. Se argumenta en torno a las responsabilidades que tienen la niñez, los adultos y el gobierno de Puerto Rico, para que se cumplan los deberes de los seres humanos.

Temas: Constitución de Puerto Rico | derechos civiles

Los muchachos y yo (primeros lectores)

Escrito e ilustrado por Juan D. Ortiz Bello

Ediciones Eleos | 40 páginas | español | 10+

Resumen: Un grupo de amigos se reúne para discutir diferentes temas y crean un club de lectura. Al pasar los años, estos amigos continúan reuniéndose, ahora con sus familias, para discutir la Biblia, como el libro más grande, ya que contiene la historia de Dios. Las ilustraciones de este libro son sencillas, sin brindar información adicional.

Temas: club de lectura | religión

La niña y el río (libro ilustrado)

Escrito por José "Remi" Vega Santana

Ilustrado por Juan Carlos "Juanca" Torres Cartagena

Caribbean Educational Services | 27 páginas | español | 4+

Resumen: Desde el punto de vista de un río, se narra la historia de Julia, una niña que todas las mañanas toma un descanso a orillas de este cuerpo de agua. Ella hace suyo este espacio, donde puede expresar todas sus emociones y sus versos. El río cobra voz y comienza a conversar con la niña hasta desarrollar una amistad y ser su fuente de apoyo. La historia culmina con el verso, "me llamarán poeta", lo que provee una pista de que es una historia ficticia sobre la niñez de la gran poeta Julia de Burgos. Ilustraciones digitales, con una paleta de colores pasteles, acompañan la historia y capturan las emociones de la coprotagonista.

Temas: emociones y sentimientos | imaginación | Julia de Burgos | ríos

Pancha la planchadora: un cuento sobre la energía solar (libro ilustrado)

Escrito e ilustrado por Tere Marichal Lugo

Camera Mundi | 32 páginas | español | 6+

Colección: Pachamama

Resumen: Se entrelaza la historia de Pancha Delarrosa Valverde, dueña de la lavandería y tintorería del pueblo, con el trabalenguas: "Pancha plancha con cuatro planchas". La historia trata los temas de la situación del alza en el costo de la energía eléctrica, el cierre de negocios locales y una solución obtenida en comunidad mediante la instalación de un sistema de energía solar.

Temas: comunidad | energía renovable | profesiones y oficios | recursos naturales | sustentabilidad

Papá Macho (libro ilustrado)

Escrito por Héctor Camacho y Dustin Warburton

Ilustrado por Dan Monroe

Pencil Werk Press | 33 páginas | español
(traducción al inglés: *Macho Dad*) | 4+

Resumen: Este libro presenta la relación estrecha entre un niño y su padre, a quien admira mucho. Ambos se divierten pasando tiempo juntos. El padre se presenta como el superhéroe puertorriqueño. Esta descripción no solo es notable en el texto por su habilidad de volar, sino que también las ilustraciones lo muestran con un traje de superhéroe con la bandera de Puerto Rico. Un día, la comunidad se desespera por una tormenta que se aproxima, pero papá Macho vuela para calmar el clima, suceso que cambia la vida del niño. Las ilustraciones presentan a ambos personajes y los momentos que pasaron juntos en Puerto Rico, describiendo diferentes escenarios como la playa y las montañas.

Temas: boxeo | huracanes | identidad | paternidad

El pelo maravilloso de la Surrupita
(libro ilustrado)

Escrito por Arlene Carballo Figueroa

Ilustrado por Isabel Fadhel

Autopublicación | 22 páginas | español | 8+

Resumen: Sofía no estaba conforme con su cabello rizo y quería parecerse a las personas que veía en la televisión, mujeres con pelo lacio. Ella ve la solución con la compra de una boina y, gracias a una conversación con la cajera, entiende que el pelo rizo luce bien. Aunque el cuento pretende concienciar sobre el cabello rizo, las descripciones que se utilizan con respecto al pelo lacio son cuestionables.

Temas: aceptación | *bullying* | pelo natural

Premio: International Latino Book Awards, Best First Book-Children & Youth, 2016

El sapito que no brincó (libro ilustrado)

Escrito por Jahdiel Isaí Ortiz Samot

Ilustrado por varios

Ediciones Eleos | 40 páginas | español | 2+

Resumen: Relato rimado sobre un sapo que, en el patio de una casa, se encuentra en una serie de peripecias con dos niños traviesos. El cuento fue escrito por un niño de 14 años. Consta de un lenguaje sencillo e incluye un código QR para descargar un libro de colorear relacionado con la historia.

Temas: animales | rimas | sapo

El sol de Borikén (libro ilustrado)

Escrito e ilustrado por Tere Marichal Lugo

Autopublicación | 32 páginas | español | 5+

Serie: Las aventuras de Atabey y Yayael

Resumen: El pequeño niño taíno, Yayael, nos cuenta lo que diariamente hace el sol en la isla de Borikén. Cada página presenta diferentes lugares naturales, animales o comunidades a los que el sol visita cada mañana al despertar. Las imágenes utilizan dibujos simples y efectivos, con colores brillantes, que rinden homenaje tanto a las costumbres y la organización taína, así como al petroglifo "El Sol de Jayuya", ubicado en el Mural Indígena de Zamas. Al final, se incluye un glosario de términos utilizados en el cuento. El libro fue vuelto a publicar en el 2016, con un nuevo título, *El sol taíno*.

Temas: petroglifos | sol | Taínos

La tortuga fulana / Fulana, the Turtle
(libro ilustrado)

Escrito por Orlando Planchart Márquez

Ilustrado por José A. Rabelo Cartagena

Editorial A propósito | 27 páginas |
bilingüe (español e inglés) | 4+

Resumen: Uniendo la anidación de tortugas en la playa, las figuras geométricas y las matemáticas, se presenta la vida de la tortuga Fulana y su experiencia de anidación. El texto está acompañado de ilustraciones que presentan actividades en la arena, donde la tortuga crea figuras geométricas. La narración incluye ilustraciones y una serie de preguntas para hacer interactivo el proceso lector.

Temas: geometría | playas | tortuga

Tragedia en el golfo / Tragedy in the Gulf (Volume 1) (libro ilustrado)

Escrito e ilustrado por Tere Marichal Lugo

Autopublicación | 40 páginas | bilingüe (español e inglés) | 6+

Colección: Pachamama

Resumen: La contaminación ambiental ocurrida el 20 de abril de 2010, en el golfo de México, a causa de un derrame de petróleo afectó a muchas especies. Se presenta la historia de un pelícano que es afectado por este terrible suceso y cómo logra reencontrarse con su familia con la ayuda de rescatistas. Hace un llamado a utilizar energía renovable y reconoce el trabajo de los científicos.

Temas: animales marinos | contaminación ambiental | energía renovable | golfo de México | petróleo

Valentina ya no dice solo mu (primeros lectores)

Escrito por Ángeles Molina Iturrondo

Ilustrado por Enrique Martínez Blanco

Ediciones SM | 51 páginas | español | 6+

Serie: El Barco de Vapor

Resumen: Valentina es una vaca que asombra a todos los animales de la granja, ya que se la pasa leyendo todos los días. Se vuelve famosa. Periodistas de todo el mundo llegan a entrevistar a la vaca lectora, lo que enfada a las otras vacas. Estas le piden a Valentina que les enseñe a leer. Otros también quieren aprender hasta que se convierte el lugar en una granja lectora. Esta divertida historia va acompañada de coloridas ilustraciones con énfasis en figuras geométricas, especialmente el cuadrado.

Temas: animales de la granja | lectura

Zoopreguntas de la selva (libro ilustrado)

Escrito por Wanda I. De Jesús Arvelo

Ilustrado por Tere Marichal Lugo

Ediciones La Cigarra | 38 páginas | español | 4+

Colección: Zoopoemas

Resumen: Utilizando la pregunta "¿Qué es un...?", nos adentramos a conocer diferentes animales de la selva. Cada respuesta describe, de manera simple, al animal presentando características distintivas. El libro está lleno de ilustraciones coloridas que incluyen descripciones de los animales y su hábitat. El libro ofrece información sobre la importancia de conservar la selva y los beneficios de esta para el planeta.

Temas: animales de la selva | medioambiente

Los siguientes libros fueron publicados en este año y no pudieron ser consultados por falta de acceso: *Estas manos: manitas de mi familia / These Hands: My Family's Hands,* escrito por Samuel Caraballo e ilustrado por Shawn Costello; *Tres tristes tigres,* escrito e ilustrado por Tere Marichal Lugo; y *Yukiyú y la leyenda sobre el origen de Boriquén,* escrito e ilustrado por Alexis Castro Casara.

Editoriales

Ediciones SM

se ha distinguido por publicar novelas infantiles.

Editorial EDP

es líder en publicaciones con personajes evidentemente negros con roles protagónicos e ilustrados con dignidad.

Editorial UPR

presentó la Colección Nueve Pececitos, que cuenta con series para la niñez temprana.

Editorial El Antillano

publica desde libro cartoné hasta novelas gráficas sobre Puerto Rico y su historia.

Las alas del abuelo (libro ilustrado)
Escrito por Ángela María Valentín
Ilustrado por Alexis Castro Casara
Editorial EDP University | 38 páginas | español | 5+
Resumen: María Isabel no comprende las nuevas rutinas y constantes visitas de médicos a la casa de su abuelo. Su mamá le cuenta que abuelo Ángel está en tratamiento, que perderá el pelo y que estará débil, por lo que no podrá jugar tanto con la niña. María recuerda la gran fuerza de su abuelo, los tiempos de juego, e intenta adaptarse a verlo ahora débil y enfermo. En conversaciones entre la niña y su abuelo es que María aprende sobre la enfermedad del cáncer, las alas que obtendrá el abuelo cuando muera y cómo se podrán comunicar a través del corazón. Con un texto que refleja el punto de vista de la niñez e ilustraciones cálidas y humanizantes, se presenta el cuido, el proceso de preparación y la eventual muerte de seres queridos. La edición del 2018 tuvo un nuevo trabajo de ilustración realizado por Brittany Gordon Pabón.
Temas: cáncer | duelo | familia | muerte

Cada guaraguao tiene su pitirre;
Chapín y sus amigos (colección de cuentos)
Escrito por Maribel T. de Suárez
Ilustrado por Douglas Candelario Nazario
Publicaciones Puertorriqueñas |
49 páginas | español | 7+
Resumen: El primer cuento utiliza como pie forzado el refrán "Cada guaraguao tiene su pitirre", para contar la historia de mamá pitirre, quien, junto a papá pitirre, construyen un nido para sus polluelos en el lugar perfecto. Un día, mientras mamá pitirre está alimentando a sus pichones, aparece el guaraguao, pero el amor de madre y la fuerza de pitirre son más poderosos que el miedo. El segundo cuento narra la historia de Chapín, un pez que, por su fí-

sico, es rechazado al llegar a un nuevo vecindario. Un día, unas personas lo capturan con una atarraya. Cuando otros peces lo ven, se unen para ayudarlo y logran romper la malla. Las ilustraciones presentan escenas de lo narrado con énfasis en la naturaleza.
Temas: animales | supervivencia

Capitán Cataño y las trenzas mágicas /
Captain Cataño and the Magical Cornrows
(novela infantil)
Escrito por Yolanda Arroyo Pizarro
Ilustrado por Julio García
Traducido por David Caleb Acevedo
Editorial EDP University | 35 páginas |
bilingüe (español e inglés) | 7+
Resumen: Al ser víctima de burlas en la escuela por su cabello afro, Viti le dice a su madre, Ashanti, que desea un recorte nuevo. Su madre utiliza la ocasión para inculcar y recordar el afroamor, las historias ancestrales y el poder de las trenzas para guiar su viaje al Viejo San Juan.
Temas: afroamor | afroreparación | arte | Cataño | cimarronaje | pelo natural | Viejo San Juan

Chanda Candela te cuenta: Compay Araña y
las habichuelas (libro ilustrado)
Escrito e ilustrado por Tere Marichal Lugo
Autopublicación | 40 páginas | español | 7+
Colección: La travesía
Resumen: Chanda es una niña cimarrona que, gracias a su madre y su madrina, aprende sobre cómo su gente, personas esclavizadas, mantenían sus tradiciones a través de las historias de Anansi. Chanda habla sobre las travesías forzadas de personas de diversas tribus del continente africano a manos de esclavistas europeos y se entrelazan cuentos de Anansi. De manera abrupta, el cuento dc Chanda se

interrumpe con el comienzo de otra historia dentro de la narración, el cuento de Compay Araña y las habichuelas.

Compay Araña, personificado por una araña antropomórfica con vestimenta "jíbara", se levanta preguntándole a su esposa, Comay Araña, qué hay de comer. La respuesta lo frustra y, agresivamente tira el plato, y busca otras opciones para alimentarse. La historia no presenta a Anansi con la astucia y resistencia características de las historias de la araña, pero sí como un personaje malagradecido, al imponer su autoridad sobre su esposa e hijos; y dispuesto a sacrificar las necesidades de su familia ante las suyas. A pesar de que el libro comienza con personajes humanos femeninos fuertes y resistentes, Comay Araña se presenta sumisa, dedicada a tareas domésticas.

El texto y el uso de varios tipos de letras no facilita la lectura. Las imágenes de arañas antropomórficas caen el el *blackface*, burla y exageración de facciones. Esta misma estética se ve en las ilustraciones de Comay Araña, que se representa como una *mammy* sonriente.

Temas: Anansi | emociones y sentimientos | tradición oral

Un cobito en el Lineal (libro ilustrado)

Escrito por Luz Bonilla Rivera

Ilustrado por Gladius Studios

Light B Enterprises | 69 páginas | español | 4+

Serie: Cuentos parques imaginarios

Resumen: Al acercarse su cumpleaños, el cobito Pau debe conseguir un nuevo caparazón para cubrirse. Al querer demostrar que lo puede hacer solo, se topa con una gran ola que lo lleva hasta el Paseo Lineal de Bayamón. Con la ayuda de varios animales, tendrá nuevas aventuras y encontrará su camino de regreso a casa. El libro incluye una serie de actividades.

Temas: animales marinos | autodescubrimiento | Bayamón | flora | naturaleza

---

Los colores de mi isla (libro cartoné)

Editado por Editorial El Antillano

Ilustrado por Rosa Colón

Editorial El Antillano | 16 páginas | español | 0+

Resumen: Utilizando la flora, la fauna, el folclor y varias escenas de Puerto Rico, el libro presenta, con una palabra, los diversos colores que vemos a nuestro alrededor. Su formato, diagramación y vocabulario sencillo facilitan la interacción entre el libro e infantes.

Temas: colores | naturaleza | Puerto Rico

Un coquí en el pesebre: villancico utuadeño (libro ilustrado)

Escrito por Francisco "Pancho" Rivera

Ilustrado por Robert Flynn

Palibrio | 22 páginas | español | 0+

Resumen: Canción navideña, situada en Utuado, dedicada a un coquí que apareció en el pesebre del tradicional nacimiento navideño. El poema enumera alimentos, animales y lugares turísticos a ofrecerse de regalo al Niño Jesús. Las imágenes proveen estampas y amplían los versos, pero se recomienda una edición a la figura del recién nacido, debido a que no parece un ser humano. El libro fue diseñado de manera vertical, brindándole al lector una manera diferente de interactuar con las páginas e incluye la partitura del villancico.

Temas: canciones | coquí | Navidad | Utuado

El cuento del niño antillano: Ramón Emeterio Betances (libro ilustrado)

Editado por Editorial El Antillano

Ilustrado por César Carrizo

Editorial El Antillano | 34 páginas | español | 8+

Colección: Jóvenes antillanos

Resumen: Intercalando la ficción y los datos biográficos, se narra la niñez de Ramón Emeterio Betances en la hacienda de su familia en el suroeste de la isla grande, desde sus juegos con la niñez esclavizada que laboraba allí hasta su primer destierro para estudiar en Francia y su eventual regreso para practicar medicina. La narración y las ilustraciones muestran la vida durante los últimos años del gobierno español. Se incluye un apéndice con información sobre la Revolución Haitiana.

Temas: abolicionismo | Antillas Mayores | esclavitud | haciendas | medicina | Ramón Emeterio Betances | Revolución Haitiana

---

Los cuentos de mi abuela Guayacana
(colección de cuentos)

Escrito e ilustrado por Tere Marichal Lugo

Autopublicación | 32 páginas | español | 5+

Serie: Las historias de Atabey y Yayael

Resumen: Guayacana es la abuela de Atabey y Yayael. Es la mejor contadora de cuentos de su yucayeque. Este libro recopila microcuentos en versos rimados relacionados con la cultura taína. Cada uno de estos está acompañado de una ilustración relacionada con su trama. Al final, se incluye un glosario en el que se definen las palabras de herencia taína, pero aunque en cada cuento se ennegrecen las palabras taínas, no todas aparecen como parte del vocabulario.

Temas: abuelos | familia | Taínos

Los cuidadores del bosque:
un visitante inesperado (libro ilustrado)

Escrito por Doribela Barbosa

Ilustrado por Eduardo Saldaña

Ediciones Paz Arte Amor | 42 páginas | español | 5+

Resumen: En un poblado del bosque, coexisten la naturaleza y una comunidad de personas conocidas como los cuidadores del bosque. Ante la visita del Señor Progreso, proveniente de una ciudad lejana, y de sus planes para el bosque, los ciudadanos colaboran para defender y proteger la armonía y la paz de su querido hogar. Se enfatiza en el amor por nuestras comunidades y se critica a desarrolladores que pretenden minimizar o, incluso, eliminar las identidades y la vida en los lugares que visitan.

Temas: activismo | ecosistemas | sustentabilidad

El dragón dormido (novela infantil)

Escrito por Mayra Montero

Ilustrado por Roberto Silva Ortiz

Editorial SM | 125 páginas | español | 10+

Serie: El Barco de Vapor

Resumen: Gustavo nació sin miedo, o más bien, sin la amígdala cerebral para percibir este estado. Por este motivo, su familia y amigos harán lo imposible para despertar en el niño de once años un poco de esta emoción tan común entre la población, pero ajena a su vida. La novela está situada en lo cotidiano y cuenta con destellos fantásticos e introspectivos.

Temas: emociones y sentimientos | inclusión | salud | sueños y deseos

Premio: VIII premio de literatura infantil El Barco de Vapor Puerto Rico, 2014

Dragoyún (primeros lectores)

Escrito por Maribel T. de Suárez

Ilustrado por Ivelisse Figueroa y Victor Claudio

Traducido por Glori Colón

Publicaciones Puertorriqueñas | 39 páginas | bilingüe (español e inglés) | 7+

Resumen: Se cuenta la historia de un dragón de dos cabezas: una con una mirada temible y otra tranquila, que vive en las entrañas de El Yunque. Debido a su localidad, la gente comienza a llamar al mítico animal por el nombre de Dragoyún. Aunque este tiene una figura imponente y temible, Dragoyún no interactúa con los humanos visitantes del área. Una noche, este se enfrenta a un fuerte huracán que amenaza con destruir todo a su paso, por lo que decidirá hacer un gran sacrificio para proteger aquella naturaleza que tanto admira.

Temas: Bosque El Yunque | dragones | huracanes

Las estrellas de los Reyes Magos
(libro ilustrado)

Escrito por Teresa Rodríguez Nora

Ilustrado por Walter Torres

Ediciones Norte | 32 páginas | español | 3+

Resumen: De camino a casa de sus abuelos, Benjamín siente curiosidad por las estrellas brillantes que ve en el cielo. Al llegar, su abuelo le cuenta sobre la tradición de la Fiesta de Reyes y cómo se celebra, de generación en generación.

Temas: Reyes Magos | tradiciones navideñas

Felipe, corazón de gigante (libro ilustrado)

Escrito por Wanda I. De Jesús Arvelo

Ilustrado por Mrinali Álvarez Astacio

Municipio de Carolina (PR) |
37 páginas | español | 4+

Serie: Los Súper Gigantes

Resumen: Por medio de ilustraciones cálidas y textos en versos, el libro narra la historia de Felipe Birriel Fernández, mejor conocido como el "Gigante de Carolina". Se incluyen fotos e información adicional sobre Felipe, al igual que preguntas e ideas de actividades para trabajar con la niñez.

Temas: biografía | Carolina | diversidad funcional | Felipe Birriel Fernández | gigante

---

El gato del emperador (libro ilustrado)

Escrito e ilustrado por María Teresa Arrarás

Ediciones La Gallina Gorda |
20 páginas | español | 5+

Resumen: Inspirado en la mascota del emperador Carlos V, rey de España, se narra un día en la vida del gato Zapirón. El gato disfruta de largas siestas, espacios enormes y alimentos exquisitos a los pies del emperador. En el palacio comentan que el gato es un gorrón que no caza ni un ratón. Un día, Juanelo, un inventor, crea un pájaro mecánico para entretener al emperador, pero que termina siendo la caza de Zapirón. El texto está acompañado de ilustraciones sencillas que se enfocan en reflejar las emociones del gato. Al final, se incluye una nota de la autora, un glosario e información breve sobre el rey Carlos V.

Temas: gatos | mascotas | realeza

El gran cheeseburger y otros poemas con dientes (colección de poemas)

Escrito por Cindy Jiménez-Vera

Ediciones Aguadulce | 41 páginas | español | 5+

Resumen: Con un juego de palabras fantasioso e interactivo y un diseño juguetón, esta selección de poemas presenta la cotidianidad, la imaginación y las experiencias escolares de la niñez. Se incluyen poemas interactivos y espacio para actividades textuales y visuales.

Temas: niñez | palabras | poesía

Las hormigas de Sofía (libro ilustrado)

Escrito por Ana Delgado Ramos

Ilustrado por Héctor Ávila

Publicaciones Gaviota | 27 páginas | español | 8+

Resumen: Ana María es una abuela con mucha energía que vive en la Isla de las Hormigas junto a su jardinero, Antulio. La abuela está ansiosa por recibir a su hija, Marisol, quien pronto dará a luz a una niña que se llamará Sofía. Luego del nacimiento de la niña y de pasar unas semanas en la isla, Marisol y Sofía regresan a su hogar en Boston, para luego volver a donde su abuela tres años después. Las hormigas comienzan a hablar entre sí y sienten la necesidad de acercarse a Sofía, quien es una niña evidentemente negra, y que describen como "chocolatito caliente" y "muñeca de chocolate". La niña comienza a tener picadas y a sentirse enferma, por lo que la familia la lleva al doctor, quien les dice que ella tiene un "corazón de chocolate", lo que la hace dulce para las hormigas. Todos los personajes de la historia son blancos, incluyendo a la madre de Sofía. De hecho, hay una ilustración en la que se presenta a la bebé blanca. Sofía es el único personaje negro y aparece casi al final de la historia. La niña es comparada y descrita como comida, lo que es representación deshumanizante. Tampoco cuenta con voz e independencia. El texto es descriptivo y largo, pues arrastra la historia más de lo necesario. Se acompaña con ilustraciones digitales coloridas, una explicación de la moraleja y un poema para las hormigas.

Temas: animales del patio | familia

El huevo que pía / The Egg that Peeped
(libro ilustrado)

Escrito por Carmen Camacho Ilarraza

Ilustrado por Mario Marrero Rolón

Publicaciones Gaviota | 30 páginas | bilingüe (español e inglés) | 4+

Resumen: El curioso Adrién tiene cuatro años y vive en la ciudad. Pasa una temporada con sus abuelos en el campo y descubre la naturaleza y el beneficio de poder comer de la siembra. Por primera vez, tiene la oportunidad de ver una gallina y el nacimiento de sus pollitos. La pregunta "¿Y por qué?", aparece reiteradamente en la narración, que cuenta con ilustraciones en las que abundan la naturaleza y los colores verdosos.

Temas: agricultura | animales de la granja | vida en el campo

Julita tejedora de palabras / Julita Weaver of Words (libro ilustrado)

Escrito por Hidelisa Ríos Maldonado

Ilustrado por Juan Álvarez O'Neill

Editorial DEHONITE | 32 páginas | bilingüe (español e inglés) | 5+

Colección: Héroes

Resumen: La vida de Julia de Burgos es narrada con énfasis en su niñez, presentando su amor por las palabras y sus aventuras en el Municipio de Carolina. El cuento refleja el Río Grande de Loíza a través de la narración, las ilustraciones y con un fragmento del poema del mismo nombre. Además, se menciona la importancia de Julia para Carolina; las formas en que reconocen su trabajo; y su relevancia para países como Estados Unidos y los círculos de escritores. Desde el comienzo, la autora identifica a Julia como caribeña y enfatiza en su relación con la naturaleza.

Temas: biografía | Carolina | Julia de Burgos | Río Grande de Loíza

Llamita quiere ser mariposa
(primeros lectores)

Escrito por Julia de Burgos

Ilustrado por Alexis Castro Casara

Editorial EDP University | 24 páginas | español | 6+

Resumen: Llamita tiene unos muñecos que idean una estrategia para convertirse en mariposas. Durante la transformación de estos, la niña está triste buscando sus muñecos favoritos. Al encontrarlos, ella se da cuenta de que también quiere convertirse en mariposa, así que, como su altura no le permite hacer algunas cosas, se imagina cómo sería tener alas. Para añadir un aspecto interactivo, el libro incluye un juego para que la niñez se convierta en mariposa. La publicación cuenta con ilustraciones que lucen pixeladas.

Temas: imaginación | mariposa

La llegada de mi abuela (novela infantil)

Escrito por Nívea de Lourdes Torres Hernández

Ilustrado por Alexis Castro Casara

Editorial EDP University | 64 páginas | español | 11+

Resumen: Al llegar las vacaciones navideñas, Matías piensa que jugará y disfrutará como en todos los recesos escolares, pero la maestra embelequera de español decide darle una asignación: debe escribir un cuento. Matías siempre pasa la Navidad con su familia. Su padre es pescador y su madre, artesana. Con los pocos recursos económicos que tienen, siempre decoran el árbol de Navidad de maneras muy creativas. Esta vez, la abuela se muda con ellos y Matías se entera de que ha sido diagnosticada con alzhéimer. La tarea que le estaba quitando la felicidad le ayuda a relatar la aventura con su abuela, cuando ésta quiere rescatar a una sirena y llegar al Ojo del Buey, en Dorado.

Temas: abuelos | alzhéimer | Dorado | familia | Navidad

¡Llegaron los Reyes!
(libro ilustrado e informativo)

Escrito por Zulma Ayes Santiago
y Gil Rosario Ramos

Ilustrado por Boricua Rivera Batista
y Bruno Casiano

Editorial Nomos | 87 páginas | español | 6+

Resumen: Ilustraciones con técnicas mixtas y fotografías acompañan este texto que narra, a través de tres historias, la preparación y la celebración de la Fiesta de Reyes, en el pueblo de Juana Díaz. También se incluyen apuntes, cronología e historia de esta tradicional fiesta nacional que se celebra en dicho municipio.

Temas: Juana Díaz | Reyes Magos | tradiciones navideñas

Miracle on 133rd Street (libro ilustrado)

Escrito por Sonia Manzano

Ilustrado por Marjorie Priceman

Atheneum Books for Young Readers | 48 páginas | inglés | 3+

Resumen: José y su familia se preparan para celebrar Nochebuena en su apartamento en el Bronx. Sin embargo, se dan cuenta de que el pernil no cabe en el horno. Visitan a personas en su vecindario en busca de un buen horno, pero nadie está en el espíritu navideño. ¿Qué pasará cuando todos comiencen a oler ese delicioso pernil horneado? Este relato refleja el amor y la continuidad de las tradiciones puertorriqueñas en la diáspora. Además, presenta el arte culinario boricua como aspecto importante de la vida fuera del archipiélago.

Temas: cocina | comida | comunidad | diáspora | Navidad | tradiciones navideñas

Mitos del Pueblo Taíno (libro informativo)

Escrito por Mercedes López-Baralt (Prólogo)
y fray Ramón Pané (Basado en)

Ilustrado por Arlene Ruiz Isemberg

Instituto de Cultura Puertorriqueña | 55 páginas | español | 5+

Resumen: Basado en las interpretaciones e historias recopiladas por fray Ramón Pané, en su texto *Relación acerca de las antigüedades de los indios* (1495-1498), el libro presenta una serie de mitos cortos sobre los Taínos de las Antillas Mayores.

Temas: Antillas Mayores | colonialismo | mitos | Taínos

Nena se va de paseo con sus amigos
(primeros lectores)

Escrito por Linda M. Rodríguez Guglielmoni

Ilustrado por Daniel Ortega

Editora Búho | 28 páginas | bilingüe (español e inglés) | 7+

Resumen: Nena es una perra muy educada. Cuando su dueña la saca a pasear, aprovecha para saludar a los otros perros del vecindario. Una noche se escapa con dos amigos y llegan al bosque tropical donde interactúan con Esmeralda, quien les explica la importancia de cuidar los hongos para mantener el bosque balanceado. Al salir del bosque, los perros hacen la promesa de no destruir los hongos y volver de paseo con Nena, pero esta vez siguiendo sus instrucciones.

Temas: aventura | naturaleza | perros

P.A.M. (novela infantil)

Escrito por José A. Rabelo Cartagena

Ilustrado por One Crew Design

Publicaciones Educativas | 71 páginas | español | 10+

Resumen: Isabela llega a una escuela nueva para cursar quinto grado. El primer día está acompañada de un grupo de niñas de sexto grado y se la pasa muy bien. Sin embargo, el segundo día comienza a ser víctima de acoso escolar de manera verbal. Un día, se hace amiga de Grace, quien también ha pasado por burlas debido a su calvicie. Juntas comienzan a acompañarse en la escuela. Isabela descubre que existe un grupo o un individuo que alerta a educadores sobre casos de acoso escolar con la intención de solucionarlos. Entonces, decide intentar descubrir quién es P.A.M. (Patrulla Anti Molestosos). La narración ofrece información sobre los tipos principales de acoso escolar y las medidas tomadas por diferentes comunidades para combatirlo. Incluye un cuaderno de trabajo con actividades para antes, durante y después de la lectura.

Temas: *bullying* | escuela

Red, Yellow, Blue (and a Dash of White Too!)
(libro ilustrado)

Escrito e ilustrado por C. G. Esperanza

Sky Pony Press | 40 páginas | inglés | 2+

Resumen: Desde la portada hasta su última página, el libro contiene una explosión de colores y la felicidad de un niño al jugar con brochas y pintura. Con texto breve y divertido se presentan los colores primarios y lo que ocurre entre ellos para poder crear colores secundarios. Para cada mezcla de colores, el niño deja llevar su imaginación para integrar animales coloridos a la historia. Algunas de las ilustraciones evocan al arte de Jean-Michel Basquiat y resaltan lo visual del libro que sirve para integrar y trabajar el tema del arte y colores con la niñez.

Temas: arte | colores | imaginación

Salomón, el Ángel y la Navidad (libro ilustrado)

Escrito por Migdalia Guzmán Lugo

Ilustrado por Sixto Alvelo J.

Autopublicación | 18 páginas | español | 6+

Resumen: Salomón es un niño pastor que pierde la oveja más juguetona de su rebaño. Para recuperarla, un ángel lo guía hacia un lejano pesebre en el que recientemente nació un niño. La historia, de corte religioso, destaca la figura de la niñez como testigo del origen de la Navidad. Aunque algunas imágenes se ven pixeladas, estas complementan fielmente las acciones narradas.

Temas: nacimiento de bebé | Navidad

Seby, la cebolla, tiene una pregunta
(libro ilustrado)

Escrito e ilustrado por Carlos Alejandro Cruz

Editorial EDP University | 17 páginas | español | 5+

Resumen: Con ilustraciones sencillas que describen partes del cuento, se presentan tres personajes principales: Seby, el abuelo y la oruga. Seby es una cebolla que vive con su abuelo y se interesa por conocer qué es la fotosíntesis. Como el abuelo no tiene una respuesta, la oruga le explica qué es y cómo ocurre la fotosíntesis en la naturaleza.

Temas: ciencia | fotosíntesis | naturaleza

Sofi and the Magic, Musical Mural /
Sofi y el mágico mural musical (libro ilustrado)

Escrito por Raquel M. Ortiz

Ilustrado por María Domínguez

Piñata Books | 32 páginas | bilingüe (inglés y español) | 4+

Resumen: En una caminata hacia la bodega en su barrio neoyorkino, Sofía se topa con un mural que recrea estampas de Puerto Rico y el Viejo San Juan. Al acercarse un poco más al mural, sus personajes y el vejigante cobran vida, transportando a Sofía a los sonidos y paisajes de Puerto Rico. Las ilustraciones y la narración reflejan el poder de las imágenes boricuas en las calles de otros países y cómo regocijan los corazones diaspóricos.

Temas: arte | diáspora | imaginación | cultura

Solo Andrés (libro ilustrado)

Escrito por Neryvete Reyes

Ilustrado por Nívea Ortiz Montañez

Editorial SM | 23 páginas | español | 4+

Resumen: Andrés se siente desplazado por no tener toda la atención de sus padres cuando nace su hermanita Ana, así que tiene la grandiosa idea de venderla a veinticinco centavos. Con ilustraciones de las actividades de Andrés y las interacciones familiares con Ana, se presenta esta historia en que acoplarse a los cambios en la composición familiar a veces no es sencillo de lograr. Sin embargo, Andrés razona acerca de las destrezas de Ana y entiende por qué sus padres deben estar pendiente de las necesidades de la niña.

Temas: familia | nacimiento de bebé

El sueño geométrico de Miguel con el tangram / Michael's Geometric Dream with the Tangram (libro ilustrado)

Escrito por Orlando Planchart Márquez
Ilustrado por Ana María Bonilla
Traducido por Luz M. Rivera Vega
Editorial A Propósito | 48 páginas | bilingüe (español e inglés) | 6+

Resumen: Luego de aprender en la escuela sobre el tangram, un tipo de rompecabezas basado en figuras geométricas, Miguel tiene un sueño en el que imagina diversos animales que se pueden construir con sus piezas. El libro sirve como herramienta para la introducción a la geometría o tener una divertida sesión de un juego matemático. Las imágenes digitales explican claramente cómo replicar las siluetas soñadas por Miguel.

Temas: geometría | juegos matemáticos

Sueño mágico entre versos de mi infancia (colección de poemas)

Escrito por Sarah Dalilah Cruz Ortiz
Autopublicación | 41 páginas | español | 7+

Resumen: Breves poemas que capturan la voz, la madurez y las vivencias de su autora de siete años. Con temas como la cotidianidad, los abuelos, el dolor y la vida de Filiberto Ojeda Ríos, la poesía demuestra la diversidad de emociones y perspectivas con la que cuenta la niñez. La colección también incluye poemas sobre la niña escritos por poetas del colectivo Las Musas Descalzas, al cual pertenece la autora. Esta travesía poética puede servir de inspiración a la niñez para la creación de expresiones artísticas a través de las letras.

Temas: emociones y sentimientos | niñez | poesía | política | Puerto Rico

---

Tai en el bosque tropical: una aventura de magia en la selva de los montes sagrados de Borikén (libro ilustrado)

Escrito por Manuel Otero Portela
Ilustrado por Jorge Luis Ortiz Pérez
Editorial El Antillano | 43 páginas | español | 8+
Colección: Tai

Resumen: En un viaje junto al bohíque en busca de frutos y flora para tratar las dolencias de su cacique, Tai conoce nuevos espacios naturales y maravillosos de Borikén. Esta nueva publicación de las aventuras de Tai, el pequeño tayno, incluye información para educadores, cuidadores y lectores.

Temas: aventura | flora | naturaleza | Taínos

Thiago y la aventura de los túneles de San Germán (novela infantil)

Escrito por Yolanda Arroyo Pizarro
Ilustrado por Brittany Gordon Pabón
Editorial EDP University | 107 páginas | español | 8+

Resumen: Thiago y estudiantes de su clase aprenden y discuten sobre artes, ciencias y estudios sociales en su escuela en San Germán. Un día, el grupo de estudiantes son teletransportados a través del tiempo y el espacio y se enfrentan con retos y preguntas sobre la historia sangermeña.

Temas: historia | San Germán

Y el cuervo se fue volando / And the Raven Flew Away (libro ilustrado)

Escrito por Maribel T. de Suárez
Ilustrado por Ivelisse Figueroa y Víctor Claudio
Publicaciones Puertorriqueñas | 39 páginas | bilingüe (español e inglés) | 6+

Resumen: Mientras tres animales amigos se encuentran en El Yunque, llega un cuervo a tratar de dividirlos preguntándoles: "¿Cuál de ustedes pertenece a la raza que ha contribuido más al bienestar de la humanidad?". Sin embargo, la historia de cada uno se une con el nacimiento de Jesús en Belén. Se trabaja la raza de manera confunsa pero con la intención de presenta un mensaje de unión. Además, la inclusión de la religión en el relato se siente forzada.

Temas: amistad | raza | religión

Yo tenía una gata (primeros lectores)

Escrito por Mar Mayoral

Ilustrado por Tere Marichal Lugo

Autopublicación | 32 páginas | español | 1+

Resumen: Con un texto limitado e ilustraciones brillantes se presenta la historia de una gata que se dedica a darse escapaditas por las noches. El texto se presenta en tamaño grande para facilitar la lectura de lectores principiantes.

Temas: gatos | mascotas | rima

El siguiente libro fue publicado en este año
y no pudo ser consultado por falta de acceso:
Kenny es artista/Kenny is an Artist,
escrito e ilustrado por Tere Marichal Lugo.

Georgina Lázaro León

Escritora, traductora y promotora de lectura. Primera en recibir el *Belpré Author Honor Book* por una obra en español.

¿A dónde van los pájaros cuando llueve?
(libro ilustrado)

Escrito por Haydée Zayas-Ramos

Ilustrado por Yolanda Velázquez Vélez

Editorial EDP University | 11 páginas | bilingüe (español e inglés) | 4+

Serie: HOLA

Resumen: Una niña curiosa se pregunta a dónde van los pájaros cuando llueve. Aunque le surgen varias respuestas, decide preguntarle al abuelo. La niña concluye con respuestas asertivas y el cuento empodera el pensamiento crítico de la niñez. Las ilustraciones presentan diferentes escenarios de las conclusiones del personaje, con énfasis en la naturaleza.

Temas: animales

¡Achú, achú, Pirulo! (libro ilustrado)

Escrito por Pamy Rojas

Ilustrado por Christibiri López

Cuentos Verdes | 48 páginas | español | 3+

Resumen: Pirulo, el manatí, amaneció resfriado y le hizo una visita al doctor Delfino, para saber su diagnóstico. Como parte del examen médico, conocemos de diferentes amenazas humanas que mantienen maltrecha la salud del mamífero, como el contacto con hélices de motores y la contaminación en el mar. Las ilustraciones digitales mantienen acertadamente el ritmo ligero e informativo de la historia.

Temas: animales en peligro de extinción | animales marinos | contaminación ambiental | manatíes

Premios: International Latino Book Awards, 2018 | Best Educational Children's Picture Book-Spanish (Second Place) | Best First Book-Children's & Youth (Second Place)

Aidara en el país de las nubes
(primeros lectores)

Escrito por Mayra Santos Febres

Ilustrado por Mrinali Álvarez Astacio

Ediciones SM | 39 páginas | español | 5+

Resumen: De visita al parque en su querido pueblo de la Gran Montaña, Aidara y su madre disfrutaban de mecerse en los columpios. Aidara le pidió a su madre que la meciera más fuerte y, fue tanto el empuje, que la niña llegó hasta las nubes. Allí Aidara se topó con un país en los cielos, donde les enseñó a las princesas que existen destinos nuevos y roles tradicionales que romper.

Temas: familia | fantasía | retar roles de género

Las aventuras de Punta Arena (libro ilustrado)

Escrito e ilustrado por V. E. L. Rivera

Autopublicación | 22 páginas | español | 7+

Resumen: Un cobito que vivía en Punta Arena, Salinas, recibe el rechazo de otros cangrejos ante la suciedad de las costas. Por el temor de tener que abandonar su adorado hogar, estos crean un plan de limpieza, moviendo los desechos a un mangle cercano. Un manatí, al ver el error que se cometía al contaminar ese otro ecosistema, les sugiere llevar la basura a lugares habitados por los ciudadanos del municipio para que tuvieran que tomar acción. El cuento busca concienciar acerca de las acciones individuales que afectan a la comunidad. Al momento de reseñar este libro, no se tuvo acceso a sus ilustraciones.

Temas: animales marinos | contaminación ambiental | ecosistemas | Salinas

The Case of the Three Kings / Caso de los Reyes Magos (novela infantil)

Escrito por Alidis Vicente

Traducido por Gabriela Baeza Ventura

Piñata Books | 56 páginas | bilingüe (inglés y español) | 8+

Serie: Los expedientes de Flaca / The Flaca Files

Resumen: Luego de la fiesta navideña, Flaca y su hermana reciben la grata sorpresa de que viajarán a Puerto Rico a visitar familiares y celebrar el Día de Reyes. Ellas piensan que es el peor regalo que han recibido y se preparan para sobrevivir unas vacaciones "horribles". Flaca activa su rol de detective para investigar quiénes son los Reyes Magos y de dónde salen los regalos. Entonces, aprende mucho más de lo que esperaba.

Temas: detectives | diáspora | familia | Reyes Magos | vacaciones | viajes

Cuentos a dos voces y un pincel (colección de cuentos)

Escrito por Bibiana S. Torres Torres y Dinah Kortright Roig

Ilustrado por Manuel Torres Kortright

Editorial EDP University | 50 páginas | español | 8+

Resumen: Compilación de cuentos con temática variada. "Una lección para Mariana" presenta a alumnos de una escuela que le sirven con la misma moneda a Mariana, la *bully* que les arruina los momentos de diversión. En "Los miedos de Valeria", conocemos a una brujita asustadiza que aprovecha el Día de las Brujas para vencer una lista de miedos. En "La casa de los gatos", se muestran los lazos de solidaridad que unen a una gatita preñada y un gato callejero. Por último, en "Blancanube y Rosalinda", se presenta el plan ideado por una nube para sellar su amistad con una flor. El trabajo de ilustración es complejo y muy llamativo. Añade matices a las historias de creación colectiva.

Temas: amistad | *bullying* | Halloween (Día de Brujas) | solidaridad

Do-re-misterio playero (novela infantil)

Escrito por Isabel Arraiza Arana

Ilustrado por Alexis Castro Casara

Editorial EDP University | 109 páginas | español | 8+

Resumen: Manuel se enfrenta a un segundo enigma que hay que resolver: el misterio playero. Esta vez encuentra arena en el libro de adivinanzas y se entera de que el mar está mudo y muerto. Sin embargo, no se le hace tan fácil investigar la situación, ya que, al haber publicado un libro contando todas las formas de escape cuando resolvieron el misterio del monte, sus padres están vigilantes. Con la ayuda de Cholepán y nuevos personajes como don Aristóbulo, Manuel logra descubrir el misterio junto al libro de adivinanzas musicales. No obstante, se presentan descripciones de las personas de la playa como superiores a los de las zonas rurales por sus nombres y cuestiones de clase social. También se mencionan las tres culturas (africana, española e indígena), comparándolas con instrumentos musicales para describir la puertorriqueñidad. Las ilustraciones presentan diferentes escenas de la narración con una estética diferente a la de la entrega anterior, perdiendo continuidad y unión en la aportación visual de la obra.

Temas: adivinanzas | aventura | música

Premio: Ganador del Premio Campoy-Ada, categoría de novelas infantiles

¡Es mío! (libro ilustrado)

Escrito e ilustrado por Ita Venegas Pérez

Ediciones Callejón | 39 páginas | español | 3+

Colección: Sube y baja

Resumen: El niño Marcos aprende que sus manos, piernas y boca son suyas, por lo cual tiene que cuidarlas. Sin embargo, ¿qué pasa cuando aprendemos que hay cosas de todes? ¿Qué es lo que tenemos que compartir? Con ilustraciones brillantes y texto interactivo, se discute el compartir, las amistades y la responsabilidad colectiva.

Temas: autocuidado | compartir | emociones y sentimientos

La escuela del Tío Lagar-Tote

(primeros lectores)

Escrito por Tina Casanova

Ilustrado por David E. Rosa

Publicaciones Puertorriqueñas |
43 páginas | español | 7+

Resumen: Luego de que un auto por poco le pisara la cola a Lagar-Tito, alarmados por el susto, Mamá Lagar-Tita y Papá Lagar-Tón deciden castigarlo por su desobediencia. Ese día reciben la visita del Tío Lagar-Tote, maestro de profesión, que, tras estudiar el cuadro de eventos, propone que, en vez de castigar, es mejor educar al pequeño lagartijo. Improvisando un salón de clases en la casa, el tío educador se da a la tarea de enseñarle las reglas básicas de seguridad en la carretera. El tono casual del cuento hace que se repasen las reglas sin tornar pesada la lectura. Aunque se podrá notar que lo descrito no está fielmente ilustrado en ciertas páginas, no se afecta la lección de responsabilidad ciudadana que la autora desea llevar.

Temas: seguridad | responsabilidad ciudadana

Una fiesta azul (libro ilustrado)

Escrito por Georgina Lázaro León

Ilustrado por Jonathan A. Vega Colón

Instituto de Cultura Puertorriqueña |
31 páginas | español | 5+

Resumen: Serafín y Adelina son dos delfines que pasean por las aguas de Salinas. Al recibir una invitación para un baile y una cena en el océano Atlántico, deciden partir en busca de increíbles ajuares y prendas. En esa búsqueda, se encuentran con varios personajes y aventuras del maravilloso mundo marino.

Temas: animales marinos | mar | poesía | rimas

La flor del día de los Tres Reyes Magos

(libro ilustrado)

Escrito por Noel Morgado-Santos

Ilustrado por Amelia Monroe y Renee Falsetto

Autopublicación | 44 páginas | español | 5+

Resumen: Un niño pasa algunos días bajo el cuidado de Juanita, una señora mayor que vive sola en su casa en Río Piedras. Al entrar a cada cuarto de la casa, el niño se imagina diversos paisajes, aromas y texturas de sus paseos alrededor de Puerto Rico. Además, el niño disfruta de la alegría, la energía y la bondad de Juanita, quien, en sus paseos por Río Piedras, riega a todas las personas de amor, abrazos, humildad y ternura. Un día, Juanita recibe la llegada de La Visita, quien intenta persuadir a la señora para que comparta sus secretos de alegría a cambio de una vida eterna. Al su oferta ser rechazada, La Visita arranca un collar de flores de Juanita, muy querido por ella y donde guarda sus emociones. Por su avaricia, La Visita se encuentra con un destino inesperado y Juanita logra su "vida eterna" de manera natural a través de la muerte, siendo representada como una estrella junto a la de los Tres Reyes Magos. La narración, que culmina con una moraleja de que no se puede comprar o arrancar la humildad, la felicidad y la paciencia de otras personas, es acompañada por ilustraciones coloridas de medio mixto y *collages*.

Temas: emociones y sentimientos | imaginación | muerte | Reyes Magos | San Juan

La gata en la puerta (libro ilustrado)

Escrito por Haydée Zayas-Ramos

Ilustrado por Yolanda Velázquez Vélez

Editorial EDP University | 7 páginas |
bilingüe (español e inglés) | 4+

Serie: HOLA

Resumen: Una niña narra la historia de su gata aventurera y atrevida que, sin miedo a las alturas, sube por la cortina para ver los paisajes del exterior. Este libro bilingüe posiciona el español como primer idioma, rompiendo la tendencia de ubicar primero el inglés. Las ilustraciones hacen repetidas referencias a la visión y se presenta la observación como ayuda para tomar decisiones y evaluar acciones.

Temas: animales | aventura | valentía

Good Night, Puerto Rico (libro cartoné)

Escrito por Lisa Bolívar Martínez
y Matthew Martínez

Ilustrado por Joseph Vano

Good Night Books | 20 páginas | inglés | 0+

Serie: Good Night Our World

Resumen: Se presentan diversos lugares de Puerto Rico con un lente turístico, como el Parque de las Palomas, las Cavernas de Camuy y la isla de Culebra. Desde el amanecer hasta el anochecer, los personajes principales recorren y visitan varios puntos de interés del archipiélago, resaltando festividades y tradiciones.

Temas: turismo | turismo interno | viajes

Green James and the Recycling Force
(primeros lectores)

Escrito por A. E. Lizardi

Ilustrado por Rosa Colón

Poke Arts | 27 páginas | inglés | 7+

Resumen: Stinky Island se ha convertido en una isla llena de basura. La única región que no se ha contaminado es Greentown. Sin embargo, al estar rodeada de regiones contaminadas, Green James se ha dedicado a investigar cómo cambiar esta situación. Un día Mother Nature le advierte de un problema de contaminación y este se une a The Recycling Force, un grupo de personajes que luchan en contra de la contaminación. La acción social y la comunicación se presentan como claves para ganar la batalla. El libro incluye algunas recomendaciones sobre el reciclaje y definiciones de conceptos. Las ilustraciones comienzan presentando la isla y, luego, los personajes con características de superhéroes.

Temas: activismo | contaminación ambiental | reciclaje

La isla de cartón (novela infantil)

Escrito por Isabel Arraiza Arena

Ilustrado por Paola Arana y Bianca Arana

Editorial EDP University | 70 páginas | español | 7+

Resumen: Se cuenta la historia de los habitantes de una recóndita isla en donde crece y llueve cartón, la materia prima para el comercio y el trabajo del lugar. El pequeño Chas Carrillo adora a su padre, pero no quiere seguir sus pasos profesionales, sino que sueña con la magia de las letras. Una mañana, desembarca en el puerto un nuevo inquilino a la isla, el Capitán Capote, el cual, en su afán de hacer de este su hogar, busca el permiso de la Reina Rolanda para construir la primera y única casa de cristal. Este acontecimiento y sus consecuencias unirán las vidas del ingenioso Chas y el talentoso Capitán, quienes salvarán a la isla de cartón del colapso. La novela incluye dibujos y *collages* creados predominantemente con papel de estraza.

Temas: creatividad | escritores | español | familia | profesiones y oficios | sueños y deseos

Julia corazón de poeta (libro ilustrado)

Escrito por Wanda I. De Jesús Arvelo

Ilustrado por Mrinali Álvarez Astacio

Municipio de Carolina (PR) | 49 páginas | español | 5+

Serie: Los súper gigantes

Resumen: Se relata la niñez y la juventud de la gran poeta carolinense Julia de Burgos, intercalando en la narración algunos de sus versos y textos. Esta biografía resalta el rol de varias mujeres en la vida de Julia, como también brinda espacio para reconocer sus versos políticos, de crítica social y feministas, importantes en su obra. Se incluyen actividades, preguntas guías y bibliografía para ser consultada.

Temas: biografía | Carolina | escritores | feminismo | Julia de Burgos | poesía

Looking for Bongo (libro ilustrado)

Escrito e ilustrado por Eric Velasquez

Holiday House | 32 páginas | inglés | 2+

Resumen: Es hora de ver televisión y un niño anda en busca de su preciado peluche, Bongo. Le pregunta a su abuela, a su madre, a su padre y hasta a su gato y su perra, ¡pero nadie sabe dónde está Bongo! Las formidables ilustraciones en óleo y los *motif* de la cultura, arte y música afrodescendiente acompañan esta historia de curiosidad y travesura.

Temas: diáspora | familia | juegos y juguetes | perdido y encontrado

Lo prohibido: basado en una historia y hechos verídicos (novela infantil)

Escrito por Rosalie Bocelli-Hernández

Ilustrado por Bill Asbury y María M. Durán Alfaro

Autopublicación | 40 páginas | español | 8+

Resumen: Don Marcelo es el ebanista del vecindario; un hombre callado y trabajador con grandes destrezas para la artesanía. Tiene un taller con diferentes materiales para construir cosas que luego vende en su tienda. Un día, don Marcelo construye un carro de madera rojo con líneas blancas. Eduardo, narrador y protagonista de la historia, está fascinado con el carro. Al verlo a la venta en la tienda, se da cuenta de que no tiene el dinero para pagarlo, así que decide robárselo. Así comienza a normalizar un acto delictivo hasta que un día es encarcelado por robo de autos. Luego de salir de la cárcel, decide cambiar su vida y, un día, va a donde don Marcelo y le confiesa su error, acto que le produce paz. El libro incluye un glosario y una promoción de otras publicaciones de la escritora. El texto tiene errores de edición.

Temas: cárcel | emociones y sentimientos | juegos y juguetes | profesiones y oficios | religión

María Calabó: de niña curiosa a mujer líder (primeros lectores)

Escrito por Yolanda Arroyo Pizarro

Boreales | 41 páginas | español | 6+

Serie: Mujeres afroboricuas

Resumen: Biografía sobre la niñez de la profesora, declamadora y escritora afroboricua, Dra. María Esther Ramos Rosado. Sus experiencias con la antinegritud y el racismo con su familia y entorno escolar la llevaron a retar, criticar y enseñar sobre el racismo internalizado y en nuestro lenguaje. Se incluyen datos biográficos, fotografías y bibliografía consultada.

Temas: biografía | feminismo | María E. Ramos Rosado | racismo

Mi perro sato (libro ilustrado)

Escrito por Laura Náter Vázquez

Ilustrado por Lionel Villahermosa

Editora Educación Emergente | 27 páginas | español | 6+

Resumen: Al pasear su perro sato de pelo corto, color negro y collar rojo por las calles de Miramar o Río Piedras, siempre recibe comentarios negativos o lo ignoran sencillamente. Mientras, por otro lado, al caminar con perros "de raza", siempre es tema de conversación y de halago. Un cuento corto lleno de humor y simples ilustraciones en blanco y negro sobre nuestra conexión con las mascotas caninas y las expectativas y los prejuicios de los humanos.

Temas: discrimen | humor | identidad de género | mascotas | perros | San Juan

Mi primer día en la escuela (libro ilustrado)

Escrito por Frances Bragan Valldejuly

Ilustrado por David E. Rosa

Publicaciones Puertorriqueñas | 43 páginas | español | 4+

Resumen: Lorenzo tiene la experiencia de ir a la escuela por primera vez, lo que significa estar todo el día alejado de su mamá. El narrador cuenta cómo se sintió al presentarse ante el grupo de estudiantes durante el periodo de la merienda y a la hora del cuento en la sala de clases. Esta nueva experiencia al comienzo le da temor, pero luego sabe que jamás podrá olvidarla. Las ilustraciones que acompañan el texto en rimas muestran las diferentes escenas en la escuela y las interacciones en el salón de clases. El libro incluye un breve escrito por Francesca Vázquez, titulado "Ansiedad por separación en la edad escolar", dirigido a padres y cuidadores.

Temas: emociones y sentimientos | escuela

Mira lo que hice en la pared (libro ilustrado)

Escrito e ilustrado por David Santiago Bonilla

Santiago Art Studios | 28 páginas | español | 2+

Resumen: En los pasillos de su hogar, una niña encuentra una caja de crayones que la inspira a colorear una de las paredes. El padre, al ver los colores plasmados en la pared, decide limpiarla y pintarla por encima. En esos momentos, la niña ve los baldes de pintura, lo que la lleva a crear más obras de arte en la pared. Al darse por vencido, el padre decide exhibir, de forma creativa, la gran pintura de su hija querida. En este libro sin palabras, las ilustraciones coloridas se dedican a narrar la historia de una niña artista y la admiración de sus padres.

Temas: arte | familia | hogar

Mis noches en el museo (primeros lectores)

Escrito por Frances Bragan Valldejuly
Ilustrado por Rubén Pérez
Publicaciones Puertorriqueñas |
41 páginas | español | 8+

Resumen: A Pilley le gusta acompañar por las noches a su tío, que es guardia de seguridad del Museo de Arte de Ponce. Rodeado de tantas obras de arte europeas, el creativo chico deja volar su imaginación al hilar ingeniosas historias de algunos de los personajes perrunos que se encuentran en los lienzos. Las imágenes son creadas uniendo dibujos digitales con fotografías de las pinturas del museo. Se observa que ciertas imágenes están pixeladas, perdiéndose detalles para apreciar mejor las pinturas.

Temas: arte | Museo de Arte de Ponce |
museos | perros | Ponce

Monster Trucks (libro cartoné)

Escrito por Anika Aldamuy Denise
Ilustrado por Nate Wragg
HarperCollins | 32 páginas | inglés | 2+

Resumen: Camiones que personifican personajes de horror como el monstruo de Frankenstein, el hombre lobo, un zombi, entre otros, se enfrentan en una pista de carreras para ver quién será el ganador. Un personaje inesperado se une a la carrera y desafía con sus talentos, o suerte, a los escalofriantes contrincantes. Textos en rima y con ilustraciones vibrantes, crean un cuento simpático sobre amigos espeluznantes.

Temas: camiones | carreras |
personajes de horror | rimas

El monstruo de Comora (novela infantil)

Escrito por Jessica Agosto
Autopublicación | 26 páginas | español | 10+

Resumen: El hermano de Bruce se queda profundamente dormido y olvida buscar a su hermano a la práctica de fútbol. Bruce, cansado de tanto esperarlo, decide caminar de vuelta hacia su casa, pero, en el trayecto, es perseguido y atacado por una enorme y extraña criatura. La familia, oriunda de China, se había radicado recientemente en la isla de Gran Comora, en la costa sur de África, debido a que los padres de Bruce y Bruno se dedicaban a la investigación y la conservación de animales en peligro de extinción. La breve novela de misterio mantiene un buen ritmo, pero no invierte tiempo en desarrollar a sus personajes.

Temas: familia | misterio | monstruos |
perdido y encontrado

Una niña talentosa: autobiografía
(libro informativo)

Escrito por Rosalie Bocelli-Hernández
Ilustrado por Bill Asbury y María M. Durán Alfaro
Autopublicación | 39 páginas | español | 8+

Resumen: Conocemos la infancia de Rosalie Bocelli-Hernández desde su nacimiento en Ciales, con la ayuda de la partera de la comunidad, hasta sus doce años. Aunque se menciona la vida en el campo, se resaltan más las interacciones con familiares de Nueva York y con su padrino, quien, de maestro, se convierte en empresario. Eventos tristes en la vida de la niña, como la muerte de su madre, son incorporados en la historia, además de sus relaciones familiares y su interés por las artes. En la descripción de familiares y de Rosalie, resaltan estereotipos de belleza, por ejemplo, cuando se menciona su apodo como "la americana", por ser rubia. Por otro lado, al describir a su amigo con discapacidad, problemáticamente menciona: "...ya que siendo ciego siempre estaba contento", como si ambas cosas no pudieran convivir.

Temas: biografía | Ciales |
Rosalie Bocelli-Hernández

No a los unicornios (novela infantil)

Escrito por C. J. García

Ilustrado por Damián Zaín

Ediciones SM | 87 páginas | español | 8+

Serie: El Barco de Vapor

Resumen: Esta interesante y divertida historia nos presenta al personaje de Juan José, quien tiene problemas del habla y, en ocasiones, es comparado con su hermana gemela, Eugenia, una niña muy inteligente, que le dicen La Genia, y quien es amante de los unicornios. Juanjo detesta esa fijación que tiene su hermana con estos, así que un día, en la clase de arte, creó un letrero que decía: "¡No a los unicornios!". En la escuela tienen como asignación preparar un informe oral de su animal favorito y vemos cómo este proceso hace que sus vidas cambien y ambos desarrollen un mejor entendimiento del otro. Abu-Eva es quien se encarga del cuidado de ambos. Es la persona que mejor comprende a Juan José, le ayuda con el informe y le da consejos para superar la ansiedad que le produce pronunciar palabras difíciles. El libro incluye, "La carpeta de La Genia", un cuaderno con información sobre los unicornios y su influencia en las artes y la historia.

Temas: escuela | familia | unicornios

Nuestra constitución (libro informativo)

Escrito por Cámara de Representantes de Puerto Rico

Autopublicado | 76 páginas | español | 10+

Resumen: Se explica detalladamente qué es una constitución; el trasfondo histórico de la constitución de Puerto Rico, mirado desde la colonización española y la norteamericana; y el establecimiento del Estado Libre Asociado de Puerto Rico, en 1952. Se destacan del texto las secciones dedicadas a explicar los nueve artículos y las secciones particulares de este documento. Si bien encontramos que es un libro informativo denso, este podrá ser de mucho provecho para educadores al integrarse a cursos de estudios sociales y ciudadanía.

Temas: Constitución de Puerto Rico | gobierno de Puerto Rico

Las palabras perdidas (novela infantil)

Escrito por Ernesto Guerra Fronteras

Ilustrado por Óscar T. Pérez

Ediciones SM | 126 páginas | español | 11+

Serie: El Barco de Vapor

Resumen: Vermudo es un príncipe que, por orden del rey, vive encerrado en una torre del castillo, acompañado de libros para no ser asesinado por los trevíes. Un día, comienza a ver que las cosas van cambiando de color a gris y, a la misma vez, las palabras toman vida y se desaparecen de sus libros. Así comienza un proceso de escape y descubrimiento, con el personaje del anciano ermitaño, quien le narra la historia de su vida. Las relaciones de poder y las palabras se unen en la narración para producir una interesante historia.

Temas: misterio | palabras

Premio: IX premio de literatura infantil El Barco de Vapor Puerto Rico, 2015

Pepe Gorras o un verano terrorífico (novela infantil)

Escrito por Tina Casanova

Ilustrado por Julio César Morales

Ediciones SM | 160 páginas | español | 8+

Serie: El Barco de Vapor

Resumen: Al surgir una emergencia médica, Pepe, su hermana, "la Chismosa", y su hermanito, "el Llorón", deben pasar sus vacaciones de verano con su abuela. Los hermanitos se preguntan acerca de unas vacaciones en el campo, sin Internet, sin *Playstation*, sin amigos. Con un humor característico de la niñez, se narra un verano de travesuras, nuevas aventuras y amistades.

Temas: amistad | humor | vacaciones | vida en el campo

El pequeño Escoffier (libro ilustrado)

Escrito por Antonio Pérez

Ilustrado por Daniel Chonillo

Gallo Press | 20 páginas | español (traducción al inglés: *Little Escoffier*) | 5+

Resumen: El pequeño Escoffier gusta de pasear, comer y visitar mercados con su abuela. Un día, al salir de la escuela, se pone a pensar en que no tiene idea qué quiere ser cuando sea grande. Entre las experiencias de su vida y un sueño que tiene, el pequeño Escoffier decide convertirse en chef. Inspirado en la vida y la obra del chef francés Auguste Escoffier.

Temas: Auguste Escoffier | cocina | cocinero | imaginación | profesiones y oficios

---

Preciosa: cuentos y rimas
(colección de cuentos)

Escrito por Madelyn Vega

Ilustrado por Dayna Iris González

Autopublicación | 53 páginas | español | 7+

Resumen: En el primer cuento, Preciosa, una perrita, va con su familia de humanos, por primera vez, a la playa. Mientras juega con la arena se aleja de la familia y se encuentra con Azabache, un perro sin hogar. Entonces, un evento inesperado los sorprende. En el segundo cuento, Avi y su madre viven en un vecindario donde se acostumbra a compartir comida entre vecinos en la época navideña. Juntos hacen un recorrido por el vecindario hasta que Avi comprende la importancia de compartir. El tercer cuento presenta la historia de Martillón, un oso de peluche que, tras el paso del tiempo, ha quedado olvidado hasta que adquiere un nuevo dueño para jugar y se vuelve parte de la familia. Por otro lado, la segunda parte del libro incluye rimas que presentan la naturaleza y algunas lecciones para lectores como las diferencias, la vida en comunidad y el comer saludable. Las ilustraciones representan a personajes y los escenarios descritos en la narración.

Temas: animales | compartir | comunidad

Quiero pescar un pez; Bolita de cristal
(primeros lectores)

Escrito por Maribel T. de Suárez

Ilustrado por Haydeé Marie Maldonado Suárez y Daniel Candelario Suárez

Publicaciones Puertorriqueñas | 52 páginas | español | 5+

Resumen: Libro que contiene dos cuentos. "Quiero pescar un pez" narra la historia de Anita, quien quiere pescar con su abuelo. Al enterarse de que el pez va a sufrir al ser enganchado en el anzuelo, la niña decide que ya no quiere hacerlo. El cuento está escrito e ilustrado en pictogramas, partes de las oraciones son escritas en texto y partes en ilustraciones, las cuales son identificadas en una leyenda en cada página. En "La bolita de cristal" se cuenta cómo a Tatito le encanta jugar con su bolita de cristal, pero una tarde la pierde. La busca por todas partes y les pregunta a las flores, las rocas y la grama por ella. Finalmente, la encuentra al ayudar a una bota que siente mucha molestia en su barriga. Este texto es más amplio que el anterior y es acompañado de ilustraciones que complementan muy bien la historia.

Temas: colaboración | cuentos con pictogramas | emociones y sentimientos

---

¡Salsita! Cuentos para niños
(colección de cuentos)

Escrito por Carmen Alicia Morales

Editorial Adoquín | 94 páginas | español | 8+

Resumen: Como un recuerdo del pasado, se recopilan catorce diferentes relatos que presentan a Puerto Rico en la década de los cincuenta. Se resaltan las experiencias en el hogar y en la comunidad de la niñez protagonista. Se hace referencia a los vendedores ambulantes (y su manera particular de anunciarse), la comida puertorriqueña; los juegos tradicionales, como el gallito y el trompo, y otros recuerdos. Sin embargo, el vocabulario hace que se aleje de la realidad de hoy, dificultando la comprensión en una lectura independiente.

Temas: comida | familia | juegos y juguetes | profesiones y oficios | tradiciones

---

Salvador, diario de un manatí (libro ilustrado)

Escrito por Isabel Quílez Velar

Ilustrado por Millie Reyes

Autopublicación | 36 páginas | español | 7+

Resumen: Salvador es un manatí huérfano que vive en el Río Grande de Loíza. Cuando busca comida, se le hace más difícil conseguir las plantas que le gustan, ya que la contaminación ambiental y las lanchas afectan su rutina diaria y la vida marina. Mientras conocemos a Salvador, este nos presenta otros animales de Puerto Rico y sus particularidades. Ilustraciones que contrastan diferentes colores acompañan esta historia que refleja el impacto y el daño que causan los humanos a la vida marina y de los ríos.

Temas: animales marinos | contaminación ambiental | manatíes | Río Grande de Loíza

---

¡Soy funámbulo! Vivo en el aire (libro ilustrado)
Escrito por Zulma Ayes Santiago
Ilustrado por Milton González Delgado
Editorial EDP University | 20 páginas | español | 8+
Serie: ¡Cuentos de ocupaciones fascinantes!

Resumen: Cuento que narra la vida de Lorenzo, desde sus ocho años hasta la adultez, cuando logra cumplir uno de sus sueños: ser funámbulo. Aprendió sobre esta profesión gracias al libro, *El circo,* que le había regalado su tía Lina. Desde pequeño sabía que su gran pasión era estar en el aire. La aventura de vida de Lorenzo lo lleva a ofrecer un gran espectáculo en Bratislava, al que va a verlo su tía. Las ilustraciones son creadas con crayones y predomina el blanco para describir el tono de piel de los personajes.

Temas: circo | profesiones y oficios

¡Soy investigadora de hormigas! Luli y yo
(libro ilustrado)
Escrito por Itza Mariel Ortiz González
Ilustrado por Milton González Delgado
Editorial EDP University | 20 páginas | español | 7+
Serie: ¡Cuentos de ocupaciones fascinantes!

Resumen: Utilizando crayones para darle color a las ilustraciones que acompañan este cuento, diseñado para leer en voz alta, se presenta la vida de Marcia desde su niñez. Ya adulta, mientras vivía en Nueva York, se encuentra a una niña en Central Park a quien la pican las hormigas. De esta forma, comienza su interés por estos insectos y su amistad con Luli, una hormiga muy trabajadora que le enseña mucho a Marcia. Esta siguió educándose hasta organizar reuniones en su escuela para discutir sobre las hormigas y, luego, se convirtió en la investigadora de estas criaturas más prestigiosa de la ciudad de Nueva York.

Temas: animales del patio | diáspora | Nueva York | profesiones y oficios | zoóloga

---

¡Soy timbalero! La buena suerte de romperme el tobillo (libro ilustrado)
Escrito por Zuleika Carrillo Arroyo
Ilustrado por Milton González Delgado
Editorial EDP University | 20 páginas | español | 8+
Serie: ¡Cuentos de ocupaciones fascinantes!

Resumen: Narración basada en una entrevista realizada a Tito Puente, en la que se cuenta cómo llegó a convertirse en un reconocido timbalero. Conocemos su talento para el baile, así como la caída que le provocó desarrollar otros talentos y no poder participar en la Parada Puertorriqueña. La narración presenta algunos espacios de la diáspora boricua y las comunidades que conviven en la ciudad de Nueva York. Las ilustraciones, en las que predomina el azul, son coloreadas con crayones.

Temas: biografía | diáspora | música | Nueva York | profesiones y oficios | Tito Puente

---

Teatro migrante para niños: un caribeño en Nueva York (teatro)
Escrito por Manuel Antonio Morán
Ediciones Alarcos | 165 páginas | español | 12+
Serie: Escenarios del mundo

Resumen: Cinco guiones cortos para cinco diferentes cuentos que pueden ser dramatizados por la niñez. Los textos coleccionados en este libro han sido presentados en teatros alrededor del mundo. "¡Viva Pinocho!", "Mi superhéroe Roberto Clemente", "El encuentro de Juan Bobo y Pedro Animal", "Cenicienta" y "La Cucarachita Martina" presentan una diversidad de personajes y temas que van desde la fantasía hasta la realidad.

Temas: cultura | diáspora | folclor

El Trotamundos presenta: Aprendiendo valores con… mi amiga Isolina (libro ilustrado)

Escrito e ilustrado por Axel Serrant

Trotamundos Entertainment |
18 páginas | español | 4+

Resumen: Libro corto sobre la niñez de Sor Isolina Ferré que invita a lectores a colorear las ilustraciones y a recortar la medalla localizada al final del libro para otorgar a alguien que lleve a cabo buenas acciones. El libro también incluye un CD con una versión de la historia cantada y una versión instrumental.

Temas: amistad | biografía | paz |
respeto | Sor Isolina Ferré | valores

Tulipán, la jirafa puertorriqueña: piensa sobre las notas (libro ilustrado)

Escrito por Ada Haiman

Ilustrado por Roberto Figueroa

Autopublicación | 23 páginas | español
(traducción al inglés: *Tulipán, the Puerto Rican Giraffe: Thinks About Grades*) | 5+

Resumen: Tulipán adora la escuela, pero detesta que la única manera de comprobar lo aprendido sea por medio de exámenes. En esta aventura, Tulipán retará la concepción que se tiene sobre la inteligencia, basada en las notas obtenidas en las clases. Las ilustraciones y la diagramación de este cuento le brindan dinamismo y complementan la narración.

Temas: escuela | exámenes

Verdino: el dinosaurio verde (novela infantil)

Escrito por Tina Casanova

Ilustrado por Rubén Pérez

SigTina Editores | 110 páginas | español | 9+

Resumen: En los tiempos de "nada era como ahora" vivían muchas criaturas en el mundo. El "mago que todo lo hace" aún no había fabricado a los humanos. Luego de unos sucesos donde el mundo cambió, ya en los tiempos de "todo sería diferente", la última dinosauria verde se extinguió dejando un huevo azul verdoso. Pasaron muchos años, ya los humanos habían sido creados y llegaron los tiem-

pos de "todo cambió". En ese tiempo nace Rombo, un niño negro huérfano que se cría entre los animales por África y Australia. Un día llega al Zoológico de Mayagüez ya que durmiendo en la bolsa de un canguro, un cazador lo capturó sin darse cuenta del niño. Ya en Puerto Rico, Rombo se encuentra con Casiana quien le acoge como parte de su familia hasta que un día nace Verdino, el dinosaurio. Así comienza la historia de esta familia que se sigue agrandando hasta que por medio de luchas y unión comunitaria en Puerto Rico se acepta a Verdino como mascota nacional.

Temas: ciencia | dinosaurios | fantasía | misterio

¿Y por qué? (libro ilustrado)

Escrito por Georgina Lázaro León

Ilustrado por Antonio Martorell

Ediciones SM | 59 páginas | español | 3+

Resumen: Inspirado en las experiencias de sus creadores con el "abuelaje", la historia narra las interrogantes y las curiosidades de la niñez. Desde preguntas del diario vivir hasta aquellas más existenciales, cada verso captura la relación afectiva entre nieto-abuelo. Ilustraciones de pinturas con técnica mixta acompañan cada estrofa en rima.

Temas: abuelos | curiosidad | nietos | poesía

Yo quiero (libro ilustrado)

Escrito e ilustrado por Ita Venegas Pérez

Ediciones Callejón | 42 páginas | español | 4+

Colección: Sube y baja

Resumen: A veces se quiere dibujar, cantar, bailar o jugar fútbol, y se piensa en las emociones que causan estas actividades. Esta historia se centra en la agencia de la niñez para decidir qué quieren hacer o no, pero también en enfrentarse con acciones que no se desean realizar, pero es necesario llevarlas a cabo. Las ilustraciones y el formato interactivo hacen que este libro sea perfecto para grandes y chicos.

Temas: emociones y sentimientos |
lenguaje inclusivo | sueños y deseos

Yo solita (libro ilustrado)

Escrito e ilustrado por Ita Venegas Pérez

Ediciones Callejón | 43 páginas | español | 3+

Colección: Sube y baja

Resumen: La narradora cuenta las actividades que realiza solita y las que realiza con los adultos. Esta historia intercala asuntos de supervisión y seguridad, sin ser didáctica, para que la niñez comprenda en qué consisten su independencia, su dependencia y sus roles sociales.

Temas: independencia | seguridad | solidaridad

¡Yo soy investigadora de murciélagos!
¿Te cuento cómo lo descubrí? (libro ilustrado)

Escrito por: Eva Peñalver Rosa

Ilustrado por Milton González Delgado

Editorial EDP University | 22 páginas | español | 5+

Serie: ¡Cuentos de ocupaciones fascinantes!

Resumen: Milena va con su mamá a una excursión en grupo. Cansada de caminar, se queda atrás y, al encontrarse sola en la cueva, se asusta pensando en toda la desinformación que existe sobre los murciélagos. Continúa su camino hasta que se encuentra con una cría, un murciélago recién nacido, y, al verlo, trata de ayudarlo. Este encuentro hace que quiera aprender más sobre la ecología, tema que le presenta el guía. Este cuento funciona para ser leído en voz alta e incluye una entrevista corta con un experto en murciélagos. Las ilustraciones presentan diferentes escenas de la narración, con la figura del murciélago en varias ocasiones. Se recomienda que, de surgir próximas ediciones, se indique claramente quién es el entrevistado, aunque podemos interpretar por la contestación de las preguntas que podría ser Armando Rodríguez Durán.

Temas: ecologista | excursión | murciélagos | profesiones y oficios

Yolanda Arroyo Pizarro

Escritora, activista, educadora, promotora de lectura y directora de la Cátedra de Mujeres Negras Ancestrales y Cátedra de Saberes Afrocuir.

Un ABC para mi gualí (libro ilustrado)

Escrito por Wanda I. de Jesús Arvelo

Ilustrado por Tere Marichal Lugo

Autopublicación | 72 páginas | español | 3+

Resumen: Con coloridas ilustraciones y versos en rimas, se presenta el abecedario con términos relacionados con las comunidades taínas de Borikén, así como nombres de personas que estudiaron dichas comunidades, como el Dr. Ricardo Alegría. Desde *arocoel* hasta *zum zum*, se mencionan palabras del vocabulario taíno, utilizando el idioma español y las interpretaciones de cronistas españoles sobre cómo se escribirían las palabras taínas. Información adicional y un glosario acompañan el libro, lo que refuerza su contenido al proveer contexto histórico y cultural relevante para educadores y lectores.

Temas: abecedario | historia | Taínos

Alika quiere jugar en libertad (novela infantil)

Escrito por Zulma Oliveras Vega y Yolanda Arroyo Pizarro

Boreales | 48 páginas | español | 7+

Resumen: Alika es una niña esclavizada, de ojos azules y piel negra clara, que está asignada a las labores domésticas. Por sus características físicas, los amos esclavistas no quieren que juegue o comparta con la niñez esclavizada de piel más oscura, que vive en el exterior de la hacienda. Un día, toda la niñez decide disfrazar a Alika para que no sea reconocida y pueda jugar con ellos y conocer sobre las cuevas y las montañas de la isla. Entre juegos y aventuras, la niñez aprende sobre las comunidades taínas, la colaboración con las personas negras esclavizadas y sus respectivas resistencias. A través de un texto corto, se representa y reafirma la inocencia, la independencia y la libertad de la niñez negra esclavizada.

Temas: cimarronaje | colorismo | haciendas | personas esclavizadas | resistencia | Taínos

Ana y su perra Nana (libro ilustrado)

Escrito e ilustrado por Irma Ilia Terrón Tamez

Traducido por Edgar J. Marcano

Ediciones Eleos | 38 páginas | español (traducción al inglés: *Ana and Her Dog Nana*, 2019) | 3+

Resumen: Nana es una perra muy traviesa. Cada día, su dueña, Ana, le recuerda las reglas de la casa, pero ella las olvida. En este cuento acumulativo, la autora guía al lector por las travesuras diarias de Nana a lo largo de la semana. Al final del cuento, hay una serie de actividades lúdicas para el disfrute de la niñez.

Temas: días de la semana | mascotas | perros

Angelitos de la poeta (colección de poemas)

Escrito por Carmen Elisa Ramírez

Ilustrado por Fernando Cuevas Bautista

Círculo Rojo Editorial | 25 páginas | español (edición bilingüe: *Angelitos de la poeta / A Poet's Tiny Angels*) | 6+

Resumen: Nueve poemas infantiles con temáticas relacionadas con la escuela, las festividades, la naturaleza, los sentimientos y los deberes. Todos los poemas comparten una estructura rimada de cuatro versos por estrofa e incluyen dibujos digitales en colores pasteles alusivos a ciertos títulos del poemario.

Temas: poesía | Reyes Magos

A puertas abiertas: un poema sobre la vida de la Maestra Celestina Cordero (poema)

Escrito por Raquel Brailowsky Cabrera

Boreales | 26 páginas | español | 7+

Serie: Cátedra de Mujeres Negras Ancestrales

Resumen: En un solo poema, se presenta un tributo a la obra de la maestra Celestina Cordero. Desde el abrir de las puertas del salón de clases hasta las clases de matemáticas y de escritura que imparte, el texto refleja la dedicación y el amor de Celestina a sus estudiantes. El poema fue inspirado por unos anuncios sobre la escuela de la maestra Celestina Cordero, que fue publicado en el periódico *La Gaceta de Puerto Rico,* en 1847.

Temas: biografía | Celestina Cordero Molina | educación | maestra | poesía

---

Atención Atención: Mini cuentos Vol. 1
(colección de cuentos)

Escrito por Orlando Santiago

Ilustrado por Rangely J. García Colón

Publicaciones Gaviota | 58 páginas | español | 6+

Serie: Minicuentos

Resumen: Tres cuentos cortos escritos en rimas. El primer cuento narra cómo los animales o las personas se ayudan mutuamente, con acciones generosas que le facilitan y alegran el día a los demás. El segundo, presenta al hada Tapita, quien quiere ser otra cosa en vez de una humana. Luego de intentar varias transformaciones se da cuenta de que prefiere ser quien es. El último cuento presenta al lagarto Johnny, quien se divierte al bailar. Un día, se cae mientras baila, pierde sus zapatos y siente tanta vergüenza que decide nunca más bailar. Sin embargo, sus amigos lo hacen sentir mejor y, con mucho entusiasmo, continúa su sueño de ser bailarín. Las coloridas ilustraciones representan claramente las narraciones de los tres cuentos.

Temas: amistad | autoestima | rimas | sueños y deseos

Conozcamos a Isabelita (libro ilustrado)

Basado en entrevista por Isabel Hernández y autobiografía (Isabel Freire de Matos)

Ilustrado por Olimpia Anibaldi Sáez

Ediciones Cocolí | 23 páginas | español | 7+

Resumen: Biografía breve sobre la vida de Isabelita Freire de Matos. Conocemos la infancia de la educadora nacida en Cidra, Puerto Rico y cómo la naturaleza, sus hermanos, el juego, sus maestras, la lectura y el teatro tuvieron un gran efecto en el ser humano en que se convirtió. Isabelita es recordada como es-

critora de literatura infantil y como una destacada educadora del modelo hostosiano aplicando la teoría en la pedagogía practicada en el colegio que fundó: Colegio Eugenio María de Hostos.

Temas: biografía | escritores | Isabelita Freire de Matos | maestra

---

Coquí y sus amigos (libro ilustrado)

Escrito por Irma Ilia Terrón Tamez

Ilustrado por Frank Joseph Ortiz Bello

Ediciones Eleos | 40 páginas | español | 6+

Resumen: Una mañana, Coquí y los otros animales que viven en la finca de don José reciben la inesperada visita de un feroz monstruo de acero que devora insaciablemente los árboles del lugar. Será con la ayuda de Sato, el perro mascota del granjero, que Coquí planificará cómo detener la máquina de construcción y concientizar al dueño de la finca que busca vender el terreno y eliminar su hábitat.

Temas: animales | coquí | deforestación | organización comunitaria

---

Clara lo cuenta todo (libro cartoné)

Escrito por Atención Atención

Ilustrado por Memo Plastilina

Publicaciones Gaviota | 32 páginas | español | 0+

Resumen: A Clara le gusta contar las cosas que le rodean… un gato, tres amigos, siete peces en la pecera. En este breve libro, la niña cuenta del número uno al diez. Sus ilustraciones en plasticina integran a diferentes personajes del programa televisivo puertorriqueño, *Atención Atención.*

Temas: números

Cuando se fugó Catalina (novela infantil)

Escrito por Lala García

Boreales | 29 páginas | español | 11+

Serie: Cátedra de Mujeres Negras Ancestrales

Resumen: Inspirado en una nota publicada en el año 1872, en el periódico *La Gaceta de Puerto Rico,* que anunciaba su libertad, se presenta un vistazo ficcionalizado a la vida de Catalina, mujer negra esclavizada del área oeste de Puerto Rico. Contado desde el punto de vista de su ama, se narra la niñez y la amistad entre Catalina y una niña blanca, quien eventualmente se convierte en su ama, cuando la mujer blanca logra alcanzar la adultez y el matrimonio. Conversaciones y eventos entre ambas demuestran las relaciones de poder entre las comunidades negras esclavizadas y las comunidades blancas esclavizantes y los momentos superficiales de semejanzas entre ambas razas.

Temas: Catalina | cimarronaje | esclavitud | personas esclavizadas

---

La culebra de Teresa (novela infantil)
Escrito por Yolanda López López
Ilustrado por Paola A. Castro Muñoz
Boreales | 39 páginas | español | 5+
Serie: Cátedra de Mujeres Negras Ancestrales
Resumen: Teresa es una niña esclavizada que vive en una hacienda en el centro de las montañas de Puerto Rico. La niña desea jugar en el patio con las otras niñas esclavizadas, pero su amo esclavista le dice que la compró para trabajar, no para jugar. De no hacer tareas forzosas, Teresa se enfrentará a castigos y golpes con látigo por parte del hacendado. Es aquí donde la niña aprovecha que el amo esclavista está borracho y dormido para agarrar el látigo y utilizarlo como una culebra de juguete, para jugar con las demás niñas. Este relato fue inspirado por un dato encontrado en un libro de historia y representa las experiencias y las opresiones enfrentadas por la niñez negra y esclavizada de Puerto Rico.

Temas: cimarronaje | esclavitud | haciendas | historia | niñez | personas esclavizadas

---

Eneida y Martín: dos coquíes muy distintos
(novela infantil)
Escrito por Alexandra Pagán Vélez
Ilustrado por Christibiri López
Loqueleo | 41 páginas | español | 10+
Resumen: Los coquíes Eneida y Martín, a diferencia de sus amigos y familiares, quieren saber más sobre las otras especies que viven en El Yunque. Para sus

respectivos grupos, las otras especies de coquíes son tan diferentes entre sí que están convencidos que no se llevarían bien ni entenderían su cantar. Estos prejuicios no detienen al par de embarcarse una noche a conocer al otro y comprobar que sus diferencias no son tan grandes y que, para sobrevivir, necesitan cuidarse colectivamente. En los dibujos digitales predomina una paleta de verdes y marrones.

Temas: amistad | animales en peligro de extinción | Bosque El Yunque | coquí | prejuicios

---

Una estrellita que bajó del cielo
(primeros lectores)
Escrito por María "Cuca" Suárez Toro
Ilustrado por Haydée Marie Maldonado Suárez
Publicaciones Puertorriqueñas | 33 páginas | español | 5+
Resumen: En las pocitas de Vega Baja, se encontraba Alainna, una niña rubia con pelo rizo. Por su parte, la estrella Lucerito quiere bajar a jugar, acercándose tanto que Alainna la ve y la invita a disfrutar del agua. En la conversación inicial, Lucerito aprende que hay estrellas como ella en el mar y decide subir a pedirle permiso a su mamá para jugar en la playa de Vega Baja. Las simples ilustraciones presentan a los personajes de la historia y el escenario de la playa coloreados con crayones.

Temas: amistad | estrellas | Vega Baja

Frasquito entre papeles, brochas y pinturas / Frasquito Among Papers, Brushes and Paints
(libro ilustrado)
Escrito por Hidelisa Ríos Maldonado
Ilustrado por Nelson Ríos-Rivas
Editorial DEHONITE | 38 páginas | bilingüe (español e inglés) | 7+
Colección: Héroes
Resumen: Biografía del pintor Francisco Oller, también conocido en su infancia como Frasquito. El libro captura la pasión temprana que tuvo Oller por el dibujo, la pintura y el canto, y cómo su talento lo destacó tanto en Puerto Rico como en Europa. Es

considerado una de las figuras más importantes del movimiento impresionista y sus cuadros son exhibidos en importantes museos alrededor del mundo. Cada página de la biografía incluye a dos juguetones gatos que acompañan al lector mientras conocen la destacada trayectoria del pintor.

Temas: arte | biografía | Francisco Oller y Cestero

El gatito soñador (libro ilustrado)

Escrito por Isabel Freire de Matos

Ilustrado por Emilia Anibaldi Sáez

Ediciones Cocolí | 21 páginas | español | 4+

Resumen: Breve narración de un gato que no sabe quién es. En el proceso de descubrir que es un felino, prueba suerte siendo una mariposa, un perro y un sapo. El cuento presenta pictogramas en sus páginas para invitar a los más pequeños a ser parte de la lectura.

Temas: animales | autodescubrimiento | cuentos con pictogramas

---

Goyito y su caracol se mudan a Coamo
(libro ilustrado)

Escrito por Nydia E. Chéverez Rodríguez

Ilustrado por Yahdiel A. Méndez Jiménez

Biblio Services | 15 páginas | español | 8+

Resumen: Con ilustraciones a crayones, se presenta un rescate a las historias de las personas negras esclavizadas desde el recuerdo de Goyito, un niño negro libre, con un padre negro ladino y una madre negra bozal. Goyito narra cómo, en 1865, su padre, Manuel Rodríguez, luchó para obtener la libertad y, al nacer él, ya eran negros libertos. Manuel fue secuestrado a los 16 años, de África, y murió de cólera, en Borinquén, a los meses de convertirse en padre. Casi diez años después del suceso, Goyito y Martina Santiago, su madre, se mudan de Juana Díaz a Coamo, con el recuerdo del mar que se conserva en un caracol de carrucho. La historia presenta la valentía, la resistencia y la fuerza de personas negras esclavizadas. Sin embargo, la narración no abunda acerca del lugar de África del que era oriundo Manuel, para romper con el estereotipo de este continente como homogéneo.

Temas: cimarronaje | Coamo | esclavitud | haciendas | Juana Díaz | personas esclavizadas

---

Kelaiah Warriors: el secreto de la semilla
(libro ilustrado)

Escrito e ilustrado por Kathia Alsina Miranda

Autopublicación | 71 páginas | español | 10+

Serie: Kelaiah Warriors

Resumen: La narración une temas bíblicos como la "Semilla del sembrador" y "La armadura del cristiano", con un mensaje que invita a seguir estas enseñanzas y a evangelizar. A su vez, presenta una nota de tristeza y desesperanza cuando las personas no viven de acuerdo con los preceptos bíblicos. El libro incluye una oración de conversión, al finalizar el cuento, con el propósito de que haya una afirmación de aceptación de Jesús. Esta se completa al escribir el nombre en el espacio en blanco, que también puede relacionarse con la idea del cristianismo en que, luego de la conversión, Jesús escribe el nombre de la persona en el *Libro de la vida*. Las ilustraciones que acompañan este texto fueron creadas para colorear, sin embargo, no son de buena calidad.

Temas: emociones y sentimientos | religión

La libertad de Justa (novela infantil)

Escrito por Rosario Méndez Panedas

Boreales | 23 páginas | español | 8+

Serie: Cátedra de Mujeres Negras Ancestrales

Resumen: Inspirado en un anuncio publicado en *La Gaceta de Puerto Rico,* en 1872, sobre la libertad de Justa, se presenta un vistazo a su vida y su tiempo como mujer esclavizada por Josefa Colón. Al recibir el documento que la convierte en una mujer libre, Justa recuerda el trabajo forzado en el cañaveral y en la casa de doña Josefa. Justa deseaba leer y escribir, por lo que aprendía y practicaba en su poco tiempo libre hasta lograr descifrar algunas palabras. Un día, recoge un papel de periódico arrugado de una cuneta y logra leer el anuncio y reconocer aquellas palabras que ella ya sabía sobre su libertad. Texto corto y emotivo nos da una mirada a la vida de Justa, y, a su vez, un ejemplo de las vidas y las historias de mujeres negras esclavizadas.

Temas: Justa | libertad | esclavitud | personas esclavizadas | periódicos

---

Maestra Celestina (novela infantil)

Escrito por Rosario Méndez Panedas

Ilustrado por Tomás Méndez Panedas

Boreales | 44 páginas | español | 5+

Serie: Cátedras de Mujeres Negras Ancestrales

Resumen: Biografía ficticia de la vida y la obra de Celestina Cordero, una de las primeras mujeres en obtener licencia de maestra y abrir una escuela para la niñez marginada. Contado desde el punto de vista de Celestina, se narra su infancia y juventud rodeada del amor por la educación, inculcada por sus padres, y las diversas barreras que tuvo que enfrentar para abrir oficialmente una escuela junto a su hermano, Rafael Cordero. La historia ofrece un vistazo a la historia y el trabajo de una mujer que históricamente ha sido invisibilizada y echada a un lado por la sombra de su hermano. Textos breves y sencillos hacen que este libro sea accesible para la niñez y, a su vez, inspire a conocer más sobre esta educadora negra.

Temas: biografía | Celestina Cordero Molina | educación

Mamá, me gustaría ser (primeros lectores)

Escrito por Beatriz Laguerre Saavedra

Ilustrado por Michelle Cubero Abolafia

Editorial Raíces | 35 páginas | español | 7+

Resumen: Gabriel, al ver a su madre descansar en el jardín, se le acerca para hacerle preguntas sobre el amor que habría entre ellos si en vez de ser su hijo este fuera un río, una oruga o una abeja. Para cada situación, el niño plantea cómo llamaría la atención de su madre. Al final, ella le ofrece una tierna respuesta que demuestra su amor incondicional. Si bien las imágenes son escasas y la trama no menciona la edad del niño, en ciertas ocasiones, el vocabulario utilizado denota una voz muy madura para ser infantil. Al

final del cuento, se incluye una serie de actividades de comprensión lectora y de creación pictórica.

Temas: amor | madre | maternidad

Mar de estrellas (libro ilustrado)

Escrito por Isabel Arraiza Arana

Ilustrado por Michelle Cubero Abolafia

Editorial Raíces | 30 páginas | español | 6+

Resumen: Nano Cucubano vuela desde el campo hasta el Viejo San Juan donde cae al mar debido a que el humo de un crucero le quita la posibilidad de volar. Allí se encuentra con olas llenas de basura. La luna alumbra un camino en el mar que lo lleva a la Isla Nena donde se encuentra con diferentes animales que, por problemas de contaminación ambiental, tuvieron que mudarse. Entre ellos, hay un manatí que se fue de La Parguera; un pelícano pardo que vivía en las costas de Fajardo; y una tortuga de carey que salió de las costas de Guayama. El libro incluye actividades de comprensión de lectura e ilustraciones con escenas de la historia.

Temas: animales en peligro de extinción | animales marinos | contaminación ambiental | Vieques

---

La maravillosa visita del calzadísimo extranjero (libro ilustrado)

Escrito por Sofía Irene Cardona

Ilustrado por Nívea Ortiz Montañez

Editorial de la Universidad de Puerto Rico | 23 páginas | español | 5+

Resumen: En un lugar remoto, existe un pueblo cuyos habitantes siempre andan descalzos. Es una comunidad que sabe de muchas cosas, excepto sobre aquellos artefactos que se colocan en los pies, llamados zapatos. Un día, llega Rigoberto, un hombre extraño y bigotudo, con un espectáculo de zapatos que maravilla a la comunidad de descalzos. La comunidad evaluará las posibilidades de este nuevo artículo en sus vidas, que mantendrá curioso al visitante extranjero. Ilustraciones coloridas acompañan esta historia sobre lo nuevo y fascinante, y las costumbres tradicionales de un pueblo. Por otro lado, las imágenes de personajes negros son caricaturescas y simulan al muñeco de trapo racista *golliwog*.

Temas: comunidad | vestimenta | visitantes

Micaela y la ballena (novela infantil)

Escrito por Roberto "Tito" Otero Fontánez

Ilustrado por Víctor Rodríguez Gotay

Ludus Editorial | 44 páginas | español | 10+

Resumen: Escrito desde la perspectiva de la niña Micaela, conocemos la situación familiar que la lleva a vivir temporalmente con la familia de su tío en Punta Ensenada, luego de que su madre emigrara a Estados Unidos a causa de su divorcio. En esta zona costera, conoce a Estrella, una ballenita simpática que le ofrece su amistad. El tiempo pasa y Micaela ahora vive con su madre en Holyoke, Massachusetts, donde sufre de discriminación escolar debido a su acento y nacionalidad. En su añoranza por regresar a Puerto Rico, tendrá un reencuentro inolvidable con Estrella. La narración en muchas ocasiones utiliza vocabulario y jerga que no corresponden con el registro de habla de una niña. Además, comentarios como "su piel era color brown bonito" o el énfasis en el color de piel que tenían unos dominicanos salvados del ahogamiento, ameritan un mejor trato y respeto a las personas negras.

Temas: *bullying* | diáspora | Massachusetts | mar

El monito Cocolí (libro ilustrado)

Escrito por Isabel Freire de Matos

Ilustrado por Olimpia Anibaldi Sáez

Ediciones Cocolí | 35 páginas | español | 4+

Resumen: Marisol es la dueña de un travieso mono llamado Cocolí. A este le encanta pasar sus días meciéndose de árbol en árbol. Un día, mientras está en su juego preferido, se aleja demasiado de su casa y se pierde, y, aunque lo buscan, es imposible encontrarlo. Al pasar los días, el padre de Marisol la lleva de visita al zoológico en donde la mayor sorpresa que encontrará es una exhibición temporera en la jaula de los monos. Esta historia sobre

un animal destaca las acciones y los pensamientos de la niñez.

Temas: animales de la selva | mascotas | perdido y encontrado | zoológico

---

Negrita linda como yo: versos dedicados a la vida de la Maestra Celestina Cordero (poema)

Escrito por Yolanda Arroyo Pizarro

Boreales | 24 páginas | español | 8+

Serie: Cátedra de Mujeres Negras Ancestrales

Resumen: Una niña negra esclavizada, de siete años, sueña con aprender a leer, escribir y ser estudiante de la maestra Celestina Cordero. La niña admira la piel, el vestuario y la manera de interactuar de Celestina, así que desea que la maestra se dé cuenta de su existencia por las calles de San Juan. Por otro lado, la niña también narra su deseo de reencontrarse con su madre, que está esclavizada, pero tan solo logra hacerlo a través de los sueños. Estos versos se caracterizan por la incorporación de palabras yoruba y por la sinceridad, tristeza y deseos presentes en la voz de la niña.

Temas: Celestina Cordero Molina | educación | niñez | personas esclavizadas

---

La niña que quiso contar cuentos: la vida de Pura Belpré (primeros lectores)

Escrito por Yolanda López López

Fotografías por Adál Maldonado

Autopublicación | 29 páginas | español | 11+

Serie: Cátedra de Mujeres Negras Ancestrales

Resumen: Breve biografía de la primera bibliotecaria puertorriqueña de la Biblioteca Pública de Nueva York a principios del siglo XX. Se recuenta su infancia en Cidra, y cómo los cuentos de su abuela forman la memoria de la niña y le acompañarán como adulta inmigrante en los Estados Unidos. Con este pequeño libro, el lector podrá echar un vistazo a los sucesos más importantes de la escritora, bibliotecaria y folklorista afroboricua.

Temas: bibliotecas | biografía | diáspora | folclor | Pura Belpré

Oscarita: la niña que quiere ser como Oscar López Rivera (primeros lectores)

Escrito por Yolanda Arroyo Pizarro

Ilustrado por Zulma Oliveras Vega

Boreales | 35 páginas | español | 6+

Serie: Cátedra de Mujeres Negras Ancestrales

Resumen: Una niña afroboricua conoce y admira la vida y la obra del exprisionero político Oscar López Rivera. Al igual que Oscar, a la niña le gusta pintar, comer arroz con gandules, anhela la independencia de Puerto Rico, vivió en Chicago y hasta tienen la misma fecha de nacimiento. La niña, quien no dice su nombre, pero decide llamarse Oscarita, desea ser un ejemplo para la niñez en abogar por las libertades y la educación en las artes. Ilustraciones sencillas en blanco y negro se incorporan en la historia que refleja e inspira la presencia y la voz de la niñez en los movimientos sociales y de liberación nacional. Se incluyen citas de López Rivera y datos biográficos.

Temas: activismo | liberación | niñez | Oscar López Rivera | prisioneros políticos

---

Los pasteles de abuela (libro ilustrado)

Escrito por Raquel Álamo Feliciano

Ilustrado por Rick Lipsett

Autopublicación | 32 páginas | español | 6+

Resumen: En plena víspera navideña, Amapola y su familia ayudan a la abuela Cuca en la preparación de sus tradicionales pasteles de plátano. En este cuento culinario, se narra paso a paso el proceso para preparar las yuntas de pasteles, y cómo también la pastelada se convierte en el perfecto encuentro familiar entre los que viven en y fuera de Puerto Rico. Las imágenes digitales presentan, de manera contemporánea, las celebraciones desde la perspectiva de una familia residente del área metropolitana. Al final, se incluye un glosario de palabras utilizadas en el cuento.

Temas: comida | diáspora | familia | Navidad

El pesebre de cartón (libro ilustrado)

Escrito por Jesús M. Santiago Rosado

Ilustrado por Brittany Gordon Pabón

Editorial EDP University | 16 páginas | español | 8+

Resumen: En una víspera de Reyes, en el Viejo San Juan, una persona sin hogar recuerda cómo celebraba la temporada navideña con su familia cuando pequeño, y lo feliz que se sentía en esta época. Sentado cerca de la escultura La Rogativa, recibe un regalo de una desconocida que le recuerda la esperanza del Día de Reyes. Las ilustraciones, mayormente verdes, representan la esperanza de la época navideña. Sin embargo, el hecho de que el personaje no tenga nombre lo despoja de una identidad. Es interesante que se presente a este personaje como una persona con estudios universitarios, ya que rompe con el estereotipo de las personas sin hogar.

Temas: personas sin hogar | regalos | religión | Reyes Magos | Viejo San Juan

---

Pura Belpré: una vida dedicada a los libros (primeros lectores)

Escrito por Rosario Méndez Panedas

Ilustrado por Tomás Méndez Panedas

Autopublicación | 39 páginas | español | 8+

Serie: Cátedra de Mujeres Negras Ancestrales

Resumen: Breve biografía de Pura Belpré, contada en primera persona. Utiliza, como hilo conductor, la influencia que tuvieron en su vida los libros y las historias orales que la acompañaron desde pequeña. Estas experiencias influyeron tanto su carrera profesional como bibliotecaria en la Biblioteca Pública de Nueva York, así como en su prolífica faceta de folclorista y escritora de literatura infantil.

Temas: bibliotecas | biografía | diáspora | folclor | Pura Belpré

¿Quién soy? (libro ilustrado)

Escrito por Isabel Freire de Matos

Ilustrado por Olimpia Anibaldi Sáez

Ediciones Cocolí | 35 páginas | español | 4+

Resumen: Una oruga verde se mueve entre el verdor del campo en busca de un fruto de su gusto. Pasa por limones, cocos, mamey, tamarindo y guanábanas hasta culminar en el árbol de mangó. Allí queda atrapada y conoce a otra oruga, quien la ayuda a encontrar un huerto donde no tan solo encontrará alimento, sino también una transformación. El texto e ilustraciones simples entrelazan dentro de la historia la metamorfosis de las mariposas con las experiencias y cambios de los seres humanos.

Temas: ciclo de vida | frutas | insectos | metamorfosis

Rafi y Rosi ¡Piratas! (primeros lectores)

Escrito e ilustrado por Lulu Delacre

Children's Books Press de Lee & Low Books | 64 páginas | español (traducción al inglés: *Rafi and Rosi Pirates!*) | 5+

Serie: Rafi y Rosi

Resumen: Rafi y Rosi, los hermanos coquíes, visitan el castillo del Morro en el Viejo San Juan, mientras pasan su día imaginando ser piratas, descubriendo tesoros y ofreciendo un jocoso giro a la famosa leyenda de la Garita del Diablo. La serie de aventuras tiene en común el uso del juego y la imaginación como herramientas para la resolución de conflictos. El libro incluye un glosario de términos, así como información adicional sobre el fortín del Morro, el Pirata Cofresí, la leyenda de la garita embrujada y los tesoros de los corsarios.

Temas: Castillo San Felipe del Morro | coquí | imaginación | leyendas | Pirata Cofresí (Roberto Cofresí y Ramírez de Arellano) | piratas | Viejo San Juan

---

Los recuerdos de Tillo (primeros lectores)

Escrito por Mayra de Lourdes Maldonado-Brignoni

Ilustrado por Cristino D. Correa Sierra

Santillana | 43 páginas | español | 5+

Resumen: Tillo es un lápiz que recuerda cómo conoció a Gaby y algunos de sus momentos juntos. Un día, la mamá de Gaby le regala un paquete de lápices que lo hace desarrollar su pasión por el dibujo hasta convertirse en un gran ilustrador. Logra escribir un libro sobre el abecedario con ilustraciones de diferentes animales y objetos. Las ilustraciones que acompañan la narración de Tillo presentan la juventud, la vejez y los sentimientos de los lápices.

Además, se incluye un espacio para que lectores realicen un dibujo y se diviertan con el abecedario para desarrollar vocabulario.

Temas: amistad | ciclo de vida | profesiones y oficios | emociones y sentimientos | vejez

---

Las Reyas Magas (libro ilustrado)

Escrito por Yolanda Arroyo Pizarro

Ilustrado por Brittany Gordon Pabón

Editorial EDP University | 31 páginas | español | 8+

Resumen: Luego de que un vecino alegara, en la víspera de *Halloween,* que existen disfraces exclusivos para nenes o nenas, tres hermanas crean una nueva tradición, en el pueblo de Cataño, de vestirse como Reinas Magas o, en su caso, de Reyas Magas. El cuento presenta varias situaciones en las que se retan los roles tradicionales de género, además de promover el liderazgo y la resolución de conflictos por la niñez y entre ella. Los dibujos digitales en tonos cálidos presentan con dignidad a una familia afropuertorriqueña.

Temas: activismo | Cataño | hermanos | perspectiva de género | retar roles de género | Reyes Magos | solidaridad

---

Rosa Caramelos (libro ilustrado)

Escrito e ilustrado por Norma I. Rivera Velázquez

Autopublicación | 29 páginas | español | 4+

Resumen: Rosa es una niña a quien sus compañeros de clases perciben como una estudiante que se porta mal. La niña quiere gritar a la hora de cantar, quiere brincar a la hora de hablar y se molesta cuando no le toca el primer turno en la fila. Con la ayuda de su maestra, y buscando en su interior, Rosa logra calmarse y controlar sus emociones. Al final del cuento, se incluyen actividades de integración literaria e información relacionada con el Déficit de Atención con Hiperactividad, diversidad funcional representada a través del personaje principal. Las ilustraciones presentan a una niña negra lidiando con una diversidad de emociones.

Temas: diversidad funcional | emociones (manejo de) | escuela

Rubén Darío (libro ilustrado)

Escrito por Georgina Lázaro León

Ilustrado por Lonnie Ruiz

Lectorum Publications | 36 páginas | español | 9+

Serie: Cuando los grandes eran pequeños

Resumen: Biografía de la infancia de Rubén Darío que destaca la influencia que tuvieron los libros y las vivencias junto a su madre y padrastro en su formación como escritor. Rubén fue un lector precoz que, a sus doce años, ya era reconocido por su sensibilidad y sus bellas poesías. Las cuidadas ilustraciones destacan el poder creativo del niño en contraposición con las experiencias humanas que influenciaron su vida.

Temas: biografía | escritores | Nicaragua | Rubén Darío

Premios: International Book Award, Best Children's Nonfiction Picture Book (Honorable Mention), 2017 | Premio Campoy-Ada, mención de honor, categoría de biografía

---

Schomburg: The Man Who Built a Library
(libro ilustrado)

Escrito por Carole Boston Weatherford

Ilustrado por Eric Velasquez

Traducido por Teresa Mlawer

Candlewick Press | 43 páginas | inglés (traducción al español: *Schomburg: el hombre que creó una biblioteca*, 2019) | 8+

Resumen: Cuando la maestra de quinto grado de Arturo A. Schomburg le dice que las personas negras no han aportado nada a la historia, la ausencia de documentación es el mayor motivador para trazar las grandes figuras y los logros que tuvieron los negros y sus descendientes a lo largo del tiempo. Aunque es una biografía sobre Schomburg, también es una biografía de muchas otras figuras intelectuales del pasado y contemporáneas al intelectual que buscaron con sus esfuerzos, hacer un mejor mundo para personas negras. Las imágenes presentan con dignidad al afroboricua y su amor por los libros y el conocimiento.

Temas: Arturo Alfonso Schomburg | bibliotecas | biografía | educación | historia | negritud

A Season to Bee (libro ilustrado)

Escrito e ilustrado por Carlos Aponte

Price Stern Sloan | 32 páginas | inglés | 3+

Resumen: Llegó la primavera y la abeja *fashionista*, Miss V. McQueen, muestra las nuevas tendencias de colores para la temporada. Se ofrece un divertido giro a la enseñanza de los colores, utilizando el mundo de la moda como escenario. El cuento, además, usa el homófono, en inglés, "be/bee" (ser/abeja) para transmitir la importancia de ser uno mismo, sin importar las tendencias o las temporadas del año.

Temas: autoestima | colores | insectos

Sebi y la tierra del chachachá (libro ilustrado)

Escrito por Roselyn Sánchez y Eric Winter

Ilustrado por Nívea Ortiz Montañez

Celebra Children's Books, Penguin Books | 32 páginas | español (traducción al inglés: *Sebi and the Land of Cha Cha Cha*) | 4+

Resumen: Luego de maravillarse con los bailarines del Festival Latino, Sebi y su amigo, Keeke, quieren aprender a bailar y saber más sobre los bailes latinos. Una serie de animales les harán conocer más de cerca el chachachá, el merengue y la samba. Aunque el festival no hace alusión a una nacionalidad específica, sus coloridas imágenes nos remiten a la cultura puertorriqueña. Lamentablemente las ilustraciones incluyen monos antropomórficos para representar una orquesta de merengue, representación deshumanizante que proviene del racismo científico de comparar las personas negras con simios.

Temas: animales | baile | multiculturalidad

La sopa de la risa / The Laughter Soup
(primeros lectores)

Escrito por Tina Casanova

Ilustrado por PEKEGRAF

Publicaciones Puertorriqueñas | 41 páginas | bilingüe (español e inglés) | 7+

Resumen: Las personas del pueblito Sambirón sufren una epidemia que les provoca quedarse serios; ya nadie ríe, excepto el alcalde. Este busca alternativas en el extranjero para que regrese la alegría. Un día, llega una persona alegre con la idea de cocinar una sopa en el centro del pueblo. Poco a poco va llamando la atención de la vecindad hasta que juntos preparan el platillo. En el proceso, se ven nuevamente sonrisas y conversaciones. Las ilustraciones, con personajes caricaturescos, presentan la comunidad y sus alrededores. El libro incluye preguntas de comprensión de lectura y anima al lector a ampliar su vocabulario.

Temas: comida | comunidad | emociones y sentimientos

Starring Carmen! (libro ilustrado)
Escrito por Anika Aldamuy Denise
Ilustrado por Lorena Alvarez Gómez
Abrams Books for Young Readers | 32 páginas | inglés | 5+
Resumen: Carmen es toda una artista y, quieran o no, sus padres y su hermano menor son su audiencia y fanaticada. En esta breve, pero movida historia, conocemos a la creativa Carmen, quien, deseosa de mostrar sus talentos, tendrá que aprender a compartir el "escenario" con su hermanito. Las imágenes utilizan ingeniosas composiciones que complementan el ritmo de la historia.

Temas: compartir | hermanos | imaginación | teatro

La Surrupita. Cuando una amiga se va (primeros lectores)
Escrito por Arlene Carballo Figueroa
Ilustrado por Maribel Torres Baerga y Arlene Carballo Figueroa
Autopublicación | 27 páginas | español | 7+
Resumen: Sofía siente una enorme tristeza cuando su mejor amiga, Camelia, le da la noticia de que se mudará a los Estados Unidos, ya que su papá no consigue trabajo en Puerto Rico. Al regresar a la escuela, el conserje nota la tristeza de Sofía en las mañanas y se lo comenta a Teresa, la madre de la niña. Teresa insta a su hija a que haga amistad con Mabel, la niña nueva de la escuela, y comienza una conversación sobre diversidad funcional, ya que esta tiene

solo una mano. Con el tiempo, Sofía nota que Mabel puede hacer de todo. Camelia conoce a Mabel por Sofía y el Día de Reyes celebran juntas en Puerto Rico vestidas de Reyas Magas.

Temas: amistad | diáspora | diversidad funcional | Reyes Magos

---

Toque de bomba (poema)
Escrito por Raquel Brailowsky Cabrera
Boreales | 37 páginas | español | 7+
Serie: Cátedra de Mujeres Negras Ancestrales
Resumen: Oda y recuerdo a las personas negras que fueron violentamente saqueadas y transportadas desde África hasta las Américas para ser esclavizadas. Se recuerda la música y las tradiciones de sus comunidades, el viaje transatlántico forzoso y a aquellas personas que perdieron sus vidas en alta mar. Se presentan las formas de resistencia y cimarronaje a través de los tambores, las canciones y los bailes. Es un breve poema que enfatiza en las vidas y las historias que han sido invisibilizadas o distorsionadas.

Temas: cimarronaje | esclavitud | historia | música | personas esclavizadas | resistencia

---

Tulipán, la jirafa puertorriqueña: rechaza un engaño espeluznante (libro ilustrado)
Escrito por Ada Haiman
Ilustrado por Roberto Figueroa
Autopublicación | 33 páginas | español (traducción al inglés: *Tulipán: the Puerto Rican Giraffe, Rejects a Hair-Raising Lie*) | 9+
Resumen: En esta entrega de Tulipán, la curiosa jirafa, conoce el concepto de raza. Ella problematiza la forma en que esta idea inventada ha sido utilizada por siglos para naturalizar la esclavitud y negarles los derechos a seres humanos, quienes, por sus características físicas o nacionalidad, se les considera inferiores. La autora emplea, como pie forzado de la trama, uno de los libros de textos, *Convivencia,* utilizados en la clase de Estudios Sociales de tercer grado en el sistema educativo de Puerto Rico, en donde se define erróneamente el racismo como la superio-

ridad de una raza sobre otra. Aunque no niegan la existencia del privilegio blanco, Tulipán y sus compañeros de clase retan el equivocado concepto para que, de una vez y por todas, se revele el "engaño espeluznante" de creer que existen diferentes razas.

Temas: educación | racismo | raza

Tuyén y el huracán rojo (novela infantil)

Escrito por Mayra Montero
Ilustrado por Christibiri López
Loqueleo | 45 páginas | español | 10+

Resumen: Un ciclón se escapó de los anillos de Saturno y se dirige hacia la Tierra. Mientras se espera el paso de la gran tormenta roja, la pequeña Ariana busca entretener a su familia con una lectura anecdótica de cómo conoció a su amiga, Tuyén. La niña, de ascendencia vietnamita, llegó con su familia a Puerto Rico sin hablar una pizca de español, por lo que se recuerdan episodios de discrimen, *bullying* y prejuicios étnicos, como considerarla "china" o mofarse de su forma de hablar. Las imágenes de las familias y estudiantes presentan diversidad en los tonos de piel y se retrata muy bien la espera de un huracán: falta de luz e Internet, calor, caras preocupadas, velas y comidas enlatadas. Lectores podrán considerar que la historia tiene un final abrupto al compararse con el ritmo que mantiene todo el libro. También resulta innecesario que la voz narradora repita frases discriminatorias para realizar comentarios ingeniosos en la trama.

Temas: *bullying* | ciencia ficción | comunidad asiática en Puerto Rico | huracanes

---

Víctor Ají (libro ilustrado)

Escrito e ilustrado por Norma I. Rivera Velázquez
Autopublicación | 35 páginas | español | 4+

Resumen: Víctor comienza a demostrar posibles problemas de aprendizaje al dificultársele completar las tareas al mismo tiempo que sus compañeros de estudio. Un día, sorprende a un grupo de estudiantes y a la maestra con su gran talento en un concurso de arte. Tras haber sido la burla del salón, es aceptado por todos. Las ilustraciones presentan diversidad racial, pero predominan las personas blancas. El libro incluye una sección de actividades de integración literaria.

Temas: diversidad funcional | *bullying* | educación

El visitante de las estrellas (novela infantil)

Escrito por Pabsi Livmar
Ilustrado por Rabindranat Díaz Cardona
Ediciones SM | 83 páginas | español | 10+
Serie: El Barco de Vapor

Resumen: 7241, o como su padre le llama Sep, encuentra un joven *timli* y decide ayudarle. Estos seres han regresado a reclamar su planeta natal, luego que los seres humanos lo invadieran al perder la Tierra. La novela de ciencia ficción trae a la discusión temas relacionados con la perspectiva de género y la diversidad. También promueve el pensamiento crítico entre la niñez e invita a cuestionar los discursos hegemónicos.

Temas: amistad | ciencia ficción | diversidad | emociones y sentimientos | extraterrestres | sustentabilidad

Premio: X premio de literatura infantil El Barco de Vapor Puerto Rico, 2016

El siguiente libro fue publicado en este año y no pudo ser consultado por falta de acceso: *Cultivando amor*, escrito por Natalia Sofía Cruz López.

Hidelisa Ríos Maldonado

Escritora y educadora.
Comprometida con la niñez temprana
y la historia de Puerto Rico.

ABC coquí (libro ilustrado)
Escrito e ilustrado por María Alou

Itsibelli | 55 páginas | español | 2+

Resumen: Libro sobre el alfabeto que presenta una introducción a elementos característicos del archipiélago de Puerto Rico. Cada letra está acompañada por una palabra que integra frutos, como la quenepa; animales, como el coquí; alimentos, como el mofongo; y lugares, como la Universidad de Puerto Rico. El texto grande y sus ilustraciones coloridas le dan un aspecto llamativo. Se hace observación del uso de T para *Taínos,* que está representada con una imagen estereotipada de los indígenas, como también la ausencia de personas evidentemente negras.

Temas: abecedario | animales | flora | historia | Puerto Rico | tradiciones

ABC parranda (libro ilustrado)
Escrito e ilustrado por María Alou

Itsibelli | 53 páginas | español | 2+

Resumen: A través de las letras del alfabeto (excluyendo la letra ñ), se presentan las diversas características y los componentes de las festividades navideñas de Puerto Rico. Desde la A de arbolito, la G de gandules, la O de octavitas y la Y de yuca, cada letra es acompañada de una sola palabra tradicionalmente representativa y usada en esa época del año. Ilustraciones coloridas y grandes para cada palabra hacen que el libro sea apropiado para la niñez temprana. El libro trabaja cohesivamente el enseñar el abecedario a la vez que se aprende sobre las fiestas navideñas.

Temas: abecedario | Navidad | Puerto Rico | tradiciones navideñas

Amapola y las aventuras en el jardín
(novela infantil)

Escrito por Yshamarie De Jesús Pérez

Ilustrado por Ricardo E. Martínez Camacho

Loqueleo | 46 páginas | español | 8+

Resumen: Amapola es una gran lectora que vive con su abuela y, haciéndole justicia a su nombre, también es una amante de las flores. Tras el paso de un huracán por Puerto Rico, su cuidado jardín pierde las flores y la cosecha, y solo queda una robusta ceiba. Con la intención de divertirse ante la falta de electricidad, Amapola se pasa leyendo bajo la sombra del árbol hasta que se duerme. En este estado, recibe la visita de un espíritu que le solicita su ayuda para lograr visitar a la Abeja Reina, la única que conoce el secreto para devolver las flores al jardín. La historia tiene buen ritmo y múltiples escenarios, sin complicarse al añadir elementos triviales a su trama principal.

Temas: aventura | huracanes | naturaleza | reforestación

Anul y el sueño del café (primeros lectores)
Escrito por Mayra Leticia Ortiz Padua y Marla Berdecía

Ilustrado por Marién Hernández

Editorial Raíces | 29 páginas | español | 7+

Resumen: La familia de Anul vive del cultivo del café en la finca de sus abuelos y su madre en un campo de Puerto Rico. Luego del paso del huracán María, la niña aprende una gran lección de empatía y solidaridad por parte de su maestra y sus compañeros de escuela. El cuento introduce acontecimientos claves de la trama sin el debido trasfondo, interrumpiendo el ritmo de la historia. Los dibujos a lápices de colores ilustran a una niña rubia con ojos azules que parece cursar sus primeros años de escuela, aunque sus diálogos e intervenciones se asemejan a los de una adulta.

Temas: Adjuntas | agricultura | café | huracán María

A través de los ojos de un sato (libro ilustrado)

Escrito e ilustrado por Gloria Silva

Autopublicación | 52 páginas | español | 7+

Resumen: A horas de pasar un huracán por Puerto Rico, un perro, llamado Rico, es abandonado por sus cuidadores, y queda a la merced de su sentido de supervivencia para enfrentar el paso del evento atmosférico. Mientras se trabaja la historia de la mascota abandonada, se hace un recuento de los esfuerzos de recuperación tras el paso del huracán María. Ciertas imágenes contienen alusiones propagandísticas al Partido Nuevo Progresista, como: señalar una casa con el número aceptado por el gobierno de turno como la cifra oficial de muertes; la alusión a un proyecto de rescate de mascotas liderado por Beatriz Roselló; e incluir una fotografía oficial de la familia de Ricardo "Ricky" Roselló como elemento decorativo de la casa de una rescatista de animales.

Temas: abandono de mascotas | huracán María | perros

¡A través de mis ojos! / Through my Eyes!
(libro ilustrado)

Escrito por Frances Bragan Valldejuly

Ilustrado por Rubén Pérez

Publicaciones Puertorriqueñas | 64 páginas | bilingüe (español e inglés) | 7+

Resumen: La historia de Margarita y su pasión por rescatar perros sin hogar para llevarlos a diferentes hogares donde estén seguros y saludables, se narra desde la perspectiva de Mauricio, un perro rescatado por ella. Este explica cómo se conocieron y las experiencias que viven juntos. La historia está acompañada de ilustraciones que se centran en la importancia del cuidado y respeto por los animales principalmente.

Temas: adopción de animales | perros

Atención Atención: Mini cuentos Vol. 2
(colección de cuentos)

Escrito por Orlando Santiago

Ilustrado por Rangely J. García Colón

Publicaciones Gaviota | 57 páginas | español | 6+

Serie: Minicuentos

Resumen: En esta segunda entrega de la serie, se recopilan tres cuentos cortos rimados sobre el compañerismo, la toma de decisiones y las casualidades de la vida. Los títulos son: "La cena del Sr. Sapo", sobre la responsabilidad de los líderes de saber escuchar los deseos de los demás cuando se quiere lograr algo en conjunto. "Las Hormiguettes", trata sobre un trío de hormigas cantantes que tienen que aprender a ponerse de acuerdo antes de un concierto. Y, por último, "La suerte de Pinto", en el que Gallo Pinto pasa por una serie de eventos que le cambian sus planes de diversión durante el día, pero su llamada "mala suerte" será su mayor fuente de inspiración. Los dibujos coloridos y expresivos ilustran con exactitud las acciones narradas.

Temas: amistad | sueños y deseos | suerte

Atención Atención: Mini cuentos Vol. 3
(colección de cuentos)

Escrito por Orlando Santiago

Ilustrado por Rangely J. García Colón

Publicaciones Gaviota | 57 páginas | español | 6+

Serie: Minicuentos

Resumen: La tercera entrega de la serie recopila tres cuentos cortos rimados sobre compañerismo, autoestima y autoconfianza. Los títulos son: "Tapita y su desorden", sobre una pequeña hada, llamada Tapita, que pierde su sombrero favorito a causa del desorden en su hogar. En "La gran carrera", conocemos a Cangrejito, quien desea competir en una Gran Carrera, pero, al comenzar a entrenar, se percata de que corría de manera muy diferente a los demás contrincantes y pierde la confianza de poder competir. Será el encuentro cercano con otro cangrejo que le devolverá la confianza. En "La batalla de las bandas", Cari, Cuki y Chris son los Ratones Go-Go, quienes se apuntan en una competencia para decidir la mejor banda de rock. Cuando llega el día, a Chris le da un episodio de nervios y desconfianza, pero afortunadamente los otros miembros están ahí para recordarle que lo importante no es ganar sino divertirse en el proceso. Los trabajos de ilustración son coloridos, llamativos y reflejan efectivamente las narraciones del libro.

Temas: amistad | autoconfianza | autoestima

Bomba puertorriqueña: haz el tambor hablar / Let's Make that Drum Talk!
(libro informativo)

Escrito por Milteri Tucker Concepción

Ilustrado por Mia Román

Bombazo Dance Co. | 27 páginas | bilingüe (español e inglés) | 5+

Resumen: Con oraciones breves y texto grande, se presentan los diversos instrumentos, ritmos y bailes que forman parte de la bomba puertorriqueña. Las ilustraciones coloridas y sencillas, en ocasiones distorsionadas, capturan el movimiento y las secuencias de este género musical, de raíz y legado de la ancestralidad negra. Por otro lado, las ilustraciones de personas asiáticas replican tropos problemáticos y parte de la narración recae en el mito del mestizaje.

Temas: baile | música | Puerto Rico

Buen viaje, Kekái (novela infantil)

Escrito por C. J. García

Ilustrado por Ricardo Rossi

Ediciones SM | 143 páginas | español | 7+

Serie: El Barco de Vapor

Resumen: La existencia de un coquí llamado Kekái está en peligro si continúa viviendo en su natal Hawái. Los residentes hawaianos les han declarado la guerra a los coquíes, especie invasora traída por inmigrantes puertorriqueños que extrañaban su tierra natal. La movida novela acompaña por mar, aire y tierra la expedición de regreso a la tierra de sus antepasados, no sin antes puntualizar en la importancia de la solidaridad para enfrentarse a los retos y encontrar nuestro camino en la vida. En la parada que hace Kekái en el continente africano, ocurre un episodio de racialización y otredad al describir las tonalidades contrastantes entre la piel y los dientes de un conductor de safari. Las ilustra-

ciones son atractivas y representan fielmente las acciones narradas.

Temas: aventura | coquí | Hawái | solidaridad

Premios: XI premio de literatura infantil El Barco de Vapor Puerto Rico, 2017 | PEN Club de Puerto Rico Internacional, Mención de honor Literatura para niños, 2018

Buenos días, Puerto Rico / Good Morning, Puerto Rico (libro ilustrado)

Escrito e ilustrado por Virginia Berrocal

A Cervantes Production | 23 páginas | bilingüe (español e inglés) | 3+

Resumen: Historia que presenta diversos animales de Puerto Rico, con un saludo matutino de buenos días a cada uno de ellos. Animales como el gallo, el picaflor, el coquí, el manatí, la cotorra y el perro sato están acompañados por un texto bilingüe, que, además de mencionar al animal, incluye una pregunta con datos de cada uno de ellos. Ilustraciones coloridas y un texto multicolor, que puede dificultar la lectura, se incorporan a lo largo del libro, que sirve para dar a conocer la fauna puertorriqueña.

Temas: animales | Puerto Rico

Canito el gato (primeros lectores)

Escrito por María T. Chaves y Cristina González

Autopublicación | 51 páginas | español | 7+

Resumen: Canito es un gato amarillo que vive dentro de la casa con Nati, una niña que se encarga de alimentarlo y jugar con él. Cuando Canito comienza a crecer, quiere hacer amigos y se escapa de la casa, pero siempre regresa antes que Nati se dé cuenta de las nuevas aventuras que tiene con otros animales del vecindario. Al crecer dentro de la casa y con los cuidados de Nati, Canito se presenta como un gato inocente y sin experiencia.

Temas: mascotas

Contando por mi isla (libro cartoné)

Escrito por Editorial El Antillano

Ilustrado por Rosa Colón

Editorial El Antillano | 14 páginas | español | 0+

Resumen: Se invita a lectores a contar del 1 al 10, mientras dan un paseo por la isla de Puerto Rico. Las bellas y llamativas ilustraciones, el formato, la diagramación y el tamaño favorecen la interacción entre el libro e infantes.

Temas: números | Puerto Rico

Un coquí de Boriquén con los Reyes a Belén
(libro ilustrado)

Escrito por Lara M. Mercado Maldonado y Armando A. Valdés Prieto

Ilustrado por Nívea Ortiz Montañez

Lilac | 31 páginas | español (traducción al inglés: *From Boriquén to Bethlehem: A Coquí and the Three Wise Men*) | 5+

Resumen: Este libro, escrito en rimas, les explica a sus lectores cómo los Reyes Magos pueden encontrar a la niñez no importa dónde viva esta. Una niña y su coquí acompañaron a los Reyes en sus travesías y a partir de ese encuentro cada niñez del mundo que cuente con un coquí siempre recibirá la visita de los Reyes. Coloridas y llamativas ilustraciones, que presentan diversidad en tonalidades de piel, acompañan la historia.

Temas: coquí | diáspora | Navidad | Reyes Magos | tradiciones navideñas

Premio: International Latino Book Awards, 2020 | Best First Book-Children & Youth (First Place) | Best Website Promoting a Book (First Place) | Best Use of Illustrations Inside the Book (First Place) | Alma Flor Ada Best Latino Focused Children's Picture Book (Second Place)

Los cuatro del oro (novela infantil)
Escrito por José A. Rabelo Cartagena

Ilustrado por Mariel Mercado

Editorial Raíces | 46 páginas | español | 11+

Serie: Proyecto S.O.M.O.S.

Resumen: Acompañado de ilustraciones que presentan diversidad racial y tonalidades verdes de la naturaleza representativa de Cayey, se desarrolla esta historia de cuatro adolescentes que deciden reunirse para buscar oro. Nico, un niño negro, se encuentra con sus amigos que han ideado un plan para llegar a la excavación. Durante el viaje, disfrutan de los recursos naturales, pero también se revela una situación de maltrato en el hogar de Nico, a raíz de la que sus amigos demuestran empatía y hermandad.

Temas: aventura | Cayey | maltrato infantil

El cuento de Papapedia (libro ilustrado)
Escrito por Yolanda Arroyo Pizarro

Ilustrado por Brittany Gordon Pabón

Editorial EDP University | 26 páginas | español | 5+

Resumen: Una hermana y un hermano comparten la admiración que tienen por su papá, que sabe tanto como Wikipedia, la famosa enciclopedia gratuita en la Internet. Las tiernas imágenes coloreadas con tonos cálidos presentan con dignidad a personajes negros y nos acercan a una relación saludable de un padre con su hija e hijo.

Temas: asignaciones | colaboración | familia | paternidad

Del barro al vuelo (primeros lectores)
Escrito e ilustrado por Ángel A. Díaz Cabrera

Ediciones Santillana | 39 páginas | español | 7+

Resumen: Con una narración e ilustraciones centradas en la flora de Puerto Rico, se cuenta la leyenda de cómo surgen las aves endémicas del archipiélago. Puerto Rico contaba con hermosos paisajes y sus habitantes disfrutaban de la naturaleza, pero solo podían ver las aves de lejos, cuando viajaban a anidar, porque nunca se detenían. La niñez habitante de Puerto Rico, jugando, creó unas aves con barro. Luego de una tormenta, el barro se transformó en su más deseado anhelo. Las ilustraciones muestran un lugar lleno de naturaleza, con tonalidades verdes y marrones. La narración que acompaña cada ilustración desarrolla el surgimiento de las aves desde el recuerdo y se presenta la niñez como creadora.

Temas: aves | flora

Los derechos de las niñas y de los niños del mundo (libro informativo)

Escrito por Tere Marichal Lugo

Ilustrado por Kenny A. González De Jesús
y Tere Marichal Lugo

Aparicio Distributors | 52 páginas | español | 4+

Resumen: La Convención Internacional de los Derechos del Niño estipula diez derechos esenciales que la niñez tiene a nivel mundial. Este libro repasa los mismos e incluye actividades para la niñez y sus cuidadores. Las ilustraciones, que dan un toque especial al libro, fueron creadas en colaboración con el niño artista Kenny A. González De Jesús.

Temas: derechos de la niñez | diversidad

Un dinosaurio en el mogote (primeros lectores)

Escrito e ilustrado por Mayra E. Rivera Negrón

Publicaciones Gaviota | 46 páginas | español | 8+

Resumen: Manolín, un pequeño lagartijo habitante de la región de mogotes de Puerto Rico, mejor conocida como el Carso, sueña con ser un imponente dinosaurio. Mientras el reptil crece y se desplaza por la vegetación del bosque, conocemos un poco más de la fauna y la flora nativa de este ecosistema norteño. Las ricas descripciones de los habitantes de la región cársica pudieran ser un gran complemento para los cursos de Ciencias. El cuento incluye un glosario, preguntas y actividades para su comprensión.

Temas: Carso de Puerto Rico | ecosistemas | lagartijos

¿Dónde está el coquí? Un cuento sobre el coquí, la ranita cantante (libro cartoné)

Escrito e ilustrado por Eduardo Espada

Veoleo | 14 páginas | español | 0+

Resumen: Libro interactivo donde en cada página se presenta un animal y, a su vez, se anima al lector a encontrar al coquí escondido. Animales como la iguana, los delfines, los monos y los caimanes se incorporan en la historia en la que también la niñez puede practicar el contar y aprender sobre los verbos. Ilustraciones en acuarelas y texto en inglés, al

final del libro, acompañan esta narración de aventura del mundo animal.

Temas: animales | coquí | números

En el patio de Lucas (libro ilustrado)

Escrito e ilustrado por Isset M. Pastrana Andino

Autopublicado | 28 páginas | español | 5+

Resumen: Un fuerte viento deja una diminuta semilla en el patio de la casa de Lucas. Luego de pensar qué hacer con ella, el niño decide sembrarla para descubrir qué planta saldrá. El cuento rimado acompaña a Lucas mientras espera retoñar la semilla y los buenos deseos que tiene para su nueva planta amiga. Las bellas ilustraciones recordarán al lector la técnica de papel *collage,* popularizada por Eric Carle.

Temas: flores | naturaleza | siembra

La estrella de largos brazos (libro ilustrado)

Escrito por José A. Rabelo Cartagena

Ilustrado por Brittany Gordon Pabón

Editorial EDP University | 24 páginas | español | 7+

Resumen: La historia da un giro a las conocidas historias navideñas, personificando a la estrella de Belén como una joven fémina en proceso de autodescubrimiento. Luego de recibir el rechazo de sus otras compañeras estrellas, esta pasa por diferentes etapas de aceptación y logra convertirse en una de las estrellas más reconocidas del espacio: la estrella de la Navidad.

Temas: amistad | autodescubrimiento | estrellas | galaxia | Navidad

---

El fascinante mundo de las hortalizas (libro ilustrado)

Escrito por Luz Griselle Rodríguez Otero

Ilustrado por Carmen Dutrús

Editorial Círculo Rojo | 28 páginas | español | 3+

Resumen: Un grupo de hortalizas antropomórficas se encuentran tristes porque a la niñez no le gusta consumir vegetales. Guisantito, Lechuguita y demás hortalizas elaboran un plan para acercarse, convencer y enseñar a la niñez la importancia de añadir vegetales en sus platos. Texto directo que puede caer en el didactismo. Contiene ilustraciones digitales coloridas. La historia puede ser utilizada para incorporar ciencias en las artes del lenguaje.

Temas: gustos | vegetales

Ideas que pican (libro ilustrado)
Escrito por Isabel Arraiza Arana
Ilustrado por Nieves W. Pumarejo Blanco
Instituto de Cultura Puertorriqueña |
31 páginas | español | 8+

Resumen: Un día, unas mágicas criaturas voladoras, llamadas Ima y Gina, se hacen visibles ante nuestro anónimo protagonista con la esperanza de que él les ayude a rescatar al País de las Ocurrencias de su desaparición. Este lugar se alimenta del resplandor generado por las geniales ideas que pican a la niñez pensante y creativa; un asunto que está en peligro de extinción. Aunque de primera instancia el cuento puede sonar como un sermón en contra de los dispositivos electrónicos, el lector podrá notar al final que la escritora no condena las tecnologías como aparatos que embelesan a la niñez, sino que las considera herramientas para conectar las grandes ideas con un público amplio.

Temas: creatividad | imaginación | tecnologías

Imagine! (libro ilustrado)
Escrito e ilustrado por Raúl Colón
Simon & Schuster Books for Young Children |
40 páginas | inglés | 5+

Resumen: En este cuento sin palabras, un niño residente de Nueva York se monta en su patineta y llega al Museo de Arte Moderno (MoMA), en donde, rodeado de tantos cuadros impresionantes, su mente echa a volar. La magia del libro se encuentra en sus expresivas ilustraciones y poderosa reflexión del impacto del arte en la niñez, y cómo puede transformar e inspirar a cambios personales y comunitarios. Algunas de las obras presentadas son *Three Musicians*, de Pablo Picasso e *Icarus*, de Henri Matisse.

Temas: arte | creatividad | emociones y sentimientos | museos
Premio: International Latino Book Awards, Most Inspirational Children's Picture Book-English (First Place), 2019

Imali, Dada y la calabaza (libro ilustrado)
Escrito por Rafael Acevedo
Ilustrado por Walter Torres
Instituto de Cultura Puertorriqueña |
33 páginas | español | 6+

Resumen: En el Pueblo Aquel, los hermanos Imali y Dada son tremendos solucionando problemas hasta el punto que Imali cree que es posible venderle todas sus ideas al pueblo. Para ello, recurre al Señor Míster Owo, un distinguido comerciante de una ciudad vecina, para conocer el secreto de su éxito. Las ideas de negocios que le venden son siete calabazas mágicas que están llenas de trampas y engaños. Poco podría imaginar Imali la astucia con que los habitantes del Pueblo Aquel solucionan las trampas lanzadas y no necesitaban comprarle nada. Las ilustraciones combinan una serie de estéticas europeas y asiáticas para pintar este pueblo imaginario. La joven Dada se ilustra como una geisha (kimono y cara pintada de blanca) mientras que la tonalidad de piel de Imali tiende a inclinarse por un color amarillento replicando el tropo de *yellowface*.

Temas: astucia | comunidad | hermanos
Premio: Instituto de Cultura Puertorriqueña, Premio nacional literatura infantil, 2016

Indóciles (novela infantil)
Escrito por Arlene Carballo Figueroa
Ilustrado por Walter Torres
Ediciones SM | 60 páginas | español | 10+
Serie: El Barco de Vapor

Resumen: Tío Danny llega un día a la Guancha, en Ponce, arrastrando una neverita llena de peces para venderlos a los cuidadores de la niñez que pasan por allí. A su vez, esto supone un adiestramiento para los pelícanos que habitan allí. Ferro, pelícano líder y sabio, se percata de que no debe aceptar la comida, ya que cree firmemente en que hay que trabajar y cazar para comer. Sin embargo, el pelícano Presto decide ir contra su naturaleza y aceptar la comida del tío Danny. Al pasar el tiempo, los pelícanos tienen cambios hasta que logran entender las preocupaciones de Ferro. El texto expone la importancia de trabajar para el sustento y de vivir en comunidad.

Temas: aves | comunidad | Ponce

Lights, Camera, Carmen! (libro ilustrado)

Escrito por Anika Aldamuy Denise

Ilustrado por Lorena Alvarez Gómez

Abrams Books for Young Readers | 32 páginas | inglés | 3+

Resumen: La creativa Carmen desea probar su suerte en un nuevo escenario: los anuncios de televisión. Para ello, recibe la asistencia cinematográfica de su hermano menor que, sin querer, se roba el *show*. Se presenta el amor entre hermanos y las soluciones a las que llegan juntos cuando surgen conflictos. La historia funciona tanto como una secuela de *Starring Carmen!* (2017) o como una lectura independiente.

Temas: compartir | hermanos | imaginación | televisión

Lilly the Brave: A Quest for Motherly Love (novela infantil)

Escrito por Elisa Ramírez

Ilustrado por Adriana W. Serrano Rivera

Editorial Raíces | 69 páginas | inglés (traducción al español: *Lily la valiente en busca de un amor maternal*, 2021) | 9+

Serie: Dreams Collection

Resumen: Lilly vive con su abuela en el oeste de Puerto Rico y, aunque es muy querida, la niña añora sentir el amor de una madre, como lo observa en sus compañeras de escuela. Una noche decide abandonar su hogar para buscar por toda la isla grande a su madre. En el camino, muchos personajes fantás-

ticos le ofrecen su ayuda, como el Gigante de Carolina y la reina Sultana del Oeste. También muchos lugares turísticos son parte de la aventura, como el túnel de Guajataca, la iglesia Porta Coeli y El Morro. La breve novela en inglés incluye ilustraciones en cada capítulo e intercala palabras y frases en español en la narración.

Temas: amor | aventura | familia | solidaridad | sueños y deseos

---

The Little Mermaid (libro cartoné)

Escrito por Hannah Eliot

Ilustrado por Nívea Ortiz Montañez

Little Simon, an Imprint of Simon & Schuster | 22 páginas | inglés | 0+

Serie: Once Upon A World

Resumen: Versión corta del cuento tradicional "La sirenita", con un toque caribeño y formato pequeño para bebés. Una sirenita, que desea saber acerca del mundo sobre el nivel del mar, conoce a un príncipe del cual se enamora. Ella reconoce las diferencias entre ellos y decide tomar una poción que la convierte en humana. Una serie de sucesos se le presentan a la joven, pero que culminan con el típico final de casamiento y cuentos de hadas. Las ilustraciones incorporan ciertos elementos como la flor de maga, una niña comiendo piragua y las palmas de coco que transportan la historia a las costas de Puerto Rico.

Temas: cuento de hadas | fantasía | mar | sirenas

Maggie y su secreto (libro ilustrado)

Escrito e ilustrado por Bonny M. Ortiz Andrade

Autopublicación | 30 páginas | español | 3+

Serie: Maggie

Resumen: Maggie es una pececita amistosa que pasa sus días jugando con sus mejores amigos. Cuando un joven pez llega a la bahía, esta no duda en ofrecerle su amistad. A su amigo, por el contrario, le parece una mala idea, lo que desata en ella un momento de furia que le hace descubrir que es un pez globo. La historia busca explicar, en situaciones breves, la necesidad de controlar las emociones para no herir los sentimientos de los demás, así como conocernos y aceptarnos tal y como somos. Las imágenes digitales son simples y distinguen a cada pez con un color diferente.

Temas: aceptación | amistad | emociones (manejo de)

¡Mamá, hay una nube en la cocina!
(libro ilustrado)

Escrito por Frank Joseph Ortiz Bello

Ilustrado por Isis De Sousa

Ediciones Eleos | 36 páginas | español | 5+

Resumen: Ezequiel vive con su mamá, papá y hermano mayor. Un día, su mamá, cansada por limpiar la casa, se acuesta a dormir y olvida la estufa encendida. Ezequiel se convierte en un héroe por avisar del humo que salía de la cocina, evitando así un incendio mayor. El personaje femenino se presenta como la mujer ama de casa, sin destacar sus otras habilidades y destrezas.

Temas: bomberos | profesiones y oficios

El maravilloso mundo de Leo /
The Wonderful World of Leo (libro ilustrado)

Escrito por Mayra Leticia Ortiz Padua

Ilustrado por Emmanuel Oquendo Quintana

Editorial Raíces | 36 páginas | bilingüe (español e inglés) | 6+

Serie: Proyecto S.O.M.O.S.

Resumen: Leo es un niño con autismo que invita al lector a conocer su mundo. Todo aquel que acepta la invitación nota que su mundo está lleno de similitudes y diferencias. Las ilustraciones integran piezas de un rompecabezas, aludiendo al símbolo de la concienciación del trastorno del espectro del autismo. Por otro lado, el texto puede considerarse demasiado metafórico para profundizar con la niñez sobre los síntomas comunes del espectro autista.

Temas: autismo | diversidad funcional | inclusión

Max: ¿Qué hago sin mi tableta? (libro ilustrado)

Escrito por Rita J. Angleró Sánchez

Ilustrado por Juan Carlos "Juanca" Torres Cartagena

Autopublicación | 30 páginas | español | 4+

Resumen: Luego de que su madre le pidiera guardar su juguete favorito, la tableta, Max entra en un profundo sueño. En este estado, varios personajes fantásticos lo llevan de paseo por maravillosas actividades que puede hacer para divertirse, como sembrar, pintar y jugar en el parque. El cuento pretende educar a la niñez sobre cómo utilizar la tableta con mesura, sin perder de vista las otras maneras de disfrutar en el tiempo de ocio. Al final, hay unas preguntas para la comprensión lectora y una hoja sobre las ventajas y las desventajas del uso de la tableta en la niñez.

Temas: desconexión tecnológica | imaginación | tableta | tecnologías

Premio: International Latino Book Awards, 2020 | Best Interior Design (Second Place) | Best First Book-Children & Youth (Honorable Mention)

Mi isla bella, mi isla hermosa (libro ilustrado)

Escrito e ilustrado por Isset M. Pastrana Andino

Aparicio Distributors | 22 páginas | español | 4+

Resumen: Una oda en versos a la niñez, la resiliencia y la naturaleza que se encuentra en pleno resplandecer. La escritora y educadora hace un recuento de las emociones y las situaciones que atravesamos los puertorriqueños luego del paso del huracán María. Las ilustraciones recordarán al lector la técnica de papel *collage,* popularizada por Eric Carle.

Temas: huracán María | niñez | poesía | resiliencia | solidaridad

---

Mi ratón Bufón (libro ilustrado)

Escrito por Irma Ilia Terrón Tamez

Ilustrado por Frank Joseph Ortiz Bello

Ediciones Eleos | 30 páginas | español | 3+

Resumen: Don Gastón tiene un invitado no deseado en su casa. Todas las noches, un ratón sale de su escondite a buscar comida, mientras el señor intenta diversas estrategias para capturar al roedor que logra burlar sus trampas con mucha astucia. El cuento rimado está acompañado de imágenes digitales en colores sólidos y simples. Además, posee una tipografía grande y legible.

Temas: animales | astucia | rimas

Monster María / Marisol y el huracán María
(primeros lectores)

Escrito por Pamela L. Laskin y Lyn Di Lorio
Ilustrado por Wildriana María de Jesús Paulino

Autopublicación | 24 páginas | bilingüe (inglés y español) | 7+

Serie: Glossarium: Unsilenced Text

Resumen: La ficción y la realidad se entrelazan en este relato que expone la vida de Marisol, una niña que vive con su abuelo, y la llegada del huracán María a Puerto Rico. La ficción se presenta en la manera en que la niña recibe el huracán y la poca preparación familiar, mientras que la realidad la vemos en el aspecto solidario que presenta la comunidad y las relaciones familiares. Las ilustraciones incluyen una comunidad diversa donde la niñez expresa sus sentimientos. Aunque es un libro dedicado a los niños de Puerto Rico, el posicionamiento del inglés como idioma predominante y la forma de narrar la llegada del huracán se interpretan como un aislamiento de la realidad.

Temas: huracán María | relaciones familiares | resiliencia | solidaridad

---

Negro, negrito (libro ilustrado)

Escrito por Gloriann Sacha Antonetty Lebrón
Ilustrado por Brittany Gordon Pabón

Editorial EDP University | 21 páginas | español | 6+

Resumen: Malik es un niño que nació con un color de piel más claro que sus padres, por lo que la gente hacía comentarios hirientes. Una tarde, sus padres piden, en el Río Grande de Loíza, que su hijo tenga una tonalidad de piel más oscura al igual que ellos. Mientras crece, la piel de Malik oscurece, por lo que lo molestan mucho en la escuela con comentarios aprendidos de los adultos. Sin embargo, con el apoyo familiar y la música, Malik logra afrontar el racismo y enorgullecerse de su negritud. Las ilustraciones, con mucho respeto, presentan personajes negros y la alegría en el baile. Los matices de marrones están presentes en cada ilustración.

Temas: antirracismo | baile | colorismo | negritud | relaciones familiares | Río Grande de Loíza

---

Nicanor (primeros lectores)

Escrito por Efraín Torres González

Boreales | 44 páginas | español | 7+

Resumen: Cuento inspirado en un personaje pueblerino de San Germán, don Nica. Se presentan unos momentos de su infancia. El niño, quien pasa mucho tiempo con su abuelo Bernabé, disfruta de los juguetes y las tallas de madera que realiza este. Con su tren de madera, Nicanor se imagina que viaja por los continentes de los que aprende en la escuela y juega con sus amigos. Se presenta a la niñez cantando juegos tradicionales, pero también inventando canciones sobre justicia y libertad. A pesar de que el texto intenta representar la cotidianidad de la niñez y, de manera inconsistente la injusticia, incorpora estereotipos, palabras y juegos deshumanizantes sobre personas asiáticas, negras e indígenas.

Temas: juegos y juguetes | niñez | San Germán

Pasando páginas: la historia de mi vida
(libro ilustrado)

Escrito por Sonia Sotomayor
Ilustrado por Lulu Delacre

Philomel Books | 40 páginas | español (traducción al inglés: *Turning Pages: My Life Story*) | 6+

Resumen: Autobiografía de Sonia Sotomayor, la primera jueza latina del Tribunal Supremo de los Estados Unidos. El lector accede a momentos cumbre en la vida de esta hija de emigrantes puertorriqueños, que estuvo siempre acompañada y esculpida por los libros, la lectura y sus enseñanzas. Las ilustraciones en pintura incorporan, a manera de *collage*, la palabra como un tenue homenaje a la importancia de las palabras en la vida de la abogada y jueza.

Temas: biografía | diáspora | educación | justicia social | libros | Sonia Sotomayor

---

Pelo Bueno (libro ilustrado)
Escrito por Yolanda Arroyo Pizarro
Ilustrado por Brittany Gordon Pabón
Traducido por Zulma Oliveras Vega
Editorial EDP University | 27 páginas | español (traducción al inglés: *Good Hair*, 2020) | 5+
Resumen: La abuela Petronila demuestra todo el amor que siente por su nieta al contarle historias familiares y ancestrales, brindándole lecciones sobre la defensa del cabello natural. Luego, estas enseñanzas son celebradas por los dos personajes femeninos que resaltan las raíces de la afropuertorriqueñidad, el orgullo de la aceptación y el desarrollo de la autoestima.
Temas: aceptación | antirracismo | autoestima | pelo natural

Por ahí viene el huracán:
una aventura de Isa y Mau (libro ilustrado)
Escrito por Laura Rexach Olivencia
Ilustrado por Mya Pagán
Editorial Destellos | 35 páginas | español | 6+
Resumen: En la escuela de Isa comienzan a educarles sobre los huracanes por la inminente llegada del huracán María a Puerto Rico. Estudiantes alegres comentan entre ellos que no tendrán clases, sin imaginarse los efectos que tendría este fenómeno en sus vidas. La historia presenta las tensiones que pasa Isa con su familia antes y durante el paso del huracán como la preparación de la vivienda con paneles de madera y la creación de mochilas de emergencia. El cuento presenta, además, la recuperación luego del desastre, con la aportación comunitaria, la situación de migración que pasa su amigo, Nico, y los problemas de acceso a carreteras seguras y energía eléctrica que se sufrió en el archipiélago. Las ilustraciones muestran la vida en comunidad, así como las preocupaciones de la niña. La destrucción, los procesos de re-

cuperación y la ineficiencia gubernamental están representados por ilustraciones realistas que provocan recuerdos a lectores que vivieron el desastre y empatía a los que no lo hicieron. Se incluye un glosario con definiciones y un código QR para la versión de audiolibro.
Temas: comunidad | diáspora | huracán María
Premios: International Latino Book Awards, 2019 | Best Children's Audio Book (Second Place) | Best Use of Illustrations Inside the Book (Honorable Mention) | Best First Book-Children & Youth (Honorable Mention)

Puerto Rico se levantó: dibujos para sanar, aprender y nunca olvidar (libro ilustrado)
Escrito e ilustrado por Juan Carlos "Juanca" Torres Cartagena
Autopublicación | 26 páginas | español | 8+
Resumen: Doce dibujos en blanco y negro, con fondos en acuarela, documentan las vivencias colectivas que miles de puertorriqueños tuvieron tras el paso del huracán María. Cada ilustración está acompañada por un breve texto escrito al estilo de crónica.
Temas: huracán María | resiliencia

Un punto infinito (primeros lectores)
Escrito por Emilio del Carril
Ilustrado por Laura García Urrutía Buendía y Jean Carlo Jiménez
Editorial País Invisible | 31 páginas | español | 11+
Resumen: Las letras y las vocales se unen para formar la historia de Punto Infinito, una mancha de tinta que se hace llamar así para crearse una identidad. De esta manera, se presentan palabras en desuso, los signos de puntuación y las letras expulsadas del abecedario, para cuestionar la autoridad de la Real Academia Española. A esta publicación se le pudiera añadir un glosario de términos para que sea fácil de comprender para la niñez.
Temas: abecedario | español | ortografía | Real Academia Española

Revoltillo de desayuno (libro ilustrado)
Escrito e ilustrado por Arelisse Arroyo-Cintrón

Autopublicación | 24 páginas | español | 5+

Resumen: Cuento rimado sobre el trayecto que hace una docena de huevos horas antes de llegar a ser un revoltillo en el desayuno de Ame. La cadena de producción se presenta desde el momento en que, de madrugada, una gallina pone los huevos; la granjera los recoge y, luego, los vende en el mercado, en donde eventualmente aparece la madre de la niña para comprarlos. El texto del cuento se sitúa, de manera dinámica, alrededor de los vibrantes dibujos realizados con marcadores de colores. Al finalizar la historia, se repite el texto del cuento con ciertas palabras sombreadas, para invitar a la niñez a reescribirlo con nuevos personajes, objetos y situaciones. Incluye, además, un recuadro para ilustrar su nueva historia y otro ejercicio para fomentar la escritura creativa.

Temas: comida | juegos de palabras | trabajo

Se llama Juana Colón (novela infantil)
Escrito por Rosario Méndez Panedas

Boreales | 52 páginas | español | 6+

Resumen: Desde un asiento en su balcón, una mujer narra sus vistazos y experiencias sobre la vida y el trabajo de Juana Colón, líder, anarquista y mujer negra trabajadora de Comerío. Esta biografía ficticia menciona brevemente datos verídicos sobre la niñez de Juana, hija de personas anteriormente esclavizadas, y quien, a pesar de su analfabetismo, fue oradora, organizadora de la clase trabajadora y líder de huelga de trabajadores de la fábrica de tabaco, en 1919. La narración corta estimula al lector a buscar más información y a conocer más sobre la Juana de Arco de Comerío, como la llamaban en su pueblo natal.

Temas: activismo | biografía | derechos laborales | huelga de trabajadores | Juana Colón | tabaco

The Story of Princess Victoria
(primeros lectores)

Escrito por Larissa Bouyett

Ilustrado por Kayla Ruiz

AuthorHouse | 27 páginas | inglés | 9+

Resumen: Cuento de hadas sobre cómo Victoria, hija de inmigrantes españoles radicados en Fort Lauderdale, Florida, conoce a un príncipe español durante un viaje en crucero por las islas del Caribe. Antes de vivir "felices para siempre", este amor pasa por una serie de pruebas que fortalecen la relación. Aunque las circunstancias de cómo se conoce la pareja demuestran un elemento diferente a las historias de este género, lo mismo no se puede decir de la trama debido a que se basa en arquetipos trillados de historias de amor.

Temas: amor | cuento de hadas | fantasía

El sueño de una palmita (primeros lectores)
Escrito por Aida Iris Sánchez Figueroa

Ilustrado por Marién Hernández

Editorial Raíces | 18 páginas | español | 7+

Resumen: En la Isla del Cocotero viven unas comunidades indígenas en plena armonía con la naturaleza. Esa isla guarda un gran secreto: las palmas cobran vida y defienden esa tierra y sus habitantes, moviéndose libremente cuando atentan los peligros atmosféricos. Un día, unos marineros desembarcaron en la isla y a la palma más pequeña del grupo le tocó convencer a las demás de la necesidad de ahuyentar a los visitantes. Aunque en el cuento nunca se nombra a los indios como Taínos o a los marineros como españoles, al observar los dibujos del sol taíno y las carabelas españolas es evidente que se refieren a los eventos de colonización y genocidio del Caribe. Queda abierta la pregunta por qué se decidió omitir o mantener ambiguo este dato de la historia.

Temas: deforestación | indígenas | naturaleza | resistencia

Thiago y la aventura del huracán
(primeros lectores)

Escrito por Yolanda Arroyo Pizarro

Ilustrado por Brittany Gordon Pabón

Editorial EDP University | 27 páginas | español | 8+

Resumen: Thiago, su mamá, su papá y sus vecinos se preparan para la llegada del huracán María. La curiosidad del niño lo lleva a buscar información sobre los huracanes, la meteorología y la importancia de los boletines del tiempo. A pesar de sentirse listo para recibir el huracán, Thiago siente ansiedad sobre cómo sus amigos de la escuela se organizan para dicho evento. Los amigos se comunican por *videochat* y, luego, esa noche son transportados mágicamente al ojo del huracán, donde conocen a María Cadilla, quien les habla sobre las diversas personas de la historia puertorriqueña que llevan "María" en su nombre. Esta historia corta sirve de introducción para desarrollar destrezas de investigación sobre fenómenos atmosféricos que impactan a Puerto Rico. También, ofrece la oportunidad de usar los nombres de huracanes para conocer sobre personas destacadas y valientes que sirven de modelo a la niñez.

Temas: historia | huracán María | huracanes

Tulipán la jirafa puertorriqueña: un cuento navideño (libro ilustrado)

Escrito por Ada Haiman

Ilustrado por Roberto Figueroa

Autopublicación | 34 páginas | español (traducción al inglés: *Tulipán, The Puerto Rican Giraffe: A Christmas Story*) | 10+

Resumen: Encontramos a la sabia jirafa cuestionando los actos de caridad en la víspera navideña cuando una prima cuenta la anécdota de una tradición familiar. El inquietante suceso mueve a Tuli a investigar más sobre los bajos sueldos que imposibilitan a las poblaciones pobres mejorar sus condiciones de vida. Aunque no hay respuestas claras para un problema tan actual en nuestra sociedad, este puede generar una buena discusión sobre el capitalismo y la desigualdad social.

Temas: desigualdad social | Navidad | pobreza | regalos

Las últimas horas de Otí (novela infantil)

Escrito por José Borges

Ilustrado por Wilma Miranda

Ediciones SM | 50 páginas | español | 8+

Serie: El Barco de Vapor

Resumen: Otí, el inseparable amigo imaginario de Teo, teme que le queden los días contados a su amistad. El niño de diez años está madurando; sus padres están en proceso de separación, y ya una niña en la escuela le hace sentir mariposas en el estómago, por lo que la necesidad de un amigo imaginario es cada vez menor. En un último intento para dilatar que el niño lo olvide, Otí le hace perder la guagua escolar y caminar hasta el plantel. En el trayecto, dos hombres extraños le hacen un acercamiento que pondrá en peligro la libertad del preadolescente. Las ilustraciones contrastan dibujos en blanco y negro, acentuados con colores sólidos, que brindan dramatismo y fantasía cuando se narra sobre la violencia y el tema de trata humana.

Temas: amigo imaginario | amor | divorcio | trata humana

Premios: PEN Club de Puerto Rico Internacional, Premio nacional Literatura para niños, 2018 | International Latino Book Awards, Best Youth Chapter Fiction Book -Spanish (Honorable Mention), 2019

El último taíno (novela infantil)

Escrito por Miriam Ramírez

Ilustrado por Yelitza Cintrón

Autopublicación | 180 páginas | español | 11+

Resumen: A días del paso del huracán Esperanza, en 1975, el joven Cristóbal sale a explorar por los alrededores de su hogar, en Ponce, topándose con un sujeto sin igual: Apito, un niño taíno. La novela explora el choque cultural entre ambos chicos y las peripecias que pasa Cristóbal para ayudar a Apito a conocer el paradero de sus padres y la búsqueda de un nuevo hogar familiar. La narración ligera, de historia entremezclada con ciencia ficción, le brinda divertido giro a las historias típicas sobre la cultura taína para la niñez.

Temas: adopción | amistad | ciencia ficción | huracanes | taínos

---

La vaca de Juan Gandules (libro ilustrado)
Recontado e ilustrado por Tere Marichal Lugo
Autopublicación | 34 páginas | español | 4+

Colección: Te cuento lo que leí

Resumen: Cuento de nunca acabar que enumera diferentes partes del cuerpo de una vaca mientras que las ilustraciones van acercándose a los detalles narrados. El relato en versos combina dos historias del folclor puertorriqueño: el personaje del cuento tradicional, "Juan Gandules", "el de los ojos azules, la camisa al revés y que no tenía zapatos", y "La vaca del Rey", compilada en la antología *Folklore Portorriqueño*, por Rafael Ramírez de Arellano. Al final, se incluyen datos de interés sobre las vacas; se enumeran los beneficios de practicar los cuentos de nunca acabar; y se recomiendan secuencias e ideas para seguir añadiendo más sucesos a este cuento inspirado en la tradición oral.

Temas: animales | folclor | tradición oral

El vuelo mágico (libro ilustrado)
Escrito por Maria Bird Picó
Ilustrado por Eddy Castro Rojas
Publicaciones Te Pienso | 47 páginas | español | 7+

Resumen: Carolina del Mar viaja cada fin de semana con su familia al campo, cosa que detesta. Un día, mientras mira el paisaje, pasa por un residencial público y ve ropa tendida al aire libre, algo inusual en su vecindario. Así que su imaginación comienza a volar cuando compara una enagua rosa con una chiringa. Carolina del Mar, con la intención de conocer a la niña que vive en el apartamento, engaña a su tía con una supuesta visita caritativa. La relación de estas es tan afín que comienzan juntas una aventura en la que conocen a Noelia, quien está

hospitalizada, y su mamá, Mildred, en un encuentro que traerá un positivo desenlace. Las ilustraciones coloridas presentan escenas del cuento que se caracteriza por la multiplicidad de colores.

Temas: amistad | imaginación | residencial público
Premio: PEN de Puerto Rico Internacional, Mención de honor literatura para niños, 2018

¿Y...Dónde está Laurita? (libro ilustrado)
Escrito por Isabel C. Díaz Pérez, Sara M. Díaz Pérez y Maruja Candal Salazar
Ilustrado por Marta M. Torraca Vega
Autopublicación | 49 páginas | español | 6+

Resumen: Antes de irse de viaje, Laura y su madre van de compras al centro comercial. Mientras espera que su madre termine de mirar y comprar, la niña se queda profundamente dormida en una de las camas de exhibición de la tienda. Su desaparición desata una búsqueda que activa, incluso, la Alerta Amber. Las ilustraciones, creadas a lápiz, no cuentan con diversidad. Todas las personas son blancas, excepto por una que se presenta en la multitud, pero no habla. Además, el único cuerpo gordo que aparece se describe innecesariamente con un epíteto.

Temas: centro comercial | familia | perdido y encontrado

Y llegaron ellos (novela infantil)
Escrito por Zulma Ayes Santiago
Loqueleo | 111 páginas | español | 12+

Resumen: La llegada de varios gatos callejeros a un complejo de apartamentos con acceso controlado dividirá a vecinos de todas las edades sobre el estado legal de los animales en el espacio. Será uno de los gatos, conocido tanto por Loquillo, Puchungo o Mufasa, que se robará el corazón de dos mejores amigos y una niña que deciden compartir la custodia del felino. La alianza sirve, además, para convencer al vecindario de que este pequeño era muy diferente a los demás gatos callejeros, y que, incluso, se pudiera considerar un "gato perro". La novela, contada desde la perspectiva de uno de los chicos, nos adentra en un mar de eventos que acontecen en un movido verano lleno de nuevas amistades y sentimientos. La lectura es una ligera y entretenida ventana a experiencias de la preadolescencia.

Temas: amistad | gatos | familia | madurez | vecinos

Premio: PEN Club de Puerto Rico Internacional, Mención de honor literatura juvenil, 2018

Yucajú y Juracán (libro ilustrado)

Escrito por Editorial El Antillano

Ilustrado por Jorge Luis Ortiz Pérez

Editorial El Antillano | 18 páginas | español | 6+

Resumen: Dos titanes se vuelven a encontrar: Yucajú, dios taíno protector, se enfrenta a su fuerza contraria, Juracán, símbolo de la tempestad y la destrucción. Entre datos históricos y la colorida jerga de superhéroes, se narra la historia de ancestros que, como ahora, recibieron los embates de huracanes. Las ilustraciones plasman el escenario para una buena dosis de mitología taína despierta y en resistencia. El cuento incluye un breve glosario con terminología taína.

Temas: huracanes | mitos | Taínos

Desde la diáspora

Raúl Colón
Ilustrador

Lulu Delacre
Escritora e ilustradora

Eric Velasquez
Escritor e ilustrador

Samuel Caraballo
Escritor

Anika Aldamuy Denise
Escritora

Marisa Montes
Escritora

El ABC de la comida puertorriqueña / The ABC's of Puerto Rican Food (libro ilustrado)

Escrito por Lizmer Montalvo Juliá
y Lucy Ann Montalvo Blanton

Ilustrado por Manuel A. Santiago

Luli Bilingual Books | 64 páginas |
bilingüe (español e inglés) | 5+

Resumen: A partir de dos abuelitas que recuerdan su niñez y el legado que quisieran dejar a sus nietos, se presentan diversas comidas, utilizando las letras del abecedario. La lista va desde comidas típicas navideñas hasta las comidas presentes en nuestro diario vivir. Este libro bilingüe en versos refleja, a través de ilustraciones digitales, a la niñez en diversas partes de Puerto Rico disfrutando de manjares culinarios.

Temas: abecedario | comida | fiestas tradicionales

La abejita amistosa (primeros lectores)

Escrito por Arlene Toro

Ilustrado por Adriana Canchani Levy

Editorial Raíces | 32 páginas | español | 6+

Resumen: Diez abejas viven en un panal en el bosque. La mayor es Florencia y todas las demás le temen. Un día, Isabel, la abeja más pequeña y amistosa, recibe un injusto regaño por parte de Florencia, que la hace buscar otro panal donde poder vivir en paz. Esta decisión le ofrece una gran lección a la abeja malhumorada, quien decide cambiar sus actitudes.

Temas: abejas | amistad |
emociones (manejo de) | paz

Across the Bay (libro ilustrado)

Escrito e ilustrado por Carlos Aponte

Penguin Workshop | 32 páginas | inglés (traducción al español: *Al otro lado de la bahía*, 2021) | 3+

Resumen: Carlitos disfruta de sus días con su mamá, su abuela y su gato, Coco, en su vecindario en Cata-ño. Un día, el niño siente curiosidad por encontrar a su padre, quien su madre le dice que se encuentra "al otro lado de la bahía", y decide montarse en la lancha de Cataño hacia Viejo San Juan. Ilustraciones brillantes capturan la esencia de esta historia de búsqueda y de las diversas definiciones de lo que es una familia.

Temas: Cataño | familia | madre soltera |
Viejo San Juan

Premio: Pura Belpré Award, Honor Book
for Illustration, 2020

Alí-Alí (libro ilustrado)

Escrito por Rosa Martínez Lorenzo

Ilustrado por Alejandra Carolina Rodríguez

Autopublicación | 36 páginas | español | 5+

Resumen: Alí-Alí es una zumbadora de Puerto Rico que disfruta de los paisajes del archipiélago y de la familia humana con quien convive. Intercalando un formato de libro informativo y de ficción, el libro presenta inicialmente la diversidad de zumbadores que existen y sus características. Luego, la narración se ocupa de la familia del agricultor, don Ramón, quien vive en Utuado, y gusta de visitar las diversas haciendas de Puerto Rico. Alí-Alí acompaña a la familia en cada visita, a la vez que se ofrece información relevante de cada una. Ilustraciones coloridas donde predomina el verdor de las montañas y de los pájaros, se presentan para complementar visualmente la historia.

Temas: aves | haciendas | Puerto Rico | Utuado

Ananí the Baby Manatee (libro ilustrado)

Escrito e ilustrado por Karina M. Rosado Rolón

Seashell Publishing | 28 páginas | inglés | 3+

Resumen: En las costas del mar de Dorado, Puerto Rico, vive una pequeña manatí, llamada Ananí, junto a su madre, Yaya. Ambas disfrutan de comer algas marinas y aprender sobre el mundo marino, pero Ananí tiene ansias de conocer más sobre el gran océano. Un día, decide separarse de su madre para aventurarse, lo que provoca que se tope con fuertes lluvias que la llevan hasta la orilla del mar. Un pescador y unos rescatistas la encuentran y deciden cuidarla hasta que logran reunirla con su mamá. Esta historia sobre obedecer a los cuidadores también incorpora información de la conservación de la vida marina y los manatíes de Puerto Rico. Ilustraciones sencillas, en crayones y marcadores, acompañan el texto, además de preguntas guías y datos sobre estos animales.

Temas: animales en peligro de extinción | animales marinos | conservación ambiental | manatíes

---

Al lomo de cuento por Puerto Rico: el huerto de los viejitos (libro ilustrado)

Escrito por Sergio Andricaín y Antonio Orlando Rodríguez

Ilustrado por Nuria Feijoo

Loqueleo | 32 páginas | español | 5+

Colección: A lomo de cuento

Resumen: En un campo de Puerto Rico, dos viejitos pasan sus días cultivando su huerto lleno de hortalizas y hierbas. La llegada de un chivo impactará los frutos de su cosecha y la visión de los viejos sobre su huerto. Se incluye información sobre la historia y la naturaleza de Puerto Rico, recetas y adivinanzas.

Temas: comida | cosecha | folclor | huertos | vida en el campo

---

Araña y el buey (primeros lectores)

Escrito y recontado por Julia Cristina Ortiz Lugo

Ilustrado por Tere Marichal Lugo

Publicaciones #folclorpuertorriqueño | 28 páginas | español | 6+

Resumen: Versión adaptada de uno de los varios cuentos sobre la araña Anansi, con caracterizaciones en el contexto puertorriqueño. Al conocer que su hijo consiguió una exquisita carne para comer, Anansi decide ir en busca de la fuente de esa carne hasta encontrarse con unos retos inesperados. El único personaje humano, un niño negro, ilustrado ofensiva y estereotipadamente, solo sirve para guiar la narración de la araña.

Temas: África | Anansi | folclor

Arturo Alfonso viaja en el tiempo
(libro ilustrado)

Escrito por Yolanda López López

Ilustrado por Brittany Gordon Pabón

Editorial EDP University | 28 páginas | español | 7+

Resumen: En el salón de clases, Arturo expresa su interés en estudiar la historia de las personas negras, a lo que el maestro le responde: "los negros no tienen historia". Ese comentario inspira a Arturo y a su amigo, Luis, a preguntarse sobre las personas negras y sus familias, y a buscar más información sobre el tema. Una tarde, los niños se paran frente al espejo de un gavetero, que ofrece una mirada al futuro de la vida y la obra de Arturo, en Nueva York. Otra de las tardes, los niños son transportados al *Schomburg Center for Research in Black Culture*, donde ven el trabajo arduo de Arturo y la gran historia de las personas negras. Ilustraciones *matte* acompañan este relato de retar el currículo escolar, de la búsqueda y la exaltación de las narraciones y la historia de las personas negras.

Temas: antirracismo | Arturo Alfonso Schomburg | biografía | historia | negritud

---

Brayn and Muscels (novela infantil)

Escrito por Edwin Crespo

Autopublicación | 126 páginas | inglés | 11+

Resumen: En el océano *Atlific* se encuentran dos islas habitadas, Brayn y Muscels. Los habitantes de ellas nunca se han encontrado ni saben que existe otra isla. Las personas de Brayn, los *braynians*, son pasivos y disfrutan de actividades como leer, escribir, dibujar y pintar. Por otro lado, los *muscelers* son amantes de la actividad física como correr, brincar y escalar. Jolina, una *musceler*, un día de aventura se pierde hasta que llega a Brayn, donde se encuentra con Franclin, un *braynian*. Ambos conocen sus diferencias, sus habilidades y buscan la manera de llegar nuevamente a sus respectivas comunidades con destrezas de supervivencia. Las poblaciones cuentan con particularidades; se presenta el tema de las diferencias, y cómo estas se consideran amenazas cuando las personas no son capaces de entenderlas.

Temas: aceptación | aventura | diferencias

Bunny in the Middle (libro ilustrado)

Escrito por Anika Aldamuy Denise

Ilustrado por Christopher Denise

Christy Ottaviano Books, Henry Holt and Company | 40 páginas | inglés | 2+

Resumen: Utilizando un lenguaje nobinario (en el que no se especifica género), este cuento narra la historia de une coneje que es hermane "del medio". Texto minimalista e ilustraciones cálidas acompañan esta historia en la cual Bunny aprende sobre los pros y los contras de tener hermanes mayores y menores.

Temas: animales | ciclo de vida | hermanos | lenguaje inclusivo

---

Los caballitos de mar se mudan de coral (libro ilustrado)

Escrito por Sandra Rivera Sánchez

Ilustrado por Muuaaa Design Studio

Autopublicación | 21 páginas | español (traducción al inglés: *The Seahorses Move Out of Coral City*) | 4+

Resumen: Los hermanos Reidi e Hippo son unos caballitos de mar que les gusta pasearse y disfrutar de su vida en el fondo del mar azul. Día a día, ellos y los demás animales marinos encuentran latas, bolsas plásticas y más basura, creada y tirada por los humanos. Todos los animales deciden unirse en reclamo para pedirles a los "amigos de la playa" que aprendan a cuidar del mar, pero terminan partiendo de su querido coral hacia otro. Imágenes en *collage* acompañan este cuento didáctico sobre el cuidado del medio ambiente. Sin embargo, no

incluye los temas de la resistencia y el empoderamiento de las comunidades.

Temas: animales marinos | contaminación ambiental | desplazamiento | ecosistemas | mar | medioambiente | reciclaje

Premio: International Latino Book Awards, Educational Themed Book (Honorable Mention), 2019

Canción de cuna para Navidad (libro ilustrado)

Escrito por Nani Frías

Ilustrado por ZOOMideal

Publicaciones Nani | 32 páginas | español | 3+

Resumen: En una tarde de la época navideña, una pareja sale a caminar y recorrer las playas y montañas de Puerto Rico. Cansados por la caminata, deciden descansar bajo los árboles, cuando la mujer, quien está embarazada, siente contracciones de parto. Los diversos animales a su alrededor (coquíes, lagartos, cucubanos, entre otros), los acompañan durante el proceso. Cuando el bebé nace, comienza a llorar, por lo que los coquíes cantan una especie de canción de cuna. Ilustraciones digitales coloridas y llamativas acompañan esta historia que resalta la flora y la fauna de Puerto Rico. Al final, se incluyen actividades para conocer vocabulario, comprensión de lectura e identificación de palabras en el cuento.

Temas: animales | coquí | flora | música | nacimiento de bebé

Caras lindas: visionarios puertorriqueños / Puerto Rican Visionaries (libro cartoné)

Escrito e ilustrado por Adrián Román

Autopublicación | 40 páginas | bilingüe (español e inglés) | 4+

Resumen: En un formato pequeño, se incluyen nueve biografías de puertorriqueños destacados tanto en Puerto Rico como en la diáspora. Desde Pedro Albizu Campos hasta Roberto Clemente, cada perfil cuenta con breves datos enfocados en los logros, el activismo y el impacto social de cada persona. Una edición en formato de libro ilustrado funcionará mejor para los primeros lectores.

Temas: biografía | diáspora | educación | política

Caviria: la ayudante de Neptuno
(novela infantil)

Escrito e ilustrado por Rafael Moreno García

Autopublicación | 65 páginas | español | 8+

Resumen: Caviria es una niña de siete años que vive con su familia en un pueblo costero. Ella disfruta de dibujar e ir a pescar con su padre. Un día, el pueblo se prepara para un concurso de arte, donde Caviria participa dibujando un mural de una escena del fondo del mar con animales acuáticos. Al ver que una gaviota confunde los dibujos con animales reales y Caviria, con la ayuda de la gaviota, aprende sobre Neptuno y los problemas del mundo marino. La historia intercala la vida familiar con la contaminación ambiental y el impacto dañino de los humanos a la fauna marina. Ilustraciones sencillas en blanco y negro acompañan esta historia, que en ocasiones se torna repetitiva.

Temas: animales marinos | arte | contaminación ambiental | fantasía | mar | pescadores

Cecilia Orta Allende, creadora de sueños
(libro ilustrado)

Escrito por Raquel Brailowsky Cabrera y Rosario Méndez Panedas

Ilustrado por Tomás Méndez Panedas y Brittany Gordon Pabón

Editorial EDP University | 28 páginas | español | 6+

Resumen: Biografía ficticia que incluye breves apuntes sobre la vida y la obra de la educadora y artista carolinense, Cecilia Orta Allende. Desde pequeña, su padre y madre le inculcaron los roles tradicionales de género, pero lo que ella disfrutaba era el dibujo y la pintura. La artista logró estudiar educación y arte, lo que le permitió visitar y presentar sus obras en lugares como México y Francia. Sin embargo, siempre se enfocó en compartir su arte con la niñez puertorriqueña.

Temas: arte | biografía | Carolina | Cecilia Orta Allende

La cenicienta puertorriqueña (libro ilustrado)
Escrito y recontado por Julia Cristina Ortiz Lugo

Ilustrado por S. Damary Burgos

Publicaciones #folclorpuertorriqueño | 27 páginas | español | 7+

Resumen: Versión del cuento tradicional "La Cenicienta", con influencia puertorriqueña. María trabaja en una casa en el campo y se enfrenta a los abusos de su madrastra y hermanastras. La trayectoria de María rompe con la historia "disneyficada" y presenta un final que reta los roles de géneros tradicionales. Ilustraciones en acuarelas acompañan el texto, que, debido a su tipografía, puede presentar dificultad para ciertos lectores.

Temas: cuento tradicional | feminismo | folclor | retar roles de género

Chocolatino sigue instrucciones / Follows Instructions (libro ilustrado)
Escrito por Mariela Cruz

Ilustrado por Nyleishka de Jesús y Dashley Pérez

Publicaciones Gaviota | 26 páginas | bilingüe (español e inglés) | 6+

Resumen: Chocolatino es un niño de chocolate, traído a la vida por un hada madrina cuando la abuela Lolin preparaba un muñeco de chocolate. Como está hecho de chocolate, el niño debe ser muy cuidadoso y seguir instrucciones para que no le haga daño la Bruja Gloria, quien se lo quiere comer. Escrito en español e inglés, en un formato reversible, el cuento presenta la moraleja de lo importante que es seguir instrucciones y provee consejos al lector para cuidarse y protegerse. El tono es un tanto moralista y, en ocasiones, la historia hace referencia a detalles que no han presentado aún. Por otro lado, se perpetúa la representación deshumanizadora y racista de comparar a la niñez negra con la comida.

Temas: familia | magia | obediencia

Cómo hablar con el tambor: un cuento sobre bomba puertorriqueña (libro ilustrado)

Escrito e ilustrado por Adriana Santiago

Autopublicación | 30 páginas | español | 5+

Resumen: Intercalando la ficción y las características del libro informativo, se narra la historia de Luna, una niña blanca, que se prepara para su primer día de clases de baile de bomba. Mientras supera la timidez propia de las experiencias nuevas, empieza a conocer sobre la historia, los ritmos, los instrumentos e información relevante de la bomba puertorriqueña. A pesar de intentar resaltar bailes y música de la ancestralidad negra, la narración y las ilustraciones caen en el mito del mestizaje puertorriqueño y el blanqueamiento de la bomba.

Temas: baile | historia | música

Coquí ¡Hola! Hello! (libro ilustrado)

Escrito por Valery Ortiz

Ilustrado por Adrienne Lovette

Autopublicación | 34 páginas | inglés | 3+

Resumen: Coquí es un "tiny tree frog" que vive en un bosque tropical en Puerto Rico. Coquí no es como las otras ranas y no canta como ellas. Un día, Coquí conoce a una niña y le explica qué hace a los coquíes únicos y especiales. En un texto corto y con algunas palabras en español, se presenta lo que son los coquíes y su auténtico cantar. Las ilustraciones coloridas se enfocan en resaltar el verdor del bosque tropical y las expresiones y las emociones del coquí.

Temas: coquí | naturaleza

El corazón de Lina (libro ilustrado)

Escrito por Edwin Crespo

Autopublicación | 66 páginas | español
(traducción al inglés: *Lina's Heart*) | 7+

Resumen: Una noche, Lina tiene una pesadilla que la lleva a la conclusión de que debe proteger su corazón. Para que este no sea lastimado, decide esconderlo bajo su sombrero. Cuando sale con sus amistades, Wito, su mejor amigo, nota que algo se esconde, pero Lina decide huir y, en el camino, aprende la importancia de compartir sus emociones para tener una vida plena. Esta historia de amor, amistad y compresión, centrada en el corazón como representante de los sentimientos, tiene ilustraciones en blanco y negro solo los corazones tienen color.

Temas: autoestima | emociones y sentimientos

La cucarachita Martina y el ratoncito Pérez: cuento folclórico puertorriqueño (libro ilustrado)

Recontado e ilustrado por Tere Marichal Lugo

Colectivo Contarte | 32 páginas | español | 5+

Colección: La mancha de plátano

Resumen: En esta versión del cuento tradicional, se narra la historia de la cucarachita Martina y sus encuentros con una serie de pretendientes que quieren casarse con ella. En cada encuentro con diversos animales masculinos, Martina reta sus respectivas expectativas y exigencias de lo que debe hacer o no como esposa, escogiendo finalmente la mano de quien la respeta. El juego de palabras y la cadencia del texto es perfecto para ser leído en voz alta para un público infantil. Lamentablemente, en las ilustraciones del libro se encuentra una imagen del Compay Araña, personaje representado de una manera estereotipada y dañina que cae en el *blackface*.

Temas: Cucarachita Martina |
cuento tradicional | folclor

La cucarachita Martina y el terrible huracán (libro ilustrado)

Escrito e ilustrado por Tere Marichal Lugo

Autopublicación | 60 páginas | español | 7+

Colección: La mancha de plátano

Resumen: Liderada por la Cucarachita Martina, la comunidad de personajes folclóricos, conocida como "La Folclorriqueña", se prepara para el embate de un terrible huracán. Intercalando refranes, canciones, adivinanzas y juegos tradicionales en el texto, la historia trabaja la solidaridad y el empoderamiento comunitario antes, durante y después del paso de un huracán. Una mejor edición pudiera reducir la extensión del libro; cambiar el formato de libro ilustrado a novela infantil; y modificar las imágenes estereotipadas, como la de Compay Araña. Al final, se incluye una nota de autor, un glosario e información sobre huracanes, folcloristas y refranes puertorriqueños.

Temas: Cucarachita Martina | folclor | huracán María | huracanes | solidaridad

---

Cuentos feministas para la niñez boricua
(audiolibro)

Escrito por Taller Salud

Taller Salud | audio, 2:09:02 | español | 5+

Resumen: Colección de doce cuentos, inspirados en las vidas y las respectivas obras de mujeres de la historia puertorriqueña. Desde Celestina Cordero y Luisa Capetillo hasta Nilita Vientós Gastón e Isabelita Rosado, cada pista incorpora una narración ficticia de cada una de las mujeres destacadas. Las pistas intercalan fantasía, humor, imaginación y ficción realista con música y canciones que distinguen entre ellos. A pesar de que algunas pistas son de 6 minutos de duración y otros llegan a los 27 minutos, se presenta narraciones que llevarán a lectores a buscar más información sobre las protagonistas.

Temas: biografía | feminismo | historia

Dios te amó tanto, que hizo que te pensara en mi corazón (libro ilustrado)

Escrito por Laura Sierra Santiago

Ilustrado por Fabiola Vázquez García

Ediciones Eleos | 27 páginas | español | 6+

Resumen: Entrelazando la historia bíblica de la muerte de Jesús y la parábola del sembrador, se presenta una narración sobre diferentes frutos que se pueden cosechar, como el amor, la fe y la esperanza del ser humano, al decidir ofrecerle el corazón a Jesús (conversión). La historia presenta a un ser superior (Dios) ofreciéndole ciertas bendiciones (recompensas) a quienes lo sigan. Además, se resalta la importancia

de hablarles a otras personas sobre el cristianismo (evangelización), con el fin de adquirir estas recompensas que no solo benefician a la persona, sino que producen cambios en las comunidades. El centro del mensaje es el amor de Dios, presentándolo como dador de paz. El libro incluye los textos bíblicos de referencia y está acompañado de ilustraciones de seres celestiales y escenas representativas de la narración. Su propósito claro es la evangelización y el adoctrinamiento hacia la niñez.

Temas: conversión | misión | religión

La gatita Carambita (primeros lectores)

Escrito e ilustrado por Rosa Mar Fonalledas

Editorial Lápiz, puño y papel | 8 páginas | español | 5+

Resumen: Por diálogos entre Rosa y su mamá, Zory, conocemos a Carambita, una gata traviesa que la familia rescató desde pequeña. Carambita ha destruido los muebles de Zory, mientras que hubo un percance con las decoraciones del árbol de Navidad el año pasado. Esta vez, Rosa conversa con la mamá para tener unas decoraciones que sean menos peligrosas para Carambita. Las simples ilustraciones presentan a la gata y a Rosa en la temporada navideña.

Temas: mascotas | Navidad

El girasol (libro ilustrado)

Escrito por Isabel Freire de Matos

Ilustrado por Sofía Sáez Matos

Ediciones Cocolí | 24 páginas | español | 3+

Resumen: Publicado originalmente en *La brujita encantada y otros cuentos*, esta adaptación del cuento "El Girasol", de la educadora y escritora Isabel Freire de Matos, está acompañada por ilustraciones digitales simples y coloridas. En texto sencillo, se narra la historia de una semilla que, con ayuda de varios personajes, logra convertirse en una hermosa flor. Se incluye una imagen del ciclo de vida de la planta y una biografía de la autora.

Temas: ciclo de vida | ciencia | flores

El guardián de los valores (primeros lectores)

Escrito por Grisselle Merced Hernández

Ilustrado por Noelia Dickson

Publicaciones Puertorriqueñas |
42 páginas | español | 7+

Resumen: En Comerío, hay un pozo con el poder de quitarles la voz a aquellos que le pasen cerca que no tengan un compromiso con la preservación de los recursos naturales. Cerca del pozo, pasan un niño y dos niñas con diferentes actitudes con respecto al medioambiente. La narración presenta cómo estas posturas tienen consecuencias y cómo la niñez aprende, gracias a su interacción con el pozo, sobre la importancia de conservar el medio ambiente y de traducir ese conocimiento en lucha comunitaria. Las ilustraciones presentan la naturaleza de las montañas y el verdor de Comerío.

Temas: Comerío | justicia ambiental |
recursos naturales

Historia de un libro peregrino
(primeros lectores)

Escrito por Tina Casanova

Ilustrado por Brittany Gordon Pabón

Editorial Roelibros | 18 páginas | español | 8+

Resumen: Un libro en blanco, sin palabras, quiere estar lleno de historias como el resto de los libros. El relato nos cuenta cómo llegó a las manos de Simón Blin y cumplió su deseo al recopilar historias de un viaje por Latinoamérica. Ilustraciones de lugares turísticos invitan a la aventura, la escritura y el turismo latinoamericano. Además, provee tres páginas en blanco para que la niñez complete la historia del libro, haciéndola partícipe de la narración.

Temas: América | Bolivia | Brasil | libros | México | Perú

Hostos: un niño pensador / A Thinker Child
(libro ilustrado)

Escrito por Hidelisa Ríos Maldonado

Ilustrado por Juan Andrés González-Ríos

Editorial DEHONITE | 38 páginas |
bilingüe (español e inglés) | 7+

Colección: Héroes

Resumen: Desde su nacimiento y niñez, en Mayagüez, hasta su muerte, en la República Dominicana, esta breve biografía de Eugenio María de Hostos discute datos importantes sobre su educación, la formación de su pensamiento, y su dedicación y solidaridad con los países de las Américas y las comunidades oprimidas. A pesar de la publicación no contienen una biografía completa de Hostos o una bibliografía de fuentes, sirve como una breve introducción a la vida y obra del pensador puertorriqueño.

Temas: Antillas Mayores | biografía |
educación | Eugenio María de Hostos

I Love You at 12 / Te amo, a los 12
(libro ilustrado)

Escrito por Haydée Zayas-Ramos

Ilustrado por Rick Lipsett

Milina Editores | 30 páginas |
bilingüe (inglés y español) | 6+

Resumen: Acompañada de ilustraciones en blanco y negro, se narra la historia de una niña diagnosticada con autismo desde la perspectiva de la madre. Esta relata amorosamente los diferentes logros de la niña desde antes del diagnóstico hasta los 21 años. Los logros que marcan el desarrollo en las diferentes etapas de la vida de Minerva son atesorados por su madre. Incluye una sección para que el lector identifique una persona cercana con autismo.

Temas: autismo | diversidad funcional |
equinoterapia

Los juguetes de Caleb (libro ilustrado)

Escrito por Yolanda Arroyo Pizarro

Ilustrado por Brittany Gordon Pabón

Editorial EDP University | 8 páginas | español | 4+

Resumen: A Caleb le encanta ayudar en la cocina de su casa y jugar con la cocinita de su salón de kindergarten. Cuando un compañero de clases se mofa de Caleb y lo acusa de hacer cosas de "niñas", Caleb lo confronta y le enseña a sus demás compañeros de clases que pueden jugar con los juguetes que quieran. Aunque la conversación sobre el *bullying* tiene un tono didáctico y el final pudiera parecer abrupto, es un libro valioso para comenzar conversaciones sobre roles de géneros y estereotipos.

Temas: *bullying* | escuela | juegos y juguetes | retar roles de género

---

The Legend of the Coquí (libro ilustrado)

Escrito por Georgina Lázaro León

Ilustrado por Bruno Robert

Reycraft Books | 32 páginas | español | 4+

Resumen: Hace un tiempo, los animales de Puerto Rico se dedicaban a comer y a dormir, sin hacer nada más. Un día, la cotorra puertorriqueña decide salir de la cotidianidad y organiza una carrera entre todos los animales, en la que participan el pelícano, el sapo, la serpiente, el delfín y el coquí. Texto juguetón e ilustraciones que resaltan el verdor de las montañas acompañan esta historia donde no importa si eres grande o pequeño, siempre debes hacerte sentir.

Temas: animales | coquí | flora | Puerto Rico

The Love Letter (libro ilustrado)

Escrito por Anika Aldamuy Denise

Ilustrado por Lucy Ruth Cummins

Harper | 40 páginas | inglés | 4+

Resumen: Hedgehog, Bunny y Squirrel son buenos amigos y comparten sus días en el bosque. Un día, cada uno de ellos encuentra una carta de amor, sin nombre, que les mejora su estado de ánimo. Todo cambia cuando se dan cuenta del verdadero destinatario de la carta. Ilustraciones cálidas, de colores pasteles, capturan las emociones y la amistad de estos tres animalitos.

Temas: amistad | animales del bosque | correspondencia

Luna, Yes! / Luna, ¡Sí! (libro ilustrado)

Escrito por Jessica Gonzalez

Ilustrado por Liu Light

Traducido por Victoria López y Virginia Asenjo

Kaleidoscope Vibrations | 32 páginas | bilingüe (inglés y español) | 4+

Resumen: Por la narración de Cassie, conocemos a Luna, su hermana, quien tiene autismo. Cassie cuenta algunas cosas que hace Luna, como repetir lo que dice la gente, taparse los oídos y *stims*. Cuando describe algunos momentos de Luna, menciona que, a veces, se agobia y afecta a toda la familia. Sin embargo, expone otras cosas que ambas tienen en común, como disfrutar de la playa. La narración enfatiza características de Luna, como su memoria fotográfica, pero no le otorga agencia a la niña, lo que produce un sentido de otredad para personas en diversidad funcional. Las ilustraciones, con colores brillantes, presentan diferentes escenas de las niñas y sus actividades familiares.

Temas: autismo | diversidad funcional

Maestra temporera (libro ilustrado)

Escrito por Frances Bragan Valldejuly

Ilustrado por Eva Gotay Pastrana

Publicaciones Puertorriqueñas | 44 páginas | español | 7+

Resumen: Una maestra relata su experiencia como sustituta de una compañera educadora con el grupo de tercer grado durante seis semanas. Las aventuras de la maestra temporera con sus estudiantes van desde los temas discutidos en clase hasta las emociones durante el proceso. Las ilustraciones sencillas, coloreadas con lápices de colores y crayones, pretenden recoger las diferentes escenas en el salón.

Temas: educación | emociones y sentimientos | maestra | profesiones y oficios

---

Maggie: ensalada de algas (libro ilustrado)

Escrito e ilustrado por Bonny M. Ortiz Andrade

Autopublicación | 31 páginas | español | 3+

Serie: Maggie

Resumen: La pequeña pececita Maggie visita a la señorita Jim, quien la espera con su plato favorito de desayuno. Luego de comer, Maggie la acompaña a cosechar algas del huerto en donde sufre una indigestión al olfatear una rama de alga roja. Este evento mueve a la señorita Jim a enseñarle a comer ese tipo de algas e incluirlas en su alimentación. Las imágenes digitales son simples y distinguen los peces y los alimentos con colores diferentes.

Temas: animales marinos | comida | gustos

La mancha pegajosa (libro ilustrado)
Escrito por Irma Ilia Terrón Tamez
Ilustrado por Isis De Sousa
Ediciones Eleos | 30 páginas | español | 4+

Resumen: Antonio, quien juega baloncesto una tarde en la cancha, es perseguido a todas partes por una mancha extraña. Ahogado de miedo, regresa a su casa a contarle a su madre del evento y ella le explica quién es su fiel y pegajoso compañero. Las ilustraciones reflejan a un niño de unos cinco o seis años, pero el tema puede ser discutido a menor edad. Recomendamos realizar un trabajo ilustrativo con un niño de menor edad e, incluso, en un formato de libro cartoné, para hacer más verosímil la razón de esta historia.

Temas: emociones y sentimientos | sombra

La mansión del sapo (novela infantil)
Escrito por Miriam M. González-Hernández
Ilustrado por Iremar Fernández Vázquez
Publicaciones Puertorriqueñas | 48 páginas | español | 6+

Resumen: Gambe es una rana que vive junto a sus hermanitas en una humilde casa cerca de la charca. A ellas les encanta admirar la vegetación y ver lo que ocurre a su alrededor, en especial, la mansión de un sapo. Un día, deciden visitarlo, pero se encuentran con un ser gruñón, quien piensa que todo es suyo. Tras unas fuertes lluvias, el sapo y su mansión resultan afectados y las ranitas le manifiestan su solidaridad y su perdón. La narración didáctica del trato correcto a los demás está presente, aunque también afloran los estándares de belleza, con las alusiones a los ojos verdes, la piel rosada y el cuerpo delgado. El libro incluye ilustraciones

coloridas, un glosario, ejercicios de comprensión de lectura y páginas para colorear.

Temas: animales de la charca | emociones y sentimientos | sapo

---

Mark Twain (libro ilustrado)
Escrito por Georgina Lázaro León
Ilustrado por Margaret Lindmark
Lectorum Publications | 32 páginas | español | 6+
Serie: Cuando los grandes eran pequeños
Resumen: Breve biografía enfocada en la niñez de Samuel Clemens, mejor conocido por su seudónimo de Mark Twain. Desde su niñez privilegiada, en Missouri, hasta sus viajes alrededor del mundo, el texto y las ilustraciones presentan el desarrollo y el impacto de los alrededores, las amistades de la infancia y los escenarios campestres en el trabajo literario del escritor. Se describe parte de su infancia como una "prisión", paralelamente a una escena de una niña esclavizada en su hogar, lo que representa una yuxtaposición entre el privilegio y la enajenación del personaje y la narración.

Temas: biografía | escritores | Estados Unidos | Mark Twain

Mejorar la raza (libro ilustrado)
Escrito por Yolanda Arroyo Pizarro
Ilustrado por Brittany Gordon Pabón
Editorial EDP University | 30 páginas | español | 4+
Resumen: Como muchos días, Vanesa acompaña a su abuela Petronila en la cocina mientras esta le prepara un rico mofongo, su plato favorito. La abuela nota tristeza en la cara de su nieta. Entonces, la niña le cuenta acerca de unas interacciones en la escuela con algunas compañeras sobre "mejorar la raza" y no jugar con una niña con piel más oscura. En poco texto, la autora captura las dinámicas que la niñez negra enfrenta en las escuelas y las maneras en que pueden hablar y confrontar el racismo antinegro. Las ilustraciones capturan las emociones y el afroamor que existe entre la niña y su abuela.

Temas: afroamor | antinegritud | antirracismo | cocina | familia | racismo

El mundo de Gabriel en cuentos:
una aventura para niños (colección de cuentos)
Escrito e ilustrado por Gabriel Elías de Jesús Lull
Autopublicación | 72 páginas | español | 4+

Resumen: A través de ocho cuentos, se narran las historias y las aventuras de una serie de animales y semillas desde el punto de vista del niño autor. Los cuentos, donde predomina el personaje del ratón, las hormigas y el agua, trabajan los temas de la amistad, la resolución de conflictos y la adaptación a los cambios. Estos están acompañados por ilustraciones hechas en lápices de colores que reflejan la imaginación y la sinceridad de la niñez.

Temas: animales | emociones y sentimientos | niñez

Nadie más es como tú (novela infantil)
Escrito por Ángela María Valentín
Ilustrado por Brittany Gordon Pabón
Editorial Roclibros | 32 páginas | español | 10+

Resumen: Teresa es una preadolescente que está pasando por los cambios de la pubertad y las inseguridades que a veces la acompañan. En la escuela recibe miradas y comentarios sobre su físico, en especial, su cuerpo grande, sus *braces* y sus pechos en desarrollo. Su madre la acompaña en esta nueva etapa para apoyarla e inculcarle el amor propio, así como retar los estándares de belleza tradicionales. Intercalando la voz narrativa entre la madre y la niña, nos presentan una historia de autoestima, expectativas físicas y el *bullying* en el entorno escolar. Ilustraciones digitales, a veces pixeladas y distorsionadas, acompañan esta historia.

Temas: apoyo familiar | autoestima | *bullying* | pubertad

Nany, mi hermana androide (novela infantil)
Escrito por Nívea de Lourdes Torres Hernández
Ilustrado por Brittany Gordon Pabón
Editorial EDP University | 98 páginas | español | 11+

Resumen: Marisol lleva seis años viviendo en Ecocápsula, una serie de casas ecológicas encapsuladas y atendidas por androides. La niña de doce años no está contenta con vivir en ese lugar, a lo que fue forzada por su madre y su padre científicos para protegerla de sus padecimientos respiratorios. Al compartir y recibir información con una variedad de androides que hacen todo por la familia, los días se vuelven largos y tediosos para la chica. Un día, los padres deciden crear una niña como Marisol, una androide de su edad, con características humanas, para que le sirva de compañía. Junto a Nany, Marisol decide escapar de Ecocápsula y adentrarse en el mundo exterior, en los campos de Puerto Rico, aventura que concluye con una lección para toda la familia. Esta historia, fechada en el año 2031, cuenta con elementos y referencias de ciencia ficción, que, en ocasiones, se vuelven repetitivos, pero puede promover conversaciones intergeneracionales con la niñez.

Temas: ciencia ficción | familia | robótica

Nati, la niña de los ojos diferentes
(libro ilustrado)
Escrito por Angélica M. Rosado y María A. Rosado
Ilustrado por Mariel Mercado
Editorial Raíces | 35 páginas | español | 6+
Serie: Proyecto S.O.M.O.S.

Resumen: En sus días en la escuela, Nati se enfrenta a miradas, comentarios y preguntas de sus compañeros de clases sobre su aspecto físico y su comportamiento. Este desconocimiento y constante acoso lleva a Nati a sentirse inferior a los demás. Con la ayuda de su familia y de sus maestras encuentra las herramientas para empoderarse. A pesar de que la narración se enfoca en trabajar la inclusión y la comprensión de la niñez con síndrome de Down, en ocasiones, se presenta desde una perspectiva de otredad. Las ilustraciones digitales acompañan la narración y el texto, en color rosado, pueden presentar dificultad para lectores.

Temas: *bullying* | educación | diversidad funcional | síndrome de Down

El niño autista alto (libro ilustrado)

Escrito por Angélica M. Rosado y María A. Rosado

Ilustrado por Rolando Ledón y Herberto Sáez

Editorial Raíces | 40 páginas | español | 5+

Serie: Proyecto S.O.M.O.S.

Resumen: Un niño con autismo es rechazado por sus compañeros de clase, lo que lo hace dudar de sí mismo y de sus habilidades en la escuela. El niño se describe como alto, figurativamente, por contar con una variedad de destrezas, pero, aun así, siente la falta de aceptación en el entorno escolar. Con la ayuda de sus maestras y un cambio del horario de clases, el niño con autismo logra trabajar con su autoestima y reconocer su capacidad como buen estudiante. El libro promueve la aceptación y el entendimiento de la niñez con autismo, pero la narración refleja un sentido de otredad y de blanqueamiento de las personas con diversidad funcional. Ilustraciones digitales en colores acompañan la historia y, también, incluye preguntas guías para la comprensión de lectura.

Temas: acomodo razonable | autismo | diversidad funcional | escuela

¡No más! La historia de Oreo (libro ilustrado)

Escrito e ilustrado por Estudiantes de tercer grado de la Escuela Elemental de la UPR

Rama Judicial de Puerto Rico | 40 páginas | español | 4+

Resumen: Diego tiene una perra llamada Oreo, quien pare cinco cachorros. Los perritos no reciben la alimentación, el aseo, la protección y el amor que se merecen. Una vecina, al darse cuenta del maltrato y el abandono de la perra y sus crías, decide contactar a la Policía y trabajar con el sistema judicial para hacer a Diego responsable de sus actos. Este cuento corto sobre la responsabilidad social con los animales elabora la importancia y la implementación de la Ley 154 del 2008, Ley para el Bienestar y Protección de los Animales. Varias ilustraciones coloridas, realizadas por la niñez, acompañan esta historia sobre el maltrato de animales y las consecuencias legales de estas acciones.

Temas: leyes de Puerto Rico | maltrato de animales | protección de animales

El pasillo y el objeto maravilloso
(libro ilustrado)

Escrito e ilustrado por Ita Venegas Pérez

Ediciones Callejón | 41 páginas | español | 4+

Colección: Sube y baja

Resumen: Paco Pepe es un murciélago que está "triste y atemorizado", luego de la muerte de su mamá. Sus amistades, otros animalitos de la cueva, saben de su amor por la lectura, por lo que deciden conseguirle más libros para que lea en sus noches tristes. Por medio de la lectura, Paco Pepe descubre nuevos mundos, nuevas emociones y se embarca en un proceso de sanación. Ilustraciones brillantes acompañan esta simple, pero profunda historia sobre el duelo y el poder de la lectura.

Temas: duelo | lectura | muerte | murciélagos

Pregonero de versos (colección de cuentos)

Escrito e ilustrado por Edwin Fi

Verde Blanco Ediciones | 90 páginas | español | 8+

Colección: Peonza

Resumen: Utilizando décimas para crear cuentos en versos, se presenta una colección que trabaja los temas de la lectura, el campo, el agua y las embarcaciones, la música, la flora y la fauna y la oda a los abuelos. Los textos animan a lectores a cantar los cuentos, a la vez, que presentan nuevos vocabularios y maneras de escribir versos. Se incluyen ilustraciones en blanco y negro para acompañar cada cuento, además de una nota de autor y un glosario de las palabras ennegrecidas a lo largo del libro.

Temas: décimas | familia | poesía | vida en el campo

Premio: PEN de Puerto Rico Internacional, Literatura para niños, 2020

La princesa valiente (libro ilustrado)

Escrito e ilustrado por Alexandra von Gundlach Alonzo

Editorial EDP University | 26 páginas | español | 6+

Resumen: Una princesa valiente vive con su tía, la condesa Aparicia, en el reino de Lipachumatu. Al fallecer los reyes del pueblo, la tía teme perder sus riquezas y utiliza a su sobrina al casarla con un príncipe para asegurar su fortuna. Aparicia encierra a la princesa en una torre lejana, sin comida ni salida, para que espere a ser rescatada por un "príncipe azul". La joven se adapta y se las ingenia para conseguir alimentos, construir una escalera para salir y hacer de esa torre su hogar. A la llegada del príncipe, ella rechaza la oferta de matrimonio, logrando así tomar control de su presente y su futuro. Ilustraciones sencillas acompañan una historia que transforma las tramas de los cuentos tradicionales de princesas.

Temas: cuento de hadas | independencia | princesas

Pulpo guisado (libro ilustrado)
Escrito e ilustrado por Eric Velasquez
Holiday House | 40 páginas | español
(traducción al inglés: *Octopus Stew*) | 4+

Resumen: Ramsey disfruta de dibujar, leer cómics y usar su capa de superhéroe, aunque a su abuela no le agrade cuando se la pone a la hora de salir. Inspirada en la pintura de Súper Pulpo, la abuela decide comprar ingredientes y cocinar un pulpo guisado...que no culmina como esperaba. Este cuento, lleno de imaginación, humor y amor se inspira en la narración oral. Las ilustraciones hiperrealistas y el diseño del libro hacen que Ramsey, su familia y el maravilloso pulpo resalten en cada página.

Temas: cocina | diáspora | imaginación

Rafi y Rosi ¡Música! (primeros lectores)
Escrito e ilustrado por Lulu Delacre
Children's Book Press | 63 páginas | español
(traducción al inglés: *Rafi and Rosi Music!*) | 5+
Serie: Rafi y Rosi

Resumen: Tres cuentos en los que los hermanos Rafi y Rosi hacen travesuras mientras conocen sobre la música puertorriqueña. Desde los ritmos de la bomba, cómo hacer un güiro para incluir en una plena,

hasta los orígenes de la salsa, cada cuento incorpora datos de la música puertorriqueña con vocabulario sencillo. Ilustraciones en acuarelas resaltan los movimientos musicales y las comunidades de ranitas en Puerto Rico. Se incluye un glosario, una bibliografía e información sobre la bomba, la plena y la salsa.

Temas: baile | coquí | música | tradiciones

Los Reyes Magos y los pasteles de masa de colores (libro ilustrado)
Escrito por Yomaries Centeno Bermúdez
Ilustrado por Diana G. Ramírez Vega
Autopublicación | 20 páginas | español | 3+

Resumen: Como cada año, Andrea se prepara para hacer su lista de regalos para los Reyes Magos. En vez de escribir, la niña decide hacer un dibujo con crayones, marcadores y acuarelas para representar sus regalos deseados: una muñeca y una cuna con un lazo de colores. Al ver el dibujo, los Reyes Magos se confunden un poco, ¡creen que hay un pastel de masa de colores en el dibujo! Con texto mínimo e ilustraciones sencillas se captura la esencia de la tradición de los Reyes Magos en Puerto Rico, aunque los regalos caigan dentro de los estereotipos y los roles de género.

Temas: comida | Reyes Magos | tradiciones navideñas

Ricitos de ónix (libro ilustrado)
Escrito por Laura Rexach Olivencia
Ilustrado por Gabriel F. Berrios y Jeniffer Pace
Editorial Destellos | 32 páginas | español | 3+

Resumen: En una familia de personas que tienen el "pelo lacio y sedoso", Ana se distingue por su melena de "ricitos de ónix", como cariñosamente le llama su abuela. Todos los días la mamá de Ana le intenta "controlar" sus rizos negros, lo que no le agrada para nada a la niña. Texto sencillo y juguetón narra la historia de una niña que ama su cabello sin que las expectativas familiares y los estándares de belleza tradicionales la detengan. Las ilustraciones que acompañan la narrativa son brillantes y coloridas, pero la tonalidad de piel transparente de los personajes promueve la idea del *colorblindness*. Se recomienda un nuevo trabajo ilustrativo para los personajes del cuento.

Temas: autoestima | familia | pelo natural

Se llamaba Ana: la vida de Ana Roqué de Duprey (primeros lectores)

Escrito por Elga M. Del Valle La Luz

Ilustrado por Carla A. González López

Editorial 360 | 32 páginas | español | 7+

Resumen: Se cuenta la vida de Ana Roqué desde su niñez, comenzando con la muerte de su madre y el subsiguiente rol de su abuela en su formación. Se resalta la importancia de la educación científica y artística, su desarrollo y su vida adulta en la hacienda Buena Vista, en Isabela, y, luego, en San Juan. Este relato menciona el legado de Ana Roqué a la cultura literaria de Puerto Rico y a la lucha por el derecho al voto de la mujer. El libro incluye ilustraciones en acuarela.

Temas: Ana Roqué de Duprey | biografía | derechos humanos | feminismo | sufragio

---

El secreto de los sabios (libro ilustrado)

Escrito por Daisy Ruiz

Ilustrado por Lin Wang y Keith Favazza

Autopublicación | 24 páginas | español | 6+

Resumen: En versos y rimas, conocemos cómo, durante una víspera de Reyes, unos hermanos tienen un encuentro el día del nacimiento de Jesús en el pesebre. Mientras los Reyes le regalaron incienso, mirra y oro, estos, al no tener nada, le regalan el más valioso presente. Acompañado con ilustraciones donde se representa la divinidad con un enfoque cristiano, vemos al Niño Jesús. Se utiliza como referencia el verso bíblico de Juan 3:16.

Temas: amor | religión | Reyes Magos

Sembrando historias: Pura Belpré: bibliotecaria y narradora de cuentos
(libro ilustrado)

Escrito por Anika Aldamuy Denise

Ilustrado por Paola Escobar

HarperCollins | 32 páginas | español
(traducción al inglés: *Planting Stories: The Life of Librarian and Storyteller Pura Belpré*) | 5+

Resumen: Comenzando desde su partida de Puerto Rico hacia Nueva York, esta es una breve biografía sobre la vida de la educadora, narradora, marionetista y líder comunitaria puertorriqueña, Pura T. Belpré. Se narra su encomienda de incorporar las historias de Puerto Rico en los estantes y horas de cuento en las bibliotecas públicas de Nueva York, como también su legado a generaciones de narradores y a la niñez bilingüe en la urbe neoyorkina. Exquisitas ilustraciones coloridas capturan la energía y la dedicación de Belpré.

Temas: bibliotecas | bilingüismo | biografía | diáspora | folclor | Pura Belpré

Premio: Pura Belpré Award, Honor Book for Narrative, 2020

La sirena y el manatí / The Mermaid and the Manatee (libro ilustrado)

Escrito por Ruth del Carmen González y Ruthely Escobar

Ilustrado por Ruthely Escobar

CESE Group | 20 páginas | bilingüe
(español e inglés) | 4+

Resumen: Toby es un manatí tímido que vive en la desembocadura del Río Grande de Loíza, y se siente como un animal feo. Un día de aventura, ve a una "sirenita de cabellos dorados", llamada Serena, que es la "más hermosa". Él piensa que nunca le hará caso ni será su amigo. Este cuento, centrado en la baja autoestima de un animal grande, como el manatí, y una hermosa sirena, blanca y rubia, se torna de una historia de amistad a una de estereotipos y definiciones tradicionales de belleza. Varios animales marinos ayudan y quieren jugar con Toby y Serena, lo que lo hace sentir mejor, pero concluye con un final didáctico sobre ser "especial".

Temas: amistad | animales marinos | autoestima | manatíes | Río Grande de Loíza | sirenas

Sofi Paints Her Dreams / Sofi pinta sus sueños
(libro ilustrado)

Escrito por Raquel M. Ortiz

Ilustrado por Roberta Collier-Morales

Piñata Books | 32 páginas | bilingüe
(español e inglés) | 4+

Resumen: Al llegar de la escuela, Sofi le cuenta a su hermana, Esmeralda, que tuvo un mal día y que compró una piragua de *cherry* para sentirse mejor. Mientras saborea la piragua, se acerca a un jardín cerca del puesto del vendedor. Allí se topa con un artista y, mágicamente, se transporta a la República Dominicana y a Haití. Sofi conoce y ayuda al músico Juan Luis y al escultor Guerlande, inspirándolos en sus canciones y su arte. Texto breve e ilustraciones de medios mixtos acompañan esta historia sobre las artes, la conexión entre países antillanos y el creer en una misma.

Temas: arte | diáspora | Haití | imaginación | música | República Dominicana

¡Solo pregunta! Sé diferente, sé valiente, sé tú (libro ilustrado)

Escrito por Sonia Sotomayor

Ilustrado por Rafael López

Philomel Books | 32 páginas | español (traducción al inglés: *Just Ask! Be Different, Be Brave, Be You*) | 5+

Resumen: Inspirada en su condición de niña con diabetes, la jueza Sonia Sotomayor presenta una serie de viñetas de niñez con una variedad de diversidades funcionales. De manera humana y empática, la niñez habla sobre sí misma y los detalles que le gustaría compartir con los demás sobre sus diversidades. El texto interactivo funciona para comenzar conversaciones sobre nuestras diferencias, semejanzas, emociones y experiencias.

Temas: amistad | curiosidad | diversidad funcional | emociones y sentimientos

Premio: Schneider Family Book Award, 2020

Tanamá: Puente Arco Iris (libro ilustrado)

Escrito e ilustrado por Kathia Alsina Miranda

Autopublicación | 63 páginas | español | 8+

Serie: Kelaiah Warriors

Resumen: Un joven árbol trasplantado no alcanza a ver el bosque que lo rodea y, desesperado por la falta de sol y nutrientes, le pide ayuda a una mujer que reflexiona a su sombra. La mujer, agradecida por tener un poco de naturaleza en la ciudad, ayuda al árbol a recibir las bondades de estar cerca de otra vegetación. Las imágenes combinan fotografías de un diorama y dibujos digitales que buscan transmitir un mensaje de espiritualidad y solidaridad. Al final del libro, se incluye un glosario etimológico de los nombres de los personajes, así como una descripción y un ejercicio sobre numerología bíblica.

Temas: espiritualidad | naturaleza | solidaridad

Titi Chabeli (libro ilustrado)

Escrito por Laura Rexach Olivencia

Ilustrado por Carla Torres Dávila

Editorial Destellos | 37 páginas | español | 4+

Resumen: Contado desde el punto de vista de la sobrina, se narra la historia de Chabeli, una titi que está lista para celebrar su cumpleaños número 38 junto a su familia. Titi Chabeli se describe como alegre, traviesa y el alma de cualquier fiesta, lo que llena de regocijo a sus familiares. La sobrina habla de cómo titi Chabeli es "especial", es la "bebé de la familia", por ser una adulta con diversidad funcional. Ilustraciones en acuarelas y una paleta de colores pasteles acompañan esta historia sobre una persona con diversidad funcional rodeada del amor familiar, pero que, en ocasiones, recae en la otredad.

Temas: cumpleaños | diversidad funcional | familia

When Julia Danced Bomba / Cuando Julia bailaba bomba (libro ilustrado)

Escrito por Raquel M. Ortiz

Ilustrado por Flor de Vita

Piñata Books | 32 páginas | bilingüe
(español e inglés) | 5+

Resumen: Cada sábado, Julia y Cheíto van a sus clases de bomba en el centro cultural. Sin embargo, contrario a Cheíto, Julia prefiere imaginar y soñar con ser astronauta en vez de ensayar para la clase. A la hora de practicar los pasos y presentarse ante los músicos, la niña forcejea y lucha para que le salga tan bien como a sus compañeras. Cuando se enfrenta con un baile sola, y decide reflexionar y respirar, es que logra dejarse llevar por la música y los ritmos. La narración usa términos propios de la bomba y presenta una variedad de músicos afroboricuas, pero no centra la historia en la negritud.

Temas: baile | emociones y sentimientos | superación | tradiciones

---

Yo, naturaleza (colección de poemas)

Escrito por Marlyn Ivette Rivera Navedo

Ilustrado por Adriana W. Serrano Rivera

Editorial Raíces | 63 páginas | español | 6+

Colección: Crisálida

Resumen: Poesía rimada sobre varios temas desde el punto de vista de una maestra y madre. Desde los animales de Puerto Rico, la cotidianidad del entorno escolar y el amor entre madre e hija, los poemas se dirigen a audiencias diversas. Los poemas están acompañados por ilustraciones coloridas, pero, entre las diversas imágenes de humanos, no hay personas evidentemente negras y aparece una ilustración estereotipada de una niña taína.

Temas: animales | escuela | flora | maternidad | poesía | Puerto Rico

---

Yo opino (libro ilustrado)

Escrito e ilustrado por Ita Venegas Pérez

Ediciones Callejón | 40 páginas | español | 4+

Colección: Sube y baja

Resumen: Al ver que Mario solamente les regaló flores a las niñas del salón de clases, un niño opina que debió darles a los niños también. Entre conversaciones con su titi Yara, el niño analiza y aprende sobre las opiniones, las verdades, las diferencias y el estar abierto a "otras opiniones". Con una narración interactiva, el libro se centra en las individualidades y las personalidades de la niñez, como también en la importancia y el respeto que merecen sus opiniones de parte de los adultos.

Temas: diferencias | emociones y sentimientos | individualidad

Yo siento (libro ilustrado)

Escrito e ilustrado por Ita Venegas Pérez

Ediciones Callejón | 40 páginas | español | 4+

Colección: Sube y baja

Resumen: En un texto interactivo, se presenta a la niñez y la adultez y su amalgama de sentimientos físicos y emocionales. Se aborda la idea de que todas las personas sienten distinto; que está bien expresar las emociones; y los diversos factores internos y externos que impactan nuestro sentir. El texto y las ilustraciones coloridas plasman las vulnerabilidades de la niñez, las relaciones niñez-adultez y las emociones que nos hacen únicos.

Temas: cinco sentidos | emociones y sentimientos | familia | relaciones homomaternales

---

Yoly, la libélula hechizada (primeros lectores)

Escrito por Miriam M. González-Hernández

Ilustrado por Lisbeth Solá Ríos

Publicaciones Puertorriqueñas | 58 páginas | español | 6+

Resumen: La princesa Inca sale del castillo sin permiso y es atacada por la bruja Yapi, quien quiere robarle todas sus joyas. Las joyas de la corona, en manos de la bruja, producirían muchos males para el mundo, entre ellos, se llevaría una perla muy valiosa con el poder de destruir los valores positivos, en especial, el amor. La princesa tiene una idea y junto con Yoly, la libélula, logran vencer a la bruja. Las pocas ilustraciones presentan principalmente a los personajes. El libro incluye un glosario, un palabragrama, unas páginas para colorear y un certificado para lectores.

Temas: cuento de hadas | princesas

Los siguientes libros fueron publicados en este año y no pudieron ser consultados por falta de acceso: *Las ardillas reguetoneras*, escrito por Lourdes Torres Collazo e ilustrado por Mariel Mercado, y *Double Bass Blues*, escrito por Andrea J. Loney e ilustrado por Rudy Gutiérrez.

Héctor Aparicio

Librero, editor y fundador de la librería infantil *Aparicio Distributors.*

229

¡Ahora no, Coronavirus! (libro ilustrado)

Escrito por Wanda I. De Jesús Arvelo

Ilustrado por Mayra L. Rodríguez Sierra

Aparicio Distributors | 36 páginas | español | 4+

Resumen: En cada página de este libro, el Coronavirus, representado en las ilustraciones como una molécula de virus antropomórfica, le pide a la niña Lola Luna ir a jugar. A cada petición, ella le responde "ahora no", ya que está haciendo alguna actividad, como llamar a su abuela, lavarse las manos, ponerse la mascarilla o celebrar a los héroes de su comunidad. Al finalizar el cuento, se provee una explicación sobre la importancia de cada actividad que realiza la niña y, además, se incluye información sobre los gérmenes y cómo protegernos. Las ilustraciones sencillas presentan claramente cada actividad de Lola Luna.

Temas: COVID-19 | protección | salud

Un ángel llamado Lorenzo (libro ilustrado)

Escrito por Mayra Leticia Ortiz Padua

Ilustrado por Mariel Mercado

Editorial Raíces | 25 páginas | español | 8+

Serie: Proyecto S.O.M.O.S.

Resumen: La historia, inspirada en los hechos del asesinato del niño Lorenzo González Cacho, imagina que el niño, convertido en ángel, trata de entrar al cielo. Sin embargo, al tener dificultad, su ángel guardián le explica que, en ocasiones, los angelitos no llegan al cielo hasta que sus almas sean liberadas de la "maldad del hombre". Lorenzo solo podrá lograrlo si enfrenta los hechos de su muerte. Si no logra hacerlo, su alma "se quedará vagando por los aires". Para el ángel Lorenzo, es muy difícil recordar lo sucedido, pero, luego de contar su historia, su alma se libera y puede entrar al cielo. El libro pretende discutir la importancia de no callar el maltrato infantil. Sin embargo, su enfoque es en el niño, quien, en este caso, fue la víctima de maltrato, y parece castigarlo por no poder o querer hablar sobre lo sucedido. En ningún momento, se enfoca en los adultos de la vida de Lorenzo, y cómo estas personas debieron protegerlo. En términos de escritura, a veces la narración salta del presente al pasado, de forma que puede ser confusa para lectores.

Temas: familia | Lorenzo González Cacho | maltrato infantil | muerte

El árbol de Navidad y los dos ancianos (libro ilustrado)

Escrito por Jesús A. "El Autorcito" De León

Ilustrado por Guadalupe Rodríguez

Autopublicación | 20 páginas | español | 5+

Resumen: Marty es un árbol de pino que vive solo en una montaña. Aunque es un árbol mágico, él no lo sabe aún. Durante algunas temporadas del año, algunos animales le hacen compañía, pero, durante el invierno, se siente muy solo al ver las celebraciones de Navidad. Un día, decide bajar la montaña y así llega a una casa donde viven dos ancianos quienes lo acogen. Al descubrir su magia, el árbol se llena de luces y decoraciones navideñas y le regala un nacimiento a su nueva familia. El libro fue escrito por un niño a sus 6 años, inspirado en personas envejecientes que muchas veces se sienten solas. Las ilustraciones a color son sencillas, pero captan los puntos claves de la historia.

Temas: compañía | emociones y sentimientos | familia | Navidad | vejez

Arepas y Piononos: the Twins (libro ilustrado)

Escrito por Irma Heidi Ortiz Torres

Ilustrado por Camilo Betances Maldonado

Xlibris | 28 páginas | bilingüe (español e inglés) | 5+

Resumen: Ana Marie y Julián son mellizos que nacieron y viven en los Estados Unidos de América. Su mamá es de Puerto Rico y su papá, de Venezuela. A través de este libro, conocemos la vida de ambos, tanto sus similitudes como sus diferencias. Por ejemplo, ambos van a la misma escuela y hablan español e inglés; sin embargo, a Ana Marie le encanta comer arepas venezolanas, mientras que Julián disfruta de los piononos puertorriqueños.

Temas: diáspora | familia | identidad | idiomas

La aventura ecológica de Camila
(primeros lectores)

Escrito por Jaime Torres Torres

Ilustrado por Dixon Quiñones

Publicaciones Puertorriqueñas | 50 páginas | español | 7+

Resumen: Camila vive con su padre en Aziol, un lugar en la costa norte de la isla caribeña de Puerto Esperanza. Todos los sábados su padre, Pedro, anima a Camila y a sus amistades a explorar los alrededores mediante su juego inventado, *Expedición ecológica*. Este consiste en recorrer lugares cercanos a Aziol y, luego, compartir sus experiencias al describir el lugar y detallar amenazas al medio ambiente que identificaron en sus recorridos. En su descripción de una cueva, Camila se enfoca en su hermosura, pero no identifica ninguna amenaza. Entonces, en un sueño, aprende que las abejas, quienes residen en la cueva, corren peligro. Busca más información y entiende que si las abejas desaparecen, también las personas lo harán. Cabe señalar que la historia muestra un núcleo familiar que no se presenta a menudo en textos infantiles, ya que Camila vive sola con su papá.

Temas: abejas | aventura | conservación ambiental | educación ambiental

---

Bebé Thiago, bebé tormenta (libro ilustrado)

Escrito por Sara Quiñones Albino

Ilustrado por Nadya Fuentes Rodríguez

Lúdika | 48 páginas | español | 5+

Resumen: El bebé Thiago narra su historia desde antes de nacer hasta regresar a su lugar de nacimiento, Puerto Rico. Personificado como un ángel que vive en las afueras del universo, observa a una mujer y un hombre que están en una relación y decide que ellos serán sus progenitores. Thiago mágicamente se inserta en el vientre de la madre y nace en el hogar, luego del huracán Irma. Los daños causados por este fenómeno, junto al paso sucesivo del huracán María, impactan el sistema eléctrico y los servicios gubernamentales en la isla, lo que dificulta que Thiago sea inscrito oficialmente. Esta situación crítica lleva a la familia a mudarse a España, lugar donde residen sus familiares, para cuidar del bebé y huir de los estragos de los huracanes. Esta historia verídica, con elementos fantásticos, narra una experiencia entre las muchas vividas por los puertorriqueños. En esta ocasión, se trata de una familia blanca acomodada, con el privilegio de poder sortear asuntos gubernamentales, legales y sociales para poder salir del país. Las ilustraciones, en pinturas, acompañan esta narración en la que el huracán María se representa como una mujer "maldita" y sensual, tergiversando la realidad de lo que fue el paso de estos huracanes y proyectando a las mujeres como "malas".

Temas: diáspora | huracán Irma | huracán María | huracanes | nacimiento de bebé

Canciones, raíces y alas: el maravilloso mundo (libro ilustrado)

Escrito por Yayra Sánchez y Waldemar Reyes

Ilustrado por Annie Wilkinson

VitaSound Studio | 36 páginas | español | 3+

Resumen: Cuento creado para acompañar el CD musical, *El maravilloso mundo*, en el que el gallo Koko se acerca a su amiga, Mabel, para levantarle el ánimo. La niña siente tristeza, por lo que Koko le enseña que está bien estar triste, pero también se debe admirar las maravillas del mundo. Las 10 canciones que se incluyen sustentan la narración y se recomienda que sean escuchadas en conjunto con la lectura del libro. Ilustraciones coloridas de paisajes y animales de la granja acompañan este texto lleno de positivismo.

Temas: animales | canciones | emociones y sentimientos | música

Caras Lindas: Puerto Rican Revolutionaries-El Grito de Lares / Caras lindas: revolucionarios puertorriqueños-El Grito de Lares (libro cartoné)

Escrito e ilustrado por Adrián Román

Autopublicación | 54 páginas |
bilingüe (inglés y español) | 5+

Serie: Caras Lindas: Puerto Rican Revolutionaries

Resumen: Breve recuento de los acontecimientos ocurridos durante la insurrección armada contra el coloniaje español, conocida como el Grito de Lares. Se incluye el texto de "La Borinqueña", escrita por Lola Rodríguez de Tío; datos sobre personas que formaron parte de la organización y la ejecución del Grito de Lares; e información sobre la bandera tejida por Mariana Bracetti. Ilustraciones coloridas y caricaturescas de cada persona ilustre aludida complementan el libro acerca de un importante evento revolucionario de la historia de Puerto Rico.

Temas: biografía | Grito de Lares |
historia | Puerto Rico | revolución

La casa de los animales extraños
(colección de cuentos)

Escrito por José A. Rabelo Cartagena

Ilustrado por Juanje Infante

Anaya Infantil y Juvenil | 32 páginas | español | 8+

Serie: Sopa de libros

Resumen: Colección de seis escritos que comienza con el poema "La casa de los animales extraños", que cuenta cómo llegaron animales como una tortuga, con caparazón brillante, y un pez, con una aleta gigante, a casa de doña Caridad. Le sigue el cuento "El pulpo en la botella", que relata la historia de un pulpo pequeño que encuentra una botella de cristal en un arrecife de coral y se queda cómodamente dormido dentro de ella. Pero, al crecer, ya no puede salir de la botella hasta que lo rescata una mujer. "Mi ave de hojas" describe a un niño que siempre está aburrido, pero una tarde conoce un ave hecha de hojas que lo lleva a pasear por varios lugares. "El misterio del estuario o Tak, Tek, Tik, Tok, Tuk" se presenta como una canción en la que don Perro

Sato pregunta qué será un ruido que se escucha en el estuario y, en cada estrofa, le responde un animal diferente. "La leyenda del gigante dormido" trata sobre una playa en donde aparece una esfera gigante con animales extranjeros, quienes se adueñan de diferentes partes del lugar y encierran en la esfera a los animales que viven allí. Pero las nubes forman un gigante, quien libera a los animales atrapados y les promete ayudarlos cuando lo necesiten. Finalmente, "¿Dónde está la luna?" es una historia corta de un pequeño tinglar que busca la luna y unos niños lo ayudan a llegar al mar donde se ve el reflejo del satélite natural.

Temas: animales | aventura | gentrificación |
medioambiente

Premio: PEN Club de Puerto Rico Internacional, Mención honorífica literatura para niños, 2021

La casita azul (libro ilustrado)

Escrito por Daisy Miranda Maldonado

Ilustrado por Miriam Cruz Torres

Ediciones Eleos | 32 páginas | español | 7+

Resumen: Todos los días, de camino a la escuela, una niña pasa por una carretera desde la cual admira una casita azul con techo de zinc rojo. Un día, observa que un anciano vive en ella y decide pedirle a su mamá ir a visitarla. Al llegar, el anciano duerme en su hamaca y ellas deciden explorar los alrededores y el interior. Al despertar, el anciano se emociona por la visita sorpresa y aprovecha la ocasión para contar historias. Las coloridas ilustraciones complementan la historia al mostrar partes de la casita y el terreno a su alrededor. Se incluye también dos actividades al final del libro.

Temas: amistad | compartir |
naturaleza | vida en el campo

Centinela de mangó (libro ilustrado)

Escrito por Y No Había Luz

Ilustrado por Julio César Morales

Autopublicación | 49 páginas | español (traducción al inglés: *The Mango Tree Sentinel*) | 8+

Resumen: Unos curiosos duendes, conocidos como zefirantes, habitantes de las verdes tierras de Orocovis, cuentan que la Madre Naturaleza les obsequió un mangó que, tras comérselo, plantaron su semilla y surgió un frondoso árbol al que apodaron El Centinela. Este se convierte en un vigilante del clima ante las amenazas que se reciben constantemente de huracanes y otros fenómenos atmosféricos. Durante el paso del devastador huracán María, el viejo árbol guardián hace un trato con la tormenta para desaparecer físicamente de su lugar en la montaña y resurgir en retoños de mangó esparcidos por todo el planeta Tierra. Las coloridas imágenes son un deleite para la observación profunda y detallada de flora, fauna e iconografía local e internacional. El cuento está basado en el montaje, del mismo nombre, de la compañía teatral Y No Había Luz.

Temas: contaminación ambiental | diáspora | huracán María | solidaridad | sustentabilidad

---

La cinta de Moebius y la hormiga Guita
(libro ilustrado)

Escrito por Orlando Planchart Márquez
Ilustrado por Mariel Mercado

Publicaciones Gaviota | 35 páginas | español | 6+

Resumen: Guita es una hormiga nómada muy traviesa. Una tarde, sale a caminar y, en el patio de la escuela, encuentra una construcción circular de papel: una cinta de Moebius. El libro provee un poco de información sobre las hormigas y sobre la cinta de Moebius. Las ilustraciones incluyen diagramas que muestran cómo se hace esta cinta e instrucciones para hacer construcciones de papel.

Temas: animales del patio | escuela | geometría | juegos matemáticos

---

Clemente, corazón de pueblo (libro ilustrado)

Escrito por Wanda I. De Jesús Arvelo
Ilustrado por Rosa Colón

Municipio de Carolina (PR) | 53 páginas | español | 5+

Serie: Los súper gigantes

Resumen: A través de varias viñetas y una diagramación que simulan capítulos, se narra la vida y obra en el parque de pelota y fuera de él, del gran Roberto Clemente. Entrelazando contextos históricos y familiares, se presentan los obstáculos raciales y sociales enfrentados por Roberto como también su solidaridad, compromiso y activismo con las comunidades negras, comunidades marginadas y la niñez. Las ilustraciones capturan las emociones, la variedad de tonalidades de piel y los trasfondos de los lugares visitados por Clemente. El libro incluye información e imágenes adicionales, preguntas guías y actividades para ser integradas al currículo, así como una bibliografía.

Temas: activismo | béisbol | biografía | racismo | Roberto Clemente

---

El comecañas: amigos prohibidos
(novela infantil)

Escrito e ilustrado por Bonny M. Ortiz Andrade

Tinglar Editores | 98 páginas | español | 9+

Resumen: Ramón y Diego se hacen amigos al jugar juntos pretendiendo poner cañas de azúcar en el tren y llevarlas a la refinería. La amistad de los dos niños es prohibida, ya que Diego es hijo de unas personas esclavizadas y Ramón es hijo de colonizadores españoles que se adueñaron de Diego y su familia. La voz que cuenta la historia es la de Ramón, quien explica que su familia no le permite que hable con niños de color de piel oscura. Un día, durante sus juegos imaginativos, ambos niños notan que algo se ha comido sus cañas y le llaman el monstruo comecañas a esta criatura desconocida. Luego de varios juegos, conocen a una niña indígena llamada Buyabi, quien es el misterioso comecañas. Cuando los padres de Ramón descubren su amistad con Diego, amenazan con enviarlo a vivir con su tío y separar a Diego de su familia. Entonces, los niños se escapan con la ayuda de Buyabi. Las ilustraciones de los personajes son rudimentarias y un poco caricaturescas.

Temas: amistad | colonialismo | esclavitud | personas esclavizadas | racismo

Confe trabaja en las piñas (libro ilustrado)

Escrito por Sandra A. Enríquez Seiders

Ilustrado por Brittany Gordon Pabón

Autopublicación | 14 páginas | español | 5+

Serie: Las mujeres de mi pueblo

Resumen: Apuntes sobre la vida y el trabajo de Confe Díaz Reyes en las fincas y las fábricas del pueblo de Manatí. Se narra sobre las barreras, el trabajo arduo y explotador de Confe y las mujeres trabajadoras de las fincas de caña en el norte de Puerto Rico. La historia intercala los contextos histórico y económico, como la relación colonial con los Estados Unidos, lo que impactó la producción de frutos y su exportación. Las ilustraciones reflejan las emociones y la labor física que muchas mujeres experimentaron y, aún experimentan, en el cultivo de la tierra y en las fábricas.

Temas: agricultura | biografía | Confe Díaz Reyes | Manatí | relaciones laborales

---

La corona del Santo Rey (primeros lectores)

Escrito por Mayra Leticia Ortiz Padua

Ilustrado por Rolando Ledón y Herberto Sáez

Editorial Raíces | 33 páginas | español | 6+

Colección: Aguinaldo

Resumen: Marcos está emocionado por la pronta llegada de los Tres Reyes Magos, a quienes les pidió un estuche con materiales de arte. Al llegar los Reyes, Marcos se percata de que solo hay dos, ya que Baltazar perdió su corona y siente vergüenza. El niño utiliza su estuche de arte para hacerle una corona nueva, la que Baltazar lleva consigo durante todo su viaje hacia Belén para visitar al Niño Jesús. Aunque algunas imágenes se ven pixeladas, estas presentan una familia no siempre representada, compuesta por el niño y su abuelo.

Temas: fe | magia | Navidad | regalos | Reyes Magos

Premio: International Latino Book Awards, Alma Flor Ada Best Latino Focused Children's Book-Spanish (Second Place), 2021

Covid el coquí (libro ilustrado)

Escrito por Daisy Miranda Maldonado

Ilustrado por Miriam Cruz Torres

Ediciones Eleos | 32 páginas | español
(traducción al inglés: *Covid the Coqui*) | 5+

Resumen: Al mudarse del campo a la ciudad de San Juan, una pareja extraña inmensamente el canto del coquí. Una noche, escuchan un coquí cantando desde una de sus plantas y se llenan de emoción. Luego de un tiempo, no escuchan más su sonido y descubren al coquí con una mascarilla en su boca. Este les explica la importancia de no salir de su casa y de mantener distancia. Libro corto que pretende aconsejar sobre el COVID-19. Sin embargo, no hay una trama y el libro finaliza abruptamente. Las ilustraciones no proveen muchos detalles, pero reflejan lo descrito en el texto. También, se incluyen actividades como una sopa de letras, un laberinto, y un dibujo para colorear.

Temas: coquí | COVID-19 | salud

Cuando Puerto Rico se movió
(colección de poemas)

Escrito por Marlyn Ivette Rivera Navedo

Ilustrado por Adriana W. Serrano Rivera

Editorial Raíces | 41 páginas | español | 5+

Serie: Madre tierra

Resumen: Colección de 10 poemas sobre el temblor que impactó a Puerto Rico, en especial, el suroeste de la isla grande, el 7 de enero de 2020. Los versos capturan superficialmente las emociones y las experiencias de las comunidades impactadas, enfocándose más en las personas del norte de Puerto Rico que ofrecieron ayuda. Ilustraciones distorsionadas acompañan los poemas que, en ocasiones, carecen de rimas coherentes. Puede servir para abrir conversaciones y espacios de escritura e ilustración para representar el impacto de fenómenos atmosféricos en la niñez.

Temas: emociones y sentimientos | Puerto Rico | solidaridad | temblores

Cuentos interesantes para niños espeluznantes (colección de cuentos)

Escrito e ilustrado por Irma I. Ríos Arroyo e Iris Tocuyo Llovera

Con Pluma Papel | 85 páginas | español | 8+

Resumen: Colección de nueve cuentos, que incluye historias sobre un niño de metal que nunca estaba feliz; una araña que solamente sabía tejer fantasmas; y un globo de aire que no sabía hablar sobre sus emociones. El tono de las historias es didáctico y algunas incluyen una moraleja. Ilustraciones digitales, en colores mayormente llamativos, acompañan cada página de las historias.

Temas: aceptación | diversidad | emociones (manejo de) | respeto

De paseo por mi isla (libro ilustrado)

Escrito por Gianleé D. Márquez Hernández

Ilustrado por Juan Carlos Acevedo Gándara

Aparicio Distributors | 33 páginas | bilingüe (español e inglés) | 3+

Resumen: Camila despierta con mucha emoción, ya que llegó el día en que comenzaría la aventura de visitar varios lugares de Puerto Rico. Viaje por carro y por ferry, la lleva a pasear por El Morro, El Yunque, las islas municipios de Vieques y Culebra, el Parque de Bombas en Ponce, entre otros lugares, para, luego, culminar en las Cuevas de Camuy. Ilustraciones en *collage* acompañan cada escenario descrito, enfocándose en el lugar y no en representar a la protagonista. Se incluye un código QR para la versión de audiolibro bilingüe de esta historia que inspira a lectores a pasear por el archipiélago puertorriqueño.

Temas: historia | naturaleza | Puerto Rico | turismo interno | viajes

Dios ayúdame: oraciones inspiradoras para todos los días (libro ilustrado)

Escrito por Emme Muñiz

Ilustrado por Brenda Figueroa

Crown Books for Young Readers | 40 páginas | español (traducción al inglés: *Lord Help Me: Inspiring Prayers for Every Day*) | 5+

Resumen: Una serie de rezos y plegarias cortas para el diario vivir, escritos por una niña de 13 años. La niña le pide a Dios ayuda para cuidar a sus mascotas, o para poder completar asignaciones de la escuela. También pide ayuda para llevarse bien con su hermano gemelo y para ser más agradecida cada día, entre otras cosas.

Temas: creencias | religión | rezos

Dolores Rodríguez Hernández (Lola): La despalilladora de tabaco (libro ilustrado)

Escrito por Sandra A. Enríquez Seiders

Ilustrado por Brittany Gordon Pabón

Autopublicación | 13 páginas | español | 5+

Serie: Las mujeres de mi pueblo

Resumen: A través de un texto corto y una tipografía grande, se narra la niñez y la adultez de Dolores Rodríguez Hernández, mejor conocida como Lola, trabajadora del tabaco en el pueblo de Manatí. La extrema pobreza en que vivía junto a su familia, y la muerte súbita de su madre, llevan a Lola a seguir los pasos de sus antepasados de trabajar en la agricultura, en especial, en las fábricas despalilladoras de hojas de tabaco. La narración incluye la explotación y el abuso al que las mujeres trabajadoras estaban expuestas en las fábricas de tabaco. También, comenta la doble y la triple jornada que muchas mujeres llevan en el trabajo y el hogar. Ilustraciones coloridas acompañan este texto que exalta a las trabajadoras de las fábricas y las tierras en Puerto Rico.

Temas: agricultura | biografía | Dolores Rodríguez Hernández | Manatí | tabaco

Elena y su melena (libro ilustrado)

Escrito por Elisa Ramírez

Ilustrado por Mariel Mercado

Editorial Raíces | 30 páginas | español | 8+

Resumen: A Elena le gusta su pelo largo, pero su mamá la lleva al salón de belleza para recortarla en preparación para el comienzo de clases. En la escuela, Elena participa en una competencia de recaudación de fondos, cuyo ganador se convertirá en la reina o el rey de corazones. Ella sueña con lograr ser coronada y anhela tener su largo cabello. Con mucho esfuerzo y ayuda de su abuela y de sus amistades, alcanza su sueño.

Temas: autoestima | cooperación | familia | pelo natural

Ellas: historias de mujeres puertorriqueñas
(libro informativo)

Contribuciones por Ariana Isabel Vega Vargas, Gabriela Victoria Hernández Fuentes y Natalia Irizarry Rodríguez

Ilustrado por Mya Pagán

Editorial Destellos | 141 páginas | bilingüe (español e inglés) | 8+

Resumen: A través de 64 viñetas e historias, el libro presenta la vida y la obra de mujeres puertorriqueñas tanto en el archipiélago como en la diáspora. La selección de las mujeres no se limita a vidas del pasado, sino también a las mujeres del presente de diversos campos y experiencias. Las ilustraciones, con fondo blanco, resaltan las características, las emociones y las personalidades de las mujeres destacadas.

Temas: biografía | historia | identidad | LGBTQIA+ | mujeres | perspectiva de género | retar roles de género

---

Felito, el mulato del sabor de Puerto Rico para el mundo (libro ilustrado)

Escrito por Glorivette Negrón Ríos

Ilustrado por Mildred Socorro Negrón Ríos

Ediciones Magna Cultura | 34 páginas | español | 4+

Resumen: Breve narración en verso sobre la vida y la obra de Rafael Ithier, conocido como Felito, el fundador de la orquesta de salsa El Gran Combo. Desde sus principios autodidactas en la música hasta su regreso a Puerto Rico, luego de participar en la milicia, se presenta la historia de unos de los afroboricuas de más experiencia y vigencia en la música. Las ilustraciones aparecen pixeladas y no capturan precisamente las características físicas de Felito, sus familiares y sus amigos, pero permiten

abrir un espacio a la vida del músico. Para mejor representación se recomienda una edición con mejor trabajo de ilustración. Se incluye un glosario, información introductoria y un mensaje del salsero Gilberto Santa Rosa.

Temas: biografía | Gran Combo de Puerto Rico | música | Rafael Ithier

---

La gran Victoria (libro ilustrado)

Escrito por Verónica De La Cruz

Ilustrado por Jonathan A. Vega Colón

Editorial Nomos | 36 páginas | español | 4+

Resumen: Las hermanas Victoria y Alma le hacen frente a una culebra que, desde su castillo, gritaba insultos a la ciudadanía. El libro narra los eventos de las protestas de "Ricky Renuncia" en contra del destituido gobernador, Ricardo Rosselló. Resulta problemática la invisibilidad dada a la gran tradición de lucha que tiene Puerto Rico en contra de medidas y gobiernos opresores, al proponerse que la gente de Puerto Rico no sabía cómo protestar, y que las hermanas son quienes proponen y enseñan las diferentes manifestaciones que ayudan a derrotar a la serpiente.

Temas: activismo | justicia social | protesta | resistencia

Premio: International Latino Book Awards, Most Inspirational Children's Picture Book (Honorable Mention), 2021

I Have a Secret! / ¡Tengo un secreto!
(libro ilustrado)

Escrito por Maritere Rodríguez Bellas

Ilustrado por Jayri Gómez

1010 Publishing | 29 páginas | bilingüe (inglés y español) | 4+

Serie: Yunito's Adventures / Las aventuras de Yunito

Resumen: Yunito tiene un secreto: en la escuela nadie conoce su apellido, pues le avergüenza que sepan que es en español. Yuni no quiere hablar español por no ser diferente a sus amistades, pero, luego de que su maestra revelara su propio apellido, aprende que saber dos idiomas es muy especial. Cada página presenta la historia, primero en inglés, y, luego, en español. En un idioma, el texto presenta más detalles que en el otro y, en ocasiones, la traducción resulta fallida.

Temas: diáspora | identidad | idiomas

La isla rosada y otros colores
(primeros lectores)

Escrito e ilustrado por Ivette Cofiño Robles

Autopublicación | 50 páginas | español | 8+

Resumen: En la orilla del mar, cinco hermanos encuentran una botella con un mensaje dentro que los entera de la existencia de una isla rosada donde las cosas cambian de color. Junto a sus primas, quienes también son quíntuples, y se habían recién mudado de San Juan a la casa de sus abuelos en La Parguera, deciden visitar la isla. Estos emprenden un viaje mediante el que descubren la isla, la vida marina y la terrestre. Además, llegan al faro y, luego, llevan a sus abuelos en su aventura. Personajes con mucha imaginación, apreciación de la naturaleza y diversión son acompañados con ilustraciones coloridas de diferentes escenas de la narración.

Temas: aventura | Lajas

Jack y sus mascotas al rescate de George
(libro ilustrado)

Escrito por Diego Andrés Rivera Fernández

Ilustrado por Frank Joseph Ortiz Bello

Ediciones Eleos | 32 páginas | español | 5+

Resumen: Jack tiene dos mascotas, un león y una tortuga. Ambas cuentan con habilidades particulares que le ayudan a localizar su juguete favorito, un yo-yo, que se quedó olvidado en una juguetería. El cuento, escrito por un niño de diez años, tiene ilustraciones simples que nos presentan la importancia de la amistad y la solidaridad.

Temas: amistad | juegos y juguetes

El jibarito de la cajita: una nueva tradición navideña (libro ilustrado)

Escrito por Víctor Febus y Merari Cruz Loubriel

Ilustrado por Olgy Quiles

Stride Group | 31 páginas | español | 3+

Resumen: Un giro a la historia de la visita de los Tres Reyes Magos nos acerca a estos y a sus caballos perdidos en Puerto Rico. Conocemos a un jíbaro que se da a la tarea de recoger grama y café puya para los visitantes y guiarlos a las casas de la niñez puertorriqueña. Este cuento rimado está acompañado por ilustraciones llamativas que reflejan la visión romántica del jíbaro en el campo. Se incluye un glosario y los pasos a seguir para recibir a los Reyes Magos cada temporada navideña.

Temas: Reyes Magos | tradiciones navideñas

La jicotea y el caballo (primeros lectores)

Recontado por Julia Cristina Ortiz Lugo

Ilustrado por Tere Marichal Lugo

Autopublicación | 44 páginas | español | 8+

Colección: #folclorpuertorriqueño

Resumen: Un caballo, que desea ser dueño y señor del mar que rodea a una isla, le hace una apuesta a una jicotea (tortuga). Aquel que gane la carrera será el indiscutible dueño del mar. Para ello, establecen unas reglas para la corrida y acuerdan realizar unos cantos que anunciarán su avance a la meta. La astuta jicotea recibe la ayuda de sus otras hermanas tortugas para hacer creer al caballo que es la más rápida. Las imágenes son en blanco y negro, contiene un glosario y otras notas explicativas sobre las raíces africanas que tiene el cuento, además de sus otras versiones documentadas.

Temas: animales | astucia | folclor | solidaridad

Kai: The Missionary Sea Turtle / Kai: la tortuga marina misionera (libro ilustrado)

Recontado por Natalia Sepúlveda

Ilustrado por Alejandro López

Bilingual Lifestyle Publishing | 36 páginas | bilingüe (inglés y español) | 4+

Resumen: Kai es una tortuga marina misionera que se dedica a viajar por el océano cristianizando a otros animales. Un día, visita la iglesia a la que asisten Yan y Ari, unas tortugas marinas, y les explica qué significa ser misionero y cómo realiza su trabajo. Así las anima a conocer cuál es su propósito y la importancia de ayudar a otras personas. Las ilustraciones coloridas presentan el mundo marino con colores llamativos. Durante la narración se muestran diferentes animales con sus nombres, en ambos idiomas, e incluye los colores. Además, añade un juego para identificar la medusa en las páginas ilustradas. El libro incluye una sección para cuidadores con estrategias de cómo enseñar a la niñez sobre las misiones.

Temas: animales marinos | misiones | religión | tortuga

El lagarto verde de Joaco (libro ilustrado)

Escrito por Daisy Miranda Maldonado

Ilustrado por Miriam Cruz Torres

Ediciones Eleos | 32 páginas | español (traducción al inglés: *Joaco's Green Lizard*) | 8+

Resumen: Joaco es un niño al que le gusta admirar la naturaleza todas las mañanas a través de su ventana. Un día, ve un lagarto verde en la rama de un árbol que se convierte en su mascota secreta. Una tarde, el lagarto no está allí y Joaco descubre que está herido, pues ha sido atacado por un gato. La mañana siguiente Joaco nota la muerte del lagarto y se pone muy triste. Entonces, sus padres le compran un lagarto, que coloca en una jaula, como su nueva mascota. La historia presenta cómo la muerte puede llegar en cualquier momento, pero también se pudiera entender el mensaje de que un ser amado es reemplazable. Ilustraciones, un tanto rudimentarias, acompañan cada página.

Temas: amistad | duelo | lagartijos | mascotas | muerte

Leo y su melena rizada (libro ilustrado)

Escrito por Noemí Lugo García

Ilustrado por Adriana Canchani Levy

Editorial Raíces | 28 páginas | español | 5+

Colección: Crisálida

Resumen: Inspirada en experiencias de la vida real de personas cercanas a la autora, esta historia presenta a Leo, quien tiene una melena rizada y es tratado como "otro" en su escuela. Compañeros de Leo se burlan de su melena, pero su maestra interviene y les recuerda la importancia de respetar a las demás personas y a celebrar las diferencias. Las ilustraciones sencillas, hechas a mano, muestran los personajes y las escenas descritas en el texto. Al finalizar el cuento, se presentan varias actividades para que lectores las completen.

Temas: aceptación | *bullying* | valores

Lila, cimarrona de les arbumanes

(cuento en antología de cuentos)

Escrito por Beatriz Llenín Figueroa

Ilustrado por Lucía Mayorga Garrido Cortés

REPEM, Red de Educación Popular entre Mujeres de Latinoamérica y el Caribe | 12 páginas | español | 10+

Resumen: Mediante el uso de un lenguaje inclusivo y la asunción de una postura feminista y combativa de las desigualdades de género por medio de la educación, se presenta la vida de Lila, a quien todes le llamaban rara por no aceptar las imposiciones sociales, sino llegar a sus propias conclusiones. Lila vive con su abuela Bo, decide educarse sobre el colonialismo y aprende de las personas esclavizadas. Ella convierte ese conocimiento en diferentes formas de arte para transformar comunidades. Las obras de Les Arbumenes recorren diferentes espacios y soportes para transmitir un mensaje de empoderamiento. Se incluye un glosario de términos. Este cuento forma parte de la antología *1, 2, 3...lo cuento otra vez*.

Temas: arte | colonialismo | educación | lenguaje inclusivo | LGBTQIA+ | perspectiva de género

Luci Soars (libro ilustrado)

Escrito e ilustrado por Lulu Delacre

Philomel Books | 32 páginas | inglés | 4+

Resumen: Luci nació sin su sombra y, aunque inicialmente ni ella ni otras personas lo notaban, poco a poco la gente comienza a señalar y comentar sobre su diferencia. En la escuela, otras sombras se burlaban de ella, pero Luci decide cambiar su perspectiva y, al alzar vuelo, descubre su poder. Con pocas palabras, esta historia comparte un mensaje de amor propio, enaltecido por las ilustraciones que comienzan en blanco y negro, reflejando la inseguridad de Luci, y terminan en colores, cuando Luci ha descubierto su poder.

Temas: autoestima | *bullying* | diferencias | emociones y sentimientos | identidad

---

Marejadas: cuentos de pleamar y bajamar (colección de cuentos)

Escrito por Rosa Vanessa Otero

Ilustrado por Mechi Zérbola

Babidi-bú | 164 páginas | español | 8+

Resumen: A través de 16 cuentos, se presentan historias sobre la amistad, los conflictos, la solidaridad, las familias y la cotidianidad en el mar y sus orillas. Con una diversidad de protagonistas, desde ballenas, sirenas, grano de arena, océanos y seres humanos, la narración fluctúa entre fantasía, ficción realista, humor y fábula. Cada cuento está acompañado por ilustraciones en acuarelas para ofrecer una interpretación visual de los personajes. En ocasiones, la narración cuenta con palabras que no son comúnmente utilizadas en el vocabulario de Puerto Rico, lo que podría explicarse mejor con una nota de la autora o un glosario.

Temas: animales marinos | mar | transportación

La mascota (libro ilustrado)

Escrito por Daisy Miranda Maldonado

Ilustrado por Giancarlo Colaianni

Ediciones Eleos | 32 páginas | español | 7+

Resumen: Una niña les pide, con mucho anhelo, a su mamá y papá tener una mascota. Aunque inicialmente responden que no, por ser una gran responsabilidad, luego deciden adoptar una gatita que ven en Internet. La gatita, muy traviesa, se convierte en la mejor amiga y fiel compañera de la niña, especialmente durante la pandemia del coronavirus. Las imágenes apoyan el texto, pero hay páginas que no contienen ilustraciones. Puede ser confuso el hecho de que, al final del cuento, la gata tiene una conversación con la niña, pues no se había presentado el detalle de que la gata hablara.

Temas: adopción de animales | amistad | COVID-19 | familia | mascotas

---

Mi príncipe me rompió el corazón (libro ilustrado)

Escrito por Myrna Beníquez Rodríguez

Ilustrado por Hv Helmut

Las Marías Editorial | 36 páginas | español | 6+

Resumen: Estrella vive con sus tres hermanos, su mamá y el más querido, su papá, a quien ella llama su príncipe. La niña y su padre disfrutan de visitar la playa, cantar juntos y pasear en su avioneta. Un día, su padre sale a dar un paseo solo en avión y no regresa, momento en que la familia se enfrenta con la noticia de su muerte. La niña intenta superar la pérdida de su padre y príncipe querido hasta que encuentra la mejor manera de celebrar la vida y el amor de este. El texto y las ilustraciones reflejan humanamente las emociones y las experiencias de la familia, antes y después de su pérdida. La narración proyecta estereotipos de género, pero sirve para abrir conversaciones sobre la muerte de familiares y las maneras de recordarlos y celebrarlos.

Temas: duelo | familia | muerte

Los mundos de Lonstal (cómic)

Escrito por José A. Rabelo Cartagena

Ilustrado por Mariel Mercado

Editorial Isla Negra | 184 páginas | español | 9+

Resumen: Lonstal es un científico en el reino de Ar. Por mucho tiempo, su trabajo ha sido mirar a través de un telescopio y anotar sus observaciones. Teoriza acerca de que existe un mundo más allá de Ar, pero estas ideas son motivo de burla, ya que nadie cree que sea posible. Sin embargo, al rey y la reina les interesan sus teorías y quieren ayudarlo a probarlas. Con su ayuda, Lonstal comienza a explorar, enfrentándose a peligros y problemas por resolver. Al regresar al reino de Ar, él y su equipo son recibidos como héroes. Presenta temas de perseverancia y curiosidad de manera colorida y accesible.

Temas: aventura | ciencia ficción | investigación | perseverancia | sueños y deseos

El muñeco del tintero (libro ilustrado)

Escrito por Flavia Lugo de Marichal

Ilustrado por Carlos Marichal

Autopublicación | 48 páginas | español | 7+

Resumen: Un escritor de cuentos infantiles se queda profundamente dormido ante su escritorio mientras piensa en ideas para escribir. En plena siesta, estira el brazo y derrama el tintero sobre unos papeles, lo que hace surgir a Topipe, un curioso y simpático muñeco de tinta. Al conocer e interactuar con los demás objetos del escritorio, Topipe vivirá momentos de sorpresa, suspenso y reflexión. El trabajo de ilustración es en tinta y se llevó a cabo un proceso de digitalización y restauración de los dibujos inéditos del ilustrador.

Temas: amistad | escritores | imaginación

Navidad que vuelve (primeros lectores)

Escrito por Carmen Leonor Rivera-Lassén

Ilustrado por April Ríos

Editorial Lápiz, Puño, Papel | 7 páginas | español | 7+

Resumen: En la víspera navideña, Felipe sale a toda prisa de su escuela para comenzar su tarea de cantarles y trullarles a los pasajeros de la ruta Las Flores, Villa Palmeras, Loíza, de la guagua, quienes, conmovidos por su tierna voz, le dan monedas a cambio. Este ahorra lo ganado con el sueño de comprar obsequios para él y su familia en el Día de Reyes. Ya, en plena víspera de Reyes, ocurre un milagro frente a una panadería ubicada en la Avenida de Diego, en El Condado. Al breve libro, le favorecería

una revisión o una ampliación de la trama, además de incluir más imágenes que ilustren mejor las desigualdades sociales que la escritora sutilmente señala en la narración.

Temas: Navidad | San Juan | regalos | Reyes Magos

A New Kind of Wild (libro ilustrado)

Escrito e ilustrado por Zara González Hoang

Dial Books for Young Readers | 32 páginas | inglés | 5+

Resumen: En su pequeña casa a la orilla de El Yunque, Ren pasa los días jugando e imaginando criaturas mágicas que habitan en la naturaleza. Un día, Ren y su madre tienen que mudarse a una ciudad en Estados Unidos. Ren no encuentra magia allí. Su imaginación no vuela y nada tiene color, pero su nueva amiga, Ava, le enseña que la ciudad puede ser tan colorida y fantástica como su antiguo hogar. Ilustraciones, en las que se muestra la diversidad racial y diversos tipos de cuerpos y de familias, llenan cada página y dan vida a la magia de El Yunque y de la ciudad.

Temas: cambios | diáspora | imaginación | mudanza

Nico y su vida con sentido (libro ilustrado)

Escrito por Carolina del Mar Calzada Navarro

Ilustrado por Mariel Mercado

Publicaciones Mundo de Palabras | 30 páginas | español | 3+

Resumen: Mediante un texto divertido, Nico se presenta a lectores y comienza a conocer sobre los cinco sentidos y sus diversos roles. Para algunos sentidos, se enseñan las partes del cuerpo involucradas en su funcionamiento. En la narración se incorporan preguntas sobre cada sentido para incluir al lector en el proceso de aprendizaje. Al final, se incluyen consejos para cuidadores y preguntas guías, pero el texto carece de información relevante sobre las comunidades con diversidad funcional y su impacto en los sentidos.

Temas: cinco sentidos | cuerpo humano

Una niña llamada Rosita: la historia de Rita Moreno: ¡actriz, cantante, bailarina, pionera! (libro ilustrado)

Escrito por Anika Aldamuy Denise

Ilustrado por Leo Espinosa

HarperCollins | 40 páginas | español (traducción al inglés: *A Girl Named Rosita: The Story of Legendary Puerto Rican Performer Rita Moreno*) | 5+

Resumen: A partir de su niñez en el pueblo de Juncos, se narra parte de la vida y la obra de Rosita Dolores Alverio, mejor conocida como Rita Moreno. Desde sus primeras clases de baile, a los 5 años, cuando llega a Nueva York junto a su madre, hasta ganar el Oscar por su interpretación en *West Side Story*, se presentan los obstáculos y los prejuicios que vivió Rita. Ilustraciones coloridas y llamativas reflejan las experiencias en Puerto Rico, Nueva York, así como los escenarios en los que se presentó la afamada actriz, quien trabajó para adaptarse a las expectativas hollywoodenses.

Temas: arte | biografía | diáspora | Rita Moreno

Paseo de colores (libro cartoné)

Escrito e ilustrado por María Alou y ABC Coquí

Itsibelli | 24 páginas | bilingüe (español e inglés) | 0+

Resumen: Desde azul hasta gris, se presentan los nombres de diversos colores que podemos encontrar en Puerto Rico. Cada color está acompañado por imágenes y nombres de lugares, festivales, flora y fauna característicos del archipiélago puertorriqueño. Texto grande e ilustraciones coloridas forman parte de este libro que enseña colores e iconografías a la niñez.

Temas: colores | turismo interno | Puerto Rico

Pollito Chiki / Chiki Chick (libro ilustrado)

Escrito por Daisy Miranda Maldonado

Ilustrado por Miriam Cruz Torres

Ediciones Eleos | 32 páginas | bilingüe (español e inglés) | 5+

Resumen: Breve historia sobre un pollito que nace con cuatro patas. Tras ser rechazado por su familia, lo adopta otra, eventualmente, que acepta su diferencia física. El cuento acaba con una hoja de moraleja o enseñanza en donde la autora utiliza conceptos ofensivos y deshumanizadores para referirse a las comunidades con diversidad funcional.

Temas: aceptación | animales de la granja | diversidad funcional

La semilla temeraria (libro ilustrado)

Escrito e ilustrado por Miriam Cruz Torres

Ediciones Eleos | 36 páginas | español | 5+

Resumen: Varios animales y plantas tratan de explicarle lo que es el ciclo de vida a una semilla de girasol, quien tiene miedo a ser plantada. Ella no quiere crecer, ya que no le gustaría ser una planta. Poco a poco, sus amistades le aclaran que crecer es parte del ciclo de vida. Aunque no puede entender el concepto inicialmente, la semilla logra aprenderlo y acepta, con mucha emoción, ser plantada hasta llegar a convertirse en un girasol. Es un libro informativo, presentado en forma de cuento, con actividades al final. Las ilustraciones, en pintura, presentan coloridas estampas y versiones antropomórficas de animales, objetos y plantas, y parecen ser alusivas a imágenes del libro *The Bad Seed*.

Temas: ciclo de vida | emociones y sentimientos | flora | naturaleza

Siempre viva (libro ilustrado)

Escrito por Irene Rial Bou

Ilustrado por Luis A. Díaz Alejandro y Luis A. Vázquez O'Neill

Divinas Letras | 91 páginas | español (traducción al inglés: *Always Alive*) | 10+

Resumen: De manera muy abstracta y un poco poética, se describe la trayectoria de Flor Seca, una semilla levantada y llevada por el viento (llamado Pequeño Torbellino) a través de una ciudad. Varios obstáculos parecen impedir que Flor Seca llegue a su destino, incluyendo el ser pisada por un automóvil en donde viaja una niña que presencia lo ocurrido. A la vez, le ayudan, en su recorrido, varios elementos y animales como Viento Ayudador y Reinita

Voladora. Flor Seca se mantiene siempre viva, y así puede plantar semillas y crecer entre el cemento. El lenguaje de la narración es un tanto confuso y puede resultar difícil para algunos lectores. Las ilustraciones simples sirven de contraste, pero no proveen mucha ayuda para entender lo sucedido en la historia. Sin embargo, las imágenes son llamativas y estéticamente placenteras.

Temas: naturaleza | perseverancia | resiliencia

Soñando en dos idiomas / Dreaming in Two Languages (colección de cuentos)

Escrito por Inés M. Arroyo Montes

Ilustrado por Alberto Cardona Malavé

CAT Editorial | 40 páginas | bilingüe (español e inglés) | 5+

Resumen: Seis cuentos cortos que incorporan una variedad temas, como las memorias del huracán Georges; la razón de que los puertorriqueños griten al hablar; el origen del nombre del pájaro chango; y hasta la historia de Jacinto y su vaca. Cada cuento incluye personajes nuevos, algunos en el pasado y otros en el presente. Las ilustraciones presentan viñetas y momentos importantes de cada cuento y son acompañadas por texto, primero en español, y, luego, en inglés. Ya que algunas historias están escritas como leyendas o historias de origen, se debió incluir una nota que aclarara su carácter ficticio, de ser así. Se utiliza un lenguaje problemático al referirse a un hombre indígena como "indio" e "Indian".

Temas: familia | huracanes | leyendas | orígenes

El sueño secreto de una Tutú de ballet

(cuento en antología de cuentos)

Escrito por Elithet Silva Martínez

Ilustrado por Lucía Mayorga Garrido Cortés

REPEM, Red de Educación Popular entre Mujeres de Latinoamérica y el Caribe | 10 páginas | español | 9+

Resumen: Yeya es una tutú de ballet que guarda un secreto a sus amistades, para no decepcionar a nadie. Sin embargo, un día, en el ensayo, su mentora Balanchine, le ofrece un espacio seguro de conversación. Cuando Yeya confiesa su secreto recibe un apoyo genuino para continuar con lo que le apasiona en la vida y no lo que esperan los demás. El cuento de empoderamiento rompe con lo socialmente establecido al instar a seguir los intereses propios y ser seres humanos completos. Incluye un glosario de términos. Este cuento forma parte de la antología *1, 2, 3...lo cuento otra vez*. Recomendamos una publicación en formato libro ilustrado.

Temas: baile | Circo en la Plaza | Mayagüez

¿Qué es una sufragista? La historia de Ricarda López de Ramos Casellas

(libro ilustrado)

Escrito por Sandra A. Enríquez Seiders

Ilustrado por Brittany Gordon Pabón

Autopublicación | 14 páginas | español | 5+

Serie: Las mujeres de mi pueblo

Resumen: Mediante breves apuntes, se narra la biografía de la educadora, sufragista y política, Ricarda López Ramos. De familia blanca acomodada, Ricarda comenzó su vida en el pueblo de Manatí y, luego, al casarse, se mudó a la ciudad de San Juan para impartir clases en las escuelas públicas. En la capital de Puerto Rico, empieza a ver la injusticia contra las mujeres por no tener derecho al voto y las opresiones que sufren los maestros en el archipiélago. Junto a otras mujeres, funda la Liga Social Sufragista para exigir el derecho al voto, que se logra, para las mujeres que sabían leer y escribir, en 1932, y se extiende al resto de las mujeres en 1935. Las ilustraciones no solamente capturan la vida de López Ramos, sino también las diversas luchas políticas, sociales y feministas de las que fue partícipe.

Temas: biografía | derechos humanos | feminismo | política | sufragio | Ricarda López de Ramos Casellas

Tinti: el corazón de Casa Pueblo
(libro informativo)

Escrito por Sofía Irene Cardona

Ilustrado por Rosaura Rodríguez

Coloración de Omar Banuchi

Casa Pueblo | 62 páginas | español | 8+

Resumen: Presenta la historia de Faustina "Tinti" Deyá Díaz, cofundadora del proyecto de base comunitaria, Casa Pueblo, ubicado en Adjuntas. Desde sus comienzos, conocemos la importancia de la educación en el desarrollo de este. Entre los sucesos narrados se encuentran: la protección del Bosque del Pueblo de la explotación minera, la detención del gasoducto y los proyectos de iluminación solar. La trascendencia de la acción comunitaria a favor de la protección ambiental se presenta con ejemplos de iniciativas organizadas por Tinti. Sus imágenes destacan los esfuerzos tanto pequeños como gigantes gestionados por Tinti en solidaridad para mejorar la calidad de vida de su municipio y, por consiguiente, de Puerto Rico.

Temas: Adjuntas | biografía | Bosque del Pueblo | Casa Pueblo | energía renovable | justicia ambiental | justicia social | sustentabilidad | Faustina "Tinti" Deyá Díaz

Todo lo que está vivo, tiembla (libro ilustrado)

Escrito por Mayra Santos Febres

Ilustrado por José Arturo Ballester Panelli

Museo de Arte Contemporáneo de Puerto Rico | 19 páginas | español | 3+

Resumen: Corta narración en versos que explica cómo tiemblan los pájaros, el agua, nuestros cuerpos y también la tierra. Se incorporan datos científicos sobre lo que causa que ocurran los temblores y los terremotos, así como lo natural que resulta sentir emociones, como el miedo, ante estos. El texto y las ilustraciones coloridas ofrecen variedad de experiencias mientras dan esperanza y paz a lectores. Al final, se incluyen actividades, una lista de materiales necesarios para prepararse ante la llegada de un terremoto y un espacio para escribir cómo ayudar en la comunidad.

Temas: emociones y sentimientos | naturaleza | temblores

El último coquí (libro ilustrado)

Escrito e ilustrado por Juan Carlos Acevedo Gándara

Aparicio Distributors | 27 páginas | bilingüe (español e inglés) | 3+

Resumen: El día siguiente al paso del huracán María, todo se encuentra destruido y reina el silencio entre las montañas. Hasta el querido coquí lo ha perdido todo y, al entonar su cantar, nada responde, lo que le hace pensar que es el último de su especie. Una mañana, parte en busca de otros coquíes y, en la aventura, se encuentra con varios animales como el guaraguao, el gallo, la boa puertorriqueña y los mosquitos. Al final de su travesía, logra encontrar a alguien que canta como él, bajo las hojas. Ilustraciones en *collages* y texto repetitivo complementan esta historia sobre búsqueda, esperanza y paciencia.

Temas: animales del bosque | coquí | huracán María | huracanes | naturaleza

Vicki and a Summer of Change! / Vicky y un verano de cambio! (libro ilustrado)

Escrito por Raquel M. Ortiz e Iris Morales

Arte por Sabrina Cintrón, Eliana Falcón y Edgardo Miranda-Rodriguez

Red Sugarcane Press | 36 páginas | bilingüe (inglés y español) | 5+

Resumen: Vicky, quien vive con su hermana mayor, Val, admira muchas cosas de esta, como la forma en que lleva su pelo afro y su participación activa en reuniones comunitarias y en eventos de arte y poesía Nuyorican. En todo momento, Val limita la presencia de su hermana menor en dichos eventos hasta que llega el verano de 1969, y se organiza su comunidad de El Barrio. Liderados por el grupo político activista puertorriqueños, los Young Lords, los residentes, cansados del abandono de la ciudad y la falta de servicios de sanidad, organizan una protesta en las calles. Val invita y motiva a Vicky a participar, pues reconoce la importancia de la niñez en el activismo. Ilustraciones coloridas e inclusivas racialmente acompañan esta historia basada en un evento verídico y de resistencia de la diáspora boricua.

Temas: activismo | comunidad | diáspora |
El Barrio (Nueva York) | Nueva York | Young Lords

La visita de los monstruos comemanos
(primeros lectores)

Escrito e ilustrado por Irma I. Ríos Arroyo

Con Pluma Papel | 39 páginas |español | 6+

Resumen: Los monstruos comemanos llegan a invadir y a establecerse en el planeta Tierra. A estos les gustan las superficies, pero, cuando los monstruos tocan a los humanos, algo extraño ocurre: se les desaparecen las manos. Así que, en todo el mundo, las personas se están quedando sin manos y, aunque viven bien, no están acostumbrados a ello. Para solucionar el problema, la niñez en acción comienza una estrategia de higiene que resulta en la reaparición de las manos. Las ilustraciones presentan los viajes de estos monstruos y sus características particulares como seres extraterrestres.

Temas: bacterias | extraterrestres | higiene

Los siguientes libros fueron publicados en este año y no pudieron ser consultados por falta de acceso:
Aventuras de Yane, escrito por Ana R. Nieves Díaz,
La garita del diablo: leyenda puertorriqueña,
escrito e ilustrado por Tere Marichal Lugo,
Semillas de esperanza escrito por Sebastián Elí
Sotomayor e ilustrado por Patrick Urbain.

"¿Qué libros puertorriqueños hay que ameriten ponerse en manos de nuestros niños? ¿Cómo conseguir que nuestros niños lean más y mejores libros?"

—Flor Piñeiro de Rivera

REFLEXIONES

La trayectoria de este proyecto retó nuestras ideas preconcebidas acerca de los libros infantiles y la industria del libro en Puerto Rico. Nos proveyó oportunidades para conocer sobre más publicaciones, editoriales y creadores de literatura infantil. La búsqueda, lectura y procesos de resumir y asignar temas a los títulos de esta bibliografía abrió espacios de diálogos críticos entre nosotras para deconstruir nuestras respectivas concepciones y sesgos con respecto a la literatura. Estos diálogos nos permitieron escuchar, leer y considerar una variedad de perspectivas y visiones sobre el contenido y la narrativa de los libros, ayudándonos a aprender y desaprender con una mirada más crítica sobre la literatura infantil.

A continuación, presentamos algunas reflexiones para que lectores, especialmente la niñez, puedan estar abiertos a cuestionar narrativas visuales y textuales, así como a analizar la literatura críticamente.

PUBLICACIONES: CONOCIMIENTO Y ACCESO

Durante el proceso de realizar este proyecto, nos topamos con diferentes retos relacionados con la literatura infantil en Puerto Rico, como conocer qué se publica, quién lo publica y dónde tener acceso a libros. **Conocer las publicaciones contribuirá a que la niñez tenga mayor acceso a los libros, a la promoción de la literatura infantil en diversos escenarios y a que lectores y creadores se familiaricen con las narrativas y las temáticas de la literatura infantil puertorriqueña.**

En primer lugar, existe la necesidad de que las editoriales publiquen regularmente catálogos de sus títulos y provean páginas web actualizadas. También es esencial que los creadores que publican de manera independiente cuenten con espacios en la web con información sobre ellos y sus trabajos. En el caso de las librerías, recomendamos la creación de espacios físicos y virtuales especializados en literatura infantil, que resalten nuevas publicaciones y a sus creadores. Por otro lado, se deben realizar y participar más en ferias de libros tanto locales como internacionales, espacios que dan exposición a las editoriales, los creadores y las librerías.

En segundo lugar, los sectores bibliotecarios y educativos, las organizaciones comunitarias y profesionales y los colectivos necesitan realizar esfuerzos para conocer sobre las publicaciones y, a su vez, desarrollar material de apoyo, crear listas de libros y gestar proyectos. **Exhortamos al Gobierno de Puerto Rico a crear un plan nacional para la promoción de la lectura y para el apoyo a los creadores y a la industria de la literatura infantil.** Es importante resaltar eventos autogestionados como el Maratón Puertorriqueño de Lectura, que anualmente une a miles de escuelas, bibliotecas y público general para celebrar la lectura recreativa.

Por otro lado, la literatura infantil tiene que ser accesible a toda la niñez. Las escuelas deben contar con bibliotecas, rincones de lectura y actividades para conectar al estudiantado con la lectura recreativa durante todo el año. Reconocemos que existe una gran cantidad de bibliotecas comunitarias y municipales que por años ofrecen programas y servicios a la niñez y sus cuidadores, pero necesitamos más bibliotecas por todo el archipiélago con colecciones infantiles actualizadas, con horario extendido y que provean programas y servicios gratuitos para la niñez. **Los espacios públicos deben mirarse como lugares potenciales para la promoción lectora con actividades como paseos literarios, pequeñas estaciones con libros y lecturas colectivas.** Un ejemplo de esto es el proyecto SOLE: Biblioteca Rodante que desde el área sur del archipiélago desarrolla diversas actividades en playas, parques, y otros espacios públicos.

Enfatizamos la importancia del acceso a las publicaciones, ya que este representó uno de los mayores retos de este proyecto. Reconocemos nuestro privilegio de poder movilizarnos, de tener contactos en el campo de la literatura infantil y de formar parte de la academia y el sector bibliotecario, para conocer las publicaciones y acceder a estas. Sin embargo, nos preguntamos, **¿cómo el público en general tiene acceso a la literatura infantil en Puerto Rico? ¿Dónde se encuentra la literatura infantil en Puerto Rico?** Lamentablemente, no hay un espacio ni una biblioteca que tenga un acervo completo de todo lo publicado en los últimos años. Resulta preocupante que parte de nuestra literatura se encuentre mayormente en bibliotecas académicas, lo que nos lleva a cuestionarnos ¿cómo la niñez, educadores y mediadores tienen acceso a la literatura infantil en Puerto Rico?

EL LIBRO COMO OBJETO

En el proceso de idear y crear una publicación de literatura infantil, entran en juego las diversas ideologías acerca de lo que es la niñez, sus experiencias, conocimientos, intereses, así como sus variados desarrollos físicos y cognitivos, intelectuales y socioculturales. Entre la niñez y la creación de trabajos culturales, también desempeña un rol principal la amalgama de maneras en que se interactúa con otros seres humanos, comunidades, materiales naturales y artificiales que conforman sus mundos, la literatura infantil y el libro.

Los creadores de literatura infantil, incluyendo autores, ilustradores, diagramadores y editores, deben siempre enfocarse en las capacidades, los intereses, las habilidades, la diversidad de aprendizajes y las experiencias multisensoriales de la niñez a la hora de crear la publicación física de literatura infantil. Dentro del espectro de la niñez, contamos con personas preverbales, prelectores, lectores visuales, textuales, manuales y auditivos, que se acercan e interactúan de varias maneras con las imágenes, las narrativas, los textos y los libros como objeto.

En nuestro proceso de leer y evaluar los títulos para esta publicación, encontramos que predominan los libros ilustrados, que pueden variar desde el libro álbum, el cuento ilustrado y la narrativa con ilustraciones. Esto puede ser un reflejo de la idea errónea de que este es el único formato válido para publicaciones para la niñez. Aunque contamos con una oferta literaria de formatos como los libros cartoné (*Contando por mi isla*), los primeros lectores (*Aidara en el país de las nubes*), las novelas infantiles (serie *Pepe Gorras*) y los cómics (*La magia del teatro*), **se debe crear, promover y apoyar la diversidad de formatos que apelen a la variedad de saberes, habilidades, modos de aprendizaje e intereses de la niñez.**

248

predominan libros sobre el huracán María, por otra parte, se excluyen otros desastres como los terremotos, el derrumbe de Mameyes, erosión costera y las sequías.

Vemos como escasean los textos con temáticas de misterio, romance, fiestas culturales, filosofía y creencias no cristianas. También, hacen falta narrativas sobre la cotidianidad, las rutinas del hogar (aseo, dormir, aprender a ir al baño), así como la transportación pública y la marítima. **Notamos la importancia de continuar evolucionando en estas temáticas. Es importante reconocer a la niñez como seres con derecho y que tienen capacidad de cuestionar y opinar sobre las situaciones que nos afectan.**

EVALUACIÓN Y CRÍTICA

No existe crítica literaria de la literatura infantil puertorriqueña que sea continua, abierta, inclusiva e interdisciplinaria, que resalte las voces de la niñez, educadores, colectivos, creadores, gestores culturales, el sector bibliotecario, promotores, libreros, editores y estudiosos del tema. Igualmente, es necesario contar con espacios constantes para la reseña literaria, pues las pocas instancias en las que se reseñan libros infantiles en Puerto Rico ocurren, en su mayoría, durante la temporada navideña y de promoción de publicaciones. Hace falta reseñas en los periódicos, revistas, espacios web y medios de comunicación masiva.

En lo que respecta a la evaluación y la premiación de obras infantiles, notamos que en la mayoría de los certámenes internacionales hay información suficiente acerca de los ganadores, los jueces, las instrucciones y los criterios de evaluación. Sin embargo, en el caso de Puerto Rico, no existe información disponible, de fácil acceso, para conocer sobre los criterios y procesos de someter publicaciones, participar como jueces y comité de evaluadores, ni un listado de pasados ganadores.

Deseamos espacios para conversaciones en las que se evalúen, analicen y critiquen manuscritos y publicaciones de literatura infantil. **Los creadores deben estar abiertos a la evaluación y la reflexión, especialmente cuando se resaltan aspectos problemáticos de sus libros, como, por ejemplo, si un libro tiene imágenes racistas y sexistas que perpetúan representaciones con estereotipos u otros aspectos ofensivos.** En Puerto Rico, se realizó una crítica pública al libro *Chanda Candela te cuenta: Compay Araña y las habichuelas,* escrito e ilustrado por Tere Marichal Lugo. Se identificaron imágenes problemáticas de personajes ilustrados en *blackface* lo que llevó a diversas conversaciones por medios privados y sociales sobre cómo este tipo de ilustraciones representan una visión dañina y deshumanizante de las personas negras. La creadora optó por sacar la publicación del mercado, pero aún ilustraciones problemáticas se utilizan en sus narraciones orales sin tener publicado el libro con nuevo trabajo ilustrativo.

Por otro lado, el libro *Islandborn* (escrito por Junot Diaz e ilustrado por Leo Espinosa, 2018), contaba con ilustraciones que perpetuaban ideas de lo negro como malo y aterrador. Luego de una crítica pública por parte de educadores en Estados Unidos (Social Justice Books, 2018), la casa publicadora pausó la producción del texto para que se realizaran cambios a estas ilustraciones.

Ejemplos como estos muestran cómo malas representaciones ocurren tanto en Puerto Rico como en los Estados Unidos y fuera. Aunque no en todas las ocasiones en que se realizan críticas de representaciones problemáticas hay cambios evidentes, recalcamos la necesidad de continuar realizando observaciones críticas. El estar abiertos a las mismas, reflexionar y hacer cambios es contribuir a que no se continúen publicando libros y perpetuando representaciones dañinas.

Mediante la crítica constructiva se puede ayudar a cambiar las narrativas dominantes, proveer variedad y calidad de lecturas, así como la formación de creadores y la ampliación de la oferta literaria. Las críticas, sin importar cuán cercanos seamos a los creadores del libro evaluado, deben ser hechas con rigor, responsabilidad y desde varias perspectivas. Sin embargo, para poderlas realizar desde un espacio de respeto y apertura debemos trabajar con y entre nosotros. Reconocer dónde debemos formarnos más, respetar posturas diferentes y conocer el fin de la crítica como un espacio de crecimiento. Soñamos con un Puerto Rico con más y mejor calidad en nuestra oferta literaria y vemos la capacidad de nuestra gente para que esto sea posible.

En fin, debemos ver el libro de **literatura infantil como un espacio para desafiar las narrativas textuales y visuales dominantes, las construcciones sociales y los prejuicios; y, sobre todo, las percepciones y el adultismo que tanto influyen en nuestra niñez.**

255

PREGUNTAS GUÍAS

Presentamos algunas preguntas guías para ayudarles en la evaluación, el análisis y la reflexión acerca de la literatura infantil.

CREADORES

- ¿Quiénes escribieron e ilustraron la obra?
- ¿Cuáles son las identidades de los creadores y qué privilegios tienen?
- ¿Cuáles son sus áreas de interés, su peritaje o sus experiencias con respecto a los temas tratados?
- ¿Se presenta el propósito y la intención de forma evidente?
- ¿La tipografía y el tamaño de la letra favorecen la lectura?
- ¿Cuáles son los medios visuales y físicos?

ESCENARIOS

- ¿En dónde se desarrolla la historia?
- ¿Qué espacios se resaltan y cuáles se omiten?
  » En los textos sobre temas históricos, ¿se consideran contextos históricos, sociales, políticos o culturales de diversas comunidades e identidades?
  » ¿Los textos sobre la colonización presentan una versión pacífica y blanqueada de la historia y la sociedad?
  » En los libros sobre Puerto Rico, ¿se incluyen o mencionan lugares fuera del área metropolitana? ¿Se presentan lugares fuera del área metropolitana como espacios exóticos? ¿Se presentan solamente lugares turísticos? ¿Las ilustraciones presentan la variedad y la realidad de diversas comunidades en Puerto Rico?
  » En las ilustraciones de escenarios como las escuelas y el salón de clases, ¿se presenta la diversidad de la niñez, el magisterio y la comunidad escolar?

PERSONAJES

- ¿Cuáles son los personajes principales y secundarios de la historia?
  » ¿Cuáles son sus acciones, motivos, ideas, trasfondos?
  » ¿Qué profesiones o estatus sociales se resaltan? ¿Cuáles se omiten?
  » ¿Se utilizan nombres, descripciones físicas o estatus sociales como burla?
  » ¿Se presentan personajes con diversidad funcional?
    • ¿Tienen voz y agencia en la historia? ¿El libro es sobre ellxs en vez de con/por ellxs?

- » ¿Se presentan personajes femeninos/*femmes*?
  - ¿Cómo se presentan estos y cuál es su rol en la trama? ¿Su rol es sumiso y servil a un personaje masculino? ¿Son personajes principales o secundarios?
  - ¿Cuentan con iniciativa propia y capacidad para resolver problemas sin intermediarios?
  - ¿Se presentan de manera estereotipada, hiperfeminizada, prejuiciada o con algún tipo de discriminación?
- ¿Hay personajes evidentemente negros?
  - » ¿Cuál es su rol? ¿Tienen voz y agencia en la historia?
  - » ¿Cuán importantes son sus diálogos en la narración?
  - » ¿Se presenta un tropo o imagen estereotipada del personaje?
  - » Los libros con personajes evidentemente negros ¿se basan solo en un contexto histórico particular? ¿Son solamente sobre la esclavitud? ¿Se hace referencia a ellos solo cuando se habla de "nuestras raíces africanas"?
    - Si trabaja el tema de África, ¿de qué forma se representa dicho continente? ¿Se respeta su diversidad o solo se presenta de manera homogénea? ¿Se identifica un país o países específicos del continente? ¿Cuáles?
- ¿Se incluyen personajes puertorriqueños que se mudan fuera del archipiélago?
  - » ¿Se les presenta con una mejor calidad de vida sin mencionar las barreras y los obstáculos con los que se encuentran las comunidades puertorriqueñas en la diáspora?
  - » ¿Manifiestan una visión idealizada sobre Puerto Rico?
- ¿Se incluyen poblaciones inmigrantes?
  - » ¿Cómo se representan?
  - » ¿Se perpetúan las visiones de los estereotipos de procedencia?
  - » ¿Qué aspectos culturales se resaltan y cuáles se omiten?
- ¿Se incluyen poblaciones indígenas?
  - » ¿Aparecen solo en un contexto del pasado?
  - » ¿Se presentan de manera estereotipada o deshumanizada?

ILUSTRACIONES

- ¿Se incorporan ilustraciones?
  - » ¿Se presenta con calidad y variedad? ¿Se ven borrosas o pixeladas (de ser digitales)?

» ¿Se idealizan los escenarios naturales (aguas cristalinas, vegetación intacta)? ¿Se presenta la variedad de los escenarios urbanos?

» ¿Los personajes se ilustran estereotipadamente o utilizando algún tropo?

» ¿Las ilustraciones amplían y apoyan la narrativa? ¿Cómo?

NARRATIVA TEXTUAL

- ¿Quién narra la historia?

  » ¿Puedes identificar semejanzas o diferencias entre la voz del personaje principal y la voz del escritor? ¿Cuáles?

- ¿Cómo se presenta la trama de la historia?

  » ¿La narración provoca que lectores cuestionen, pregunten, se diviertan?

  » ¿Puedes identificar algo que se omita en la narración? ¿Qué es?

  » ¿Se utilizan términos problemáticos, racistas o discriminatorios en la narración? ¿Cuáles y en qué ocasiones?

  » ¿El lenguaje utilizado incluye palabras racistas, sexistas o contra la diversidad funcional?

LECTURAS SUGERIDAS

Acevedo, María. "What Does It Mean to Be Puerto Rican in Children's Literature?" *Bilingual Review*, vol. 33, no. 5, May 2017.

Acevedo, María V. "The Portrayal of Puerto Ricans in Children's Literature." *Bookbird: A Journal of International Children's Literature*, vol. 53, no. 2, 2015, pp. 4-11.

Anansesem: The Caribbean Children's and Young Adult Literature Magazine, special issue on Puerto Rico, May 2019.

Andruetto, María Teresa. *La lectura, otra revolución*. Fondo de Cultura Económica, 2014.

Ayala, Elena. "¿Qué pasa con la literatura infantil?" *El Mundo,* 25 de septiembre de 1983, p. 10-B.

Boukharsa, Chaimaa. "Breve guía para ser un aliad@. Entre privilegio y opresión". *Afroféminas*. https://afrofeminas.com/2022/02/21/breve-guia-para-ser-un-aliad-entre-privilegio-y-opresion/

Campoy, F. Isabel, & Alma Flor Ada. "Latino Literature for Children and Adolescents." *Multicultural Literature and Response: Affirming Diverse Voices,* editado por Lynn Atkinson Smolen and Ruth A. Oswald, ABC-CLIO, 2011, pp. 195-230.

Collado, Miguel. *Historia bibliográfica de la literatura infantil dominicana (1821-2002).* Banco de Reservas de la República Dominicana, 2003.

Council on Interracial Books for Children. *Guidelines for Selecting Bias-Free Textbooks and Storybooks*. Council on Interracial Books for Children, 1980.

Council on Interracial Books for Children. "Book Publishing in Puerto Rico: Children's Books as Weapons in the Fight for Identity." *Bulletin of Interracial Books for Children: Special Issue on Puerto Rican Materials,* vol. 4, no. 1-2, Spring 1972, pp. 1, 15.

Delnero, Mauricio Maximiliano. *El binomio de la literatura infantil: quienes leen, quienes escriben, quienes median*. Universo de Letras, 2019.

Díaz, Lidia. *Introducción a la literatura infantil en español*. 2nd ed., Academic Press ENE, 2008.

Díaz Marrero, Andrés. *La literatura infantil: comentarios de un autor*. Sociedad de Autores Puertorriqueños, 1987.

Feliciano Mendoza, Ester. "Literatura infantil puertorriqueña". *Ciclo de conferencias sobre la literatura de Puerto Rico*. Instituto de Cultura Puertorriqueña, 1960, pp. 1-30.

Figueras, Consuelo. "Puerto Rican Children's Literature: On Establishing an Identity." *Bookbird*, vol. 38, no. 2, 2000, pp. 23-27.

Figueras, Consuelo. "Esfuerzos en pro de la literatura infantil puertorriqueña: logros y retos". *BIBESCO*, vol. IV, no. 1, 1996-1998, pp. 26-32.

Frank, Jenifer. "Lies My Bookshelf Told Me: Slavery in Children's Literature." *Learning for Justice*. Vol. 62, 2019, https://www.learningforjustice.org/magazine/summer-2019/lies-my-bookshelf-told-me-slavery-in-childrens-literature

Freiband, Susan & Consuelo Figueras. "Understanding Puerto Rican Culture: Using Puerto Rican Children's Literature." *MultiCultural Review*, vol. 11, June 2002, pp. 30-34.

Freire de Matos, Isabel. "La literatura infantil puertorriqueña". *22 Conferencias de literatura puertorriqueña*, editado por Edgardo Martínez Masdeu, Librería Editorial Ateneo, 1994, pp. 136-210.

Fuster, Kayra & Talía Rivera. "Situación de la promoción lectora y la LIJ en Puerto Rico". *Anuario sobre el libro infantil y juvenil*, 2008, pp. 155-162.

García-Medina, William. "AfroLatin@ Children's Literature, Education, and the Black Diaspora." *The Pura Belpré Award at 25*, special of *The Horn Book Magazine*, May-June 2021, pp. 64-67.

Godreau Santiago, Isar P., Mariluz Franco Ortiz, Hilda Lloréns, María Reinat Pumarejo, Inés Canabal Torres & Jessica Aymeé Gaspar Concepción. *Arrancando mitos de raíz: guía para una enseñanza antirracista de la herencia africana en Puerto Rico*. Editora Educación Emergente, 2013.

Guerra, Cristina. "La literatura infantil y juvenil: un mundo de fascinantes beneficios y posibilidades". *BIBESCO*, vol. VII, no. 1, 1998-2000, pp. 12-13.

Guía de lenguaje inclusivo y antirracista: cómo implementar el lenguaje inclusivo y antirracista en dinámicas laborales. Mentes Puertorriqueñas en Acción. 2021. https://www.mentesenaccion.org/_files/ugd/ca2611_168eba28f80340cb8a2a62472ab3cc2c.pdf

Hernández, Carmen Dolores. "Espacios del libro: El panorama de la LIJ en Puerto Rico 2015-2016". *Anuario iberoamericano sobre el libro infantil y juvenil*, 2017, pp. 337-354.

Hernández, Carmen Dolores. "Senderos de la literatura infantil y juvenil en Puerto Rico". *Anuario iberoamericano sobre el libro infantil y juvenil*, 2015, pp. 271-280.

Hernández, Carmen Dolores. "La LIJ puertorriqueña en 2012". *Anuario iberoamericano sobre el libro infantil y juvenil*, 2013, pp. 221-228.

Hernández, Carmen Dolores. "La LIJ en Puerto Rico en el año 2011". *Anuario iberoamericano sobre el libro infantil y juvenil*, 2012, pp. 207-216.

Herrera Rojas, Ramón Luis & Mirta Estupiñán González. *Diccionario de autores de la literatura infantil cubana*. Ediciones Unión, 2015.

Instituto Puertorriqueño del Libro Infantil. *Bibliografía de literatura infantil y juvenil puertorriqueña*. Publicaciones del Instituto Puertorriqueño del Libro Infantil, 1994.

Jiménez García, Marilisa. *Side by Side: US Empire, Puerto Rico, and the Roots of American Youth Literature Culture*. University Press of Mississippi, 2021.

Jiménez García, Marilisa. "Radical Bilingualism: Language Borders and the Case of Puerto Rican Children's Literature." *Changing English: Studies in Culture and Education*, vol. 18, no. 4, pp. 417-423.

Machado, Ana María & Graciela Montes. *Literatura infantil: creación, censura y resistencia*. Editorial Sudamericana, 2003.

Maisonet Quiñones, Ivette. "Sobre la crítica actual de la LIJ en Puerto Rico". *Anuario sobre el libro infantil y juvenil*, 2010, pp. 134-146.

Maisonet Quiñones, Ivette. "Una mirada a la narrativa puertorriqueña para niños: 1990-1999". *Cultura*, año III, no. VII, 1999, pp. 60-63.

Mestre, Lori S. & Sonia Nieto. "Puerto Rican Children's Literature and Culture in the Public Library." *MultiCultural Review*, vol. 5, no. 2, June 1996, pp. 26-38.

Nieto, Sonia. "Self-Affirmation or Self-Destruction: The Image of Puerto Ricans in Children's Literature Written in English." *Images and Identities: The Puerto Rican in Two World Contexts*, editado por Asela Rodríguez de Laguna, Transaction Books, 1987, 211-226.

Nieves Falcón, Luis. "The Oppressive Function of Values, Concepts and Images in Children's Books." *The Slant of the Pen: Racism in Children's Books*, editado por Roy Preiswerk, World Council of Churches, 1980, pp. 3-6.

Perales, Rosalina. *Antología de teatro infantil puertorriqueño*. Editorial de la Universidad de Puerto Rico, 2000.

Piñeiro de Rivera, Flor. *Un siglo de literatura infantil puertorriqueña | A Century of Puerto Rican Children's Literature*. Editorial de la Universidad de Puerto Rico, 1987.

Piñeiro de Rivera, Flor & Isabel Freire de Matos. *Literatura infantil caribeña: Puerto Rico, República Dominicana y Cuba*. Boriken Libros, 1983.

Ramírez García, Sara. *La literatura infantil de Ester Feliciano Mendoza*. 1984. Universidad de Puerto Rico, Tesis de maestría.

Rey, Mario. *Historia y muestra de la literatura infantil mexicana*. Ediciones SM, 2000.

Rodríguez Burgos, Alexandra. "El rescate de la literatura". *Anuario iberoamericano sobre el libro infantil y juvenil*, 2021, pp. 355-377.

Torres, Francisco L. & Carmen I. Medina. "Cuentos combativos: Decolonialities in Puerto Rican Books About María." *Journal of Literacy Research*, 2021, pp. 1-23.

Torres, Gerardo. "Identidad latinoamericana en la literatura infantil del Caribe". *Educación y Biblioteca*, no. 110, 2000, pp. 34-39.

Torres-Rivera, Carmen Milagros. "Giving a Voice to Afro-Puerto Ricans in Children's Literature." *¡Negro, Negra! Memorias del primer congreso de afrodescendencia en Puerto Rico*, compilado por Léster I. Nurse Allende, Fundación Puertorriqueña de las Humanidades, 2018.

Torres-Rivera, Carmen Milagros. "Puerto Rican Children's Literature and the Need for Afro-Puerto Rican Stories." *Bookbird: A Journal of International Children's Literature*, vol. 52, no. 3, July 2014, pp. 81-85.

REFERENCIAS

"A ocho años del paso del huracán Irene." *Primera Hora,* 18 de agosto de 2019, https://www.primerahora.com/noticias/puerto-rico/notas/a-ocho-anos-del-paso-del-huracan-irene/

"Acerca del CELELI." *CELELI Centro para el Estudio de la Lectura, la Escritura y la Literatura Infantil*, http://celeli.uprrp.edu/?page_id=2

"Actividades en La Cordillera." *La cordillera*, 21 de octubre de 2004, p.22.

Alberty, C., Auffant, V., Cardona, S., Matos, S. & Sotomayor, A. M. (Eds.). (1994). *Antología de textos literarios*. Editorial de la Universidad de Puerto Rico.

Alegre Barrios, Mario. "Alza el vuelo la FIL Guadalajara." *El Nuevo Día*, 25 de noviembre de 2005, ProQuest, https://uprrp.idm.oclc.org/login?url=https://www.proquest.com/newspapers/alza-el-vuelo-la-fil-guadalajara/docview/378516207/se-2?accountid=44825

"Apertura Librería Borders en Carolina." *De Todo*, 21 de noviembre de 2001, p. 23.

Arroyo León, Pablo. "Viento en popa." *El Nuevo Día*, 3 de febrero de 2007, ProQuest, https://www.proquest.com/docview/378584895?accountid=44825

"Atención Atención lanza plataforma educativa." *El Adoquín Times,* 9 de septiembre de 2020, https://www.eladoquintimes.com/2020/09/09/atencion-atencion-lanza-plataforma-educativa/

"Autores salinenses participan en el 5to Día Internacional de la Lectura." *Encuentro al sur,* 26 de abril de 2014, https://encuentroalsur.com/?p=27155

Ayes Rodríguez, Zulma L. "La promoción y la animación de la lectura en Puerto Rico, a propósito de una pregunta de Mayra Santos Febres." *Kálathos: Revista Transdisciplinaria Metro-Inter,* vol. (11), no. (1), 2020-2021, pp. (15-34).

BalletPR. "Sangre Nueva (segmentos) - Balleteatro Nacional de Puerto Rico." *YouTube,* 2012, https://youtu.be/t5pWdq60gs8

"Biblioteca infantil: Lila Mayoral Wirshing." *Fundación Rafael Hernández Colón,* 2020, https://rafaelhernandezcolon.org/index.php/biblioteca-infantil/

"Biografía." *Aníbal Acevedo Vilá: Página oficial del ex-Gobernador del Estado Libre Asociado de Puerto Rico*, https://acevedovila.net/biografia/

"Books, Incubadora Library." *Vieques Events,* mayo-junio 2013, p. 25, https://www.yumpu.com/es/document/read/28596068/may-june-mayo-junio-2013-vieques-events

"Borders cierra sus puertas en definitiva." *Noticel,* 18 de julio de 2011, https://www.noticel.com/economia/20110718/borders-cierra-sus-puertas-en-definitiva/

Burgos González, Belinda. "De estudiantes a autores de cuentos." *La Perla del Sur,* miércoles 27 de abril de 2016, https://www.periodicolaperla.com/estudiantes-poncenos-se-convierten-en-autores-de-su-propio-libro-de-cuentos/

Cabrera Salcedo, Lizette. "Fin de la Marina de Estados Unidos en Vieques." *Enciclopedia de Puerto Rico,* 1 de mayo de 2022, https://enciclopediapr.org/content/fin-de-la-marina-de-estados-unidos-en-vieques/

"Carolina celebra la semana de la biblioteca: realizarán actividades educativas en varias escuelas." *de Todo,* 25 de abril al 1 de mayo de 2018, p. 5, https://issuu.com/deto-dopr/docs/tc-1845

"Carolina dedica Tercera Feria del Libro a la escritora Tina Casanova." *Noticel,* 14 de abril de 2015, https://www.noticel.com/suplemento/auspiciado/20150414/caroli-na-dedica-tercera-feria-del-libro-a-la-escritora-tina-casanova-galer/

Casa de Cultura Ruth. *Feria de libros independientes y alternativos para niñas, niños y jóve-nes.* [2016?].

"Cataño continúa la fiesta de lecturas infantiles en su Biblioteca Municipal." *Primera Hora,* 29 de marzo de 2012, https://www.primerahora.com/noticias/puerto-rico/notas/catano-continua-la-fiesta-de-lecturas-infantiles-en-su-biblioteca-municipal/

Cerrillo, Pedro y Jaime García Padrino. *La literatura infantil en el siglo XXI.* Ediciones de la Universidad de Castilla-La Mancha, 2001.

"Certamen de escritura". *De Todo,* 8 de mayo de 2002, p. 29.

"Certamen literario para niños / Justina Díaz Bisbal." *Encuentro al sur,* 4 de octubre de 2011, https://encuentroalsur.com/?p=18522

Cintrón Arbasetti, Joel. "Estados Unidos demandado ante la OEA por violar derechos humanos en Vieques." *Centro de Periodismo Investigativo,* 27 de septiembre de 2013, https://periodismoinvestigativo.com/2013/09/estados-unidos-demanda-do-ante-la-oea-por-violar-derechos-humanos-en-vieques/

"Coronavirus (COVID-19)." *Portal de transparencia, Oficina Central de Recuperación, Recons-trucción y Resilencia,* https://www.recovery.pr/es/flexible-page?pageId=3372

"Corrupción en el Departamento de Educación." *Primera Hora,* 22 de septiembre de 2011, https://www.primerahora.com/noticias/gobierno-politica/notas/corrup-cion-en-el-departamento-de-educacion/

"Crean incubadora de literatura infantil y juvenil." *El Nuevo Día,* martes 23 de junio de 2020, https://www.elnuevodia.com/entretenimiento/cultura/notas/crean-incu-badora-de-literatura-infantil-y-juvenil/

"Cronología del caso Víctor Fajardo." *Primera Hora,* 20 de septiembre de 2013, https://www.primerahora.com/noticias/policia-tribunales/fotogalerias/cronolo-gia-del-caso-victor-fajardo/#view

"Cronología histórica del "Verano del 19"." *Primera Hora,* 19 de julio de 2020, https://www.primerahora.com/noticias/gobierno-politica/notas/cronologia-historica-del-ve-rano-del-19/

Cuesta, Fanny. *Mediación de lectura en niños y algunas herramientas: Sala Pura Belpré.* 5 de febrero de 2019, https://uprrp.libguides.com/c.php?g=892126&p=6569232

"¿De dónde salió la designada secretaria de Educación?." *Primera Hora,* 28 de diciembre de 2016, https://www.primerahora.com/noticias/gobierno-politica/notas/de-donde-salio-la-designada-secretaria-de-educacion/

Delgado, Ana María. "Escuela de la Comunidad Elemental Urbana: celebración semana de la biblioteca." *La Esquina,* junio de 2001, p. 13.

Departamento de Educación de Puerto Rico. *Descontinuación de libros de español de undécimo grado,* 10 de septiembre de 2009.

Departamento de Educación de Puerto Rico. *Política pública sobre la equidad de género y su integración al currículo del Departamento de Educación de Puerto Rico como instrumento para promover la dignidad del ser humano y la igualdad de todos y todas ante la ley.* 25 de febrero de 2015, https://aldia.microjuris.com/wp-content/uploads/2015/04/19-2014-2015.pdf

Departamento de Educación de Puerto Rico. *Política pública sobre la equidad de género y su integración al currículo del Departamento de Educación de Puerto Rico como instrumento para promover la dignidad del ser humano y la igualdad de todos y todas ante la ley, Carta circular núm. 32 2016-2017,* 8 de febrero de 2017, http://intraedu.dde.pr/Cartas%20Circulares/32-2016-2017.pdf

"Día Internacional de la Lectura." *Encuentro al sur,* 28 de abril de 2012, https://encuentroalsur.com/?p=20884

"Día Internacional del libro en Palique." *Encuentro al sur,* 18 de abril de 2016, https://encuentroalsur.com/?p=30406

"El Festival de la Palabra 2018 de Puerto Rico arrancará con una versión criolla." *EFE Agencia*, 5 de abril de 2018, https://www.efe.com/efe/america/cultura/el-festival-de-la-palabra-2018-puerto-rico-arrancara-con-una-version-criolla/20000009-3574623

"Encuentro de Teatro Infantil Hostosiano." *Claridad,* 18-24 de noviembre de 2004, p. 2.

"En marcha el nuevo Premio El Barco de Vapor Caribe." *SM*, 25 de febrero de 2019, https://sm-pr.com/content/en-marcha-el-nuevo-premio-el-barco-de-vapor-caribe

"Facultad regular: CÉSAR A. REY HERNÁNDEZ, PH.D." *Escuela Graduada de Administración Pública, Facultad de Ciencias Sociales, Universidad de Puerto Rico, Recinto de Río Piedras,* 2017, https://sociales.uprrp.edu/egap/cesar-a-rey-hernandez-ph-d/

"Fallece destacado ilustrador puertorriqueño Walter Torres." *Puerto Rico Art News,* https://www.puertoricoartnews.com/2019/05/fallece-el-destacado-ilustrador.html

"Federico García Lorca." *American Library Association,* https://www.ala.org/awards-grants/node/6404

"Feria del libro de autor este fin de semana." *Encuentro al sur,* 13 de diciembre de 2013, https://encuentroalsur.com/?p=26127

"Feria Internacional del Libro Puerto Rico 2010." *Encuentro al sur,* 27 de octubre de 2010, https://encuentroalsur.com/?p=12881

"Fiesta literaria en honor a Pura Belpré." *Todas,* 30 de enero de 2019, https://www.todas-pr.com/fiesta-literaria-en-honor-a-pura-belpre/

Gallardo Bustillos, Fernando, y Egidio Colón Arcilla. "El mercado de libros en Puerto Rico." *El Adoquín Times,* 12 de septiembre de 2017, https://www.eladoquintimes.com/2017/09/12/el-mercado-de-libros-en-puerto-rico/

"Gobernador de P.Rico García Padilla exige convergencia para una mejor isla: GOBIERNO (Previsión)." *EFE News Service,* 2 de enero de 2013. ProQuest, https://uprrp.idm.oclc.org/login?url=https://www.proquest.com/wire-feeds/gobernador-de-p-rico-garcía-padilla-exige/docview/1266031420/se-2?accountid=44825.

"Gobierno de Puerto Rico cierra por crisis fiscal." *La Nación,* 3 de mayo de 2006, https://www.nacion.com/el-mundo/gobierno-de-puerto-rico-cierra-por-crisis-fiscal/HVPKCRGNZZBRRF33GB7JZGMC4Q/story/

"Grandes y pequeños disfrutan de la lectura en la comunidad Manuel A. Pérez." *Bimbo Puerto Rico,* 16 de junio de 2014, http://www.bimbopr.com/grandes-peque-nos-disfrutan-lectura-en-comunidad-manuela-perez

Hernández, José Rafael. "Carolina incursiona en la publicación de libros infantiles." *Presencia,* 4 de febrero de 2015, http://www.presenciapr.com/carolina-incursio-na-en-la-publicacion-de-libros-infantiles/

Hernández, José Rafael. "Cuéntame Gigante Mío: proyecto estudiantil en Carolina." *Presencia,* 12 de noviembre de 2014, http://www.presenciapr.com/cuentame-gigan-te-mio-proyecto-estudiantil-en-carolina/

Hernández, José Rafael. "Padres confinados podrán estudiar con sus hijos." *Presencia,* 14 de noviembre de 2019, https://www.presenciapr.com/padres-confinados-po-dran-estudiar-con-sus-hijos/

Hinojosa, J., Meléndez, E. & Severino Pietri, K. (Mayo 2019). *Population decline and school closure in Puerto Rico. Centro: Center for Puerto Rican Studies.* https://centropr.hunter.cuny.edu/sites/default/files/PDF_Publications/centro_rb2019-01_cor.pdf

"Historia." *¡Lee conmigo!* https://www.leeconmigopuertorico.com/historia

"Historia del maratón." *6to Maratón Puertorriqueño de Lectura,* https://sites.google.com/site/maratondelecturapr/historia-del-maraton

"Historia FILIJE-PR." *Feria Internacional del Libro - Puerto Rico,* https://www.filpuertorico.org/filije-pr-1998/

"Historia FILIJE-PR 2000." *Feria Internacional del Libro - Puerto Rico,* https://www.filpuer-torico.org/filije-pr-2000/

"Home." *ABC literatura infantil,* 19 de abril 2022, http://home.coqui.net/sendero/

"Hurricane Georges." *Wikipedia: The Free Encyclopedia,* 7 de marzo de 2022, https://en.wikipedia.org/wiki/Hurricane_Georges

"Hurricane Hugo." *Wikipedia: The Free Encyclopedia,* 30 de noviembre de 2021, https://en.wikipedia.org/wiki/Hurricane_Hugo

"Inauguran biblioteca en el Municipio de Adjuntas." *El Nuevo Día.* lunes 10 de enero de 2000, p. 42.

"Inauguran biblioteca municipal de Barranquitas." *La cordillera,* 16 de septiembre de 2004, p.19.

"Inauguran Biblioteca Municipal Maunabo." *La esquina,* mayo 2003, p. 38.

"Inauguran Sala Educativa Las Negras para combatir la brecha tecnológica en la niñez." *Todas,* 28 de agosto de 2020, https://www.todaspr.com/inauguran-sala-educativa-las-negras-para-combatir-la-brecha-tecnologica-en-la-ninez/

"Inicia Jornada Didáctica Cultural Arturo Alfonso Schomburg." *Encuentro al sur,* 20 de enero de 2014, https://encuentroalsur.com/?p=26513

Instituto del Desarrollo de la Juventud (2020). *Índice de Bienestar de la Niñez y la Juventud.* http://juventudpr.org/#/app/datos/bienestar-juventud

"Invitación a la Feria del libro usado 2018 : una maravillosa experiencia para los niños." *Encuentro al sur,* 29 de noviembre de 2018, https://encuentroalsur.com/?p=32353

"Invitación a la pequeña feria de libros usados / Justina Díaz." *Encuentro al sur,* 17 de noviembre de 2012, https://encuentroalsur.com/?p=22676

"Irma: a un año del preámbulo a la catástrofe de María." *Primera Hora,* 6 de septiembre de 2018, https://www.primerahora.com/noticias/puerto-rico/notas/irma-a-un-ano-del-preambulo-a-la-catastrofe-de-maria/#:~:text=El%20hurac%C3%A1n%20Irma%20azot%C3%B3%20hace,hasta%20175%20millas%20por%20hora.

"La Cerámica estrena nueva biblioteca electrónica." *De todo Carolina,* 27 de mayo de 2014, p.3, https://issuu.com/detodocarolina/docs/ano36-1644

Lastreto, Rodrigo. "La biblioteca móvil que fomenta la lectura en Puerto Rico." *Soy bibliotecario,* 10 de septiembre de 2018, https://soybibliotecario.blogspot.com/2018/09/biblioteca-movil-puerto-rico.html

"Loíza celebra en grande la Semana de la biblioteca." *de Todo,* 25 de abril al 1 de mayo de 2018, p. 4, https://issuu.com/detodopr/docs/tc-1845

López Marrero, Tania del Mar y Abimael Castro Rivera. "Actividad sísmica en Puerto Rico y sus alrededores." *Centro Interdisciplinario de Estudios del Litoral Universidad de Puerto Rico, Recinto de Mayagüez,* 2020, https://www.proyecto1867.com/uploads/8/6/3/9/86396506/actividad_sismica_en_pr_y_sus_alrededores.pdf

"Luis Fortuño Burset." *CIDOB, Barcelona Center for International Affairs,* 2014, https://www.cidob.org/biografias_lideres_politicos/america_central_y_caribe/puerto_rico/luis_fortuno_burset

"Magna Feria Internacional del Libro Eugenio María de Hostos." *Department of English, University of Puerto Rico-Mayagüez Campus,* https://www.uprm.edu/english/magna-feria-internacional-del-libro-eugenio-maria-de-hostos/

"Maratón de lectura." *Encuentro al sur,* 27 de septiembre de 2011, https://encuentroalsur.com/?p=18461

"María: un nombre que no vamos a olvidar." *El Nuevo Día y Primera Hora,* martes 28 de agosto de 2018, https://huracanmaria.elnuevodia.com/2017/

Méndez Irizarry, Alejandra Sofía. "Libros libres: un proyecto comunitario y de justicia social." *Infotecarios,* 7 de enero de 2017, https://www.infotecarios.com/libros-libres-proyecto-comunitario-justicia-social/#.YmYX-PNKj0E

"Mission & History." *Biblioteca Juvenil de Mayagüez, https://bibliotecajuvenilmayaguez.org/mission-history/*

"Mujeres del 2001: Asume en Puerto Rico primera Gobernadora." *El Norte,* 3 de enero de 2001, p. 18. ProQuest, https://uprrp.idm.oclc.org/login?url=https://www.proquest.com/newspapers/mujeres-del-2001-asume-en-puerto-rico-primera/docview/315876692/se-2?accountid=44825

Nieves Ramírez, Gladys. "Continuo afán por fomentar la lectura." *El Nuevo Día,* 12 de diciembre de 2007, ProQuest, https://www.proquest.com/docview/378598832/FB3BAF385D2C4571PQ/1?accountid=44825

Nodelman, Perry. "The Eye and the I: Identification and First-Person Narratives in Picture Books." *Children's Literature,* vol. 19, 1991: pp. 1-30.

"Nuestras primeras discusiones." *Libros para niños e ideas para su utilización,* viernes 21 de agosto de 2009, http://librosparaninosyninas.blogspot.com/2009/08/hola-ya-estamos-en-agosto-y-comenzamos.html

"Nueva Biblioteca Electrónica en Fajardo." *Sin comillas,* 5 de octubre de 2012, https://sincomillas.com/nuevo-biblioteca-electronica-en-fajardo/

Pacheco, Istra y Lyanne Meléndez. "Cuestionan compra de libros de literatura infantil en DE." *Metro,* 20 de agosto de 2019, https://www.metro.pr/pr/noticias/2019/08/20/cuestionan-compra-libros-literatura-infantil.html

"¿Para qué?" *Leamos más: Puerto Rico blog de libros para la niñez,* 2019, https://www.leamosmaspr.com/para-que

"Pedro Rosselló González." *CIDOB, Barcelona Center for International Affairs,* 2014, https://www.cidob.org/biografias_lideres_politicos/america_central_y_caribe/puerto_rico/pedro_rossello_gonzalez

Portalatín-Rivera, Nannette. "Proyecto LEER: una iniciativa para fomentar el aprendizaje de la lectura." *Cuadernos de Investigación en la Educación,* no. (29), diciembre 2014, pp. (11-31).

"Premios y reconocimientos." *Tina Casanova,* 2017, https://www.tinacasanova.com/tina-casanova

"Programa de actividades." *V Feria Internacional del Libro Infantil, Juvenil y Escolar de Puerto Rico,* http://www.filpuertorico.org/wp-content/uploads/2015/11/PG-2002.pdf

"Proyecto busca optimizar las destrezas de lectura en niños de escuela elemental." *Metro,* 5 de abril de 2019, https://www.metro.pr/pr/noticias/2019/04/05/proyecto-busca-optimizar-las-destrezas-de-lectura-en-ninos-de-escuela-elemental.html

"Puerto Rico en el II Congreso Iberoamericano de Lengua y Literatura Infantil y Juvenil." *SM,* 3 de marzo de 2013, https://sm-pr.com/sala-de-prensa-puerto-rico-en-el-ii-congreso-iberoamericano-de-lengua-y-literatura-infantil-y-juvenil

"Puerto Rico lee para ser un mejor país, nueva campaña de promoción lectora de la Inter." *Universia,* 14 de abril de 2011, https://www.universia.net/es/actualidad/orientacion-academica/puerto-rico-lee-ser-mejor-pais-nueva-campana-promocion-lectura-inter-810966.html

Puerto Rico. *Ley de la Biblioteca Virtual del Estado Libre Asociado de Puerto Rico, Ley Núm. 66 de 4 de enero de 2003,* https://www.lexjuris.com/lexlex/Ley1999/lex99149.htm

Puerto Rico. *Ley Especial Declarando Estado de Emergencia Fiscal y Estableciendo Plan Integral de Estabilización Fiscal para Salvar el Crédito de Puerto Rico, Ley 7 de 9 de marzo de 2009,* https://www.lexjuris.com/lexlex/Leyes2009/lexl2009007.htm

Puerto Rico. *Ley Orgánica del Departamento de Educación Pública de Puerto Rico de 1999, Ley 149 del 30 de junio de 1999,* https://www.lexjuris.com/lexlex/Ley1999/lex99149.htm

Puerto Rico. *Ley para el Desarrollo y la Implantación de la Política Pública para la Niñez en Edad Temprana, Ley 93 de 18 de Junio de 2008,* https://app.vlex.com/#WW/vid/43123119

Puerto Rico. *Para declarar y conmemorar durante el mes de noviembre el "Mes de la lectura y del libro en Puerto Rico", Ley 180 del 30 de julio de 1999,* https://www.lexjuris.com/LEXLEX/Ley1999/lex99180.htm

Puerto Rico. *Para designar la Biblioteca General de P.R. como Biblioteca Nacional de P.R., Ley Núm. 188 de 17 de agosto de 2003,* https://www.lexjuris.com/LEXLEX/Leyes2003/lexl2003188.htm

Puerto Rico. *Programa Lee y Sueña® para la Promoción de la Lectura durante la Niñez en Edad Temprana, Ley Núm. 212 de 30 de diciembre de 2016,* https://www.lexjuris.com/lexlex/Leyes2016/lexl2016212.htm

"Pura Belpré Award." *Association for Library Service to Children,* https://www.ala.org/alsc/awardsgrants/bookmedia/belpre

"¿Qué es PIALI?." *PIALI: blog de literatura infantil,* 12 de marzo de 2010, *http://pialipr.blogspot.com/*

"Qué hacemos." *Red por Derechos de la Niñez y la Juventud*, 2019, https://ninezpr.org/sobre

"Quienes somos." *San Juan Community Library,* 2022, https://yourlibrarysanjuan.org/quienes-somos-2/

Quiles, Cristina del Mar. "Celebran segundo festivalito de la niñez." *El Nuevo Día,* 22 de marzo de 2015, https://www.pressreader.com/puerto-rico/el-nuevo-dia1/20150322/281517929610678

Quiles, Pedro Amil. "Programa oficial del Festival de la Palabra." *Papiro Digital,* 9 de abril de 2010, https://peamill.org/2010/04/19/programa-oficial-del-festival-de-la-palabra/

Ramos Meléndez, Rosiris. "Revitalización a través de las artes: CREARTE Puerto Rico." *Fundación Flamboyán,* 31 de mayo de 2019, https://flamboyanfoundation.org/es/nuestras-historias/revitalizacion-a-traves-de-las-artes-crearte-puerto-rico/

"Read with Scally." *Vieques Events*, octubre-noviembre 2012, https://www.yumpu.com/en/document/read/30710440/read-with-scally-leamos-con-scally-vieques-events

"Read with Scally a unique innovative community based literacy." *Vieques Events,* no. (11.8), Octubre - Noviembre 2012, pp. Cover y 8, https://www.yumpu.com/en/document/read/30710440/read-with-scally-leamos-con-scally-vieques-events

"Ricardo Rosselló comienza oficialmente su andadura como gobernador de P.Rico: P.RICO GOBIERNO (Ampliación)." *EFE News Service*, 2 de enero de 2017. ProQuest, https://uprrp.idm.oclc.org/login?url=https://www.proquest.com/wire-feeds/ricardo-rosselló-comienza-oficialmente-su/docview/1854622172/se-2?accountid=44825.

Rivera Colón, Abby. "19 años entre las marchas más históricas de Puerto Rico." *Pulso estudiantil*, 23 de julio de 2019, https://pulsoestudiantil.com/19-anos-entre-las-marchas-mas-historicas-de-puerto-rico/

Rivera Cruz, Yalixa. "JetBlue busca fomentar lectura en los niños." *El Nuevo Día,* 29 de julio de 2013, https://www.pressreader.com/puerto-rico/el-nuevo-dia1/20130729/281870116059410

Rodríguez, Magdalys. "Promesa para un gobierno distinto." *El Nuevo Día*, domingo 2 de enero de 2005, p. 4-5.

Rodríguez Rivera, Jalibeth, y Carlos Eduardo Silva. "Puerto Rico acoge por tercera vez el Congreso Internacional de Animación a la Lectura." *Huellas del futuro informa*, 31 de marzo de 2012, https://huellas.pucpr.edu/puerto-rico-acoge-por-tercera-vez-el-congreso-internacional-de-animacion-a-la-lectura/

Rosario, Frances. "Inauguran novedosa biblioteca infantil en Centro Sor Isolina de Caimito." *Primera Hora,* 17 de noviembre de 2014, https://www.primerahora.com/noticias/puerto-rico/notas/inauguran-novedosa-biblioteca-infantil-en-centro-sor-isolina-de-caimito/

Sajonas, Sandra. "Little Island Library: Biblioteca de la Comunidad de Culebra." *People Interact,* 24 de abril de 2013, https://peopleinteract.wordpress.com/2013/04/24/little-island-library-biblioteca-de-la-comunidad-de-culebra/

"II Certamen Cuentos para mis abuelos (Puerto Rico)." https://www.escritores.org/recursos-para-escritores/19555-ii-certamen-cuentos-para-mis-abuelos-puerto-rico?-dt=1650731505845

"Sobre nosotros." *Biblioteca Adelina Coppin Alvarado*, 2021, https://www.upr.edu/biblioteca-uprp/sobre-nosotros-biblioteca-adelina-coppin-alvarado-upr-ponce/

"Talleres gratis para residentes de Canóvanas." *De todo Carolina,* 27 de mayo de 2014, p. 16, https://issuu.com/detodocarolina/docs/ano36-1644

Toro, Ana Teresa. "La Fortaleza le abre sus puertas: Alejandro García Padilla se convierte hoy en el décimo gobernador del ELA." *El Nuevo Día*, miércoles 2 de enero de 2013, p. 8.

Torres Guzmán, Sandra. "Invita PUCPR a su primera feria del libro." *La Perla del Sur,* miércoles 15 de abril de 2015, https://www.periodicolaperla.com/invita-la-catolica-a-su-primera-feria-del-libro/

Torres, Walter. "Walter Torres." *LinkedIn,* https://pr.linkedin.com/in/walter-torres-9a56a829

U.S. Census Bureau (2021) *Quick Facts: Puerto Rico.* https://www.census.gov/quickfacts/fact/table/PR/PST045219

"Wanda Vázquez Garced se convierte en gobernadora de Puerto Rico." *Voces del sur,* 7 de agosto de 2019, https://www.vocesdelsurpr.com/2019/08/wanda-vazquez-garced-se-convierte-en-gobernadora-de-puerto-rico-2/

"Why is the Monster Black in *Islandborn*?" *Social Justice Books*, 2018. https://socialjustice-books.org/why-black-monster-island-born/. Accesado en abril 2022.

"WIPR celebrará el Día Mundial del Libro Infantil." *Diálogo,* 1 de abril de 2016, https://dialogo.upr.edu/wipr-celebrara-el-dia-mundial-del-libro-infantil/

ÍNDICES

Índice de autores

Índice de ilustradores

Índice temático

X

Y

Z

Biografías

Sujei Lugo Vázquez

(ella/elle) cuando no está trabajando como bibliotecaria de niñes, está viendo series de TV y películas, leyendo literatura no ficción y zines, montando LEGOs o rebuscando en tiendas de segunda mano. Posee un bachillerato en Biología y una maestría en Ciencias de la Información de la Universidad de Puerto Rico, Recinto de Río Piedras. También cuenta con un doctorado en Bibliotecología y Ciencias de la Información de Simmons University, enfocado en bibliotecología infantil, ideologías, identidades históricamente oprimidas y desarrollo de colecciones en bibliotecas públicas. Ha escrito reseñas de literatura infantil para *The Horn Book Magazine, Kirkus Reviews, Latinxs in Kid Lit* y *School Library Journal* y servido en comités de premios literarios tales como *Boston Globe-Horn Book Awards, International Latino Book Award, John Newbery Award* y *Pura Belpré Award*.

Jeanmary Lugo González

(ella) se identifica como una afro-puertorriqueña que ama viajar, leer e ir a la playa. Posee un bachillerato en Literatura Comparada y una maestría en Ciencias y Tecnologías de la Información, ambos de la Universidad de Puerto Rico-Recinto de Río Piedras. Actualmente es Bibliotecaria en la Colección Puertorriqueña del mismo recinto. Es parte del comité editorial de *Acceso. Revista Puertorriqueña de Bibliotecología y Documentación.* Entre sus intereses académicos están la promoción de colecciones, servicios y programas de la biblioteca; las colecciones especiales, las destrezas de información y los servicios de referencia. Sus intereses de investigación se centran en las colecciones especiales, la literatura infantil y las humanidades digitales.

Isamar Abreu Gómez

(ella) es hija de emigrantes dominicanos, apasionada de la literatura infantil, las novelas gráficas, las artes visuales y el diseño gráfico. Posee un bachillerato en Estudios Hispánicos y una maestría en Ciencias y Tecnologías de la Información de la Universidad de Puerto Rico, Recinto de Río Piedras. Actualmente se desempeña como bibliotecaria jefe de la Colección de las Artes y Música del mencionado recinto, en donde aplica a sus prácticas un lente inclusivo e interdisciplinario. Tiene intereses profesionales variados pero continuamente relacionados a visibilizar y organizar la información, los programas innovadores en las bibliotecas así como el desarrollo y difusión de colecciones especiales. Desde el 2016, es parte del comité coordinador de la Cátedra Unesco de Educación para la Paz, capítulo de Puerto Rico.

Emily Rose Aguiló Pérez

(ella) es aficionada a la lectura, los viajes y las aventuras. Posee un doctorado en Currículo e Instrucción de Pennsylvania State University y maestría y bachillerato en Inglés de la Universidad de Puerto Rico- Recinto de Mayagüez. Es catedrática asociada en el departamento de Inglés de West Chester University of Pennsylvania, donde dicta cursos de literatura infantil, entre otros. Sus investigaciones y publicaciones se enfocan en la literatura infantil, representación de Latinxs, y estudios de la niñez y de la cultura popular infantil. Ha servido en comités de premios de literatura infantil, incluyendo el *Lee Bennett Hopkins Poetry Award*, el *Pura Belpré Award*, y el *John Newbery Award*. Actualmente co-preside el comité Quicklists de la *American Library Association* y sirve de reseñadora para *Latinxs in Kid Lit*.

Nota de agradecimiento:

Un agradecimiento a las estudiantes graduadas
de *West Chester University* de Pennsylvania: Angela Grabosky,
Wanda Rivera y Victoria Lado. Además al personal de préstamo
interbibliotecario de la Universidad de Puerto Rico,
Recinto de Río Piedras especialmente a Fabián Borelli Cruz
por su ayuda en localizar ciertos libros a los que
no teníamos acceso.